AF326140

BIBLIOTHÈQUE

DES

CLASSIQUES-DIEUDONNÉ.

IMPRIMERIE DE LE NORMANT, RUE DE SEINE, N° 8.

J. B. BOSSUET.

—

AVERTISSEMENS
AUX PROTESTANS
SUR LES LETTRES

DU

MINISTRE JURIEU.

TOME PREMIER.

PARIS.

LIBRAIRIE MONARCHIQUE DE N. PICHARD,
QUAI DE CONTI, N° 5, PRÈS LE PONT-NEUF.
MDCCCXXII.

J. B. BOSSUT.

—

AVERTISSEMENT

AUX PROFESSEURS

SUR LES ...

ET

...

TOME PREMIER

PARIS

LIBRAIRIE ...

Iᵉ AVERTISSEMENT

AUX PROTESTANS

LES LETTRES DU MINISTRE JURIEU.

———

*Le Christianisme flétri, et le Socinianisme
autorisé par ce ministre.*

MES CHERS FRÈRES,

Dieu qui permet les hérésies (1), *pour éprouver
la foi de ses serviteurs*, permet aussi par la suite du
même conseil, qu'il y ait des hommes hardis, artificieux, *errans, et jetant les autres dans l'erreur* (2),
qui sachent donner au mensonge de belles couleurs ;
que le peuple croie invincibles, parce qu'ils ne se
rendent jamais à la vérité, infatigables à disputer et à
écrire, et d'autant plus triomphans en apparence,
qu'ils sont plus évidemment convaincus.

Mais il leur arrive, comme aux criminels, que plus
ils multiplient leurs discours dans une aveugle confiance d'éblouir leurs juges, plus ils se coupent et se
contredisent ; ainsi en est-il de ces docteurs de mensonge, à qui saint Paul a aussi donné ce caractère,
qu'*ils se condamnent eux-mêmes par leur propre
jugement* (3).

C'est ce qui paroît manifestement par les conti-

————

(1) *I. Cor.* XI. 19. — (2) *II. Tim.* III. 13. — (3) *Tit.* III.
11.

nuelles variations des hérésies, qui ne cessent de se condamner elles-mêmes en innovant tous les jours, et en tombant d'absurdités en absurdités ; en sorte qu'on voit bientôt, comme dit le même saint Paul, que *ceux qui en entreprennent la défense, n'entendent, ni ce qu'ils disent eux-mêmes, ni les choses dont ils parlent avec assurance* (1). En effet, plus ils sont hardis à décider, plus ils montrent qu'ils n'entendent pas ce qu'ils disent. Ce qui se pousse à la fin à de tels excès, que *leur folie est connue à tous*, selon la prédiction du même apôtre (2) ; et c'est alors qu'on peut espérer avec lui qu'*ils ne passeront pas plus avant*, et que l'excès de l'égarement sera la marque du terme où il devra prendre fin : *Ils n'iront pas plus loin*, dit ce grand apôtre, et ils cesseront de tromper les peuples, parce que *leur folie sera manifeste à toute la terre*.

Ne vous fâchez pas, mes Frères, si j'entreprends de vous faire voir que ces caractères marqués par saint Paul, paroissent manifestement au milieu de vous. Le seul qui s'y fait entendre depuis tant d'années, et à qui, par un si grand silence, tous les autres semblent laisser la défense de votre cause, c'est le ministre Jurieu, qui, outre qu'il est revêtu de toutes les qualités qui donnent de l'autorité dans un parti, ministre, professeur en théologie, écrivain fameux parmi les siens, qui seul, par ses prétendues Lettres pastorales, exerce la fonction de pasteur dans un troupeau dispersé, ajoute à tous ces titres celui de prophète par la témérité de ses prédictions : mais en même temps il n'avance que des erreurs manifestes ; il favorise les Sociniens ; il autorise le fanatisme, il n'inspire que la révolte, sous prétexte de flatter la liberté ; en politique met la confusion dans tous les États : au reste, il n'y a personne contre qui il parle plus que contre lui-même, tant sa doctrine est insoutenable, et il vous pousse si loin, qu'il est temps enfin d'en revenir.

Cinq ou six avertissemens semblables à celui-ci le

(1) *I. Tim.* 1. 7. — (2) *II. Tim* 111. 9.

convaincront de tous ces excès. Vous lui allez voir aujourd'hui déchirer les siècles les plus purs, flétrir le christianisme dès son origine, soutenir les Sociniens, montrer le salut dans leur communion ; et, pour défendre la Réforme contre les variations dont on l'accuse, effacer toute la gloire de l'Eglise et de la doctrine chrétienne.

J'avois donné pour fondement à l'Histoire des Variations, que varier dans l'Exposition de la foi, *étoit une marque de fausseté et d'inconséquence dans la doctrine exposée* (1); que l'Eglise n'avoit aussi jamais varié dans ses décisions : et qu'au contraire, les protestans n'avoient cessé de le faire dans leurs actes, qu'ils appellent symboliques, c'est-à-dire dans leurs propres Confessions de foi, et dans les décrets les plus authentiques de leur religion (2). Sans qu'il soit besoin de défendre ce que j'avance sur le sujet des protestans, il faut bien que ces Messieurs se sentent coupables des variations dont je les accuse; autrement, il n'y auroit eu qu'à convenir avec nous de la maxime générale, et se défendre sur l'application qu'on en fait à la doctrine protestante. Mais, mes Frères, ce n'est pas ainsi qu'on procède. Ce que votre ministre trouve insupportable (3), c'est que j'aie osé avancer que la foi ne varie pas dans la vraie Eglise, *et que la vérité venue de Dieu a d'abord sa perfection* (4). Ce ministre fait l'étonné, comme si j'avois inventé quelque nouveau prodige, et non pas répété fidèlement ce qu'ont dit nos Pères, que la doctrine catholique est celle *qui est toujours, et partout : Quod ubique, quod semper :* c'est ce que disoit le docte Vincent de Lérins (5), une des lumières du quatrième siècle; c'est ce qu'il avoit posé pour fondement de ce célèbre Avertissement, où il donne le vrai caractère de l'hérésie, et un moyen général pour distinguer la saine doctrine d'avec la mauvaise.

(1) *Préf. des Var. p. 5 et suiv.* — (2) *Ibid. p.* 8 — (3) *Lettre* VI. 3. an. *p.* 42. — (4) *Préf. des Var. p.* 8. — (5) *Vinc. Lirin. Commonit.* 1. *init.*

Les orthodoxes avoient, comme lui, toujours raisonné sur ce beau principe; les hérétiques mêmes n'avoient jamais osé le rejeter ouvertement, et l'obscurcissoient plutôt qu'ils ne le nioient : mais lorsque je l'avance, M. Jurieu ne peut le souffrir. « Je suis, » dit-il (1), tenté de croire que M. Bossuet n'a jamais » jeté les yeux sur les quatre premiers siècles » : ce sont donc les quatre premiers siècles, c'est-à-dire le plus beau temps du christianisme, dont il entreprend de montrer que la doctrine est incertaine et variable. « Comment, poursuit-il, se pourroit-il faire qu'un » homme savant pût donner une marque d'une si » profonde ignorance ? » Je ne suis pas seulement dans une ignorance grossière, ma *témérité*, dit-il (2), *tient du prodige;* elle va même jusqu'à l'impiété. « On ne sait, dit-il, si l'on dispute avec un chrétien » ou avec un païen : car c'est ainsi précisément que » pourroit raisonner le plus grand ennemi du chris- » tianisme » : et il m'accuse d'avoir livré la religion chrétienne, *pieds et poings liés, aux infidèles* (3), parce que j'ai osé dire « que la vérité venue de Dieu » a eu d'abord sa perfection, c'est-à-dire qu'elle a été » très-bien connue et très-heureusement expliquée » d'abord. C'est le contraire de cela, continue-t-il (4), » qui est précisément vrai : et pour le nier il faut avoir » un front d'airain, ou être d'une ignorance crasse et » surprenante. » Ainsi, pour bien parler de la vérité, au gré de votre ministre, il faut dire « qu'elle n'a pas » été bien connue d'abord, ni heureusement expli- » quée. La vérité de Dieu, poursuit-il, n'a été connue » que par parcelles » : la doctrine chrétienne a été composée par pièces; elle a eu tous les changemens, et le plus essentiel de tous les défauts des sectes humaines; et lui donner, comme j'ai fait, ce beau caractère de divinité, d'avoir eu d'abord sa perfection, ainsi qu'il appartenoit à un ouvrage parti d'une main divine, non seulement ce n'est pas la bien connoître, mais

(1) *Lettre* VI, p. 42, col. 2. — (2) *Ibid.* col. 1. — (3) *Ibid.* col. 2. — (4) *Ibid.* p. 43.

encore c'est un prodige de témérité, une erreur et
une ignorance jusqu'au dernier excès, et une impiété
manifeste.

Mais, mes Frères, prenez-y garde : ces étonnemens
affectés de votre ministre, ces airs de confiance qu'il
se donne, et les injures qu'il dit à ses adversaires,
comme s'ils n'avoient ni foi, ni raison, ni même le
sens commun, sont des artifices pour vous éblouir,
ou pour cacher sa foiblesse : on en a ici une preuve
bien convaincante. Ce ministre, qui fait l'étonné
lorsqu'on lui dit que la foi ne varie jamais, et, comme
un ouvrage divin, qu'elle a eu d'abord sa perfection,
ne peut ignorer que ce ne soit la doctrine commune
des catholiques; et pour venir aux anciens, dont on
pourroit produire une infinité de passages, il ne peut
du moins ignorer cet endroit célèbre de Vincent de
Lerins (1), où il dit que « l'Eglise de Jésus-Christ,
» soigneuse gardienne des dogmes qui lui ont été
» donnés en dépôt, n'y change jamais rien : elle ne
» diminue point; elle n'ajoute point; elle ne retranche
» point les choses nécessaires; elle n'ajoute point les
» superflues. Tout son travail, continue ce Père, est
» de polir les choses qui lui ont été anciennement
» données, de confirmer celles qui ont été suffisam-
» ment expliquées, de garder celles qui ont été con-
» firmées et définies, de consigner à la postérité, par
» l'Ecriture, ce qu'elle avoit reçu de ses ancêtres par
» la seule tradition. » M. Jurieu reconnoît ce passage,
qu'il cite lui-même avec honneur dans son livre de
l'Unité (2). J'aurois peut-être pu le mieux traduire;
mais j'aime mieux le réciter simplement, comme il
l'a lui-même traduit. « Cela est précis, dit ce ministre;
» et rien ne le peut être davantage : l'Eglise n'ajoute
» rien de nouveau; elle ne fait donc pas de nouveaux
» articles de foi. » Je l'avoue, cela est précis; mais
contre lui. *Les conciles confirment*, dit-il après
Vincent de Lerins, *ce qui a toujours été enseigné.*
Il n'y a rien de plus précis pour démontrer que

(1) *Vinc. Lirin. Com.* 1. — (2) *Tr.* VII, *ch.* 4. *p.* 626.

l'Eglise ne varie jamais dans sa doctrine. M. Jurieu n'étoit pas d'humeur à contester alors cette vérité, puisqu'il ne trouve rien à redire dans ce beau passage de Vincent de Lerins, et qu'au contraire il s'en sert pour confirmer sa doctrine.

Mais ce n'est pas assez à ce Père d'établir la même vérité que j'ai posée pour fondement : il l'établit par le même principe, qui est que la vérité venue de Dieu, a d'abord sa perfection, comme un ouvrage divin : « Je ne puis assez m'étonner, dit-il (1), com-
» ment il y a des hommes si emportés, si aveugles,
» si impies, et si portés à l'erreur, que, non-contens
» de la règle de la foi, une fois donnée aux fidèles,
» et reçue de toute antiquité, ils cherchent tous les
» jours des nouveautés, et veulent toujours ajouter,
» changer, ôter quelque chose à la religion; comme
» si ce n'étoit pas un DOGME CÉLESTE, qui, révélé,
» UNE FOIS, NOUS SUFFIT; mais une INSTITUTION HU-
» MAINE qui ne puisse être amenée à sa perfection
» qu'en la réformant; ou, à dire le vrai, en y remar-
» quant tous les jours quelques défauts. » Voilà dans Vincent de Lerins un étonnement bien contraire à celui de M. Jurieu. Ce saint docteur s'étonne qu'on puisse penser à varier dans la foi : le ministre s'étonne qu'on puisse dire que la foi ne varie jamais. Le saint docteur traite d'aveugles et d'impies ceux qui ne veulent pas reconnoître que la religion soit une chose où l'on ne peut jamais ôter, ni ajouter, ni changer, en quelque temps que ce soit : le ministre impute, au contraire, à aveuglement et à impiété de n'y vouloir point connoître de changement, ni de progrès. Mais afin de mieux comprendre la pensée de Vincent de Lerins, il faut encore entendre ses preuves. Pour combattre toute innovation, ou variation qui pourroit arriver dans la foi, il dit « que les oracles divins
» ne cessent de crier : *Ne remuez point les bornes
» posées par les anciens* (2); et, *Ne vous mêlez
» point de juger par-dessus le juge* (3) »; c'est-

(1) *Vinc. Lir. Com.* 1. — (2) *Prov.* XXII. 28. — (3) *Eccl.* VIII. 17.

à-dire visiblement, par-dessus l'Eglise : et il soutient
cette vérité par cette sentence apostolique, « qui,
» dit-il (1), à la manière d'un glaive spirituel, tranche
» tout à coup toutes les criminelles nouveautés des
» hérésies. *Ô Timothée, gardez le dépôt* (2); c'est-
» à-dire, comme il l'explique, non ce que vous avez
» découvert, mais ce qui vous a été confié ; ce que
» vous avez reçu par d'autres, et non pas ce qu'il
» vous a fallu inventer vous-même; une chose qui
» ne dépend pas de l'esprit, mais qu'on apprend de
» ceux qui nous ont devancés; qu'il n'est pas permis
» d'établir par une entreprise particulière, mais qu'on
» doit avoir reçue de main en main par une tradition
» publique; où vous devez être, non point auteur,
» mais simple gardien; non point instituteur, mais
» sectateur de ceux qui vous ont précédés; c'est-à-
» dire, non pas un homme qui mène, mais un homme
» qui ne fait que suivre les guides qu'il a devant lui,
» et aller par le chemin battu. » Selon la doctrine de
ce Père, il n'y a jamais rien à chercher ni à trouver
en ce qui concerne la religion : non seulement elle a
été bien enseignée par les apôtres, mais encore elle a
été bien retenue par ceux qui les ont suivis; et la
règle, pour ne se tromper jamais, c'est, en quelque
temps que ce soit, de suivre ceux qu'on voit marcher
devant soi. Voilà précisément ma proposition : il n'y
a jamais rien à ajouter à la religion, parce que c'est
un ouvrage divin, qui a d'abord sa perfection. Loin
de s'étonner, avec M. Jurieu, de ce qu'on reconnoît
cette perfection de la doctrine chrétienne dès les premiers temps, ce grave auteur s'étonne de ce qu'on
peut ne la pas reconnoître ; et il n'y a rien, en effet,
de plus étonnant que de voir des chrétiens, qu'on veut
vous donner pour réformés, qui sont encore à savoir
cette vérité, et à qui leur plus célèbre ministre la
donne comme un prodige inouï parmi les fidèles.

Mais peut-être que ce qui manque, selon ce ministre, à la religion chrétienne, dans ses plus beaux

(1) *Vinc. Lir. ibid.* — (2) *I. Tim.* vi. 20.

temps, et dès les premiers siècles du christianisme,
ce n'est pas des dogmes, mais des manières de les
expliquer, et des termes pour les faire entendre ; en
sorte que la différence entre les Pères et nous, ne soit
que dans les expressions ; ou, si elle est dans les
dogmes mêmes, ce ne sera pas dans les dogmes les
plus importans. C'est ce que M. Jurieu sembloit
d'abord avoir voulu dire, car il n'osoit déclarer tout
ce qu'il avoit dans le cœur ; mais il a bien vu que s'en
tenir là, ce ne seroit pas se tirer d'affaire sur tant
d'importantes variations dont les Eglises protestantes
sont convaincues : c'est pourquoi il est contraint
d'aller plus avant. Premièrement, pour les termes, il
s'en fait lui-même l'objection par ces paroles (1) :
« On dira que toutes ces variations n'étoient que
» dans les termes, et que dans le fond l'Eglise a tou-
» jours cru la même chose » : mais il rejette bien loin
cette réponse : « Il n'est pas vrai, poursuit-il, que ces
» variations ne fussent que dans les termes ; car les
» manières dont nous avons vu que les anciens ont
» exprimé la génération du Fils de Dieu, et son iné-
» galité avec son Père, donnent des idées très-fausses
» et très-différentes des nôtres. » Il ne s'agit donc pas
de termes, mais de choses ; ni de manières d'expliquer,
mais du fond ; ni dans une matière peu importante,
mais dans la plus essentielle, puisque c'est *l'inégalité
du Père et du Fils*, sur laquelle les anciens avoient
des idées *si fausses et si différentes des nôtres*.
C'est, en effet, par ce grand mystère, par le mystère
de la Trinité, que le ministre commence à vous
montrer les variations de l'Eglise. « Ce mystère, vous
» dit-il (2), est de la dernière importance, et essen-
» tiel au christianisme : cependant, continue ce hardi
» docteur, chacun sait combien ce mystère demeura
» INFORME jusqu'au premier concile de Nicée, et même
» jusqu'à celui de Constantinople. » Le mystère de
la Trinité *informe !* Mes Frères, je vous le demande,
eussiez-vous cru devoir entendre cette parole d'une

---

(1) *Lettre* VI, *p.* 45. — (2) *Ibid. col.* 2.

autre bouche que de celle d'un Socinien ? Si dès le commencement on a adoré distinctement un seul Dieu en trois personnes égales et coéternelles, le mystère de la Trinité n'étoit pas informe : or, selon votre ministre, il étoit informe, non seulement jusqu'à l'an 325, où se tint le concile de Nicée, mais encore cinquante ans après, et jusqu'au premier concile de Constantinople, qui se tint en l'an 381. Donc les premiers chrétiens, dans la plus grande ferveur de la religion, et lorsque l'Eglise enfantoit tant de martyrs, n'adoroient pas distinctement un seul Dieu en trois personnes égales et coéternelles : saint Athanase lui-même, et les Pères de Nicée, n'entendoient pas bien cette adoration ; le concile de Constantinople a donné la forme au culte des chrétiens : jusqu'à la fin du quatrième siècle, le christianisme n'étoit pas formé, puisque le mystère de la Trinité, si essentiel au christianisme, ne l'étoit pas ; les chrétiens versoient leur sang pour une religion encore informe, et ne savoient s'ils adoroient trois dieux ou un seul Dieu.

Pour prouver ce qu'il avance, le ministre fait enseigner aux Pères des premiers siècles « que le Verbe » n'est pas éternel en tant que Fils ; qu'il étoit seule- » ment caché dans le sein de son Père, comme » sapience, et qu'il fut comme produit, et devint » UNE PERSONNE DISTINCTE de celle du Père, peu » devant la création, et qu'ainsi la trinité des per- » sonnes NE COMMENÇA qu'un peu avant le monde (1). » Il n'y a personne qui n'ait ouï parler de l'hérésie des Sabelliens, qui ne faisoient du Père et du Fils qu'une seule et même personne, et qui par là anéantissoient jusqu'au baptême ; on sait combien cette hérésie fut détestée : mais elle étoit véritable jusqu'au moment que le monde fut créé. « Telle étoit, du moins selon » M. Jurieu (2), la théologie des anciens, celle de » l'Eglise des trois premiers siècles, sur la Trinité, » celle d'Athénagoras, contemporain de Justin, mar-

(1) *Lettre* VI, *p.* 44. — (2) *Ibid.* 43, 44.

1..

» tyr, qui écrivoit quarante ans après la mort des
» derniers apôtres, celle de Tatien, disciple de Justin,
» martyr ; et il est clair que le disciple avoit appris
» cela de son maître » ; c'étoit la foi des martyrs, et
c'étoit en cette foi qu'ils versoient leur sang.

C'est aussi en conséquence de cet aveu que le ministre est contraint de dire qu'*une si insigne variation dans la doctrine de l'Eglise, n'est pas essentielle ni fondamentale* (1). Ce n'est pas une erreur fondamentale de dire que le Fils de Dieu n'est pas de toute éternité une personne distincte de celle du Père, et que cette distinction de personnes entre le Père et le Fils, et enfin, pour trancher plus net, la trinité des personnes, non seulement a commencé, mais encore n'a commencé qu'un peu avant la création du monde ; en sorte que l'univers est presque aussi ancien que la Trinité qui l'a fait, et que ce qui est adoré comme Dieu par les chrétiens, est nouveau.

Je n'ai pas besoin de remarquer ici l'avantage que cette doctrine donne aux Ariens et aux Sociniens : le ministre l'a bien senti ; mais il s'en sauve d'une étrange sorte : « C'est, dit-il, que les Ariens faisoient le Fils » produit du néant, sans rien reconnoître d'éternel en » lui, ni l'essence, ni la personne » ; et les anciens le faisoient produit de la substance du Père, et de même substance avec lui : « seulement, poursuit le » ministre, ils vouloient que la génération DE LA » PERSONNE se fût faite AU COMMENCEMENT du monde » ; et ce monstre de doctrine, selon lui, n'a rien qui combatte l'essence du christianisme ; ce n'est pas là *une variation essentielle et fondamentale*. On peut être un vrai chrétien, et dire qu'une personne divine, et en un mot, ce qui est Dieu, et vrai Dieu, autant que le Père, a commencé.

Mais la cause qu'il attribue à cette erreur des anciens, est pire que leur erreur même ; car leur erreur, poursuit le ministre (2), « venoit en partie

(1) *Lettre* VI, *p.* 44, *c.* 2. — (2) *Ibid.*

» d'une méchante philosophie, parce qu'ils n'avoient
» pas une juste idée de l'immutabilité de Dieu. » En
effet, puisqu'il survenoit à Dieu quelque chose, et
encore quelque chose de substantiel, une nouvelle
génération et une nouvelle personne qui n'y avoit
point été de toute éternité, la substance de Dieu se
changeoit et s'altéroit avec le temps. Ainsi, ce qu'on
croit Dieu est nouveau, et ne prévient la créature
que de quelques heures : ce qui n'est pas seulement,
comme l'avoue le ministre, *n'avoir pas une juste
idée de l'immutabilité de Dieu*, mais la détruire
en termes formels : de sorte que tout le secours que
donne votre ministre aux chrétiens des trois premiers
siècles, pour les distinguer des Ariens, c'est de les
faire plus impies ; puisque c'est une impiété beaucoup
plus grande d'ôter à Dieu l'immutabilité de son être,
qui étoit connue même des philosophes, que de lui
ôter seulement avec les Ariens la personne de son
Fils, bien moins nécessaire à connoître la perfection
de son être, que son immutabilité, sans quoi on ne
peut pas même le concevoir comme Dieu.

L'eussiez-vous cru, mes chers Frères, qu'on dût
jamais vous débiter cette doctrine dans des lettres
qu'on ose nommer Lettres pastorales ? Est-ce un pasteur qui écrit ces choses, ou bien un loup ravissant,
qui vient ravager le troupeau ? N'est-il pas temps de
vous réveiller, lorsque celui qui fait parmi vous le
docteur et le prophète, et à qui vous avez remis la
défense de votre cause, en vient à cet excès d'égarement, de ne distinguer les chrétiens des trois premiers
siècles, et les martyrs mêmes d'avec les Ariens, qu'en
les faisant plus impies, qu'en leur faisant rejeter non
seulement le dogme le plus essentiel du christianisme,
qui est l'éternité du Fils de Dieu, mais encore ce que
les païens n'ont pu méconnoître, l'immutabilité de
l'Être divin ; de sorte que les saints docteurs, en per-
dant la foi, n'aient pu même retenir les restes de la
lumière naturelle que les philosophes païens avoient
conservée.

Et celui qui vous annonce de tels prodiges, loin

d'en rougir, s'en glorifie. « Je me suis, dit-il (1), un
» peu étendu à expliquer la théologie de l'Eglise des
» trois premiers siècles sur la Trinité, parce que je
» n'ai trouvé aucun auteur jusqu'ici, qui l'ait bien
» comprise. » C'est la lumière de notre siècle : il se
vante de découvrir, dans la théologie des trois premiers siècles, ce que personne n'avoit compris avant
lui. Mais encore, qu'a-t-il découvert dans leur théologie ? Il y a découvert ce grand mystère, que Dieu
n'étoit pas immuable, et qu'un Dieu n'étoit pas
éternel. Voilà la belle découverte de ce grand personnage M. Jurieu : c'est pour cela qu'il nous vante sa
grande science, et qu'il avertit « l'évêque de Meaux,
» qu'un évêque de cour, comme lui, et les autres
» dont le métier n'est pas d'étudier, devroient un
» peu ménager ceux qui n'ont point d'autre profes-
» sion (2). » C'est dommage, en effet, qu'on ne se
tait pas par toute la terre, pour laisser M. Jurieu
écrire tout seul, afin que toute la chrétienté apprenne
cette merveille, que les siècles les plus voisins des
apôtres, où est la force et la gloire du christianisme,
ne croyoient pas Dieu immuable, ni la génération de
son Fils éternelle, et que cette erreur est de celles qui
ne sont *ni essentielles, ni fondamentales.*

Si cette horrible flétrissure du christianisme, si
une corruption si manifeste de la foi n'est pas l'accomplissement de ce que dit l'apôtre sur les hérétiques,
que leur folie sera connue de tous (3), je ne sais
plus quand il le faut attendre. Mais votre docteur
continue : « et il est vrai, poursuit-il (4), que les
» anciens, jusqu'au quatrième siècle, ont eu une
» autre fausse pensée au sujet des personnes de la
» Trinité : c'est qu'ils y ont mis de l'inégalité. » Ils
n'ont donc pas adoré en un seul Dieu trois personnes
égales : ils ont adoré le Fils comme Dieu ; mais ils ne
l'ont pas connu comme étant égal à son Père. Un
Dieu n'est pas égal à un Dieu : il y a de l'imperfec-

(1) *Lettre* VI, *p.* 44. — (2) *Ibid.* VIII, *p.* 61. — (3) *II. Tim.*
III 9. — (4) *Lettre* VI, *p.* 45.

tion, puisqu'il y a de l'inégalité dans ce qui est Dieu : on peut concevoir un Dieu qui n'est pas parfait. Voilà les prodiges qu'on vous enseigne; voilà, dit votre ministre, ce que croyoient les martyrs et les siècles les plus purs. Que reste-t-il à conclure, sinon que les Ariens raisonnoient mieux, et avoient une doctrine plus pure sur la divinité, que les docteurs de l'Eglise ?

Mais remarquez, mes chers Frères, que non content d'attribuer de tels prodiges aux siècles les plus purs de la religion, votre docteur est encore contraint de dire, comme vous venez de l'entendre, que ces prodiges ne sont pas contraires aux fondemens de la foi ; car l'erreur des anciens, dit-il, *n'est ni essentielle, ni fondamentale :* et il faut bien qu'il en parle ainsi, à moins de condamner l'ancienne Eglise, lorsqu'elle enfantoit les martyrs, et de dire qu'elle étoit Eglise sans avoir les fondemens de la foi. Triomphez donc, Ariens et Sociniens : on peut, sans blesser l'essence de la piété, dire que la personne du Fils de Dieu n'est pas éternelle, qu'il est engendré dans le temps, qu'il n'est pas égal à son Père. Mais triomphez en particulier, ô Sociniens, qui osez dire qu'il arrive à l'être de Dieu quelque chose de nouveau : M. Jurieu vous donne les mains, puisqu'il avoue qu'on peut croire, sans blesser le fond de la piété, non pas qu'il survient à Dieu des accidens, comme à nous, et de nouvelles pensées, ce qui autrefois faisoit horreur ; mais, ce qui est beaucoup pis, qu'il change dans la substance, et qu'une personne divine commence d'être : non seulement on peut le croire, sans aucun péril de son salut, mais on l'a cru autrefois, et c'étoit la foi des martyrs.

Je ne m'étonne pourtant pas que ce ministre parle ainsi, après avoir vu, non ce qu'il tolère dans les autres, mais ce qu'il enseigne lui-même. Car en parlant de Tertullien et de son livre contre Praxéas : « Là il explique, dit-il (1), la génération du Fils,

______
(1) *Lettre* VI, *p.* 44, *col.* 1.

» comme nous, par l'entendement divin, qui, en
» comprenant et s'entendant lui-même, a fait son
» image et son Verbe qui est son Fils ; cela va bien
» jusque-là. » Remarquez, mes Frères, ce blasphème:
Dieu a fait son Fils. Que disoient de pis les Ariens ?
Mais le ministre l'approuve : « Tertullien, dit-il,
» l'entend comme nous, et cela va bien jusque-là. »
Cela va bien de dire que Dieu fait son Fils, et que
celui par qui Dieu a fait toutes choses, est lui-même
au nombre des choses faites. Un homme qui ne rougit
pas de se donner pour savant, tombe dans une erreur
qu'un théologien de quatre jours auroit évitée; et
vous ne voyez pas encore que ce téméraire théologien,
dans les embarras où le jette la défense de votre
cause, hasarde tout, et que l'heure est venue, où,
comme disoit l'apôtre, la folie de vos docteurs doit
être connue de tout l'univers.

Il n'est pas ici question d'expliquer le sentiment de
Tertullien : d'autres docteurs et des protestans l'ont
fait devant nous, et ont très-bien justifié qu'il n'a
jamais dit absolument que le Fils de Dieu eût été fait,
ni autrement qu'il est écrit du Père-même, qu'il a été
fait notre refuge, et le refuge des pauvres (1).
Mais quand Tertullien se seroit trompé, selon
M. Jurieu, avant que la foi de la Trinité eût été formée; maintenant que de son aveu elle a reçu sa
forme, falloit-il encore errer avec lui, et mettre le
Fils de Dieu au rang des choses faites ? et on lui laisse
dire parmi vous toutes ces choses. Il n'en est pas
moins ministre, pas moins professeur en théologie. Il
adresse toutes ces erreurs à tous ses frères, sous le
titre le plus vénérable que pût prendre un sage pasteur, sans que personne le contredise. Il a trouvé
parmi vous des contradicteurs sur ses prétendues
prophéties : on l'a traité sur cela de visionnaire; on
s'est moqué de ce qu'il a dit sur ces prétendus prophètes de Vivarais et du Dauphiné, où toute la
marque de l'Esprit de Dieu est de se laisser tomber

(1) *Ps.* IX. 10.

par terre, et de crier de toute leur force, en fermant les yeux et faisant semblant de dormir. On lui a reproché publiquement qu'en autorisant ces illusions, il autorisoit la tromperie et le fanatisme, et exposoit le parti protestant à la risée de tout l'univers : on ne l'a pas épargné sur toutes ces choses. Il attaque le fondement de la foi ; il impute à l'ancienne Eglise, dès l'origine du christianisme, des erreurs essentielles sur la Trinité ; il les tolère, il les approuve, il les adopte : cependant on ne lui dit mot sur tout cela ; et ses Lettres pastorales courent l'univers sans être, je ne dis pas notées par les Eglises, mais reprises par aucun particulier ; tant le soin de l'orthodoxie, si je puis parler de la sorte, est abandonné parmi vous. Vos gens, délicats sur l'esprit, craignent qu'on ne leur impute des visions et des foiblesses, et ils ne craignent pas qu'on leur impute des erreurs.

Si les anciens ont été si aveugles dans le mystère de la Trinité, ils n'auront pas mieux entendu celui de l'Incarnation, dont la Trinité est le fondement : aussi votre ministre vous enseigne-t-il que les anciens docteurs, et « surtout ceux du troisième siècle, et même
» ceux du quatrième, ont mêlé d'épaisses ténèbres
» les lumières qu'ils avoient sur ce mystère ; qu'ils
» ont confondu le Fils et le Saint-Esprit ; qu'ils nous
» ont fait un Dieu CONVERTI EN CHAIR, selon l'hérésie
» qu'on a attribuée à Eutychés ; et que ce n'est que
» par la voie des longues contentions, qu'enfin cette
» vérité venue de Dieu est arrivée à la perfection (1) » ; de sorte que loin d'y être d'abord, comme sont les œuvres où Dieu met la main d'une façon particulière, à peine y étoit-elle après quatre siècles.

Comment les anciens auroient-ils compris les vérités particulières au christianisme, puisque même ils ont ignoré ce que la raison naturelle a enseigné aux Gentils ? Ecoutez parler votre ministre : *Je voudrois bien*, poursuit-il (2), *que l'évêque de Meaux me prouvât cette maxime*, (que la vérité venue de

(1) *P.* 45, 46. — (2) *P.* 46.

Dieu ne peut souffrir de variations, et qu'elle atteint d'abord toute sa perfection), *seulement dans le dogme d'un Dieu unique, tout-puissant, tout sage, tout bon, infini et infiniment parfait.* Avons-nous bien entendu ? Quoi ! ce n'est plus l'immutabilité de l'être divin que ce ministre fait ignorer aux premiers chrétiens ; c'est encore tous les autres attributs divins que nous venons de nommer. Répétons encore ces paroles, de peur de nous être trompés en lui faisant dire des nouveautés si étranges : « Je » voudrois bien que l'évêque de Meaux me prouvât » cette maxime (que la vérité arrive d'abord à sa » perfection), seulement dans le dogme d'un Dieu » unique, tout-puissant, tout sage, tout bon, infini » et infiniment parfait. Il n'y a point d'endroit, con- » tinue-t-il, où les Pères de l'Eglise auroient dû » être plus uniformes et plus exempts de variations » que celui-là; puisque c'est celui qu'ils devoient savoir » le mieux, s'y exerçant perpétuellement dans leurs » disputes contre les païens » : cependant ils ne le savoient qu'imparfaitement ; car, poursuit-il, « com- » bien trouve-t-on dans tous ces dogmes de varia- » tions et de fausses idées ? » Ainsi l'unité de Dieu, qui étoit le dogme le plus éclatant du christianisme, n'étoit qu'imparfaitement connue par les fidèles des trois premiers siècles. Il le faut bien, puisqu'ils adoroient comme Dieu le Père, la personne du Fils et le Saint-Esprit, qui ne lui étoient, ni égales, ni coéternelles ; ce n'étoit donc pas un même Dieu, puisque Dieu ne peut être inégal à soi-même. Les chrétiens, qui faisoient semblant de tant détester la multiplicité des dieux, en avoient trois bien comptés dans les premiers siècles ; et, afin de ne point errer sur ce seul article, selon eux, « la bonté de Dieu étoit un acci- » dent, comme la couleur ; la sagesse de Dieu n'est » pas sa substance » : et ce n'étoit pas seulement la pensée d'Athénagoras et de Tertullien : « c'étoit, dit- » il, la théologie du siècle. » On ne croyoit pas « que » Dieu fût partout, ni qu'il pût être en même temps » dans le ciel et dans la terre : la plupart des anciens

» ont cru Dieu corporel et étendu, comme Tertul-
» lien »; afin que les Sociniens, qui ont de Dieu cette
basse idée, aient pour garans *la plupart* des saints
docteurs. Quel prodige ne peut-on donc pas soutenir
par l'autorité de l'Eglise primitive ? Et il ne faut pas
s'en étonner, « puisqu'on y représentoit Dieu muable
» et divisible, changeant ce germe de son Fils en une
» personne, et divisant une partie de sa substance
» pour son Fils, sans la détacher de soi (1). » Qui
peut dire que Dieu est muable et divisible, peut lui
attribuer toutes les passions, tous les défauts, et
même tous les vices, avec les païens. S'il peut changer
et devenir ce qu'il n'étoit pas, il n'est plus *celui qui
est*, il tient plus du néant que de l'être : il n'est plus
la vérité même, la sainteté même; et il peut perdre
tout ce qu'il peut acquérir : ainsi on peut lui ôter non
seulement son Fils et son Saint-Esprit, mais encore
tous ses attributs et son propre être. C'est où vous
conduit votre ministre ; et il conclut cet étrange discours, en disant « que cette belle et juste idée que
» nous avons aujourd'hui de l'être parfait, quoique
» vérité venue de Dieu, n'a pas atteint toute sa per-
» fection d'abord. »

Vous l'entendez, mes chers Frères, l'idée de l'être
parfait est une idée d'aujourd'hui. Quand Tertullien
a dit que Dieu étoit « le souverain grand, et par là
» unique, sans pouvoir avoir son égal, autrement,
» qu'il ne seroit point Dieu (2) »; quand tous les
Pères des premiers siècles, aussi bien que de tous les
autres, ont soutenu aux païens la même chose; quand
ils leur ont prouvé mille et mille fois l'unité de Dieu
par la souveraineté et la singularité de sa perfection ;
quand ils ont dit que jamais nul n'avoit prononcé le
nom de Dieu, qu'en y attachant l'idée de la perfection, ils n'étoient pas entendus, et ils ne s'entendoient
pas eux-mêmes : selon M. Jurieu, cette idée que nous
avons *aujourd'hui*, n'est pas celle de l'antiquité; et
il semble que ce ministre ne l'auroit pas eue, ou n'y

____

(1) *P.* 46. — (2) *Lib.* 1. *adv. Marcion. c.* 3.

auroit pas fait d'attention, si un philosophe moderne n'étoit venu lui apprendre que l'idée de Dieu étoit jointe à celle de l'être parfait.

Quoi qu'il en soit, il est certain, selon lui, que les Pères, et même ceux des trois premiers siècles, ne l'avoient pas, non plus que celles de l'éternité et de l'immutabilité de l'être de Dieu, ni des personnes divines, et les autres que nous avons vues. C'est ce que dit ce ministre dans la sixième lettre de cette année, qui est la première qu'il a opposée à l'Histoire des Variations. La seconde, qui est en ordre la septième, n'est pas moins pleine d'erreurs et d'égaremens. Il la commence en répétant « qu'il y a trois » vérités essentielles et fondamentales, imparfaite-» ment expliquées par les plus anciens docteurs de » l'Eglise, la Trinité des personnes, l'Incarnation de » la seconde, et l'idée d'un Dieu unique, qui est » l'être infiniment parfait (1) »; et l'on a vu que ce qu'il appelle explication imparfaite de ces dogmes, c'étoit les anéantir tout-à-fait, et établir en termes formels des dogmes contraires. Il est bien aisé de comprendre que le reste ne se soutient plus, après qu'on a renversé ces fondemens. Aussi étoit-ce « l'opi-» nion constante et régnante dans ces premiers siècles » de l'Eglise, que Dieu avoit abandonné le soin de » toutes les choses qui sont au-dessous du ciel, sans » en excepter même les hommes, et ne s'étoit réservé » la providence immédiate que des choses qui sont » dans les cieux. » Ainsi la providence particulière tant célébrée dans l'Ecriture, et poussée par Jésus-Christ même jusqu'au moindre de nos cheveux, étoit oubliée par les chrétiens, quoiqu'elle fût si sensible, que les philosophes platoniciens et stoïciens, mieux instruits que les chrétiens et que les martyrs, la reconnussent. O Dieu ! quelle patience faut-il avoir pour entendre dire des choses si fausses et si avantageuses, non seulement aux Sociniens, mais encore à tout le reste des libertins et des impies ! Ce n'est pas tout : « La grâce,

(1) *Lettre* VII, p. 49.

« qu'on regarde aujourd'hui, avec raison, comme
» l'un des plus importans articles de la religion chré-
» tienne, étoit entièrement INFORME jusqu'au temps
» de saint Augustin. Avant ce temps les uns étoient
» Stoïciens et Manichéens ; d'autres étoient purs
» Pélagiens ; les plus orthodoxes ont été semi-Péla-
» giens (1). » Quoi ! même sans en excepter saint
Cyprien, tant cité par saint Augustin contre ces hérétiques (2), quoiqu'il ait dit en trois mots tout ce qu'il
falloit pour les confondre, en disant si précisément,
et en prouvant avec tant de force qu'*il ne faut se
glorifier de rien, parce que nul bien ne vient de
nous ?* Les autres Pères n'en ont pas moins dit : et
néanmoins, dit notre ministre, *tous en général ont
discouru sur cette matière d'une manière à faire
voir qu'ils n'y avoient fait aucune attention,*
quoique ce soit le fondement de la piété et de l'humilité chrétienne, *et n'avoient pas étudié l'Ecriture
là-dessus.* Mais quoique saint Augustin et les conciles
de son temps eussent fait sur ce sujet, selon le ministre même, des décisions si justes, on n'a pas laissé
de varier : *dans le sixième siècle et dans les
suivans, l'Eglise romaine devint quasi pélagienne* (3), pendant que le pape saint Grégoire, un
si fidèle disciple de saint Augustin, y présidoit : *l'article de la satisfaction de Jésus-Christ, celui de
la justification et celui du péché originel,* sont
mal enseignés par les anciens Pères : *le péché originel est conçu comme l'un des importans
articles de la religion chrétienne :* cependant le
ministre me « défie de lui faire voir cette importante
» vérité dans les Pères qui ont précédé saint Augustin,
» toute formée, toute conçue, comme elle a été
» depuis » ; encore qu'il sache bien, pour ne pas citer
ici tous les auteurs, qu'on la trouve dans un concile

(1) *Lettre* VII, p. 50. — (2) *Lib. de Dono persev.* c. 19,
n. 48. *Cont. Jul. l.* 1, n. 22, *et alibi,* 11, n. 25. *Ad Bonif.*
lib. IV, c. 8 *et seq.* n. 25, *et alibi,* t. x. *S. Cypr. Testim.*
lib. III, c. 4, *edit. Baluz.* p. 305. — (3) *Lettre* VII, p. 50,
col. 2.

tenu par saint Cyprien (1) aussi constamment et aussi clairement posée que dans saint Augustin même ; et que sur ce fondement du péché originel on y établisse la nécessité du baptême des petits enfans, en termes aussi forts qu'on l'a fait dans les conciles de Milève et de Carthage.

Mais il ne s'agit pas ici de soutenir la doctrine de l'Eglise, il s'agit de manifester aux yeux du monde la basse idée que l'on en a dans la Réforme. « S'il y a, poursuit le » ministre, quelque doctrine importante dans toute la » religion, et qui soit clairement enseignée dans l'Ecri- » ture, c'est celle de la satisfaction de Jésus-Christ, qui a » été mis en notre place, et qui a souffert les peines que » nous avons méritées. Ce dogme si important et si » fondamental est demeuré si INFORME jusqu'au qua- » trième siècle, qu'à peine peut-on rencontrer un ou » deux passages qui l'expliquent bien. » On trouve même dans saint Cyprien des choses « très-injurieuses » à cette doctrine ; et pour la justification, les Pères » n'en disent rien ; ou ce qu'ils en disent est faux, » mal digéré et imparfait. » Ainsi, de tous les articles qui servent de fondement à la piété, il ne s'en est trouvé aucun où la foi des trois premiers siècles ait été pure : que dis-je ? aucun où il n'ait régné des erreurs essentielles : et ce n'étoit pas seulement trois ou quatre auteurs qui se trompoient ; le ministre répète encore *que c'étoit la théologie du siècle,* dont il rend cette raison ; « que dans un temps où le » savoir étoit rare entre les chrétiens, deux ou trois » savans entraînoient la foule dans leurs opinions » ; tant le fondement de la foi étoit foible et mal établi : en sorte que la théologie de ces siècles étoit non seulement *imparfaite et flottante* (2), mais encore pleine d'erreurs capitales, sur tous les articles qu'on vient de voir, quoique ce soit sans difficulté les plus essentiels du christianisme.

Il ne faut pas s'en étonner : « C'est, dit le mi-

(1) *Epist. ad Fid. de infant. baptiz.* p. 97. — (2) *Lettre* vii, p. 51.

» nistre (1), que la vérité n'a pris sa dernière forme
» que par une très-longue et très-attentive lecture
» de l'Ecriture-Sainte; et, poursuit-il, il ne paroît
» pas que les anciens docteurs des trois premiers
» siècles s'y soient beaucoup attachés. » O Dieu,
encore un coup, est-il bien possible que ces saints
docteurs, un saint Justin, un saint Irénée, un saint
Clément d'Alexandrie, un saint Cyprien, tant d'autres
qui passoient les jours et les nuits à méditer l'Ecriture-Sainte, dont leurs écrits ne sont qu'un tissu, qui
en faisoient toutes leurs délices, et y trouvoient leur
consolation durant tant de persécutions, ne s'y soient
point attachés, ou qu'ils n'y aient point vu le mystère de la piété qu'on prétend y être si clair, qu'il
ne faut à présent aux plus ignorans, aux artisans les
plus grossiers, aux plus simples femmes, qu'ouvrir
les yeux pour l'y trouver! C'est ainsi qu'on parle de
ceux qui ont fondé après les apôtres l'Eglise chrétienne, non seulement par leurs prédications et par
leurs travaux, mais encore par leur sang. Non seulement le savoir étoit rare parmi eux, comme on vient
d'entendre, quoiqu'il y eût alors tant de philosophes,
tant d'excellens orateurs, tant de doctes juriscon-
sultes, et, en un mot, tant de grands hommes de
toutes les sortes, qui embrassoient le christianisme
avec connoissance de cause : mais ce qu'il y a de plus
étrange, c'étoit le savoir qui regardoit la religion et
l'Ecriture elle-même qui *étoit rare alors*, même
parmi ceux qu'on regardoit comme les docteurs. « Ils
» sortoient, dit votre ministre (2), des écoles des
» Platoniciens; ils étoient pleins de leurs idées, et
» ils en ont rempli leurs ouvrages, au lieu de s'atta-
» cher uniquement aux idées du Saint-Esprit. »

Il faut ici se souvenir que lorsque l'on accuse la
théologie des anciens d'être imparfaite et sans forme,
il ne s'agit pas seulement de certaines expressions
précises qu'on a opposées depuis aux subtilités et aux
faux-fuyans des hérétiques; il s'agit du fond de la

(1) *Lettre* VII, *p.* 51. — (2) *Ibid.*

doctrine, puisque le ministre soutient, comme on a
vu, qu'on alloit jusqu'à détruire l'éternité et la
Trinité des personnes divines, l'immutabilité, la spi-
ritualité, l'immensité, l'unité et la perfection de l'être
divin, l'Incarnation de Jésus-Christ, la corruption
aussi bien que la réparation de notre nature, la providence, la grâce, jusqu'à être Stoïcien et Manichéen,
ou Pélagien et demi-Pélagien ; je dis même *les plus*
orthodoxes : en sorte qu'il n'y avoit aucune partie
du mystère et de la doctrine de Jésus-Christ, je ne
dis pas qui fût demeurée en son entier, mais qui ne
fût pas altérée dans son fond. C'est ainsi que la Réforme se défend. Attaquée dans ses variations, elle ne
peut se défendre qu'en accusant l'antiquité, et surtout
les trois premiers siècles, non seulement de la plus
grossière ignorance, mais encore des erreurs les plus
capitales. M. Jurieu est l'auteur d'une si belle défense :
au moins, dit-il, nous ne périrons pas tout seuls ;
nous nous sauverons par le nom et la dignité de nos
complices ; et s'il faut que la Réforme soit convaincue
d'instabilité, et par là de fausseté manifeste, elle
entraînera tous les siècles précédens, et même les
plus purs, dans sa ruine. N'importe que les Sociniens
gagnent leur cause : ils nous sont moins odieux que
les papistes ; et, puisqu'il nous faut périr, périssent
avec nous les plus saints de tous les Pères, et périsse,
s'il le faut ainsi, toute la gloire du christianisme.

Nous avons observé ailleurs (1) ce que ce ministre
téméraire dit des Pères de ces trois siècles : que
s'étoient de pauvres théologiens qui ne mar-
choient que rez-pied rez-terre (2) ; il n'excepte que
le seul Origène, c'est-à-dire de tous ces docteurs celui
dont les égaremens sont les plus fréquens ; et il laisse
dans l'ordure et dans le mépris saint Justin, saint
Irénée, saint Clément d'Alexandrie, un si sublime
théologien ; saint Cyprien, un si grand évêque et un
martyr si illustre ; Tertullien, un prêtre si docte et si

(1) *Apoc. Avert.* n. 33, 35. — (2) *Jur. acc. de Proph. II.*
part. p. 333.

vénérable, tant qu'il demeura dans le sein de l'Eglise ; saint Ignace même, et saint Polycarpe, disciples de saint Pierre et de saint Jean, et toutes les autres lumières de ces temps-là. Encore si ces *pauvres théologiens* n'étoient qu'ignorans, quoique ce soit un grand crime à des docteurs d'avoir si profondément ignoré les principes de la piété; mais, pour comble d'ignominie, il leur faut attribuer des erreurs plus grossières et plus impies que celles des païens mêmes : et ceux qui ne se défendent que par de si grands outrages envers le christianisme, osent encore se glorifier d'en être les réformateurs, et les seuls restaurateurs de la piété.

Mais ce n'est pas là tout le mal : en sortant de cette ignorance et de ces erreurs capitales des trois premiers siècles, et en venant au quatrième qui est le siècle de lumière, on n'en vaut pas mieux. On retombe en ce moment dans l'idolâtrie, et dans une idolâtrie la plus dangereuse de toutes, aussi bien que la plus grossière et la plus maligne; puisque c'est l'idolâtrie antichrétienne, où, sous le nom des saints, on rétablit les faux dieux et tout le culte des païens (1). Oui, dit-on, c'est en sortant des trois premiers siècles, si grossiers et si infectés de tant d'erreurs, qu'aussitôt on est replongé dans une si détestable idolâtrie; et ces grandes lumières du quatrième siècle, ces grands hommes, sous qui on avoue que la théologie chrétienne a du moins pris à la fin sa dernière forme, saint Basile, saint Ambroise, saint Grégoire de Nazianze et saint Augustin, qui seul, dit-on, *renferme plus de théologie dans ses écrits que tous les Pères des premiers siècles* fondus ensemble, sont les auteurs de ce culte impie et de cette idolâtrie antichrétienne.

Ce ne sont point ici des conséquences que nous tirions de la doctrine de votre ministre : nous avons produit ailleurs ses termes exprès (2), où il dit que tous ces grands hommes du quatrième siècle y ont

____

(1) *Apoc. Avert. n.* 28 *et suiv.* — (2) *Ibid.*

fait régner l'idolâtrie; qu'*ils ont été séduits par les esprits abuseurs, pour rétablir le culte des démons* (1); et enfin, que c'est sous eux que se sont formés l'impiété, les blasphèmes, les persécutions, et, pour tout dire en un mot, les idolâtries de l'Antechrist.

C'est ce que j'appellerois, si je le voulois, des prodiges de témérité, d'impiété, d'ignorance; et je ferois retomber sur le ministre tous les outrages dont il me charge pour avoir dit seulement que la vérité chrétienne, comme un ouvrage divin, a eu d'abord sa perfection. Je pourrois dire, à juste titre, qu'on ne sait si on a affaire à un chrétien ou à un païen, lorsqu'on entend ainsi déchirer le christianisme, sans l'épargner dans ses plus beaux jours. Mais, laissant à part toutes exagérations, considérons de sang froid la constitution qu'on veut donner à l'Eglise chrétienne. Les derniers siècles, depuis mille ans, sont le règne de l'Antechrist. Autrefois les protestans vantoient du moins le quatrième, comme le plus éclairé, et ils ne peuvent encore lui refuser cet honneur : mais cependant c'est la source de l'idolâtrie antichrétienne; c'est là qu'elle s'est formée; c'est là qu'elle règne. La Réforme poussée dans ce siècle, vouloit, ce semble, se faire un refuge dans les siècles des martyrs; et maintenant ce sont les plus infectés d'ignorance et d'erreurs; je dis même dans les points les plus essentiels, et dans le fond de la piété. Où est donc cette Eglise de Jésus-Christ contre laquelle *l'enfer ne devoit pas prévaloir* (2)? Où est cet ouvrage des apôtres dont Jésus-Christ avoit dit : *Je vous ai choisis et je vous ai établis, afin que vous alliez et que vous portiez du fruit, et que votre fruit demeure* (3)? Cependant tout tombe, tout est renversé aussitôt après les apôtres.

Ce qu'il y a de plus déplorable, c'est que même en se redressant, on laissoit en son entier la plus grande

____

(1) *Apoc. Avert.* n. 36. — (2) *Matt.* XVI. 18. — (3) *Joan.* XV. 16.

partie de l'erreur. Le mystère de la Trinité étoit encore *informe* au concile de Nicée, comme on a vu, et *jusqu'au concile de Constantinople*, qui est le second général; le mystère de l'Incarnation n'a été formé que par de longues disputes avec les Ariens, les Nestoriens et les Eutychiens; et ainsi il ne l'étoit pas au second concile général. Le sera-t-il du moins dans le troisième, qui est celui d'Ephèse, où, après la défaite des Ariens, on triompha de Nestorius, ennemi de l'Incarnation? Non, il faut encore essuyer les disputes avec Eutychès. La perfection de ce mystère étoit réservée au concile de Chalcédoine et au pape saint Léon, quoique ce soit l'Antechrist. Mais le concile d'Ephèse a-t-il du moins expliqué en termes convenables le mystère de l'Incarnation contre Nestorius, qui le détruisoit? On avoit cru jusqu'ici que ce saint concile de deux cents évêques assemblés de toute la terre, et auquel tout le reste de l'univers donnoit son consentement, avoit parlé convenablement contre cette erreur, en décidant que la sainte Vierge étoit vraiment mère de Dieu : car il n'y avoit rien de plus précis pour faire voir que Jésus-Christ étoit né Dieu, également Fils de Dieu et Fils de Marie : ce qui ne laissoit aucune évasion à ceux qui divisoient sa personne, et ne vouloient pas avouer qu'un enfant *de trois mois fût Dieu.* C'étoit donc là de ces expressions inspirées de Dieu à son Eglise, comme le consubstantiel, comme les autres que tous les siècles suivans ont révérées. Mais écoutons M. Jurieu, l'arbitre des chrétiens, et le censeur souverain des premiers conciles : *Ce fut,* dit-il (1), *aux docteurs du cinquième siècle une témérité malheureuse d'innover dans les termes,* en appelant la sainte Vierge *Mère de Dieu;* terme qui n'étoit point *dans l'Ecriture;* au lieu de se contenter de l'appeler *avec l'Ecriture, Mère de Jésus-Christ.* Le ministre continue : « Aussi Dieu n'a-t-il pas versé sa bénédic-
» tion sur la fausse sagesse de ces docteurs : au con-

______

(1) *Lettre* XVI. 1. an. p. 130, 131.

1. BOSSUET. AVERTISSEMENS.   2

» traire, il a permis que la plus criminelle et la plus
» outrée de toutes les idolâtries de l'antichristianisme
» ait pris son origine de là »; il veut dire la dévotion
à la sainte Vierge. Mais il faut bien avouer qu'elle
étoit devant ce concile, puisque l'église où il étoit
assemblé, et qui sans doute étoit bâtie avant qu'il se
tînt, s'appeloit Marie (1), du nom de cette Mère
Vierge, et que long-temps avant ce concile, saint
Grégoire de Nazianze avoit raconté qu'une martyre
du troisième siècle *avoit prié la sainte Vierge
Marie d'aider une vierge qui étoit en péril* (2).
Le ministre devroit donc dire, selon ses principes,
que ce fut en punition de cette idolâtrie du quatrième siècle, que Dieu livra le cinquième qui le suivit, à la téméraire entreprise d'appeler Marie, Mère
de Dieu. Mais quelle est donc cette faute des Pères
du concile d'Ephèse, si hautement censurée par votre
ministre ? Est-ce que la bienheureuse Vierge n'est pas
en effet Mère de Dieu ? le ministre n'ose le dire. C'est
donc à cause que cette expression, si propre à confondre l'erreur qui partageoit Jésus-Christ, n'étoit
pas dans l'Ecriture. A ce coup, que deviendra l'*ho-
mousios* de Nicée, et le *Deus de Deo* du même
concile? Il deviendra ce que dit Calvin (3), une
expression *dure* qu'il eût fallu supprimer; puisque
même, selon cet auteur (4), le Fils de Dieu est *Dieu
lui-même* comme son Père, et n'en reçoit pas l'essence divine. C'est ainsi que ces téméraires censeurs
méprisent les plus saints conciles et toute l'antiquité
ecclésiastique. Le concile d'Ephèse ne leur est plus
rien; celui de Nicée n'est pas plus ferme : en méprisant les expressions propres et précises, qui servoient
de barrière aux dogmes contre les suites et les équivoques des hérétiques, ils ouvrent la voie aux Sociniens. En effet, ces téméraires docteurs n'épargnent
rien. Ils nous ont fait un christianisme tout nouveau,

(1) *Conc. Ephes, act.* 1. *Labb. t.* III, *col.* 445. — (2) *Orat.
in Cypr. et Just. t.* 1. p. 279. — (3) *Opusc. explic. perfid.
Valent. Gent.* p. 673, 681. — (4) *Ibid.* 665, 672, *etc. I. Instit.*
n. 13, 19, *etc.*

où Dieu n'est plus qu'un corps, où il ne crée rien,
ne prévoit rien que par conjectures, comme nous;
où il change dans ses résolutions et dans ses pensées;
où il n'agit pas véritablement par sa grâce dans notre
intérieur; où Jésus-Christ n'est qu'un homme; où le
Saint-Esprit n'est plus rien de subsistant; où, pour la
grande consolation des libertins, l'âme meurt avec le
corps, et l'éternité des peines n'est qu'un songe plein
de cruauté. Tel est ce nouveau christianisme que
Socin et ses sectateurs ont introduit. Vous vous écriez
avec raison contre ces blasphèmes, mais ces subtils
adversaires ne s'étonnent pas de vos cris. Pourquoi
se tant récrier? vous diront-ils : vos ministres sont
pour nous; vous leur avez vu attribuer aux premiers
docteurs de l'Eglise la partie la plus importante des
dogmes qui vous font peine dans notre doctrine. Dieu
change, Dieu est un corps, le Fils et le Saint-Esprit
ne sont pas des choses subsistantes de toute éternité;
la grâce et le péché originel sont des dogmes que les
premiers siècles ne connoissoient pas : c'est ce que
nous avons déjà gagné de l'aveu de vos ministres.
Vous vous accoutumerez peu à peu à tout le reste de
nos dogmes, et alors la réformation sera vraiment
accomplie. Vous le savez : c'est ainsi qu'ils parlent;
mais que leur répondrez-vous selon les principes de
votre ministre? Pendant qu'ils abusent de l'Ecriture,
et la tournent en mille manières plausibles au sens
humain qu'elles flattent, si vous pensez, mes chers
Frères, donner un frein à leur licence, en disant
qu'ils ne peuvent montrer un seul auteur chrétien
qui ait entendu l'Ecriture comme ils font, et plutôt
qu'on leur montrera que tous les auteurs leur sont
contraires : cette preuve, la plus sensible et la plus
propre à leur conviction qu'on puisse leur opposer,
par le secours de vos ministres, n'est plus qu'un jouet
de ces esprits libertins. Leur vanterez-vous le quatrième et cinquième siècle, l'autorité de leurs conciles,
et les lumières admirables de leurs docteurs? Mais
c'est la source et le siége de l'idolâtrie antichrétienne.
Irez-vous aux siècles précédens? Mais tout y est plein

d'erreurs et d'ignorance, et vos ministres leur y font trouver plus de partisans que de censeurs. Qu'y a-t-il donc d'entier dans le christianisme, et où le trouverons-nous dans sa pureté ?

Dans l'Ecriture, dites-vous ? Voilà de quoi on vous flatte ; mais vous ne considérez pas que pour l'honneur de l'Ecriture, il faut trouver quelqu'un qui l'ait entendue : or, si nous en croyons votre ministre, il n'y eut jamais de livre plus universellement mal entendu que cette Ecriture, ni de doctrine plus tôt oubliée que celle de Jésus-Christ, ni enfin de docteurs plus malheureux que les apôtres ; puisqu'à peine avoient-ils les yeux fermés, que l'Eglise qu'ils avoient plantée fut toute défigurée par des erreurs capitales. Et par qui est arrivé ce malheur sur le travail des apôtres ? Par leurs disciples, par leurs successeurs, par ceux qui remplirent leurs chaires incontinent après eux, par ceux qui versoient leur sang pour leur doctrine : tant ils avoient mal instruit leurs disciples ; tant leur travail, qui devoit être si solide et si permanent, fut tôt dissipé.

Là vous aurez à essuyer la risée et les railleries des libertins. Où sont, diront-ils, les promesses de Jésus-Christ ? Où la fermeté de son Eglise ? Où la pureté tant vantée du christianisme ? Les Sociniens déclarés ne seront pas moins terribles : Pourquoi nous condamnez-vous avec tant d'aigreur pour des dogmes qui nous sont communs avec les martyrs ? Mais ceux qui pressent le plus M. Jurieu, sont ceux qu'il appelle les Tolérans, c'est-à-dire des Sociniens déguisés, mitigés, si vous le voulez, dont toute la *religion*, dit votre ministre (1), *est dans la tolérance des différentes hérésies*. « Ces sortes de gens, poursuit-
» il, tirent avantage des variations des anciens, et
» ils disent : Il faut bien que les mystères de la Tri-
» nité et de l'Incarnation ne soient pas couchés si
» clairement dans l'Ecriture, puisque les premiers
» Pères ont varié là-dessus. »

(1) *Lettre* VII, *p.* 53.

Assurément il n'y a rien de plus pressant que cet argument des Tolérans. Car ces anciens, qu'on accuse d'avoir varié sur ces mystères, ne sont pas les simples et les ignorans; ce sont les docteurs et les évêques : ce ne sont pas quelques esprits contentieux qui obscurcissoient exprès les Ecritures : ce sont les saints et les martyrs. Si donc on avoue aux Sociniens, ou, si vous voulez, à ces Tolérans, que ces mystères n'étoient pas connus dans les premiers siècles, il s'ensuit qu'ils n'étoient pas clairs dans l'Ecriture, et qu'il faut encore maintenant excuser ceux qui ne peuvent les y voir.

Que répond ici votre ministre ? Ecoutez et étonnez-vous de la prodigieuse contradiction de sa doctrine. « Il faut répondre à cela, dit-il (1), qu'il n'est pas » vrai que les anciens Pères aient varié sur les parties » essentielles de ces mystères. Car ils ont tous cons- » tamment reconnu qu'il n'y avoit qu'un Dieu, et une » seule essence divine : dans cette seule essence trois » personnes, et que la seconde de ces trois personnes » s'est incarnée et a pris chair humaine. » Voilà une réponse qui tranche; mais les Tolérans lui feront bien voir qu'il ne la peut avancer sans se contredire. Vous nous assurez maintenant, diront-ils, que les anciens n'ont point varié dans les parties essentielles de ces mystères : mais vous nous disiez tout à l'heure qu'ils nioient l'éternité de la personne du Fils, et qu'ils croyoient que pour en expliquer la génération, il falloit dire qu'il étoit arrivé du changement en Dieu; en sorte que son propre Fils ne lui étoit pas coéternel : par conséquent, ni l'éternité de sa personne, ni l'immutabilité de son éternelle génération, ne sont pas *parties essentielles* du mystère de la Trinité.

Cela est embarrassant pour votre ministre, et vous voyez bien qu'il n'en sortira jamais. Mais ces Tolérans le poussent encore plus avant : *Les anciens Pères,* dites-vous, *n'ont point varié là-dessus,* c'est-à-dire sur le mystère de la Trinité et sur celui de l'Incarnation : *et c'est une preuve évidente que l'Ecriture est claire sur ces articles.* Tout ce donc où

(1) *Lettre* VII, p. 53.

ils ont varié n'étoit pas clair : or, selon vous, ils ont
varié, non seulement sur l'éternité de la personne du
Verbe, et sur l'immutabilité de l'Etre divin, mais
encore sur la providence particulière, sur la spiritua-
lité et l'immensité de Dieu, sur la grâce, sur le libre
arbitre, sur la satisfaction de Jésus-Christ, et sur
tous les autres points qu'on a vus : donc l'Ecriture
n'est pas claire sur tous ces points, et il faut tolérer
ceux qui les rejettent.

Que sert ici à votre ministre la distinction de la foi
et de la théologie ? *La foi des anciens, dit-il, n'a
pas varié*, mais seulement *leur théologie*. Ces
importuns Tolérans ne le laisseront pas en repos.
Qu'appelez-vous leur théologie, que vous distinguez
de leur foi ? C'est, dit le ministre, l'explication qu'ils
ont voulu faire des articles de la foi. Mais voyons
encore quelle explication ? Etoit-ce une explication
qui laissât en son entier le fond des mystères, ou
bien une explication qui le détruisît en termes formels ?

Ce n'étoit pas une explication qui laissât en son
entier le fond du mystère, puisqu'on lui a démontré
que, selon lui, c'étoient les choses les plus essentielles,
que les anciens ignoroient ; comme sont l'éternité du
Fils de Dieu, la perfection de l'Etre divin, et les
autres choses semblables. Ainsi leurs explications regardoient immédiatement le fond de la foi : la distinction de théologie, dont on vous amuse, n'est
qu'une illusion et un discours jeté en l'air pour tromper
les simples.

Reconnoissez donc, mes chers Frères, que votre
docteur, incertain de ce qu'il doit dire, hasarde tout
ce qui lui vient dans la pensée, selon qu'il se sent
pressé par les difficultés qu'on lui propose, et vous
le donne pour bon, sans vous ménager. Dans son
Système de l'Eglise (1), il a eu besoin de dire qu'elle
n'avoit jamais varié dans les articles fondamentaux :
il l'a dit, et s'il y a une vérité qui ne puisse être con-
testée, c'est celle-là, puisqu'il est de la dernière évi-

____

(1) *Syst. de l'Egl. p* 256 *et suiv.* 453 *et suiv. etc.*

dence que l'Eglise ne subsiste plus quand on en a
renversé jusqu'aux fondemens. D'ailleurs, il n'a point
trouvé de meilleur moyen pour distinguer les articles
fondamentaux d'avec les autres, qu'en disant que les
articles fondamentaux sont ceux qui ont toujours été
reconnus : on n'a donc jamais varié sur ces articles.
C'étoit ici une doctrine où il falloit absolument demeurer ferme, et selon ses principes particuliers, et
selon la vérité même : mais l'Histoire des Variations
a fait changer un principe si constant. Pour justifier
les variations de la Réforme, il a fallu en trouver
dans l'ancienne Eglise. Votre ministre avoit cru d'abord
qu'il lui suffiroit d'en montrer dans la manière seulement d'expliquer les choses ; mais dans la suite de la dispute il a bien vu qu'il n'avançoit rien, s'il ne montroit des variations dans le fond même : il a donc
fallu en attribuer aux premiers siècles, et dans les
matières les plus essentielles. Les Tolérans sont venus,
qui lui ont prouvé par ses principes que ces matières
n'étoient donc plus si essentielles, s'il étoit vrai que
les premiers siècles les eussent ignorées ou rejetées.
Alors il a fallu revenir à ses premières pensées, et
répondre que les premiers siècles n'avoient point
varié dans tous ces points. Ainsi, dans la même
lettre (1), on trouve les trois premiers siècles accusés
d'erreurs capitales sur la personne du Fils de Dieu,
sur la foi de la Providence, sur la satisfaction et la
grâce de Jésus-Christ, et le reste que nous avons vu ;
et on y trouve en même temps *qu'on n'a jamais
varié sur les parties essentielles de ces mystères* (2). Le même homme dit ces deux choses dans
la même lettre ; et, pour s'expliquer plus clairement,
il commence par assurer « que la foi des simples n'a
» jamais varié sur la Trinité, sur l'Incarnation, et
» sur les autres articles fondamentaux, comme sur la
» satisfaction que Jésus-Christ a offerte par sa mort
» pour nos péchés, et enfin sur la Providence, qui
» seule gouverne le monde, et dispense tous les évé-

______

(1) *Lettre* vii, *p.* 49 *et suiv.* — (2) *Ibid. p.* 56.

» nemens particuliers. » Voilà donc déjà la foi des
simples, c'est-à-dire du gros des fidèles, en sûreté :
mais de peur qu'on ne s'imagine que les docteurs ne
fussent ceux dont la subtilité eût tout brouillé, il
ajoute « que cette foi des simples étoit en même
» temps la foi des docteurs. » Voilà ce qu'on trouve
en termes formels dans les mêmes lettres de votre
ministre : c'est-à-dire qu'on y trouve en termes formels dans une matière fondamentale, les deux propositions contradictoires ; tant il est peu ferme dans
le dogme, et tant il est manifestement de ceux dont
parle saint Paul, *qui n'entendent ni ce qu'ils
disent eux-mêmes, ni les choses dont ils parlent
avec le plus d'assurance* (1).

Il faudra enfin toutefois que ce ministre choisisse,
puisqu'on ne peut pas soutenir ensemble les deux
contradictoires. Mais, mes Frères, que choisira-t-il,
puisqu'il est également pris, quoi qu'il choisisse ?
Dira-t-il que la foi de l'Eglise n'a jamais varié ? Il
fait pour moi, et il confirme ma proposition qu'il a
trouvée si étrange, si prodigieuse, *si pleine de témérité et d'ignorance, et plus digne enfin d'un
païen que d'un chrétien.* Prendra-t-il le parti de
dire que l'Eglise des premiers siècles a varié dans ses
dogmes ? Ils ne seront donc plus fondamentaux, ni
si certains que le prétend ce ministre même : il sera
forcé de recevoir ceux qui les nieront ; et les Tolérans,
c'est-à-dire, comme on a vu, des Sociniens déguisés,
gagneront leur cause.

Peut-être que, pour couvrir ses contradictions et
son erreur, il dira qu'à la vérité les Pères qu'il a cités
ont enseigné ce qu'il avance ; mais que c'étoient des
particuliers qui n'entendoient pas les vrais sentimens
de l'Eglise. Mais déjà, s'il est ainsi, ma proposition,
tant condamnée par votre ministre, est en sûreté ;
puisqu'il demeure pour constant qu'on ne peut plus
accuser la foi de l'Eglise, ni soutenir qu'elle ait varié :
et d'ailleurs ce n'est ici qu'une échappatoire ; puisque

____

(1) *I. Tim.* 1. 7.

le ministre n'a pas prétendu montrer de l'erreur dans la doctrine des particuliers, mais par la doctrine des particuliers, en faire voir dans l'Eglise même, y faire voir, comme il dit, *des erreurs capitales dans la théologie de ces siècles-là, une opinion régnante et constante*, et le reste que nous avons vu (1) : et quand il n'auroit voulu rapporter que des erreurs particulières, il ne laisseroit pas d'être convaincu de ne les avoir pas rejetées ; puisque, pour les rejeter autant qu'il faut, il faut les rejeter jusqu'à dire qu'elles sont damnables. Or elles ne sont pas damnables, si elles se sont trouvées dans les martyrs, si l'Eglise les y a vues, et les y a tolérées : il faudra donc mettre au rang de ceux qu'on tolère, ceux qui nient que la génération et la personne du Fils de Dieu soient éternelles. La conséquence est si bonne, que votre ministre a été contraint de l'avouer ; d'avouer, dis-je, que l'erreur où l'on nioit l'éternité de la personne du Fils de Dieu, n'étoit pas *essentielle et fondamentale* : ce qui donne aux défenseurs de cette impiété la même entrée qu'aux Luthériens dans la communion de la vraie Eglise.

Mais enfin, dites-vous, venons au fond. Est-il vrai, ou ne l'est-il pas, que les saints docteurs aient varié sur tous ces dogmes ? Hélas ! où en êtes-vous, si vous avez besoin qu'on vous prouve que les articles les plus essentiels, et même la Trinité et l'Incarnation ont toujours été reconnues par l'Eglise chrétienne ? Il n'y a que les Sociniens qui aient besoin d'être instruits sur ce sujet-là. Que si vous êtes ébranlés par l'autorité de M. Jurieu, qui vous dit si hardiment que ces importantes vérités n'étoient pas connues des anciens, vous devez en même temps vous souvenir que sa doctrine ne se soutient pas, et que ce qu'il assure si clairement dans un endroit, il ne le désavoue pas moins clairement en l'autre. Ce ministre n'est donc plus bon qu'à vous faire voir la confusion qui règne dans vos Eglises, où ce qu'il y a de plus important et de plus certain devient douteux.

(1) *Lettre* VI, *p.* 45. VII, *p.* 49. Ci-dessus, *p.* 18.

2.

Mais après tout, que vous dit-on pour vous prouver les variations qu'on attribue aux anciens ? Pour vous faire croire, par exemple, que les anciens admettoient en Dieu du changement, on vous produit Athénagoras; mais cet auteur, dans le propre endroit qu'on vous allègue (1), répète trois et quatre fois *que Dieu est non seulement un être immense, éternel, incorporel, qui ne peut être entendu que par l'esprit et par la pensée;* mais encore ce qui est précisément ce qu'on nous conteste, *indivisible, immuable;* ou qu'on me montre ce que veut dire ce mot ἀτρεπτος, si ce n'est inaltérable, immuable, imperturbable, incapable de rien recevoir de nouveau en lui-même, ni d'être jamais autre chose que ce qu'il a été une fois. Voilà, ce me semble, assez clairement l'immutabilité de l'Etre divin, et en passant son immense perfection, que votre ministre ne veut pas qu'on ait connue distinctement en ces temps-là. Il ne me seroit pas plus difficile de défendre les autres Pères d'une si grossière erreur; et si je parle d'Athénagoras à votre ministre, c'est à cause que c'est le premier qu'il a cité, et le premier des ces saints auteurs qui m'est tombé sous la main : mais à Dieu ne plaise, mes Frères, que j'aie à défendre la doctrine des premiers siècles contre vous, sur l'éternelle génération du Fils de Dieu !

Si votre ministre en doute, et qu'il ne veuille pas lire les doctes traités d'un Père Thomassin (2), qui explique si profondément les anciennes traditions, ou la savante Préface d'un Père Pétau (3), qui est le dénoûment de toute sa doctrine sur cette matière; je le renvoie à Bullus (4), ce savant protestant anglais, dans le Traité où il a si bien défendu les Pères qui ont précédé le concile de Nicée. Vous devez, ou renoncer, ce qu'à Dieu ne plaise, à la foi de la sainte Trinité, ou présupposer avec moi que cet auteur a

(1) *Athenag. Legat. pro Christ. Edit. Bened. inter Opera Just. n.* 8, *p.* 285. — (2) *Dogm. Theol. Thomass. t.* III. — (3) *Petav. Præf. t.* II, *Theol. dogm.* — (4) *Bull. def. PP.*

raison. L'antiquité n'a pas moins connu les autres points ; et, sans m'arrêter ici à vous nommer tous les Pères, le seul saint Cyprien suffiroit pour confondre M. Jurieu. Je le défie de me faire voir dans ce grave auteur la moindre teinture des erreurs dont il accuse les trois premiers siècles : au contraire, il seroit aisé de lui faire voir toutes ces erreurs condamnées dans ses écrits, si c'en étoit ici le lieu ; et vous pouvez en faire l'essai dans un des passages que votre ministre produit.

Pour vous montrer que saint Cyprien n'entendoit pas la satisfaction de Jésus-Christ, il a produit un passage (1), où il dit que « la rémission des péchés « se donne dans le baptême par le sang de Jésus- » Christ ; mais que les péchés qui suivent le baptême » sont effacés par la pénitence et par les bonnes » œuvres (2). » Il voudroit vous faire croire que la rémission des péchés, que saint Cyprien attribue à la pénitence et aux bonnes œuvres, est opposée à celle qu'il attribue au sang du Sauveur ; mais c'est à quoi ce saint martyr ne songeoit pas. Il ne fait que rapporter les passages de l'Écriture, où la rémission des péchés est attribuée à l'aumône et aux bonnes œuvres. Si ces expressions emportoient l'exclusion du sang de Jésus-Christ, il faudroit donc faire le même procès, non plus à saint Cyprien, mais à Salomon, qui a dit que *le péché a été nettoyé par la foi et par l'aumône* (3) ; à l'Ecclésiastique, qui enseigne que *comme l'eau éteint le feu ardent, ainsi l'aumône résiste aux péchés* (4) ; à Daniel, qui a dit : *Rachetez vos péchés par vos aumônes* (5) ; au livre de Tobie, où il est écrit, que *l'aumône délivre de la mort*, et qu'*elle lave les péchés* (6) ; à Jésus-Christ même, qui dit : *Faites l'aumône, et tout est pur pour vous* (7). Mais si dans ces passages célèbres, que saint Cyprien produit, et qu'il produit tous sous le

(1) *Lettre* VII, *p,* 50, *c.* 2. — (2) *Cypr. Tr. de Cper et Eleemos.*—(3) *Prov.* IV. 27. — (4) *Eccl.* III. 33. — (5) *Dan.* IV. 24. — (6) *Tob.* XII. 9. — (7) *Luc.* XI. 41.

nom d'Écriture-Sainte, même ceux de l'Ecclésiastique
et de Tobie, ne veulent pas dire que l'aumône sauve
indépendamment du sang de Jésus-Christ, pourquoi
imputer cette erreur à saint Cyprien, qui ne fait que
les répéter? Si donc il attribue particulièrement à
Jésus-Christ la rémission des péchés dans le baptême, c'est à cause qu'il y agit seul, et sans qu'il
soit nécessaire d'y joindre nos bonnes œuvres, ou,
comme parle saint Cyprien (1), nos *satisfactions
particulières*, ainsi qu'il paroît dans les enfans :
mais au surplus quand il dit qu'*il faut* SATISFAIRE ;
qu'*il faut* MÉRITER *la bienveillance de notre Juge,
le fléchir par nos bonnes œuvres, et le faire
notre débiteur,* il n'entend pas pour cela que la rémission des péchés, et la grâce que nous acquérons
par ce moyen, ne viennent pas de son sang ; car, au
contraire, il reconnoît que lorsque ce juste Juge
donnera à *nos bonnes œuvres et* À NOS MÉRITES *les
récompenses qu'il leur a promises,* la vie éternelle
que nous obtiendrons, nous sera donnée *par son
sang. Il faut,* dit-il (2), SATISFAIRE *à Dieu pour ses
péchés;* mais il faut aussi *que la satisfaction soit
reçue par Notre Seigneur.* Il faut croire que tout
ce qu'on fait n'a rien de parfait ni de suffisant en soi-
même ; puisqu'après tout, quoi que nous fassions,
nous ne sommes que des serviteurs inutiles, et que
nous n'avons pas même à nous glorifier du peu que
nous faisons ; puisque, comme nous l'avons déjà rapporté, tout nous vient de Dieu par Jésus-Christ, en
qui seul nous avons accès auprès du Père (3).   —

Voilà les paroles de saint Cyprien ; et vous voyez
bien, mes chers Frères, que sa doctrine est la nôtre.
Nous distinguons avec lui la grâce pleinement donnée
dans le baptême, d'avec celle qu'il faut obtenir par
de *justes satisfactions,* comme parle le même
Père (4), et néanmoins qu'il ne faut attendre, dit-il

(1) *Cypr. de Oper. et Eleem.* p. 237 *et seq.* —(2) *Epist.* 26.—
(3) *Testim.* III. 4. p. 305. *Ibid.* II. 27. p. 293 *et* 294.—
(4) *Epist.* XL. p. 54.

encore dans le même endroit, *que de la divine
miséricorde.*

Votre ministre vous a donc fait voir que saint
Cyprien ne connoissoit pas, non plus que les autres
Pères, la justification protestante. Il a raison, et il
vous confirme ce que j'ai fait ailleurs (1), que votre
justification, par pure imputation, est un mystère
inconnu à toute l'antiquité; comme nous avons démontré que les protestans, et Melancton même, le
plus zélé défenseur de cette doctrine, en demeurent
d'accord. Ainsi, saint Cyprien n'avoit garde de parler
en ce point-là comme vous faites; et tout ce qu'a
gagné votre ministre en vous citant ce saint martyr,
ç'a été de vous montrer la condamnation, non d'une
vérité vraiment chrétienne, mais d'un article particulier de votre Réforme.

Mais enfin, direz-vous encore, il cite un passage
exprès de saint Augustin, où ce sublime théologien
reconnoît qu'en combattant les hérétiques, « l'Eglise
» apprend tous les jours de nouvelles vérités; ce ne
» sont donc pas, conclut le ministre (2), de nouvelles
» explications et de nouvelles manières que les héré-
» tiques donnent moyen à l'Eglise d'apprendre, mais
» de nouvelles vérités. » Ce passage est concluant,
direz-vous. Il est vrai : mais, par malheur pour votre
ministre, *ces nouvelles vérités* sont de son inven-
tion. Voici ce que dit saint Augustin dans le passage
qu'il allègue : « Il y a, dit-il (3), plusieurs choses qui
» appartiennent à la foi catholique, lesquelles étant
» agitées par les hérétiques, dans l'obligation où l'on
» est de les soutenir contre eux, sont considérées
» plus soigneusement, plus clairement entendues,
» plus vivement inculquées; en sorte que la question
» émue par les ennemis de l'Eglise, est une occasion
» d'apprendre. » Voilà tout ce que dit saint Augustin,
sans y rien ajouter ni diminuer. Si j'avois eu à choisir
dans tous ses ouvrages un passage exprès contre ce

_____

(1) *Var. liv.* v, p. 233. — (2) *Lettre* vi, p. 43, c. 1. —
(3) *Aug. de Civ. Dei. lib.* xvi, c. 11, n. 1. t. vii, col. 415.

ministre, j'aurois préféré celui-ci à tous les autres ;
puisqu'il est clair, selon les paroles de ce saint docteur, qu'apprendre, dans cet endroit, n'est pas découvrir *de nouvelles vérités*, comme le ministre
l'ajoute du sien ; mais se confirmer dans celles qu'on
sait, s'y rendre plus attentif, les mettre dans un plus
grand jour, les défendre avec plus de force : ce qui
présuppose manifestement ces vérités déjà reconnues.
Après cela, fiez-vous à votre ministre, quand il vous
cite des passages. Non, mes Frères, il ne les lit pas,
ou il ne les lit qu'en courant : il y cherche des difficultés, et non pas des solutions ; de quoi embrouiller
les esprits, et non de quoi les instruire ; et il n'épargne
rien pour vous surprendre.

Comme quand pour vous faire accroire *que la
théologie des Pères étoit imparfaite* sur le mystère
de la Trinité, il fait dire au Père Pétau, *en propres
termes, qu'ils ne nous en ont donné que les premiers linéamens* (1). Mais ce savant auteur dit le
contraire à l'endroit que le ministre produit, qui est
la préface du tome ɪɪ des Dogmes théologiques : car
il entreprend d'y prouver que la doctrine catholique
a toujours été constante sur ce sujet ; et dès le premier
chapitre de cette préface, il démontre que *le principal et la substance du mystère* a toujours été
bien connu par la tradition ; que les Pères des premiers siècles *conviennent avec nous dans le fond,
dans la substance, dans la chose même, quoique
non toujours dans la manière de parler* (2) ; et ce
qu'il continue à prouver au second chapitre, par le
témoignage de saint Ignace, de saint Polycarpe, et
de tous les anciens docteurs : enfin dans le troisième
chapitre, qui est celui que le ministre nous objecte
en parlant de saint Justin, celui de tous les anciens
qu'on veut rendre le plus suspect, ce savant jésuite
décide que ce saint martyr *a excellemment et clairement proposé ce qu'il y a de principal et de*

(1) *Lettre* ɪ, p. 45. — (2) *Theol. dogm.* t. ɪɪ, *Præf.*
c. 1, n. 10, 12.

substantiel dans ce mystère : ce qu'il prouve aussi d'Athénagoras, de Théophile d'Antioche, des autres, *qui tous ont tenu,* dit-il (1), *le principal et la substance du dogme, sans aucune tache :* d'où il conclut que s'il se trouve dans ces saints docteurs quelque passage plus obscur, c'est à cause qu'ayant à traiter avec « les païens et les philosophes, ils ne » déclaroient pas avec la dernière subtilité et préci- » sion, l'intime et le secret du mystère dans les livres » qu'ils donnoient au public; et pour attirer ces phi- » losophes, ils le tournoient d'une manière plus con- » forme au platonisme qu'ils avoient appris, de même » qu'on a fait encore long-temps après dans les caté- » chismes qu'on faisoit pour instruire ceux qu'on » vouloit attirer au christianisme, à qui au commen- » cement on ne donnoit que les premiers traits, ou, » comme le ministre le traduit, les premiers linéa- » mens des mystères » : non qu'ils ne fussent bien connus, mais parce qu'on ne jugeoit pas que ces âmes, encore infirmes, en pussent soutenir tout le poids; en sorte qu'on jugeoit à propos de les intro- duire dans un secret si profond, avec un ménagement convenable à leur foiblesse : voilà, *en propres termes,* ce que dit ce Père. Votre ministre lui fait dire tout le contraire *en propres termes.* Il lui fait dire que *la théologie étoit imparfaite,* à cause qu'il dit qu'elle se tempéroit, et qu'elle s'accommodoit à la capacité des ignorans; et il prend pour ignorance, dans les maîtres, le sage tempérament dont ils se servoient envers leurs disciples.

Et pour vous découvrir encore plus clairement les illusions dont on tâche de vous éblouir, y en a-t-il une plus grossière que celle d'avoir voulu faire accroire que la foi de l'Eglise n'a été formée que lorsqu'à l'occasion des hérésies survenues, il a fallu en venir à des décisions expresses? Mais, au contraire, on n'a fait les décisions qu'en proposant la foi des siècles passés. Par exemple, votre ministre a osé vous dire

____

(1) *Theol. dogm. t.* 11, *Præf. c.* 3.

que la foi de l'Incarnation n'a été formée qu'après qu'on eut essuyé les disputes des Nestoriens et des Eutychiens, c'est-à-dire dans le concile de Chalcédoine : mais ce n'est pas ce qu'en a pensé le concile même. Car par où a-t-on commencé cette vénérable assemblée, et par où a commencé saint Léon, qu'elle a eu pour conducteur ? Par dire peut-être que jusqu'alors on n'avoit pas bien entendu ce mystère, ni assez pénétré ce qu'en avoit dit l'Écriture. A Dieu ne plaise : on commence par faire voir que les saints docteurs l'avoient toujours entendue comme on faisoit encore alors, et qu'Eutychès avoit rejeté la doctrine et les expositions des Pères. C'est par là que commença saint Léon, comme on le voit par ses divines Lettres, que ce concile a admirées ; c'est ce que fait ce concile même ; et il n'approuve la lettre de saint Léon qu'à cause qu'elle est conforme à saint Athanase, à saint Hilaire, à saint Basile, à saint Grégoire de Nazianze, à saint Ambroise, à saint Chrysostôme, à saint Augustin, à saint Cyrille, et aux autres que saint Léon avoit cités (1).

Mais peut-être qu'on crut ajouter la perfection qui manquoit aux décisions des conciles précédens ? Point du tout : car on commence par les rapporter au long, et à les poser pour fondement ; puis le saint concile parle ainsi : « Cette sainte assemblée suit et embrasse
» la règle de la foi établie à Nicée, celle qui a été
» confirmée à Constantinople, celle qui a été posée à
» Éphèse, celle que suit saint Léon, homme aposto-
» lique et pape de l'Église universelle, et n'y veut ni
» ajouter ni diminuer (2). » La foi étoit donc parfaite ;
et si l'on se fût avisé de dire à ces Pères, comme fait aujourd'hui votre ministre, qu'avant leur décision elle étoit *informe*, ils se seroient récriés contre cette parole téméraire, comme contre un blasphème. C'est pourquoi ils commencent ainsi leur définition de foi :
« Nous renouvelons la foi infaillible de nos Pères qui
» se sont assemblés à Nicée, à Constantinople, à

(1) *Conc. Chal. Act. 2. Labb. t. IV, col.* 325 *et seq.* —
(2) *Act. 4. col.* 466 *et seq.*

» Ephèse, sous Célestin et Cyrille (1). » Pourquoi
donc font-ils eux-mêmes une nouvelle définition de
foi? Est-ce que celle des conciles précédens n'étoit
pas suffisante? Au contraire, « elle suffisoit, conti-
» nuent-ils, pour une pleine déclaration de la vérité.
» Car on y montre LA PERFECTION de la Trinité et de
» l'Incarnation du Fils de Dieu. Mais parce que les
» ennemis de la vérité, en débitant leurs hérésies,
» ont inventé de nouvelles expressions, les uns en
» niant que la sainte Vierge fût Mère de Dieu, et les
» autres en introduisant une prodigieuse confusion
» dans les deux natures de Jésus-Christ : ce saint et
» grand concile, enseignant que la prédication de la
» foi est dès le commencement TOUJOURS IMMUABLE, a
» ordonné que la foi des Pères DEMEUREROIT FERME,
» et qu'il n'y a rien A Y AJOUTER, comme s'il y man-
» quoit quelque chose. » Ainsi, la définition de ce
concile n'a rien de nouveau, qu'une nouvelle déclaration de la foi des Pères et des conciles précédens,
appliquée à de nouvelles hérésies.

Ce qu'on fit alors à Chalcédoine, on l'avoit fait à
Ephèse. On commença par y faire voir, contre Nestorius, que saint Pierre d'Alexandrie, saint Athanase,
le pape saint Jules, le pape saint Félix et les autres
Pères avoient reconnu Jésus-Christ comme Dieu et
homme tout ensemble, et par conséquent sa sainte
Mère comme étant vraiment Mère de Dieu (2); en
sorte que saint Grégoire de Nazianze n'hésitoit pas à
anathématiser ceux qui le nioient (3) : on renouvela
la foi de Nicée, *comme pleinement suffisante* pour
expliquer le mystère, et on montra que les saints
Pères l'avoient entendu comme on faisoit à Ephèse ;
on décida, sur ce fondement, que saint Cyrille « étoit
» défenseur de l'ancienne foi, et que Nestorius étoit
» un novateur qui devoit être chassé de l'Eglise. Nous
» détestons, disoit-on, son impiété : tout l'univers

(1) *Defin. Chalced. Act.* 5, *col.* 561. — (2) *Conc. Eph.
Act.* 1. *Labb. t.* III, *col.* 513. — (3) *Greg. Naz. Epist. ad
Cledon.* 1. *p.* 738.

» l'anathématise : que celui qui ne l'anathématise pas,
» soit anathème (1). »

On vous dira qu'on n'entend parler que des Pères
et des conciles, et que c'est trop négliger l'Ecriture-
Sainte. Détrompez-vous de cette erreur : loin de négliger par là l'Ecriture, c'est le moyen qu'on prenoit
pour en fixer l'interprétation, et ne varier jamais : on
ne trouvoit point de plus sûre interprétation que celle
qui avoit toujours été publique et solennelle dans
l'Eglise. Ainsi, on faisoit gloire à Chalcédoine d'entendre l'Ecriture-Sainte, comme on avoit fait à Ephèse,
et à Ephèse comme on avoit fait à Constantinople et
à Nicée. Mais est-il vrai qu'à Nicée la foi de la Trinité
fût encore *informe*, et qu'elle ne fut formée qu'à
Constantinople, où l'on définit la divinité du Saint-
Esprit ? Il est vrai qu'on ne définit expressément à
Nicée que ce qui étoit expressément révoqué en doute,
qui étoit la divinité du Fils de Dieu : car l'Eglise, toujours ferme dans sa foi, ne se presse pas dans ses décisions ; et sans vouloir émouvoir de nouvelles difficultés, elle ne les résout par décrets exprès, qu'à mesure
qu'on les lui fait : de sorte qu'on ne prononça aucun
décret particulier sur la divinité du Saint-Esprit, dont
on ne disputoit pas encore alors. Cependant, comme
dit très-bien le concile de Chalcédoine (2), « LA FOI
» de la Trinité étoit PARFAITE ; puisqu'après avoir dé-
» claré qu'on croyoit au Père et au Fils, comme son
» égal ; lorsqu'on disoit avec la même force et la
» même simplicité : Je crois au Saint-Esprit, on nous
» apprenoit suffisamment à y mettre notre confiance,
» comme on la met en Dieu : mais parce que dans la
» suite on fit à l'Eglise une nouvelle querelle sur le
» Saint-Esprit, il en fallut déclarer plus expressément
» la divinité dans le concile de Constantinople » ; non
que la foi de Nicée fût *informe* et insuffisante, à Dieu
ne plaise, mais afin de fermer la bouche plus expressément aux esprits contentieux.

(1) *Conc. Eph Act.* 1. *col.* 501. — (2) *Alloc ad Marc.
Imp. Conc. Chalc. p.* 3. *Labb,* t. IV, *col.* 821.

En effet, il est bien certain que saint Athanase, qui étoit l'oracle de l'Eglise, avoit parlé aussi pleinement de la divinité du Saint-Esprit, qu'on fit depuis à Constantinople : et il fait voir clairement dans sa lettre, où il expose la foi à l'empereur Jovien, que les Pères de Nicée en avoient parlé de même (1). Aussi, les Pères de Constantinople firent profession de n'exposer que la foi ancienne, dans laquelle tous les fidèles avoient été baptisés (2). Par ce moyen, on n'innovoit rien à Constantinople : mais on n'avoit pas plus innové à Nicée. Saint Athanase a fait voir aux Ariens que la foi de ce saint concile étoit celle dans laquelle *les martyrs avoient versé leur sang* (3). Ce grand homme avoit vu la persécution : il en restoit dans l'Eglise un grand nombre de saints confesseurs, avec qui il conversoit tous les jours, et personne n'ignoroit la foi des martyrs. Il démontre, dans un autre endroit, que la foi de la divinité de Jésus-Christ *avoit passé de père en père jusqu'à nous* (4). Il prouve qu'Origène même, que les Ariens vantoient le plus comme un des leurs, avoit très-bien expliqué la saine doctrine sur l'éternité et la consubstantialité du Fils de Dieu (5). C'est *cette foi*, dit-il (6), *qui a été de tout temps;* et c'est pourquoi, continue-t-il, « toutes les Eglises la suivent (en commençant par
» les plus éloignées), celles d'Espagne, de la Grande-
» Bretagne, de la Gaule, de l'Italie, de la Dalmatie,
» Dacie, Mysie, Macédoine, celles de toute la Grèce,
» de toute l'Afrique, les îles de Sardaigne, de Chypre,
» de Crète, la Pamphylie, la Lycie, l'Isaurie,
» l'Egypte, la Libye, le Pont, la Cappadoce : les
» Eglises voisines ont la même foi, et toutes celles
» d'Orient, à la réserve d'un très-petit nombre : les

(1) *Ath. expos. fid. t.* 1, *p.* 100. *Epist. Cath. Orat.* 1 *et seq. cont. Arian. passim. Ep.* 1. *ad Serap. de Spir. S. t.* 1, *part. II. p.* 548 *et seq. Ibid. p.* 772 *Ep ad Antioch. Ep. ad Serap.* 3, 4. *Ibid. p.* 691 *et seq.* — (2) *Conc. Constant. Labb. t.* IV *et* V. — (3) *Ep. ad Jov. imp. t.* 1, *part. II, p.* 780. — (4) *De Dec. fid. Nic. t.* 1, *p.* 208. — (5) *Ibid. n.* 27. — (6) *Epist. ad Jov. sup.*

» peuples les plus éloignés pensent de même »; et
cela, c'étoit à dire, non seulement tout l'empire
romain, mais encore tout l'univers. Voilà l'état où
étoit l'Église sous l'empereur Jovien, un peu après
la mort de Constance; afin qu'on ne s'imagine pas
que ce dernier prince, pour avoir été défenseur des
Ariens, ait pu réduire l'Église à un petit nombre par
ses persécutions; au contraire, poursuit saint Athanase, « tout l'univers embrasse la foi catholique, et
» il n'y a qu'un très-petit nombre qui la combattent. »
C'est ainsi que l'ancienne foi et la foi des Pères s'étoit
non seulement conservée, mais encore répandue partout. Pour vous, disoit-il, ô Ariens, « quels Pères
» nous nommerez-vous ? » Il met en fait « qu'ils n'en
» peuvent produire aucun, ni nommer pour leur
» doctrine aucun homme sage, ni d'autres prédé-
» cesseurs que les Juifs et Caïphe (1). » Voilà comme
parloit saint Athanase, au commencement du quatrième siècle, dans le temps que la mémoire des trois
premiers siècles étoit récente, et qu'on en avoit tant
d'écrits que nous n'avons plus. Après que les Ariens
ont été condamnés par toute la terre, et que le fait
de leur nouveauté, objecté en face à ces hérétiques
par saint Athanase, a passé pour constant; nous serions
trop incrédules et trop malheureux, si nous avions
encore besoin qu'on nous le prouvât, ou qu'il fallût
renouveler le procès avec M. Jurieu, et mettre en
compromis la foi des premiers siècles, sur l'éternité
du Fils de Dieu.

Mais ce fait de la nouveauté des Ariens étant avéré,
le même saint Athanase en conclut, dans un autre endroit (2), « que leur doctrine n'étant point venue des
» Pères, et au contraire, qu'ayant été inventée DEPUIS
» PEU, on ne les pouvoit ranger qu'au nombre de ceux
» dont saint Paul avoit prédit qu'*il viendroit dans les*
» *derniers temps quelques gens qui abandonne-*
» *roient la foi, en s'attachant à des esprits d'er-*

(1) *De Dec. Nic. fid. Ibid.* n. 27, p. 233. — (2) *Orat.* 2,
in Arian. nunc Orat. 1, n. 8, t. 1, p. 412.

« *reur* (1) » : remarquez ces mots, *quelques gens*, et ces mots, *abandonneroient la foi*, et ces mots, *dans les derniers temps*. Les hérétiques sont toujours des gens qui *abandonnent la foi;* je dis même leur *propre foi*, comme remarque ici saint Athanase, depuis qu'ils se séparent de leurs maîtres et de la foi qu'ils en avoient eux-mêmes reçue; des gens qui, par conséquent, trouvent établi ce qu'ils quittent et ce qu'ils attaquent; qui sont donc, non pas le tout qui demeure, mais *quelques uns* qui innovent et qui se détachent, qui viennent aussi dans *les derniers temps*, après tous les autres, dans les temps postérieurs, ἐν τοῖς ὑστέροις καιροῖς, et qui n'ont pas été dès le commencement. Il n'en faut pas davantage pour les convaincre. Pour convaincre les Ariens avec toutes les autres sectes, qui vouloient gagner Théodose-le-Grand, un saint évêque conseilla à cet empereur de leur demander s'ils s'en vouloient rapporter aux anciens Pères (2) : ce qu'ils refusèrent tous, tant ils étoient assurés d'y trouver leur condamnation; et dès qu'Arius parut, Alexandre d'Alexandrie, son évêque, lui reprocha la nouveauté de sa doctrine, et le chassa de l'Eglise comme *un inventeur de fables impertinentes;* reconnoissant hautement « qu'il n'y avoit « qu'une seule Eglise catholique et apostolique; que « tout le monde ensemble n'étoit pas capable de « vaincre, quand il se réuniroit pour la combattre (3). »

C'étoit donc, sans aller plus loin, et sans qu'il fût nécessaire de remuer tant de livres, une preuve courte et convaincante de la nouveauté des hérétiques; c'en étoit, dis-je, une preuve, que lorsqu'ils venoient, tout le monde se récrioit contre leur doctrine, comme on fait des choses inouïes. Pourquoi venez-vous nous inquiéter? leur disoit-on, avant vous on ne parloit point de votre doctrine, et vous-mêmes vous avez cru comme nous. On disoit aux Eutychiens : « Vous avez

---

(1) *I. Tim.* IV. 1. — (2) *Soc. lib.* V, c. X. *edit. Vales.* — (3) *Alex. Episc. Alexand. Epist. Apud Theodoret. Hist. Eccles. lib.* I, c. III, p. 533.

» rompu avec tous les évêques du monde, avec nos
» Pères et avec tout l'univers (1) » : que ne gardiez-
vous la foi que vous aviez vous-mêmes reçue avec
nous ? Pour nous, nous ne changeons pas : « nous
» conservons la foi dans laquelle nous avons été bap-
» tisés, et nous y voulons mourir comme nous y
» sommes nés : nous baptisons en cette foi, disoient
» les évêques, comme nous y avons été baptisés :
» c'est ce que nous avons cru et ce que nous croyons
» encore. Le pape Léon croit ainsi : Cyrille croyoit
» de même : c'est la foi qui NE CHANGE PAS, ET QUI
» DEMEURE TOUJOURS (2). » Il n'y a donc point de variations : « tout le monde est orthodoxe : qui sont
» ceux qui contredisent (3) ? » A peine paroissent-ils
dans le grand nombre des catholiques.

On en disoit autant à Ephèse aux Nestoriens. Tout
l'univers anathématise l'impiété des Nestoriens. « Quoi !
» préférera-t-on un seul évêque à six mille évêques ? »
Et ailleurs, « ils ne sont que trente qui s'opposent à
» tout l'univers (4). » On en dit autant à Nicée,
contre Arius et les siens : à peine avoient ils cinq ou
six évêques ; encore ce peu d'évêques avoient-ils cru
autrefois comme les autres : aussi ne prenoient-ils
point d'autre parti « que de mépriser la simplicité de
» tous leurs collègues, et de se vanter d'être les seuls
» sages, les seuls capables d'inventer de nouveaux
» dogmes (5) » : louanges que les orthodoxes ne leur
envioient pas.

Sur ce fondement inébranlable de l'antiquité de la
foi et de l'innovation des hérétiques, justifiée si évidemment par leur petit nombre, les conciles prenoient
aisément la résolution qu'ils devoient prendre, qui
étoit de confirmer l'ancienne foi, qu'ils avoient trouvée
établie partout, lorsque les hérésies s'étoient élevées.

(1) *Conc. Chalc. part. III, n. 20, 26, 57. Labb. t. IV,
col. 820 et seq.* — (2) *Ibid. n. 53. Conc. Chalc. Act. 2, 4.*
— (3) *Ibid. Act. 4.* — (4) *Conc. Ephes. p. 2. Act. 1. Apol.
Dalm. Conc. Ephes. part. II, edit. Rom. p. 477. Labb. t. III,
Relat. ad Imp. Act. 5.* — (5) *Epist. Alex. Alexandrin. ad
omn. Ep. ejusd. Ep. ap. Theod. lib. 1. hist. c. 3.*

On estimoit autant les derniers conciles que les premiers, parce qu'on savoit qu'ils alloient tous sur les mêmes vestiges. Dans cet esprit on disoit aux Eutychiens : « C'est en vain que vous réclamez les anciens » conciles : le concile de Chalcédoine vous DOIT » SUFFIRE; puisque, par la vertu du Saint-Esprit, tous » les conciles orthodoxes y sont renfermés (1) », et si après cela on vouloit douter, ou faire de nouvelles questions, « c'en est assez, disoit-on : après que les » choses ont été si bien discutées, ceux qui veulent » encore chercher trouvent le mensonge (2). »

Cette courte histoire des quatre premiers conciles ne contient que des faits constans et incontestables, qui suffisent pour faire voir que loin que la foi de la Trinité et celle de l'Incarnation fût *informe*, comme on vous le dit, avant leurs décisions; au contraire, ces décisions la supposent déjà formée et parfaite de tout temps. On voit aussi très-clairement, par les mêmes faits, que les hérésies n'ont jamais été que des opinions particulières, puisqu'elles ont commencé par cinq ou six hommes; par *quelques uns*, nous disoit saint Paul (3), *qui abandonnoient la foi* qu'ils trouvoient reçue, enseignée, établie par toute la terre, et de tout temps, puisque les hérétiques mêmes, quelque effort qu'ils fissent, n'ont jamais pu marquer la date de son commencement, comme l'Eglise la montroit à chacun d'eux. De cette sorte, lorsque les hérésies se sont élevées, il n'a jamais pu être douteux quel parti l'Eglise avoit à prendre; personne ne pouvant douter raisonnablement, comme dit Vincent de Lerins (4), qu'on ne dût préférer *l'antiquité à la nouveauté, et l'universalité aux opinions particulières.*

Mais ce qui paroît dans ces hérésies, qui ont attaqué la foi de la Trinité et celle de l'Incarnation, ne paroîtroit pas moins clairement dans les autres, s'il étoit question d'en faire l'histoire. Votre ministre apporte comme un exemple de variations, la doctrine

(1) *Conc. Chalc. p.* 3, *n.* 3o. — (2) *Edict. Val. et Marc. ib. n.* 3. — (3) *I. Tim.* iv. 1. — (4) *Com.* 1. *p.* 369, *etc.*

du péché originel et de la grâce ; mais c'est précisément sur cet article que saint Augustin, qu'il a cité comme favorable à sa prétention, lui dira que *la foi chrétienne et l'Eglise catholique n'ont jamais varié* (1). En effet, on ne peut nier que lorsque Pélage et Célestius sont venus troubler l'Eglise sur cette matière, *leurs profanes nouveautés n'aient fait horreur par toute la terre*, comme parle saint Augustin (2), *à toutes les oreilles catholiques*; et cela, *autant en Orient qu'en Occident*, comme dit le même Père (3); puisque même ces hérésiarques ne se sauvèrent dans le concile de Diospolis en Orient, qu'en désavouant leurs erreurs : encore trouva-t-on mauvais que ces évêques d'Orient se fussent laissés surprendre aux équivoques de ces hérésiarques, et ne les eussent pas frappés d'anathème. Voilà le sort qu'eut l'hérésie de Pélage, d'abord qu'elle commença de paroître : à peine put-elle gagner cinq ou six évêques, qui furent bientôt chassés par l'unanime consentement de tous leurs collègues, avec l'applaudissement de tous les peuples et de toute l'Eglise catholique ; jusque là que ces hérétiques étoient contraints d'avouer, comme le rapporte saint Augustin, premièrement, *qu'un dogme insensé et impie avoit été reçu dans tout l'Occident* (4) : et quand ils virent que l'Orient n'étoit pas moins déclaré contre eux, ils dirent en général *qu'un dogme populaire prévaloit, que l'Eglise avoit perdu la raison, et que la folie y avoit pris le dessus : ce qui étoit*, ajoutoient-ils, *la marque de la fin du monde* (5) : tant eux-mêmes ils craignoient de dire que ce malheur y eût duré, ou y pût durer long-temps. Telle est la plainte commune de toute hérésie : et Julien le Pélagien la faisoit en ces propres termes, pour lui et ses compagnons : en sorte qu'il ne leur

---

(1) *Aug. lib.* 1. *cont. Jul. c.* VI, *n.* 23. *t.* x, *col.* 511. — (2) *Lib.* IV. *ad Bonif. c.* XII. *n.* 32, *col.* 492, *et n.* 20, *col.* 496. — (3) *Lib. de gest. Pelag. n.* 22, 23, *t.* x, *col.* 203 *et seq. et alibi.* — (4) *Aug. lib.* IV *ad Bonif. c.* VIII. *n.* 20, *col.* 480. — (5) *Op. imperf. cont. Jul. lib.* I, *c.* XII. *Ibid. lib.* II, *c.* II.

restoit que la malheureuse consolation de se dire eux-
mêmes ce petit nombre de sages qu'il falloit croire
plutôt que *la multitude, qui étoit pour l'ordinaire ignorante et insensée* (1); ce qui étoit, même
en se vantant, un aveu formel de la singularité, et
par conséquent de la nouveauté de leur doctrine.
Aussi n'eut-on point de peine à les convaincre de s'être
opposés à la doctrine des Pères. Saint Augustin leur
en a produit des passages, où la foi de l'Eglise se
trouve aussi claire, avant la dispute des Pélagiens,
qu'elle l'a été depuis (2) : d'où ce grand homme concluoit très-bien qu'il n'y avoit jamais eu de variation
sur ces articles, puisqu'il étoit bien constant que ces
saints docteurs n'avoient fait rien autre chose « que
» de conserver dans l'Eglise ce qu'ils y avoient trouvé;
» d'enseigner ce qu'ils y avoient appris, et de laisser
» à leurs enfans ce qu'ils avoient reçu de leurs
» pères (3). » Qu'on nous allègue après cela des variations sur ces matières. Mais quand on ne voudroit
pas en croire saint Augustin, témoin si irréprochable
en cette occasion, sans avoir besoin de discuter les
passages particuliers qu'il a produits, personne ne
niera ce fait public, que les Pélagiens trouvèrent
toute l'Eglise en possession de baptiser les petits enfans
en la rémission des péchés, et de demander dans
toutes ses prières la grâce de Dieu, comme un secours
nécessaire, non seulement à bien faire, mais encore
à bien croire et à bien prier : ce qui étant supposé
comme constant et incontestable, il n'y auroit rien de
plus insensé que de soutenir après cela, que la foi de
l'Eglise ne fût point parfaite sur le péché originel et
sur la grâce.

Si maintenant on demande, avec le ministre, comment donc il sera vrai de dire que l'Eglise a profité par
les hérésies ? saint Augustin répondra pour nous,
« que chaque hérésie introduit dans l'Eglise de nou-

____

(1) *Aug. Ibid.* — (2) *Lib.* i et ii cont. *Jul. Lib.* iv ad
Bonif. 8 et seq. *De præd. SS. c.* xiv. n. 26. *De Don. Pers.*
4, 5, 19. n. 7 et seq. — (3) *Lib.* ii cont. *Jul. c.* x. n. 34,
col. 549.

» veaux doutes, contre lesquels on défend l'Ecriture-
» Sainte avec plus de soin et d'exactitude, que si on
» n'y étoit pas forcé par une telle nécessité (1). »
Ecoutez : on la défend avec *plus de soin*, et non pas,
on l'entend mieux dans le fond. Le célèbre Vincent
de Lerins prendra aussi en main notre cause, en
disant (2) que « le profit de la religion consiste à
» profiter dans la foi, et non pas à la changer ; qu'on y
» peut ajouter l'intelligence, la science, la sagesse :
» mais toujours dans son propre genre, c'est-à-dire,
» dans le même dogme, dans le même sens, dans
» le même sentiment » : et ce qui tranche en un mot
toute cette question, que « les dogmes peuvent rece-
» voir avec le temps la lumière, l'évidence, la dis-
» tinction, mais qu'ils conservent toujours la pléni-
» tude, l'intégrité, la propriété » ; c'est-à-dire, comme
il l'explique, « que l'Eglise ne change rien, ne dimi-
» nue rien, n'ajoute rien, ne perd rien de ce qui lui
» étoit propre, et ne reçoit rien de ce qui étoit étran-
» ger. » Qu'on nous dise après cela qu'elle varie.

Que si l'on nous presse encore, et qu'on nous demande, en quoi donc ont profité à l'Eglise les nouvelles
décisions, le même docteur répondra (3), « que les
» décisions des conciles n'ont fait autre chose que de
» donner par écrit à la postérité ce que les anciens
» avoient cru par la seule tradition ; que de renfermer
» en peu de mots le principe et la substance de la foi,
» et souvent, pour faciliter l'intelligence, d'exprimer
» par quelque terme nouveau, mais propre et précis,
» la doctrine qui n'avoit jamais été nouvelle » : en
sorte, comme il venoit de l'expliquer encore plus précisément en deux mots, « qu'en disant quelquefois les
» choses d'une manière nouvelle, on ne dit néanmoins
» jamais de nouvelles choses : *Ut cùm dicas novè,*
» *non dicas nova.* »

Et c'est encore en ceci que se fait paroître la profonde ignorance de votre savant. « L'évêque de Meaux,

______

(1) *Lett.* VI et VII. *De Don. Pers.* c. XX. n. 53, dod. 85 :
— (2) *Com.* I. — (3) *Ibid.*

» nous dit-il (1), osera-t-il bien me nier que la plus
» sûre marque dont les savans de l'un et de l'autre
» parti se servent pour distinguer les écrits supposés
» et faussement attribués à quelques Pères, est le
» caractère et la manière de la théologie qu'on y
» trouve ? La théologie chrétienne, poursuit-il, se
» perfectionnoit tous les jours; et ceux qui sont un
» peu versés dans la lecture des anciens, reconnois-
» sent aussitôt de quel siècle est un ouvrage, parce
» qu'ils savent en quel état étoit la théologie et les
» dogmes en chaque siècle. » Il ne sait assurément
ce qu'il veut dire, et confond ignoramment le vrai et
le faux. Car s'il veut dire qu'on discerne ces ouvrages,
parce qu'il paroît dans les derniers de nouveaux dogmes
qui ne fussent point dans les anciens, il compose le
christianisme de pièces mal assorties, et il dément
tous les Pères. Que s'il veut dire qu'après la naissance
des erreurs, on trouve l'Eglise plus attentive, et,
pour ainsi dire, mieux armée contre elles, qu'on emploie des termes nouveaux, pour en confondre les
auteurs, et qu'on répond à leurs subtilités par des
preuves accommodées à leurs objections, il dit vrai;
mais il s'explique mal, et ne fait rien pour lui, ni
contre nous.

Que ce docteur, enflé de sa vaine science, apprenne
donc des anciens maîtres du christianisme, que l'Eglise
n'enseigne jamais des choses nouvelles; et qu'au contraire, elle confond tous les hérétiques, en ce que,
lorsqu'ils commencent à paroître, la surprise et l'é-
tonnement où tous les peuples sont jetés, fait voir
que leur doctrine est nouvelle, qu'ils dégénèrent de
l'antiquité et de la croyance reçue. C'est la méthode
de tous les Pères; et Vincent de Lerins qui l'a si bien
expliquée, n'a fait au fond que répéter ce que Tertullien, saint Athanase, saint Augustin, et les autres
avoient dit aux hérétiques de leur temps, et par des
volumes entiers. Je ne veux ici rapporter que ce peu
de mots de saint Athanase : « La foi de l'Eglise catho-

____
(1) *Lett.* VII, *p.* 51.

5.

» lique est celle que Jésus-Christ a donnée, que les
» apôtres ont publiée, que les Pères ont conservée:
» l'Eglise est fondée sur cette foi; et celui qui s'en
» éloigne n'est pas chrétien (1). » Tout est compris
en ces quatre mots : Jésus-Christ, les apôtres, les
Pères, nous et l'Eglise catholique : c'est la chaîne qui
unit tout; c'est le fil qui ne se rompt jamais; c'est là
enfin notre descendance, notre race, notre noblesse,
si on peut parler de la sorte, et le titre inaltérable où
le catholique trouve son extraction : titre qui ne manque jamais aux vrais enfans, et que l'étranger ne peut
contrefaire.

Quand nous parlons des saints Pères, nous parlons
de leur consentement et de leur unanimité : si quelques
uns d'eux ont eu quelque chose de particulier dans
leurs sentimens, ou dans leurs expressions, tout cela
s'est évanoui, et n'a pas fait tige dans l'Eglise : ce
n'étoit pas là ce qu'ils y avoient appris, ni ce qu'ils
avoient tiré de la racine. Ce qui demeure, ce qu'on
voit passer en décision aussitôt qu'on trouble l'Eglise
en le contestant; ce qu'on marque du sceau de l'E-
glise, comme vérité reçue de la source, et qu'on
transmet aux âges suivans avec cette marque, c'est
ce qui a fait et fera toujours la règle certaine de la foi.

Selon cette méthode si simple et si sûre, toutes les
fois qu'il paroît quelqu'un qui tient dans l'Eglise ce
hardi langage : « Venez à nous, ô vous tous ignorans
» et malheureux, qu'on appelle vulgairement catho-
» liques; venez apprendre de nous la foi véritable,
» que personne n'entend que nous, qui a été cachée
» pendant plusieurs siècles, mais qui vient de nous
» être découverte (2). » (Prêtez l'oreille, mes Frères,
reconnoissez qui sont ceux qui disoient au siècle passé,
qu'ils venoient de découvrir la vérité qui avoit été
inconnue *durant plusieurs siècles*.) Toutes les fois
que vous entendrez de pareils discours, toutes les fois
que vous entendrez de ces docteurs qui se vantent de

______

(1) *Epist. 1. ad Serap. de Sp. S. n. 28, t. 1, part. II,
p. 676.* — (2) *Vinc. Lir. Ibid.*

réformer la foi qu'ils trouvent reçue, prêchée et établie dans l'Eglise quand ils paroissent ; revenez à ce dépôt de la foi dont l'Eglise catholique a toujours été une fidèle gardienne, et dites à ces novateurs, dont le nombre est si petit quand ils commencent, qu'on les peut compter par trois ou quatre ; dites-leur, avec tous les Pères, que ce petit nombre est la conviction manifeste de leur nouveauté, et la preuve aussi sensible que démonstrative, que la doctrine qu'ils viennent combattre étoit l'ancienne doctrine de l'Eglise. Car si à Chalcédoine, si à Ephèse, si à Constantinople, si à Nicée on a confondu les auteurs des hérésies qu'on y condamnoit par leur petit nombre, comme par une marque sensible de leur nouveauté ; si on les a convaincus, comme on vient de le faire voir par les actes les plus authentiques de l'Eglise, que tous les peuples se sont d'abord soulevés contre eux, ce qui montroit invinciblement que la doctrine qu'ils venoient combattre, non seulement étoit déjà établie, mais encore avoit jeté de profondes racines dans tous les esprits ; si enfin on leur fermoit la bouche, en leur disant qu'ils avoient eux-mêmes été élevés dans la foi qu'ils attaquoient, ce qu'ils ne pouvoient nier, et ce qui étoit pour eux, et pour tous les autres, une preuve d'expérience de leur nouveauté; si non seulement les Eutychiens, et plus haut les Nestoriens, et plus haut les Macédoniens, et plus haut les Ariens, mais encore les Pélagiens, ont été si clairement confondus par cette marque sensible, par ce moyen positif, par cette preuve expérimentale · concluez que c'étoit là la preuve commune donnée à l'Eglise contre toutes les nouveautés. Car si on s'est récrié à la nouveauté, lorsque ces nouvelles doctrines ont commencé à paroître, on se seroit récrié de même à toute autre innovation. La doctrine, qui est donc venue sans jamais avoir excité ce cri de surprise et d'aversion, porte la marque certaine d'une doctrine qui a toujours été. Jamais il ne viendra de secte nouvelle, qu'on ne convainque de sa nouveauté, par son petit nombre : on lui fera toujours, avec Vincent de

Lerins (1), ce reproche de saint Paul : *Est-ce de vous qu'est venue la parole de Dieu? ou bien n'est-elle venue qu'à vous seuls* (2)? Comme s'il disoit, le reste de l'Eglise ne l'entend-il pas? Comment osez-vous vous opposer au consentement universel? Reconnoissez donc, mes Frères, que si on s'est servi dans tous les temps de cet argument, tiré du consentement de l'Eglise, et si on s'en sert encore, c'est à l'exemple des apôtres : et si encore on l'a tiré de l'exemple des apôtres, c'est à l'exemple des Pères. Que si on nous dit, après cela, qu'il n'y a point de sûreté dans l'opinion de la multitude qui pour l'ordinaire est ignorante, nos Pères, ou plutôt l'Ecriture même, ne nous ont pas laissés sans répartie : car ils nous ont appris à fermer la bouche à ceux qui ne cédoient pas à la multitude du peuple de Dieu, en leur disant : « Pourquoi » méprisez-vous la multitude que Dieu a promise à » Abraham? *Je te ferai*, dit-il, *le père*, non de » plusieurs hommes, mais *de plusieurs nations;* » *et en toi seront bénis tous les peuples de la* » *terre* (3). » Distinguez donc la multitude abandonnée à elle-même, et livrée à son ignorance par un juste jugement de Dieu, de la multitude choisie, de la multitude séparée, de la multitude promise et bénie, conduite par conséquent avec un soin spécial de Dieu et de son esprit : ou, pour parler avec saint Athanase (4), *Distinguez la multitude qui défend l'héritage de ses Pères*, telle qu'étoit la multitude que ce grand homme vient de nous montrer dans l'Eglise (5), *d'avec la multitude qui est éprise de l'amour de la nouveauté*, et qui porte par ce moyen sa condamnation sur son front.

C'est par cette sûre méthode que tous nos pères, sans exception, ont fermé la bouche aux hérétiques. Si votre ministre avoit considéré, je ne dis pas seu-

(1) *Vinc. Lir. Ibid.* · (2) *I. Cor.* xiv, 36. — (3) *Vincent. Lir. Ibid.* — (4) *Adv. eos qui ex sola mult. verit. dijudic.* t. ii , p. 561 et 562. — (5) Ci-dessus, p. 41.

lement leur autorité, mais leurs raisons, il ne se
seroit pas laissé séduire aux illusions des Sociniens,
et il ne leur auroit pas abandonné jusqu'aux premiers
siècles de l'Eglise sur l'éternité de la personne du Fils
de Dieu et l'immutabilité de son éternelle génération.
Il n'auroit non plus accordé aux Pélagiens et aux
autres ennemis de la grâce chrétienne, que la foi en
fût *imparfaite, flottante et informe* devant eux.
Mais en prenant tous ces hérétiques dans le point
de leur commencement et de leur innovation, où
étant en si petit nombre, ils osoient rompre avec le
tout, dans lequel eux-mêmes ils étoient nés, ils les
auroient convaincus que leur doctrine étoit une opinion particulière; et la contraire, la foi catholique et
universelle. Mais s'il avoit suivi cette sûre et infaillible méthode, dont nul autre qu'un Catholique ne se
peut jamais servir, il auroit à la vérité confondu les
Sociniens; mais il se seroit aussi confondu lui-même,
puisqu'aussitôt nous lui aurions objecté ce qu'il auroit
objecté aux autres : c'est pourquoi il a mieux aimé,
avec les Sociniens, imputer des variations à l'Eglise
catholique, que de les confondre en disant avec tous
les saints, selon la promesse de Jésus-Christ, que la
foi catholique est invariable.

Eveillez-vous donc ici, mes très-chers Frères, et
voyez où l'on vous mène pas à pas. Dès que vos
auteurs ont paru, on leur a prédit qu'en ébranlant
la foi des articles déjà reçus, et l'autorité de l'Eglise
et de ses décrets, tout jusqu'aux articles les plus importans, jusqu'à celui de la Trinité, viendroient l'un
après l'autre en question (1); et la chose étoit évidente, pour deux raisons. La première, que la méthode dont on se servoit contre quelques points,
comme, par exemple, contre celui de la présence
réelle, de recevoir la raison et le sens humain à
expliquer l'Ecriture, portoit plus loin que cet article,
et alloit généralement à tous les mystères. La seconde,
qu'en méprisant les siècles postérieurs et leurs déci-

____

(1) *Var. liv.* v, *p.* 237, *liv.* xv, *p.* 210, 212.

sions, les premiers ne seroient pas plus en sûreté; de sorte qu'il en faudroit enfin venir à renouveler toutes les questions déjà jugées, et à refondre, pour ainsi dire, le christianisme, comme si l'on n'y eût jamais rien décidé. C'est ainsi qu'on l'avoit prédit, et c'est ainsi qu'il est arrivé. Les Sociniens se sont élevés sur le fondement du luthéranisme et du calvinisme, et sont sortis de ces deux sectes : le fait est incontestable, et nous en avons fait l'histoire ailleurs (1). Mais il y a des opiniâtres et des entêtés qui ne veulent pas se rendre à ces preuves. La conduite que tient encore aujourd'hui votre ministre, ne leur laissera aucune réplique; puisque déjà il abandonne aux Sociniens, dans les articles les plus pernicieux de leur doctrine, les siècles les plus purs de l'Eglise, et que par là il se voit contraint, contre ses principes, à tolérer leur erreur.

Quand je lui ai reproché, dans l'Histoire des Variations, son relâchement manifeste envers les Sociniens, jusqu'à leur avoir donné place dans l'Eglise universelle, et à faire vivre des saints et des élus parmi eux, il s'est élevé contre ce reproche d'une manière terrible, et m'a donné un démenti outrageux. « J'avoue, dit-il (2), que j'ai besoin de » toute ma patience pour m'empêcher de dire à » M. Bossuet ses vérités tout rondement. Il ne fut » jamais de fausseté plus indigne, ni de calomnie » plus hardie. » Voilà comme il parle, quand il se modère, quand il craint que la patience ne lui échappe : mais il en faut venir au fond. N'est-il pas vrai qu'il a mis les Sociniens dans le corps de l'Eglise universelle ? La démonstration en est claire à l'endroit où il divise l'Eglise en deux parties, dont l'une s'appelle *le corps*, et l'autre *l'âme* (3) : « la première est visible, et » comprend tout ce grand amas de sectes qui font » profession du christianisme dans toutes les provinces » du monde. » Il poursuit : « Toutes les sectes du » christianisme, hérétiques, orthodoxes, schisma-

(1) *Var. liv.* xv, p. 210, 212. — (2) *Lett.* x, p. 79. — (3) *Préj. légit. I. part. c.* 1, p. 8, 9.

» tiques, pures, corrompues, saines, malades, vivan-
» tes et mortes, sont toutes parties de l'Eglise chré-
» tienne, et même en quelque sorte véritables par-
» ties, c'est-à-dire qu'elles sont parties de ce que
» j'appelle le corps de l'Eglise » : et enfin, « ces sectes
» qui ont rejeté, ou la foi, ou la charité, ou toutes
» les deux ensemble, sont des membres de l'Eglise,
» c'est-à-dire véritablement attachés à son corps, par
» la profession d'une même doctrine, qui est Jésus
» crucifié, Fils de Dieu, Rédempteur du monde : car
» il n'y a point de secte entre les chrétiens, qui ne
» confesse la doctrine chrétienne, au moins jusque-
» là. » Remarquez : il n'y a, dit-il, aucune secte
qui ne le confesse : par conséquent les Sociniens le
confessent au moins *jusque-là*, comme les autres,
et sont compris par le ministre parmi *les membres
véritables de l'Eglise chrétienne.*

Mais peut-être distinguera-t-il le corps de l'Eglise
chrétienne d'avec le corps de l'Eglise catholique ou
universelle, dont il est parlé dans le Symbole ? Point
du tout : car, après avoir rejeté, non seulement la
définition que nous donnons à cette Eglise catholique,
mais encore celle que lui voudroient donner les Protestans, la sienne est que « l'Eglise universelle ou
» catholique, *c'est* le corps de ceux qui font pro-
» fession de croire Jésus-Christ le véritable Messie et
» le Rédempteur (1) : corps, ajoute-t-il, divisé en un
» grand nombre de sectes, mais qui conserve une
» considérable partie, au milieu de laquelle se trouve
» toujours un nombre d'élus, qui croient véritable-
» ment, sincèrement et purement, tout ce que le
» corps en général fait profession de croire. » On
voit ici, selon son idée, le corps et l'âme de l'Eglise
catholique : ce corps est ce grand nombre de sectes
divisées, et néanmoins unies en ce point de croire
Jésus-Christ le véritable Messie et le Rédempteur :
ce qu'aussi il venoit de dire qu'on croyoit dans toutes
les sectes, sans en excepter aucune : de sorte qu'ayant

(1) *Préj. légit. I. part. c 1, p. 29.*

3..

défini le corps de l'Eglise catholique confessée dans le
Symbole par ce qui est commun à toutes les sectes,
on voit qu'il les y met toutes, et par conséquent celle
des Sociniens comme les autres. Voilà donc les Sociniens, non seulement chrét ens, mais encore catholiques ; et ce nom, autrefois si précieux et si cher aux
orthodoxes, est prodigué jusqu'aux ennemis de la
divinité du Fils de Dieu.

Le ministre nous répond ici, qu'il a mis les Sociniens parmi les chrétiens, « comme il y a mis aussi
» les Mahométans, qui croient que Jésus-Christ,
» Fils de Marie, a été conçu du Saint-Esprit, et
» qu'il est le Messie promis aux Juifs (1). » Mais il
nous joue trop ouvertement, quand il parle ainsi.
Car veut-il mettre les Mahométans dans l'Eglise chrétienne? En sont-ils une véritable partie? Sont-ils
compris dans cet article du Symbole : *Je crois l'E-
glise catholique*, comme le ministre y vient de
comprendre les Sociniens ? Et les comptera-t-il encore
parmi les membres du corps de l'Eglise catholique?
Je ne crois pas qu'il en vienne à cet excès : il faut
pourtant y venir, ou cesser de nous faire accroire qu'il
ne reçoit les Sociniens dans le christianisme, qu'au
même titre qu'il y reconnoît les Mahométans.

Le ministre triomphe néanmoins, comme s'il m'a-
voit fermé la bouche, après ce bel exemple des Mahométans ; et joignant le dédain avec la colère : « Le
» sieur Bossuet, dit-il (2), a lu cela ; et après il dit,
» qu'à pleine bouche je mets les Sociniens entre les
» communions véritablement chrétiennes, dans les-
» quelles on peut se sauver : il ne faut que ce seul
» article et ce seul exemple pour ruiner la réputation
» de la bonne foi de cet auteur. » Mais c'est vainement qu'il s'emporte ; et on va voir clairement, pourvu
qu'on veuille se donner la peine de considérer sa doctrine, qu'il reconnoît des élus dans la communion des
Sociniens.

Il pose donc pour certain, que la parole de Dieu,

(1) *Lett.* x , *p.* 79. — (2) *Ibid.*

partout où elle est, et partout où elle est prêchée, a
son efficace pour la sanctification de quelques âmes.
« Il est impossible, dit-il (2), que la parole de Dieu
» demeure absolument inefficace » : d'où il conclut :
« que la prédication de la parole de Dieu ne peut
» demeurer sans produire quelque véritable sanctifi-
» cation, et le salut de quelques uns. »

Mais peut-être qu'on croira que, pour avoir cet
effet, il faudra, selon le ministre, que cette parole
soit prêchée dans sa pureté ? Point du tout ; puisqu'il
met au nombre des sociétés où la prédication a son
effet, des Églises séparées entre elles de communion
et de doctrine, telles que sont *l'Éthiopienne, Jaco-
bite, Nestorienne, Grecque, et généralement
toutes les communions de l'Orient*, quoiqu'elles
soient *dans une grande décadence* (2) : d'où il
conclut, que Dieu peut se conserver des élus dans
des communions et dans des sectes très-corrompues;
jusque-là qu'il s'en est conservé dans l'Église la plus
corrompue et la plus perverse de toutes, qui est
l'Antichrétienne, d'où il fait sortir les cent quarante-
quatre mille marqués dans l'Apocalypse, c'est-à-dire,
un très-grand nombre d'élus; et tout cela par ce principe général, que *la parole de Dieu n'est jamais
prêchée en un pays, que Dieu ne lui donne
efficace à l'égard de quelques uns* : encore, comme
on voit, qu'elle soit si loin d'y être prêchée purement.

Le principe fondamental sur lequel il appuie cette
doctrine, c'est, dit-il, que la parole de Dieu, *écrite
et prêchée, est pour les élus* (3), et ne seroit jamais
adressée aux réprouvés, s'il n'y avoit parmi eux des
élus mêlés : ce qu'il prouve finalement, et comme
pour mener les choses au premier principe, en
disant, que *ce ne seroit pas concevoir un Dieu
sage et miséricordieux s'il faisoit annoncer sa
parole à des peuples entre lesquels il n'a pas
d'élus*, parce que cela ne serviroit qu'à les

(1) *Syst. de l'Ég. liv.* 1, *c.* XII, *p.* 98, 99, 100. —
(2) *Ibid. p.* 101, 225. *Préj. légit. p.* 16. — (3) *Syst.* 99.

rendre plus inexcusables ; ce qui seroit *cruauté, et non pas miséricorde.*

De principes si généraux il suit clairement, que Dieu conservant parmi les Sociniens sa parole *écrite et préchée,* il a dessein de sauver quelqu'un parmi eux ; autrement, cette parole ne leur serviroit, non plus qu'aux autres, qu'à les rendre plus inexcusables : ce qui est, selon le ministre, une cruauté qu'on ne peut attribuer, sans égarement, *à un Dieu sage et miséricordieux.* Mais de peur qu'on ne nous reproche que nous imputons à M. Jurieu une conséquence qu'il rejette, il la prévoit et l'approuve par ces paroles : « On ne doit pas dire que par mon raisonnement, il » s'ensuivroit que Dieu pourroit avoir des élus dans » les sociétés sociniennes, qui conservent l'Évangile, » le prêchent et le lisent ; et que cependant j'ai mis » les sociétés qui ruinent le fondement, entre celles » où Dieu ne conserve point d'élus (1). » Voilà du moins la difficulté bien prévue et bien posée : voyons maintenant la réponse : « Je réponds que si Dieu » avoit permis que le socinianisme se fût autant ré- » pandu que l'est, par exemple, le papisme, ou la » religion grecque, il auroit aussi trouvé des moyens » d'y nourrir ses élus, et de les empêcher de parti- » ciper aux hérésies mortelles de cette secte ; comme » autrefois il a trouvé bon moyen de conserver dans » l'arianisme un nombre d'élus et de bonnes âmes, » qui se garantiront de l'hérésie des Ariens. Mais » comme les Sociniens ne font point de nombre dans » le monde, qu'ils y sont dispersés sans y faire figure, » qu'en la plupart des lieux ils n'ont point d'assem- » blées, ou de très-petites assemblées, il n'est point » nécessaire de supposer que Dieu y sauve personne, » parce qu'une si petite exception ne fait aucun pré- » judice à la règle générale » ; savoir que Dieu ne fait jamais prêcher sa parole où il n'a pas d'élus. Voilà le passage entier dans toute sa suite, et voilà sans difficulté la société socinienne, par elle-même, en

(1) *Syst. Ibid.* 102.

état d'élever des enfans à Dieu. D'où vient donc, selon le ministre, qu'il ne s'y en trouve point à présent? Ce n'est pas à cause qu'elle rejette des vérités fondamentales, comme il faudroit dire, si on vouloit l'exclure par sa propre constitution de donner à Dieu des élus : c'est à cause que les Sociniens ne sont pas assez multipliés : tout dépendoit du succès ; et s'ils trouvent moyen de s'étendre assez pour faire quelque figure dans le monde, ils forceront Dieu à faire naître parmi eux de vrais fidèles.

Mais pourquoi n'y en auroit-il pas eu, et n'y en auroit-il pas encore à présent, puisqu'il est constant qu'ils ont eu des Eglises en Pologne, et qu'ils en ont encore aujourd'hui en Transylvanie? Dieu n'est-il cruel qu'à ces sociétés? Mais pourquoi plutôt qu'aux autres? Est-ce à cause qu'il y a aussi d'autres sectes en Transylvanie? Il y en a aussi beaucoup d'autres dans les pays où notre ministre a sauvé les Jacobites et les Nestoriens. Mais quoi! S'il ne restoit en Transylvanie que des Sociniens, y auroit-il alors de vrais fidèles parmi eux; ou bien cette nation seroit-elle la seule réprouvée de Dieu, où sa parole *écrite et prêchée* se conserveroit sans aucun fruit, et seulement pour la rendre plus inexcusable? Quel motif pourroit avoir cette *cruauté*, comme l'appelle M. Jurieu? Quoi? ce petit nombre et le peu d'étendue de ces Eglises? Qu'on nous montre donc dans quel nombre et dans quelles bornes sont renfermées les sociétés où Dieu peut être cruel, selon le ministre?

C'est en substance ce que j'avois objecté dans l'Histoire des Variations (1); et on n'y répond que par ces paroles : « Il est vrai, dit le ministre (2), j'ai dit
» quelque part, que si Dieu, par une supposition im-
» possible, avoit permis que le socinianisme eût gagné
» tout le monde, ou une partie, comme a fait le
» papisme, il s'y seroit conservé des élus » : illusion si grossière, qu'un aveu formel de sa faute ne seroit pas

____

(1) *Var. liv. xv, p.* 178. — (2) *Jur. Lett.* x, *p.* 79.

plus honteux ni moins convaincant. On n'a qu'à relire
le passage de son système, qu'on vient de citer, pour
voir s'il y a un mot de *supposition impossible*, ou
rien qui y tende : au contraire, M. Jurieu prend pour
exemple une chose déjà arrivée, qui est le salut dans
l'arianisme; car enfin il le veut ainsi : à tort, ou à
droit; il ne nous importe. Il veut, dis-je, encore un
coup, qu'on se soit sauvé dans une société où l'on
nioit la divinité du Fils de Dieu. Comment donc pouvoit-il exclure les Sociniens, après un préjugé si favorable, ou s'imaginer que leur nombre ne pût jamais
égaler celui des Calvinistes ou des Luthériens, ou le
nôtre, ou celui des Grecs, ou celui des Nestoriens et
des Jacobites, ou en tout cas, celui des Ariens, parmi
lesquels le ministre a reconnu de vrais fidèles. (1)
Quel privilége avoient-ils de se multiplier malgré leurs
blasphèmes contre la divinité de Jésus-Christ? Et où
est-ce que Dieu a promis que les Sociniens ne parvien-
droient jamais à ce nombre? Mais s'il a voulu avoir
des élus dans plusieurs sociétés divisées, où a-t-il dit
que le grand nombre lui fût nécessaire pour y en avoir?
À quel nombre s'est-il fixé? Et s'il méprise le petit
nombre, pouvoit-il avoir des élus parmi les Luthériens et les Calvinistes, au commencement de leur
secte, où l'on sait que leur nombre étoit plus petit et
leurs sociétés moins formées que ne sont celles qui
restent aux Sociniens? Ne voit-on pas qu'on se moque,
lorsqu'on dit de pareilles choses, et qu'on insulte en
soi-même à la crédulité d'un foible lecteur?

Mais voici une seconde réponse : *J'ai ajouté,* dit-
il (2), *en même temps, que* s'il y avoit des élus
(dans une telle société) « Dieu se les seroit conservés
» par miracle, comme il a fait dans le papisme; c'est-
» à-dire, qu'il peut y avoir des élus et des orthodoxes
» cachés dans la communion des Sociniens; mais ce
» n'est pas à dire qu'on peut être sauvé dans la com-
» munion des hérésies sociniennes. » Nouvelle illusion : car, que veut dire *qu'il peut y avoir des élus*

(1) *Préj.* p. 16. *Syst.* p. 101, 225. — (2) *Lett.* x.

cachés dans la communion des Sociniens ? Est-ce
à dire qu'il peut y avoir de vrais chrétiens cachés au
milieu des Sociniens? Ce n'est rien dire : car il y en
a bien parmi les Turcs et parmi les autres Mahométans. Il faut donc dire, comme il est prouvé dans
l'Histoire des Variations (1), qu'il y a des élus dans
la communion extérieure des Sociniens, qui assistent
à leurs assemblées, à leurs prêches, à leur Cène, si
vous le voulez, sans aucune marque de détestation,
et qui entendent tous les jours blasphémer contre
Jésus-Christ dans les assemblées où ils vont pour
servir Dieu : c'est ce qu'on a objecté à M. Jurieu dans
le livre des Variations : c'est à quoi ce ministre ne
répond rien. Mais il demeure muet à une objection
bien plus importante.

Je lui ai soutenu qu'on pouvoit, selon sa docrine,
être du nombre *des élus* de Dieu, non seulement en
communiant à l'extérieur avec les Ariens, mais encore
en tolérant leurs dogmes en esprit de paix (2).
On peut donc étendre la paix et la tolérance jusqu'à
ceux qui nient la divinité de Jésus-Christ : ce dogme
est devenu indifférent, ou du moins non fondamental.
C'est tout ce que demandent les Sociniens, qui gagneront bientôt tout le reste, si on leur accorde ce point.
Mais M. Jurieu en a fait le pas ; et malgré tout ce
qu'il a dit, il ne leur peut refuser la tolérance en
esprit de paix, qu'il a déjà accordée à leurs frères
les Ariens. Le passage en est rapporté dans l'Histoire
des Variations (3) : il est tiré de mot à mot du livre
des Préjugés (4) ; et le ministre, qui l'a vu cité
dans l'Histoire des Variations, n'y réplique rien
dans sept ou huit grandes lettres qu'il a opposées à ce
livre.

Mais qu'auroit-il à y répliquer, puisque dans ces
lettres mêmes il dit pis que tout cela, et qu'il dit qu'on
s'est sauvé dans les premiers siècles, et même qu'on
y a eu rang parmi les martyrs, en niant l'éternité de

______

(1) *Var. liv.* XV, *p.* 179. — (2) *Ibid.* — (3) *Ibid.* — (4) *Préj.
légit.* 1 , *p.* 22.

la personne du Fils de Dieu, et l'immutabilité de sa génération éternelle? *Ce n'est pas là*, dit-il (1), *une variation essentielle et fondamentale.* On peut varier là-dessus, *sans varier sur les parties essentielles du mystère.* Il niera encore cela, car il nie tout: mais vous venez d'entendre ses propres paroles(2); et il donne gain de cause aux Tolérans, qui ne sont, comme on a vu plusieurs fois, que des Sociniens déguisés.

Je ne m'étonne donc pas si ces hérétiques triomphent, ni s'ils inondent de leurs écrits artificieux toute la face de la terre. Ils gagnent visiblement du pays parmi vous; puisque déjà on leur accorde des élus cachés dans leur société, et même la tolérance pour leurs dogmes principaux: mais ce qu'il y a de pis, votre ministre les combat si foiblement, et par des principes si mauvais, que jamais ils ne se sont sentis plus forts, et jamais ils n'ont conçu tant d'espérance.

C'est en vain que ce ministre répond, que jamais homme n'eut plus *de chagrin* que lui contre les Tolérans (3). Ce n'est point *du chagrin* qu'il faut avoir pour ceux qui errent; car outre que le chagrin met dans le cœur de l'aigreur et de l'amertume, il fait agir par passion et par humeur: chose toujours variable; comme aussi vous venez de voir une perpétuelle inconstance dans ce ministre. Ce sont des principes, c'est une doctrine constante et suivie qu'il faut opposer à ces novateurs: et parce que votre ministre n'a rien eu de tout cela à leur opposer selon les maximes de la Réforme, vous avez vu clairement qu'il n'a fait par tous ses discours que relever leurs espérances.

Défiez-vous, mes chers Frères, de ces dangereux esprits, de ces hardis novateurs, en un mot, des Sociniens, qui bientôt, si on les écoutoit, ne laisseroient rien d'entier dans la religion chrétienne. Ils viennent de publier leur Histoire, où ils avouent que

(1) *Lett.* vi, *p.* 44. — (2) Ci-dessus, *p.* 9, 13, 14, 28. — (3) *Lett.* x, *p.* 79.

« la vérité a cessé de paroître dans l'Eglise depuis le
» temps qui suit immédiatement la mort des apô-
» tres (1) »; et ils racontent que Valentin Gentil, un de
leurs martyrs, persécuté par Calvin et par Bèze,
« s'opposoit si fortement à la vulgaire croyance de la
» Trinité, qu'on a même écrit qu'en ces temps, ne
» sachant à quoi se résoudre dans des commencemens
» si embarrassans et si difficiles, il lui avoit préféré
» le mahométisme. » En effet, si les Sociniens et
leurs prédécesseurs ont raison, le mahométisme, qui
rejette la Trinité et l'Incarnation, est plus pur en ce
qui regarde la divinité en général, et en particulier
en ce qui regarde la personne de Jésus-Christ, que
n'a été le christianisme depuis la mort des apôtres. La
doctrine du Fils de Dieu est plus pure dans l'Alcoran
que dans les écrits de nos premiers Pères. Mahomet
est un docteur plus heureux que ne l'ont été les
nôtres; puisque ses disciples ont persisté dans sa doctrine, au lieu que les chrétiens ont abandonné celle
des apôtres, qui est celle de Jésus-Christ même, incontinent après leur mort. Vous avez horreur de ces
blasphèmes et avec raison. Ouvrez donc les yeux,
mes chers Frères, et voyez où l'on vous mène; puisque déjà on vous dit, à l'exemple des Sociniens, que
les disciples des apôtres et les martyrs, dont la passion
a suivi la leur de si près, ont tellement dégénéré de
leur doctrine, qu'ils lui ont même préféré la philosophie, avec des erreurs aussi capitales que celles que
vous venez d'entendre.

Mais vous entendrez dans la suite des choses bien
plus étranges que celles que j'ai relevées dans ce discours; et si, étonnés de tant de foiblesses, de tant
de contradictions, des égaremens si étranges de votre
ministre, vous vous demandez à vous-mêmes comment il se peut faire, je ne dis pas qu'un théologien,
mais qu'un homme, quel qu'il soit, pour peu qu'il
ait de bon sens, y soit tombé, souvenez-vous qu'il
est écrit *que Dieu envoie l'esprit de vertige, d'é-*

______

(1) *Hist. ref. Pol. lib.* 1, c. 1.

tourdissement et une efficace d'erreur à ceux qui résistent à la vérité (1) : et cela véritablement par un jugement terrible sur les docteurs du mensonge : mais en même temps, mes chers Frères, par un conseil de miséricorde sur vous et sur tous ceux qui sont abusés et prévenus ; afin, comme je l'ai dit au commencement, avec saint Paul (2), *que la folie de ces séducteurs étant connue de toute la terre*, le progrès de la séduction soit arrêté, et qu'on revienne du schisme et de l'erreur. C'est à quoi Dieu vous conduit, si vous n'êtes point sourds à sa voix. Considérez l'état où vous êtes : votre Prétendue Réforme, à ne regarder que les soutiens du dehors, ne fut jamais plus puissante ni plus unie. Tout le parti protestant se ligne, et a encore trouvé le moyen d'entraîner dans ses desseins tant de puissances catholiques, qui n'y pensent pas assez. Votre ministre triomphe ; et avec un air de prophète, il publie dans toutes ses lettres, que c'est là vraiment un coup de Dieu : mais il y a des coups de Dieu de plus d'une sorte. Pendant qu'à l'extérieur la Réforme est plus redoutable, et tout ensemble plus fière et plus menaçante que jamais, elle ne fut jamais plus foible dans l'intérieur, dans ce qui fait le cœur d'une religion. Sa doctrine n'a jamais paru plus déconcertée : tout s'y dément, tout s'y contredit, vous en avez déjà vu des preuves surprenantes ; vous en verrez d'autres dans la suite : mais ce que vous voyez déjà est assez étrange. Jamais on ne mit au jour tant de monstrueuses erreurs ; jamais on n'écouta tant de fables, tant de vains miracles, tant de trompeuses prophéties : la gloire du christianisme est livrée aux Sociniens : le mal est monté jusqu'à la tête ; et les plus célèbres docteurs sont ceux qui s'égarent davantage. Ainsi la mesure semble être au comble ; et il est temps ou jamais d'ouvrir les yeux. Dieu est assez bon et assez puissant pour confondre encore les ligues, et ensemble tous les projets de la Réforme entreprenante :

_____

(1) *Isaï.* xix. 14. xxix. 10. — (2) *II. Thessal.* ii. 11.

mais quand, contre toute apparence, elle auroit remporté autant de victoires que ses prophètes lui en promettoient, ceux qui s'y laisseroient tromper ne seroient jamais qu'un troupeau errant, enivré du succès, et ébloui par les espérances du monde.

IIe AVERTISSEMENT

AUX PROTESTANS

sur

LES LETTRES DU MINISTRE JURIEU

contre

L'HISTOIRE DES VARIATIONS.

———

La Réforme convaincue d'erreur et d'impiété,
par ce ministre.

Vous avez vu, mes chers Frères, selon ma promesse, dans un premier avertissement le christianisme flétri, et le socinianisme autorisé par votre ministre. Vous avez été étonnés de ce qu'il a dit en faveur d'une secte qui se vante d'avoir porté la Réforme à perfection, en niant la divinité du Fils de Dieu, et en affoiblissant tout le christianisme. Mais cessez de vous arrêter à tant de choses étranges, que vous avez vu qu'il a avancées sur le sujet des Sociniens : il en a dit de plus essentielles contre lui-même et contre toute la Réforme ; puisqu'il l'a chargée d'erreurs capitales, et dans son commencement, et dans son progrès. Il en a dit encore de plus importantes en faveur de l'Eglise catholique, puisqu'il a dit qu'on peut se sauver dans sa communion. Il a dit tout cela, mes

Frères, vous l'allez voir dans la dernière évidence. Il a nié de l'avoir dit : vous ne le verrez pas moins clairement. Il ne s'agit pas de conséquences que je veuille tirer de sa doctrine : ce sont des termes formels pour l'affirmative, et formels pour la négative, que j'ai à vous rapporter ; c'est-à-dire, qu'il y a des vérités contraires à la Réforme, et favorables à l'Eglise, si claires, qu'un ministre ne les a pu nier ; et à la fois si décisives contre lui, qu'il a honte de les avoir avouées. Si à ce coup vous n'ouvrez les yeux, vous les aurez bien assoupis. Commençons.

Ecoutez-le, mes chers Frères, c'est lui qui parle dans la dixième Lettre de cette année, et la cinquième de celles qu'il oppose aux Variations. Il s'agit d'une Addition au livre XIV, qui a jeté M. Jurieu dans d'étranges emportemens. « Si, dit-il (1), cette Addition
» est importante, c'est à faire voir le caractère de
» M. Bossuet : car il est vrai que rien n'est plus propre
» à le faire reconnoître dans le monde pour un décla-
» mateur sans honneur et sans sincérité. » Voici la cause de ces reproches. « On trouve, continue-t-il,
» dans cette belle Addition, que je suis demeuré
» d'accord que Luther, dans son livre *de Servo*
» *arbitrio*, avoit employé des termes trop durs au
» sujet de la nécessité qui repose sur la volonté : et
» tout ce que j'ai conclu, c'est que l'on ne doit pas
» condamner les gens sur des expressions dures,
» quand les sentimens dans le fond sont innocens,
» et qu'on doit se tolérer dans ces expressions. » Il poursuit : « On trouvera dans cette Addition ces
» paroles pleines de calomnies, et indignes d'un
» homme d'honneur : M. Jurieu a raison d'avouer
» de bonne foi des Réformateurs en général, qu'ils
» ont enseigné que Dieu poussoit les pécheurs aux
» crimes énormes. M. Jurieu n'a point avoué cela ;
» et M. Bossuet rendra compte quelque jour devant
» Dieu d'une imposture aussi fausse et aussi maligne. »
Mais s'il craignoit ce jugement de Dieu, où il

____

(1) *Lett.* x, *p.* 77.

m'appelle, il songeroit qu'un jour on y récitera ces paroles, où traitant la paix avec les Luthériens (1), après leur avoir reproché que leurs premiers Réformateurs, c'est-à-dire, Melancton et Luther même, ont approuvé, du moins par leur silence, les écrits de Calvin, ceux de Zuingle, ceux de Zanchius, que les Luthériens d'aujourd'hui accusent de ce détestable particularisme, comme ils l'appellent, qui ôte le libre arbitre et fait Dieu auteur du péché ; il continue ainsi son discours : « Mais ce n'est pas seulement par leur
» silence, ou par l'approbation que vos Réformateurs
» ont été de durs prédestinateurs, et ont enseigné
» EN PAROLES EXPRESSES, et encore des plus dures, le
» particularisme, la prédestination et la réprobation,
» avec une nécessité qui provient de la force des
» décrets. Que Melancton paroisse le premier : c'est
» de lui qu'est cette parole que nos calomniateurs ont
» tant relevée : Que l'adultère de David, et la trahison
» de Judas, n'est pas moins l'œuvre de Dieu, que la
» conversion de saint Paul. »

Il cite en marge le commentaire de cet auteur sur le chapitre VIII aux Romains, où il est vrai qu'on trouve en autant de mots cet exécrable blasphème. Sont-ce donc là seulement des paroles dures, comme M. Jurieu avoue qu'il en a lui-même imputé aux premiers Réformateurs ; ou, comme nous le disons, une doctrine abominable ? Il continue : « Mais on
» lisoit ces paroles dans les premières éditions des
» *Lieux communs* de Melancton : La divine pré-
» destination ôte la liberté à l'homme ; car tout arrive
» selon ses décrets dans toutes les créatures ; et non
» seulement les œuvres extérieures, mais encore les
» pensées intérieures (2). » Tout arrive selon les décrets de Dieu, et au dedans et au dehors de l'homme : par conséquent toutes ses pensées bonnes et mauvaises, et autant ses crimes que ses bonnes œuvres : et de peur qu'on ne crût que Melancton eût enseigné ces blasphèmes sans l'aveu de Luther ; M. Jurieu

_____

(1) *Consult. de incund. pac. p.* 209. — (2) *Jur. Ibid.*

ajoute : « Luther a vu cela, et il a approuvé le livre
» de Melancton, jusqu'à le juger digne non seule-
» ment de l'immortalité, mais encore d'être inséré
» parmi les Écritures canoniques. » Il cite, pour le
prouver, le livre du Serf arbitre de Luther, où il est
vrai que se trouve cette approbation très-expresse des
blasphèmes de Melancton ; et pour ne laisser aux
Luthériens aucun moyen de s'échapper, il se fait
cette objection (1) : « Mais, dites-vous, Melancton
» a rétracté cette opinion dans les éditions suivantes
» de ses *Lieux communs*, au titre de la cause du
» péché. Il est vrai, il l'a rétractée et avec raison ; car
» qui pourroit souffrir cette parole QUI DÉTRUIT TOUTE
» RELIGION : Que la divine prédestination ôte à l'homme
» son libre arbitre ? » Voilà l'objection proposée, et
Melancton bien convaincu d'avoir enseigné une impiété manifeste *et détruit toute religion*. Mais de
peur qu'il ne lui échappe, non plus que son maître
Luther, il ajoute premièrement contre Melancton,
qu'*il n'a rétracté cette opinion que mollement et
en doutant ;* et contre Luther, que lorsqu'il approuva
les Lieux communs de Melancton, ils n'avoient point
encore été corrigés : *donc*, poursuit-il, *il a admis
cette dure opinion de la prédestination, qui ôtoit
le libre arbitre à l'homme.* Est-ce là dire seulement
des paroles dures, *et non pas admettre une opinion
qui détruit toute religion*, et établit l'impiété ?

C'en est assez pour confondre ce téméraire ministre
dans le jugement de Dieu, où il m'appelle : mais il
passe encore plus avant ; et voici comme il parle de
Luther (2) : « Il n'a pas seulement approuvé les
» paroles de Melancton, mais il en a dit de sem-
» blables dans le livre du Serf arbitre, dont le titre
» seul fait connoître le sentiment de l'auteur. Écoutons
» donc comme il parle : C'est le fondement de la foi
» de croire que Dieu est clément, quoiqu'il sauve si
» peu d'hommes, et en damne un si grand nombre ;
» de croire qu'il est juste, quoiqu'il nous FASSE DAM-

____

(1) *Jur. Ibid. p.* 211. — (2) *Consult. Ibid.*

» NABLES nécessairement PAR SA VOLONTÉ; en sorte
» qu'il semble prendre plaisir au supplice des mal-
» heureux, et être plus digne de haine que d'amour.
» Si donc je pouvois entendre par quelque moyen
» que Dieu est miséricordieux et juste, pendant qu'il
» ne fait paroître que colère et injustice, je n'aurois
» pas besoin de foi. Dieu caché dans sa majesté, ni
» ne déplore la mort des pécheurs, ni ne la détruit:
» mais il opère la vie et la mort, et toutes choses dans
» tous. Il ne veut point la mort du pécheur, EN
» PAROLE; JE L'AVOUE, mais il la veut par cette secrète
» et impénétrable volonté. » Voilà les paroles de
Luther, où il reconnoit que Dieu fait les hommes
damnables par sa volonté, et les fait inévitablement
et nécessairement damnables. Les faire damnables de
cette sorte, c'est sans doute les faire pécheurs : et
Luther l'enseigne ainsi en termes formels, puisqu'il
prouve ce qu'il avance, en disant qu'*il fait toutes
choses*, et par conséquent le péché *dans les hommes*.
D'où il s'ensuit que Dieu veut effectivement, et leur
péché, et leur perte; quoiqu'à l'entendre parler,
(c'est toujours Dieu qu'il entend) il fasse semblant
de ne les vouloir pas; *in verbo scilicet*. Qui jamais
parla ainsi de Dieu, si ce n'est ceux qui n'en croient
point, ou qui ont perdu toute la révérence qu'inspire naturellement un si grand nom? Voilà ce que
M. Jurieu a tiré du livre du Serf arbitre de Luther;
et il ose encore prendre Dieu en son redoutable tribunal à témoin, comme il n'attribue à Luther que
des paroles trop dures, pendant qu'il le convainc avec
tant de force de ces exécrables sentimens. Mais il le
presse encore par des paroles tirées de ce même livre
du Serf arbitre : «C'est en vain, disoit Luther, qu'on
» tâche d'excuser Dieu, en accusant le libre arbitre. S'il
» a prévu la trahison de Judas, Judas étoit fait traître
» PAR NÉCESSITÉ; et il n'étoit point en son pouvoir,
» ni dans celui d'aucune créature de faire autrement
» ni de changer la volonté de Dieu (1). » En est-ce

(1) *Pag.* 212.

assez pour convaincre Luther? Mais, pour ne lui laisser pas le loisir de respirer, le ministre lui reproche encore d'avoir dit : « Si nous trouvons bon que Dieu » couronne des indignes, il ne faut pas trouver moins » bon qu'il damne des innocens : en l'un et en l'autre. » Il est excessif selon les hommes; mais il est juste » et véritable en lui-même. C'est maintenant une » chose incompréhensible de damner des innocens; » mais on le croit jusqu'à ce que le Fils de l'homme » soit révélé (1). » C'est donc l'objet de la foi, que Dieu damne des innocens, et les fait lui-même coupables; puisque les faire damnables, comme dit Luther, et les faire pécheurs et coupables, c'est la même chose; et voilà, selon Luther, le grand mystère qui nous sera révélé dans la vision bienheureuse.

Luther est terriblement pressé, vous le voyez; mais le ministre revient encore à la charge : *Voici*, dit-il (2), *par où il finit*, c'est toujours de Luther qu'il parle : « Si nous croyons qu'il est vrai que Dieu » prévoit et préordonne toutes choses, et que d'ail- » leurs il n'est pas possible qu'il se trompe, ou qu'il » soit empêché dans sa science et dans la prédesti- » nation, et enfin, que rien ne se fait sans sa volonté, » la même raison nous fait voir qu'il ne peut y avoir » aucun libre arbitre ni dans l'homme, ni dans l'ange, » ni dans aucune créature. Tout ce qui se fait par » nous, dans ce qui regarde le salut et la damnation, » se fait par une pure nécessité, et non point par le » libre arbitre : l'homme n'en a point; il est esclave » et captif de la volonté de Dieu ou de celle de Satan; » en sorte qu'il n'a aucune liberté ni libre arbitre de » se tourner d'un autre côté, ou de vouloir autre chose, » tant que l'esprit ou la grâce de Dieu dure en l'homme: » et j'appelle nécessité, poursuit Luther, cité par le » ministre, non pas la nécessité de contrainte, mais » celle d'immutabilité » ; et le reste toujours soutenu de la même force : ce qu'il achève de prouver par Calixte, Luthérien, dont voici les propres termes

_____

(1) *Pag.* 212. — (2) *Ibid.*

1. BOSSUET. AVERTISSEMENS.　　　4

cités par M. Jurieu (1) : « Tout le but du livre de
» Luther est de faire voir que toutes les actions des
» hommes, et tous les événemens qui en dépendent,
» ne peuvent arriver autrement qu'ils arrivent, ni
» se faire avec contingence, ou par la volonté du
» libre arbitre de l'homme, mais par la pure et unique
» volonté, disposition et ordre de Dieu. » Ce n'est
donc pas seulement le sentiment de Luther, que Dieu
veut et fait tout le bien et tout le mal qui se trouve
dans le monde, mais c'est là encore tout le but de son
traité du Serf arbitre : et ce n'est pas seulement
M. Jurieu ou les Calvinistes qui objectent ces énormes
excès à Luther ; mais ce sont encore ses sectateurs
mêmes et les Luthériens les plus doctes et les plus
célèbres, du nombre desquels est Calixte, dont les
paroles citées par le ministre Jurieu, se trouvent en
effet dans le livre de ce fameux Luthérien, intitulé,
Jugement sur les Controverses, etc.

Et parce qu'on pourroit penser que Luther auroit
dit ces choses comme *douteuses ou problématiques*,
continue M. Jurieu, au contraire, dit ce ministre (2),
*il les pose comme des dogmes certains, qu'il n'est
ni permis ni sûr de révoquer en doute*; et pour
le prouver, il allègue ces paroles, par où Luther
conclut : « Ce que j'ai dit dans ce livre, je ne l'ai pas
» dit comme en disputant ou en conférant ; mais je
» l'ai assuré et je l'assure, et je n'en laisse le juge-
» ment à personne ; mais je conseille à tout le monde
» de s'y soumettre. » Ce qu'il veut qu'on reçoive
avec une entière soumission, c'est que tout est nécessaire d'une absolue nécessité : « et souvenez-vous,
» poursuit-il, vous qui m'écoutez, que c'est moi qui
» l'ai enseigné » ; en sorte qu'il ne paroît pas seulement que Luther a établi ces dogmes impies, mais
encore qu'il les a établis avec toute la certitude
qu'on peut jamais donner à un dogme, et comme
un des fondemens qu'il veut le plus inculquer à ses
sectateurs.

(1) *Pag.* 213. — (2) *Ibid.*

« Si j'avois à convaincre Luther devant Dieu et devant les hommes de ces horribles impiétés, je ne produirois autre chose que ce que produit ici M. Jurieu. Mais pour le convaincre lui-même d'avoir regardé tous ces discours de Luther non seulement comme durs, mais comme impies, et non seulement comme contenant des expressions excessives, mais encore comme contenant des dogmes affreux, je n'ai encore qu'à produire ces paroles de ce ministre du Luthérien Scultet :
« Voilà, lui dit-il (1), toute cette suite de dogmes
» que vous appelez dans nos auteurs de grands
» monstres, des monstres affreux et horribles. Voilà
» tous nos dogmes, et beaucoup plus que nous n'en
» disons, et ce que nous serions bien fâchés de dire. »
C'est donc de tous ces dogmes qu'on vient de voir, et dont il témoigne lui-même tant d'horreur, qu'il a convaincu Luther: et afin de ne nous laisser aucun doute de ce qu'il déteste dans ce chef de la Réforme, après avoir rapporté tous les dogmes qu'il en reçoit,
« Nous embrassons, dit-il (2), de tout notre cœur
» tous ces dogmes de Luther; mais en voici qui lui
» sont propres : Que Dieu par sa volonté nous REND
» DAMNABLES NÉCESSAIREMENT; que c'est en vain qu'on
» excuse Dieu en accusant le libre arbitre; qu'il n'é-
» toit point au pouvoir de Judas de n'être point
» traître; que Dieu damne les hommes par sa propre
» volonté; qu'il damne des innocens comme il cou-
» ronne des indignés; qu'il ne peut y avoir de libre
» arbitre, ni dans l'homme, ni dans l'ange, ni dans
» aucune créature, et que tout ce qui se fait par nous,
» se fait non point par le libre arbitre, mais par une
» pure nécessité. Nous rejetons, poursuit-il, toutes
» ces choses, et nous les rejetons avec horreur,
» comme choses QUI DÉTRUISENT TOUTE RELIGION, et
» qui ressentent le MANICHÉISME. Je le dis à regret, et
» malgré moi, favorisant autant que je le puis la
» mémoire de ce grand homme » : grand homme,
comme vous voyez, qui vomit des impiétés et des

(1) *Jur. Ibid.* — (2) *Pag.* 214.

4

blasphèmes qu'on n'entendra peut-être pas dans l'enfer même. Mais voilà les grands hommes de la Réforme, et voilà comme ils sont traités par ceux-là mêmes qui font profession de les révérer.

Et parce qu'on pourroit penser en faveur de Luther, qu'il auroit du moins changé de sentiment, quoiqu'en avoir eu un seul moment de si damnables, et avoir commencé par de tels blasphèmes la réformation de l'Eglise, ce seroit toujours une preuve d'un homme livré à Satan ; il ne laisse pas même aux Luthériens cette misérable consolation : « Car, poursuit-il (1), on
» me dira qu'il s'est rétracté : mais qu'on me montre
» où est cette rétractation. On ne voit, dit-il, sur le
» libre arbitre aucune rétractation. S'il a rétracté et
» condamné son livre du Libre arbitre, où est l'ana-
» thème qu'il lui a dit ? comment l'a-t-il laissé parmi
» ses ouvrages ? Il a parlé plus doucement dans la
» visite Saxonique, en reconnoissant le libre arbitre
» dans les choses civiles et morales, et pour les
» œuvres extérieures de la loi ; mais il ne nie nulle
» part ce qu'il avoit assuré dans son livre du Serf
» arbitre ; et on peut aisément concilier ce qu'il a
» dit dans ces deux livres. » Il le concilie en effet, en remarquant que Luther pourroit avoir changé le libre arbitre, « en entendant sous ce mot, qu'on
» n'agit pas malgré soi, mais très-volontairement ;
» ce qui, poursuit-il, n'empêcheroit pas qu'il ne
» fût toujours véritable, comme Luther l'avoit dit
» dans le livre du Serf arbitre, que Dieu par sa
» volonté rend les hommes nécessairement dam-
» nables, et que par sa pure volonté il damne des
» innocens. Luther, dit-il (2), n'a point rétracté
» cela. » Il a raison : on a quelque part adouci, quoique foiblement, les expressions ; on a nommé le libre arbitre même dans la Confession d'Augsbourg, sans bien expliquer ce que c'étoit ; mais on ne trouve en aucun endroit la condamnation d'un livre si abomi-nable, ni aucune rétractation de tous ces excès. Il ne

____

(1) *Jur. Ibid. p.* 217. — (2) *Pag.* 218.

falloit pas attendre de Luther, que jamais il avouât,
ou qu'il crût avoir failli ; et il valoit mieux certainement laisser en leur entier tous les blasphèmes du
livre du Serf arbitre, que de se rabaisser jusque-là.
Ainsi le Luthérien n'a point de réplique ; et le bienheureux Luther (car c'est ainsi qu'on affecte de le
nommer dans le parti) demeure convaincu, par notre
ministre, non seulement d'avoir commencé sa Réforme, mais encore d'avoir persévéré jusqu'à la fin
dans cette impiété.

Il est donc plus clair que le jour, que le ministre
n'a pas seulement avoué, mais encore qu'il a prouvé
invinciblement les impiétés de Luther ; et s'il les nie
maintenant, s'il tâche de révoquer son aveu, c'est
qu'il a honte pour la Réforme de la voir commencer
par des blasphèmes, et de lui voir pour ses chefs des
blasphémateurs et des impies : et si, pour repousser
ce juste et inévitable reproche, il s'emporte jusqu'à
m'appeler au redoutable tribunal de Dieu, et à invoquer contre moi à témoin ce juste Juge, il ressemble
manifestement à ces profanes qui se servent d'un si
grand nom pour éblouir les simples, et donner de
l'autorité au mensonge.

Ce n'a donc pas été une calomnie, mais une vérité,
non seulement avouée, mais encore démontrée par
M. Jurieu, de dire que les Réformateurs ont fait Dieu
auteur du péché. Ce ministre passe déjà condamnation
pour Luther et pour Melancton, c'est-à-dire, pour
les premiers des Réformateurs. Mais j'ai fait voir que
Calvin et Bèze n'en avoient pas moins dit que les
deux autres (1) ; et qu'aussi M. Jurieu, sans oser entreprendre de les justifier, n'en avoit pu dire autre chose,
sinon qu'*ils étoient sobres en comparaison de Luther* (2) : ce qui montre, non pas qu'il les croit innocens, mais qu'il les croit seulement moins coupables,
c'est-à-dire, moins impies et moins grands blasphémateurs. Mais en cela il se trompe : car j'ai produit les

_____

(1) *Var. liv.* XIV. *p.* 1, 2, 3, 4. — (2) *Jur. de pac.*
p. 214.

passages de Calvin et de Bèze (1), où ils disent que
» Dieu fait toutes choses selon son conseil défini,
» voire même celles qui sont méchantes et exécrables;
» qu'ayant ordonné la fin (qui est de glorifier sa
» justice dans le supplice des réprouvés), il faut qu'il
» ait quant et quant ordonné les causes qui amènent
» à cette fin, (c'est-à-dire sans difficulté les péchés;)
» que le péché du premier homme, quoique volon-
» taire, est en même temps nécessaire et inévitable;
» qu'Adam n'a pu éviter sa chute, et qu'il ne laisse
» pas d'en être coupable; qu'elle a été ordonnée de
» Dieu, et qu'elle étoit comprise dans son secret des-
» sein; qu'un conseil caché de Dieu est la cause de
» l'endurcissement; qu'on ne peut nier que Dieu
» n'ait voulu et décrété la désertion d'Adam, puis-
» qu'il fait tout ce qu'il veut; que ce décret fait
» horreur; mais qu'enfin on ne peut nier que Dieu
» n'ait prévu la chute de l'homme, puisqu'il l'avoit
» ordonnée par son décret; qu'il ne faut point se
» servir du terme de permission, puisque c'est un
» ordre exprès; que la volonté de Dieu fait la néces-
» sité des choses, et que tout ce qu'il ordonne arrive
» nécessairement; que c'est pour cela qu'Adam est
» tombé par un ordre de la providence de Dieu, et
» parce que Dieu l'avoit ainsi trouvé à propos; que les
» réprouvés sont inexcusables, quoiqu'ils ne puissent
» éviter la nécessité de pécher, et que cette nécessité
» leur vient par ordre de Dieu; que Dieu leur parle,
» mais que c'est pour les rendre plus sourds; qu'il
» leur envoie des remèdes, mais afin qu'ils ne soient
» point guéris; et que si les hommes veulent répliquer
» qu'ils n'ont pu résister à la volonté de Dieu, il les
» faut laisser plaider contre celui qui saura bien dé-
» fendre sa cause », sans qu'il soit permis, comme
on voit, de la défendre, en disant qu'il laisse l'homme
à sa liberté, et qu'il ne veut point son péché. Voilà
ce qu'ont dit Calvin et Bèze; ce qui, comme on

____

(1) *Var. liv.* XIV, *p.* 1, 2, 3, 4.

voit, n'est pas moins mauvais que ce qu'ont dit
Luther et Melancton.

Aussi voyons-nous manifestement que si le Calviniste ferme la bouche au Luthérien sur son Melancton
et sur son Luther, le Luthérien ne remporte pas un
moindre avantage sur les Calvinistes : car écoutez
comme les presse le docteur Gérard (1) : « Qu'ils
» donnent donc gloire à Dieu et à la vérité, en désa-
» vouant publiquement telles et semblables expres-
» sions qui se trouvent dans les écrits des gens de
» leur parti : que Dieu a préordonné par un décret
» absolu certains hommes, et même la plupart des
» hommes, aux péchés et aux peines des péchés ; que
» la Providence divine a créé quelques hommes, afin
» qu'ils vivent dans l'impiété ; que Dieu pousse les
» méchans aux crimes énormes ; que Dieu, en quelque
» sorte, est cause du péché : qu'ils condamnent de
» semblables propositions qui se trouvent en autant
» de termes dans leurs écrits publics, s'ils veulent
» être réconciliés avec l'Eglise. » Voilà les impiétés
que les Luthériens reprochent aux Calvinistes, et le
passage qu'on vient de voir du docteur Gérard, est
cité mot à mot par M. Jurieu (2). Mais qu'y répond
ce ministre ? Nie-t-il le fait ? Je veux dire, nie-t-il
que ceux de son parti aient enseigné que Dieu « pré-
» ordonne les hommes aux péchés, les pousse aux
» crimes énormes, et soit en quelque sorte cause du
» péché ? » Point du tout : voici sa réponse (3) : « Il
» est vrai : nous reconnoissons qu'entre ces expres-
» sions il y en a de trop dures. Nous n'avons pas pour
» nos auteurs la même soumission que ces messieurs
» les Luthériens ont pour Luther ; et nous ne nous
» faisons pas une honte d'abandonner leurs manières,
» quand elles nous paroissent propres à scandaliser,
» et dures à digérer. Telles sont celles que nous
» venons de voir, dont aussi nul des nôtres ne se

____

(1) *Ger. de elect. et reprob. c. x, n.* 137. — (2) *Jug. sur les
Méth. p.* 142. — (3) *Ibid. p.* 143.

» SERT PLUS AUJOURD'HUI, et dont on ne s'est plus
» servi DEPUIS CENT ANS. »

Il avoue donc en termes formels, que ses auteurs
ont avancé ces propositions impies : « Que Dieu pré-
» ordonne aux péchés ; que Dieu pousse aux crimes
» énormes ; qu'il est, en quelque sorte, cause du
» péché. » Il ne sert plus à rien de le nier, ni de
dire que je lui fais une calomnie *aussi fausse que
maligne*, en disant qu'il a avoué des Réformateurs
en général, et même de ceux de son parti, qu'ils enseignent que *Dieu pousse l'homme aux crimes
énormes* : le docteur Gérard lui reproche que cette
proposition et d'autres aussi impies *se trouvent en
autant de mots* dans ses auteurs. Loin de dire ici
qu'on le calomnie, ou d'appeler le docteur Gérard
au redoutable tribunal de Dieu, il confesse tout, quoiqu'il tâche de pallier ce fait honteux, et d'adoucir ces
propositions qui sont autant de blasphèmes, en les
appelant seulement *des expressions trop dures et
des manières propres à scandaliser*. Enfin il
avoue la chose : ces propositions se trouvent dans
les auteurs du calvinisme comme dans ceux du luthéranisme : il n'y a point d'aveu plus formel que de
dire tout simplement : *Il est vrai*. La Réforme ne
trouve d'excuse à cet excès, qu'en disant qu'on n'y
tombe *plus depuis cent ans*, et se trouve bien
honorée, pourvu qu'on accorde qu'elle n'a été que
soixante ou quatre-vingts ans dans le blasphème.
Mais encore n'aura-t-elle pas cette misérable excuse :
on lui montre qu'elle y est encore, et on le montre
par les paroles du ministre même qui la défend. Si
elle étoit bien revenue de l'abominable erreur de faire
Dieu auteur du péché, de dire qu'*il le préordonne,
et pousse les hommes aux crimes énormes*, elle
ne diroit pas seulement que ce sont *des expressions
trop dures, des manières propres à scandaliser,
et dures à digérer* : car, à en parler de cette sorte,
c'est, en avouant qu'on a avancé des propositions si
impies, soutenir qu'au fond on les tient encore pour
véritables ; qu'on tient, dis-je, pour véritable, *que*

Dieu pousse aux crimes énormes, et qu'il est cause du péché. Que le ministre ne réponde pas, que selon la proposition on dit qu'il en est cause, *en quelque sorte :* car, outre que ce pitoyable adoucissement ne se trouve pas dans les autres propositions qu'on vient de voir, c'est, en se tenant à celle-ci, une proposition assez impie contre le Saint d'Israël, que le faire, *en quelque sorte*, et pour peu que ce soit, cause du péché, car c'est de quoi il est éloigné jusqu'à l'infini par sa sainteté, par sa bonté, par sa perfection : il n'est donc cause du péché en aucune sorte. Le ministre veut s'imaginer que ses auteurs, qui ont dit que *Dieu le préordonne*, et que *Dieu y pousse* (1), n'entendoient pas néanmoins le lui attribuer. Mais que falloit-il donc dire pour cela, si ce n'est pas assez de dire que Dieu préordonne, que Dieu pousse, que Dieu est cause? Qu'il pense donc tout ce qu'il voudra de ses Réformateurs; le fait demeure pour constant : les propositions impies, qui font Dieu cause du péché, se trouvent non par conséquence, mais en termes formels, dans leurs écrits. S'il ne tient qu'à dire que ce sont seulement des expressions ou des manières trop dures, j'excuserai quand il me plaira toutes les impiétés et tous ceux qui les profèrent; et dans le fond il n'y aura plus de blasphémateurs ni d'hérétiques.

Mais voici bien plus : je maintiens à la Réforme et à M. Jurieu, que les adoucissemens qu'ils prétendent avoir apportés à leurs expressions *depuis cent ans*, ne sont qu'en paroles, et qu'ils croient toujours, dans le fond, que Dieu est la vraie cause du péché. M. Jurieu cite ces paroles du livre des Variations (2) :
« Car enfin, tant qu'on ôtera au genre humain la
» liberté de son choix, et qu'on croira que le libre
» arbitre subsiste avec une entière et inévitable néces-
» sité, il sera toujours véritable que ni les hommes
» ni les anges prévaricateurs n'ont pas pu ne pas
» pécher; et qu'ainsi les péchés où ils sont tombés

(1) *Lett.* x. — (2) *Ibid. p.* 76. *Hist. des Var. liv.* xiv. *p.* 86.

» sont une suite nécessaire des dispositions où le
» Créateur les a mis, et M. Jurieu est de ceux qui
» laissent en son entier cette inévitable nécessité (1). »
Voilà en effet mes propres paroles ; et on m'avouera
qu'il n'y a aucune réponse à une preuve si concluante,
que de *nier cette entière et inévitable nécessité*
de pécher ou de bien faire : mais M. Jurieu ne la nie
pas ; au contraire, il la reconnoît, comme est à
voir. « M. de Meaux, dit-il (2), devroit nous apprendre
» comment la prédétermination physique des Tho-
» mistes subsiste avec l'indifférence de la volonté. Il
» nous devroit faire comprendre comment la grâce
» efficace par elle-même, que lui-même défend,
» n'apporte à la volonté aucune nécessité. Enfin il
» devroit nous expliquer comment les décrets éternels,
» qui imposent une vraie nécessité à tous les événe-
» mens, et une nécessité inévitable, ne ruinent pas
» la liberté. » Voilà donc, selon ce ministre, en
vertu des décrets de Dieu, *une vraie et inévitable
nécessité ; et cela dans tous les évènemens*, parmi
lesquels manifestement les péchés mêmes sont compris. Qu'a dit de pis Luther pour faire Dieu cause du
péché, comme ce ministre l'en a convaincu ? Est-ce
peut-être que Luther a dit que Dieu contraignoit les
hommes à pécher, malgré qu'ils en eussent, et qu'ils
ne péchoient pas volontairement ? Mais on a vu le
contraire (3) ; et le ministre lui-même a rapporté les
passages où il dit en termes formels que la nécessité
qu'il admet n'est pas *une nécessité de contrainte*,
mais une nécessité d'immutabilité (4). Ainsi,
pour faire Dieu auteur du péché, Luther n'a dit autre
chose, si ce n'est que les hommes y tomboient nécessairement, quoiqu'en même temps volontairement,
par une vraie et inévitable nécessité provenue du
décret de Dieu. Or, c'est ce que dit encore M. Jurieu
en termes formels : donc, par la même raison qu'il a

<hr>

(1) *Jur. Jug. sur les Méth.* sect. 15, p. 129, 130. —
(2) *Lett.* x, p. 76. — (3) Ci-dessus, p. 5. — (4) *Luth. de Serv.*
arb.

convaincu Luther d'impiété, il s'en est convaincu lui-même, et sa preuve porte contre lui.

Aussi, pour aller au fond de ses sentimens, nous lui avons démontré, dans le livre des Variations (1), qu'il pose un principe qui ne lui permet pas de décider si c'est Dieu ou l'homme qui est l'auteur du péché. Ce principe, c'est ce qu'il dit dans son Jugement sur les Méthodes, que *nous ne savons rien de notre âme, sinon qu'elle pense* (2). Nous ne savons donc pas si elle a, ou si elle n'a pas la liberté de son choix, s'il est en son pouvoir de choisir ou ne choisir pas une chose plutôt qu'une autre : d'où il conclut en effet que « c'est une témérité de définir que » la liberté est cela, ou n'est pas cela ; que, pour être » libre, il faut être en tel ou en tel état ; qu'une telle » chose, ou une autre, ruine la liberté. » Il pousse donc son ignorance jusqu'à ne pas vouloir sentir, quand il pèche, s'il pouvoit ne pécher pas : en faisant le philosophe, il est sourd à la voix de la nature, et il étouffe sa conscience, qui lui dit, comme à tous les autres hommes, à chaque péché où il tombe, surtout à ceux où il tombe délibérément, qu'il auroit pu s'empêcher d'y tomber, c'est-à-dire, d'y consentir ; car c'est en cela que consiste le remords : et s'il fait aller son ignorance jusqu'à douter si cela est, il ignore donc aussi s'il agit ou s'il n'agit pas dans le mal comme dans le bien avec une nécessité inévitable ; c'est-à-dire, s'il n'est pas poussé à l'un comme à l'autre par une force supérieure et toute-puissante : ce qui est douter finalement si c'est Dieu ou l'homme qui est l'auteur du péché ; puisqu'une nécessité contre laquelle il ne peut y avoir en nous aucune résistance ne peut venir que de la nature de la volonté, également déterminée au mal comme au bien, selon les dispositions où elle est mise par une force majeure, et en un mot par la force de celui qui nous donne l'être.

(1) *Var. liv.* xiv, p. 86. — (2) *Jur. Jug. sur les Méth.* p. 129, 130.

Voilà ce qu'on lui objecte dans le livre des Variations ; voilà d'où on a conclu qu'il ne sait encore lui-même si c'est Dieu ou lui qui est auteur de son péché : doute qui emporte le manichéisme, puisque, s'il n'est pas constant que celui qui pèche a été libre à ne pécher pas, il n'est pas constant que le péché ne vienne pas de la nature, et qu'il n'y ait pas hors de l'homme un principe inévitable du mal autant que du bien. Il ne sert de rien d'objecter que, dans toute opinion où l'on reconnoît un péché originel, on reconnoît un péché inévitable : car, pour ne nous point jeter ici sur des questions qui ne sont pas de ce sujet, il doit du moins être constant que le péché a dû être tellement libre dans son origine, qu'il ait été au pouvoir de l'homme de l'éviter. On ne peut donc point douter de la nature de la liberté ; et le ministre qui en veut douter doute en même temps du principe par lequel seul on peut assurer que Dieu n'est pas celui qui nous pousse au crime. C'est à quoi il falloit répondre, s'il avoit quelque chose à dire ; mais il se tait, et montre qu'il ne sait pas qui est l'auteur du péché, de Dieu ou de l'homme.

Pour sortir de ce doute impie, il voudroit que je lui apprisse comment s'accorde le libre arbitre, ou le pouvoir de faire ou ne pas faire, avec la grâce efficace et les décrets éternels (1). Foible théologien, qui fait semblant de ne pas savoir combien de vérités il nous faut croire, quoique nous ne sachions pas toujours le moyen de les concilier ensemble ! Que diroit-il à un Socinien qui lui tiendroit le même langage qu'il me tient, et le presseroit en cette sorte ? Je voudrois bien que M. Jurieu nous expliquât comment l'unité de Dieu s'accorde avec la Trinité. Entrera-t-il avec lui dans la discussion de cet accord, et s'engagera-t-il à lui expliquer le secret incompréhensible de l'Être divin ? Ne croiroit-il pas l'avoir vaincu, en lui montrant que ces deux choses sont également révélées ; et par conséquent, malgré qu'il en ait, et malgré la petitesse de

____
(1) *Lett.* x.

l'esprit humain, qui ne peut les concilier parfaitement, qu'il faut bien que l'infinité immense de l'être de Dieu les concilie et les unisse? Mais, sans nous arrêter à ce mystère, qu'est-ce en tout et partout que notre foi, qu'un recueil de vérités saintes, qui surpassent notre intelligence, et que nous aurions, non pas crues, mais entendues parfaitement et évidemment, si nous pouvions les concilier ensemble par une méthode manifeste? Car par là nous en verrions, pour ainsi parler, tous les tenans et tous les aboutissans; nous en verrions les dénoûmens autant que les nœuds; et nous aurions en main la clef du mystère, pour y entrer aussi avant que nous voudrions. Mais cela n'est pas ainsi; et quand cela sera, ce ne sera plus cette vie, mais la future; ce ne sera plus la foi, mais la vision. Que faut-il faire en attendant, sinon croire et adorer ce qu'on n'entend pas, unir par la foi ce qu'on ne peut encore unir par l'intelligence, et, en un mot, comme dit saint Paul, *réduire son esprit en captivité sous l'obéissance de Jésus-Christ* (1)?

Ceux qui ne peuvent s'y résoudre ne trouvent que des écueils dans la doctrine chrétienne, et font autant de naufrages qu'ils décident de questions; car il y a partout la difficulté à laquelle, si on succombe, on périt. Et pour venir en particulier à celle où nous sommes, le Socinien éprouve en lui-même la liberté de son choix: nulle raison ne lui peut ôter cette expérience; mais, ne pouvant accorder ce choix avec la prescience de Dieu, il nie cette prescience; il succombe à la difficulté; il se brise contre l'écueil, et, comme dit saint Paul, *il fait naufrage dans la foi* (2). Le naufrage du Calviniste, qui, pour soutenir la prescience ou la providence, ôte à l'homme la liberté de son choix, et fait Dieu auteur nécessaire de tous les événemens humains, est-il moindre? Point du tout: l'un et l'autre s'est brisé contre la pierre. Celui qui tient ensemble les deux vérités que les autres commettent ensemble et détruisent l'une par l'autre, qui

______

(1) *II. Cor.* x. 5. — (2) *I. Tim.* i. 19.

les concilie le mieux qu'il peut, et sachant bien qu'il
n'est pas ici dans le lieu d'entendre, les surmonte par
la foi, en attendant qu'il y atteigne par l'intelligence:
faudroit-il dire à M. Jurieu, s'il étoit théologien, que
c'est le seul qui navigue sûrement, et qui seul pourra
parvenir à la vérité comme au port? Que sert donc
d'alléguer ici la grâce efficace et les Thomistes? Ces
docteurs, comme les autres catholiques, sont d'accord
à ne point mettre dans le choix de l'homme une inévitable nécessité, mais une liberté entière de faire et
ne faire pas. S'ils ont de la peine à l'accorder avec
l'immutabilité des décrets de Dieu, ils ne succombent
pourtant pas à la difficulté : ils rament de toutes leurs
forces pour s'empêcher d'être jetés contre l'écueil.
M. Jurieu, qui, pour tout brouiller lorsqu'il s'agit
simplement d'établir la foi, voudroit m'engager à discuter les moyens par lesquels on tâche de l'expliquer,
ne veut qu'amuser le monde ; et c'est assez qu'on ait
vu que ce n'est point par des conséquences, mais par
un aveu formel, que Luther, Mélancton, Calvin,
Bèze et les autres Réformateurs, ont fait Dieu auteur
du péché; que lui-même tantôt l'avoue, et tantôt le
nie; que, dans le fond, il est prêt à retomber dans l'erreur dont il semble vouloir excuser la Réforme ; qu'il
y retombe en effet, sans avoir pu s'en défendre; et
que, semblable à un criminel pressé par des preuves
invincibles, il ne peut pas demeurer un seul moment
dans la même contenance, ni se soutenir devant ses
accusateurs.

En effet, ne voyez-vous pas comme il vacille?
D'abord il faisoit le fier; et, pendant que je l'accusois,
il m'accusoit moi-même, comme un calomniateur,
devant le jugement de Dieu; mais quand le Luthérien
s'est élevé contre lui, en accusant les auteurs du calvinisme *de faire Dieu cause du péché*, jusqu'à nous
pousser lui-même aux crimes énormes par une immuable et inévitable nécessité, il n'a pas eu de réplique, et il a dit : *Il est vrai*. Le voilà vaincu de
son aveu propre; et il n'a plus songé, comme on a vu,
qu'à pallier le crime. Mais il n'a pas été moins fort

contre le Luthérien que le Luthérien l'a été contre lui ;
et il a très - bien convaincu non seulement Mélancton,
mais encore Luther lui-même, de n'avoir pas moins
blasphémé que Calvin et les Calvinistes. Entendez ceci,
mes chers Frères ; les deux que nous accusons s'accusent entre eux : nous n'avons plus besoin de parler,
et ils se convainquent l'un l'autre, sans se laisser aucune évasion. Car le ministre Jurieu croyoit échapper ;
et, pour pallier le mieux qu'il pouvoit les blasphèmes
de son parti, il les appelle seulement des *expressions
dures, des manières propres à scandaliser, et
dures à digérer*. Mais il a lâché le mot contre Luther ;
et, quoique Luther n'en ait pas dit davantage que
Calvin et les Calvinistes, non content de lui attribuer,
comme à eux, seulement des *expressions dures*,
M. Jurieu est contraint par la vérité à lui attribuer des
dogmes affreux, *qui tendent au manichéisme, et
renversent toute religion*. Que dira-t-il maintenant?
Le fait est constant, de son aveu : la qualité du crime
n'est pas moins certaine ; et lui-même l'a qualifié d'impiété. Il n'y a donc plus qu'à le condamner par sa
propre bouche ; et, dans une cause égale, faire tomber sur son parti la même sentence.

Saint Paul écrit à Timothée : *O Timothée, gardez le dépôt, en évitant les profanes nouveautés
de paroles, et les contradictions de la science
faussement appelée de ce nom* (1). Quelle nouveauté
plus profane que celle de parler de Dieu comme de
celui qui nous pousse aux crimes énormes, et qui, en
ruinant notre libre arbitre par ses décrets, impose aux
démons, comme aux hommes, la nécessité de tomber
dans tous les péchés qu'ils commettent ? Déjà la Réforme n'a pas évité ces profanes nouveautés dans les
paroles, puisqu'elle a proféré celles-ci. Mais saint Paul
ne s'arrête pas à condamner seulement les paroles.
Dans les paroles il a regardé le sens ; et il a voulu nous
faire entendre que les profanes nouveautés, dans les
paroles, marquoient de nouveaux prodiges dans les

____

(1) *I. Tim.* VI. 20.

sentimens; c'est pourquoi il a condamné, dans ces *paroles profanes, la science faussement nommée d'un si beau nom.* Reconnoissons donc dans la Réforme, je dis dans ses deux partis, et autant dans le calvinisme que dans le luthéranisme, cette fausse et dangereuse science qui, pour montrer qu'elle entendoit les plus hauts mystères de Dieu, a trouvé dans ses décrets immuables la ruine du libre arbitre de l'homme, et en même temps l'extinction du remords de conscience. Car si tout, et le péché même, nous arrive par nécessité, et que nous n'ayons non plus de pouvoir d'éviter le crime que la mort et les maladies, nous pouvons bien nous affliger d'être pécheurs, comme d'être sourds ou paralytiques; mais nous ne pouvons nous imputer notre péché comme une chose arrivée par notre faute, et que nous pouvions éviter; qui est précisément en quoi consiste cette douleur qu'on nomme remords de la conscience. Avec elle s'en va aussi la pénitence : on se peut croire malheureux, mais non pas coupable; on se peut plaindre d'être pécheur, impudique, avare, orgueilleux, comme on se plaint d'avoir la fièvre; encore peut-on quelquefois reconnoître qu'on a la fièvre par sa faute, et pour l'avoir contractée par des excès qu'on pouvoit éviter; mais si tout et la faute même est inévitable, l'idée de faute s'en va; personne ne frappe sa poitrine, ni ne *se repent de son péché,* en s'accusant soi - même et *en disant : Qu'ai-je fait* (1)? La conscience dit à un chacun : *Je n'ai rien fait* qu'une force supérieure et divine ne m'y ait poussé, et Dieu m'entraîne au péché comme à la peine.

Telle est la fausse science que la Réforme a professée, quand elle a cru pouvoir pénétrer tous les mystères de Dieu; mais voici en même temps ses contradictions. Prenez garde, disoit saint Paul, *aux contradictions de cette fausse science:* c'est que toute fausse science se contredit elle - même. Il en est ainsi arrivé à la Réforme; et, parce que la science est

(1) *Jer.* VIII. 6.

fausse, elle est tombée dans de visibles contradictions. Elle a fait Dieu cause du péché ; elle a eu honte de cette erreur, et a voulu s'en dédire ; elle a voulu qu'on crût du moins qu'elle s'en étoit corrigée ; et, s'en dédisant, elle a posé des principes pour y retomber. Elle y retombe, en effet, dans le temps qu'elle tâche de s'en excuser ; et, ne voulant pas avouer ce que la nature et sa propre conscience lui dictent sur son libre arbitre, elle établit dans tous les maux, même dans celui du péché, la nécessité, dont nul que Dieu ne peut être auteur.

Voilà l'esprit de blasphème au milieu de ceux qui se sont dits des chrétiens réformés ; et le voilà même dans ceux qu'ils appellent les Réformateurs. Le voilà dans Luther, dans Melancton, dans Calvin, dans Bèze, dans les deux partis des protestans, de l'aveu de M. Jurieu ; et le voilà dans M. Jurieu lui-même, qui tâche d'en excuser la Réforme. Qu'elle écoute donc la sentence de la bouche de Dieu : *Chassez du camp le blasphémateur, et celui qui a maudit son Dieu* (1), *c'est-à-dire, qui a dit du mal contre lui.* Mais qui dit plus de mal contre son Dieu que ceux qui disent qu'il fait tout le mal ? Pouvoit-on le maudire davantage ? L'Eglise a obéi à la voix de Dieu, et a chassé ces impies, qui aussi bien *se séparoient déjà eux-mêmes,* selon la prédiction et contre le précepte de saint Jude (2), ou plutôt de tous les apôtres, comme saint Jude l'a remarqué. Mais vous, ô troupeau errant, vous les avez mis à votre tête, et vous en avez fait vos Réformateurs. Ah, revenez à vous-mêmes, du moins à la voix de votre ministre, qui vous a montré le blasphème au milieu de vous !

Souvenez-vous maintenant, mes Frères, des outrageantes paroles dont a usé M. Jurieu, en m'appelant déclamateur, calomniateur, homme sans honneur et sans foi, devant Dieu et devant son juste jugement. Vous voyez qu'il avoit tort ; et il employoit cependant pour vous tromper, non seulement les expressions

______

(1) *Levit.* XXIV. 14. — (2) *Epist. Jud.* 17, 19.

et les injures les plus-atroces, mais encore ce qu'il y
a de plus saint et de plus terrible parmi les hommes.
Pour toute réparation de tous ces excès, je vous demande seulement, mes Frères, de le bien connoître,
et de ne plus vous laisser émouvoir à ses clameurs,
lorsqu'il se plaint qu'on le calomnie. Mais passons à
un autre endroit où il fait encore la même plainte, et
avec une égale injustice. « Il est faux, dit-il (1), pa-
» reillement qu'on soit demeuré d'accord que les
» Luthériens soient semi-Pélagiens. » Mais sa propre
preuve le réfute. La voici : « Car encore, continue-t-il
» qu'ils donnent à l'homme quelque chose à faire
» avant la grâce, savoir : d'écouter et de se rendre
» attentif; cependant, selon eux, la première grâce
» est de Dieu; et c'est cette première grâce qui fait la
» conversion. » Aveugle, qui ne voit pas que les semi-
Pélagiens n'ont jamais seulement pensé que la première grâce, c'est-à-dire, ce qui est de Dieu, ne fût
pas de Dieu; mais qu'ils étoient semi-Pélagiens, en ce
qu'ils attachoient cette première grâce à quelque chose
qui dépendoit purement du libre arbitre de l'homme,
comme à prier, à demander, à désirer du moins son
salut, et par là le commencer tout seul. M. Jurieu
osera-t-il dire que les Luthériens n'en font pas autant,
puisqu'en mettant que la grâce fait par elle-même la
conversion de l'homme, ils font dépendre cette grâce
de l'attention que l'homme prête par lui-même à la
parole de Dieu. Qu'est-ce être semi-Pélagien, si cela
ne l'est? Car être semi-Pélagien n'est pas nier que
Dieu n'achève l'ouvrage, c'est dire qu'il ne l'achève
que parce que l'homme l'a auparavant commencé. La
grâce, dit le Luthérien, est inséparablement attachée à
la parole, d'où elle ne manque jamais de sortir avec
efficace. À la bonne heure. L'homme qui se rend
attentif à la prédication aura sans doute la grâce,
selon ces principes. Je le veux bien. Mais pourquoi
aura-t-il la grâce? Parce qu'il s'est rendu attentif. Je
le veux encore. Allons plus avant. Est-ce la grâce qui

____
(1) *Lett.* x. 77.

lui a donné cette attention, ou bien se l'est-il donnée
à lui-même ? C'est lui-même, dit le Luthérien. Il se
doit donc à lui-même d'avoir la grâce; c'est à lui-
même qu'il doit le commencement de son salut. Non,
dit M. Jurieu (1); la grâce prévient et se présente
d'elle-même, avant tout acte de la volonté. Illusion.
Car quelle est la grâce qui se présente de cette sorte?
C'est la grâce de la doctrine et des promesses, c'est-à-
dire, la grâce des Pélagiens anciens et modernes; la
grâce que ces hérétiques, que les Sociniens, que les
Pajonistes, nouveaux hérétiques de la Réforme, qui
ne reconnoissoient de grâce que dans la prédication, admettoient; une grâce extérieure qui frappe
l'oreille, et qui n'excite l'âme que par le dehors. Mais,
dit-on, le Luthérien va plus avant; et, pourvu qu'on
écoute par soi-même cette parole qui est présentée, il
en sortira une grâce qui agira dans le cœur. Je l'avoue;
mais il faut auparavant que l'homme vienne de lui-
même; de lui-même se rendre attentif, c'est commencer son salut sans aucun besoin de la grâce intérieure.
Mais dans le commencement est renfermé le salut
entier, puisqu'il entraîne nécessairement la conversion tout entière : tout cet ouvrage se réduit enfin à
une opération purement humaine, comme à sa première cause; et l'homme se glorifie en lui-même, et
non pas en Dieu, ce qui est l'erreur la plus mortelle
à la piété. Qu'on démêle ce nœud, ou qu'on cesse
d'excuser les Luthériens du semi-pélagianisme, c'est-
à-dire, comme je l'ai démontré, du plus dangereux
poison que le pélagianisme verse dans le cœur.

Mais que nous importe? direz-vous. Ce n'est pas
cette question que vous avez à démêler avec M. Jurieu;
et il ne s'agit pas de savoir si les Luthériens sont devenus demi-Pélagiens, mais si ce ministre en est d'accord, comme vous l'en accusez. Hé, je vous prie, que
veut-il donc dire par les paroles que vous venez d'entendre, « Ils donnent à l'homme quelque chose à faire
» avant la grâce; savoir : d'écouter et de se rendre

____

(1) *Lett.* x. 77

» attentif (1) ? » Si cela est avant la grâce, il n'est donc pas de la grâce ; et le salut commence par quelque chose d'humain. Qu'y a-t-il de plus demi-Pélagien ? Mais où prend-on que l'attention à la parole, lorsqu'elle est aussi sérieuse et aussi sincère qu'il faut, n'est pas encore un don de Dieu ? Ceux *qui viennent à Jésus-Christ* pour écouter sa parole, ne sont-ils pas de ceux *que son Père tire* (2), c'est-à-dire, comme il l'explique lui-même, de ceux *à qui son Père donne d'y venir* (3) ? N'est-ce pas là qu'ils commencent à *être enseignés de Dieu, à écouter la voix du Père, et à apprendre de lui ?* Ces brebis, qui écoutent si volontiers la *voix du pasteur*, ne sont-elles pas de celles que le pasteur a auparavant rendues dociles, *qu'il connoît et qui le suivent* (4) ? On sait que l'efficace de la parole se fait quelquefois sentir aux profanes, que la curiosité ou la coutume, ou d'autres semblables motifs y attirent ; mais ce n'est pas la voie commune. Ordinairement de tels auditeurs sont de ceux qui *n'ont pas d'oreilles pour entendre* (5) ; ils sont de ces sourds spirituels à qui Jésus-Christ n'a pas encore ouvert l'oreille (6). Les Luthériens veulent-ils promettre à de semblables auditeurs que la parole sera toujours efficace pour eux ? Non, sans doute : cette promesse n'est que pour ceux qui viennent poussés par la foi, et avec une bonne intention. Mais *cette foi*, mais *cette bonne intention*, à la prendre dès son premier commencement, si ce n'est pas Dieu qui la donne, il n'y a plus de grâce chrétienne, et Jésus-Christ est mort en vain : car c'est tout ôter à la grâce que de lui ôter le commencement de notre sanctification, puisque même ce commencement n'est pas moins attribué à la grâce, dans l'Écriture, que l'entier accomplissement de notre salut. *J'espère*, disoit saint Paul (7), *que celui qui a commencé en vous ce saint ouvrage y donnera l'accomplissement.*

(1) *Jur. Lett.* x. — (2) *Joan.* vi. 44, 66. — (3) *Ibid.* 45. — (4) *Ibid.* x. 3, 27. — (5) *Matt.* xiii. 9. — (6) *Marc.* vii. 34, 35. — (7) *Phil.* i. 6.

Voilà ce qu'il falloit dire aux Luthériens, et non pas les excuser dans une erreur si bien reconnue, et tant de fois condamnée du commun consentement de toute l'Église, ni leur permettre d'attacher la grâce à la volonté que nous avons *d'écouter et de nous rendre attentifs avant la grâce.*

Mais, mes Frères, je ne craindrai point de vous le dire : on ne connoît point parmi vous cette exactitude qu'il faut garder dans les dogmes; et, si M. Jurieu prend soin de convaincre les Luthériens de leur erreur, c'est pour leur faire valoir la facilité qu'on a de les tolérer. Voici, en effet, comme il leur parle : « Il » semble, dit-il (1), que les Protestans de la Confes- » sion d'Augsbourg aient passé à l'opinion directe- » ment opposée à cette Confession, et fassent dé- » pendre l'efficace de la grâce de la volonté humaine, » et du bon usage du libre arbitre. C'est ainsi, dit-il » à Scultet (2), que vous avez dit souvent vous- » même que Dieu convertit *les hommes,* quand eux- » mêmes ils prêtent l'oreille attentive et respectueuse » à la parole. Donc la conversion dépend de cette » attention précédente, qui ne dépend que du libre » arbitre, et précède toute grâce convertissante et » excitante. Vous ajoutez, poursuit-il, que, lorsqu'on » ne se met pas en devoir de convertir et réparer » l'homme, Dieu le laisse aller par les voies crimi- » nelles. Donc, conclut M. Jurieu, devant que Dieu » retire l'homme du péché, il doit lui-même, et par » ses propres forces, se mettre en devoir de se con- » vertir. Vous poursuivez, continue-t-il, parlant tou- » jours au docteur Scultet, et vous dites que Dieu » veut donner à tous les adultes (à tous ceux qui sont » arrivés à l'âge de raison) la contrition et la foi vive, » à condition qu'auparavant ils se mettront en devoir » de convertir l'homme. Donc, encore un coup, con- » clut votre ministre, l'homme doit se préparer, par » le bon usage de ses propres forces, à la contrition » et à l'infusion de la foi vive. Je ne puis assez m'é-

(1) *Jur. Cons. de Pac. p.* 116. — (2) *Ibid.*

» tonner, continue M. Jurieu, comment et par quelle
» destinée vous vous êtes si éloignés de Luther, votre
» auteur, qui a haï le pélagianisme et le demi-péla-
» gianisme, jusqu'à se rendre suspect du manichéisme,
» et d'avoir entièrement renversé la liberté. » C'est
ce qui m'étonne aussi bien que lui, et qu'on soit passé
de l'extrémité de nier le libre arbitre, dont Luther est
plus que suspect, comme on a vu (quoique M. Jurieu
veuille bien employer ici un si doux terme), jusqu'à
celle de faire dépendre, avec les Pélagiens et semi-
Pélagiens, le salut de l'homme de ses propres forces.

Mais votre ministre poursuit encore : « Calixte,
» dit-il (1), un des plus célèbres de vos théologiens,
» dit, dans son abrégé de la théologie, qu'il reste aux
» hommes DES FORCES D'ENTENDEMENT et de VOLONTÉ, et
» des connoissances naturelles, dont, s'ils usent bien,
» s'ils ont soin de leur salut, et qu'ils y travaillent au-
» tant qu'ils peuvent, Dieu pourvoira à leur salut par
» des moyens qui les conduiront à une plus grande
» perfection, c'est-à-dire, à celle qui est appuyée sur
» la révélation. Il parle, poursuit le ministre, de ceux
» qui n'ont pas seulement ouï parler de Jésus-Christ
» ni du christianisme : ceux-là, par leur propre mou-
» vement, peuvent bien user des forces de la volonté
» et des connoissances naturelles, prendre soin de
» leur salut et y travailler. » Voilà, sans doute, le
semi-pélagianisme tout pur dans les Luthériens.
M. Jurieu a raison de s'en étonner. « Quel change-
» ment, ô bon Dieu ! dit-il ; comment peut-on passer
» à cette opinion, de celle où on reconnoissoit le libre
» arbitre tellement esclave ou de Satan, ou de Dieu,
» qu'il ne pouvoit pas même commencer un ouvrage
» tendant au salut, sans Dieu et sa grâce ? » C'est-à-
dire, comme on voit, en d'autres termes : comment
peut-on passer du manichéisme ou du stoïcisme, qui
détruisent le libre arbitre, au demi-pélagianisme, qui
lui attribue le salut en le lui faisant commencer, et
l'attachant tout entier à ce commencement ? C'est de

(1) *Jur. Cons. de Pac.* p. 118.

quoi les Luthériens sont coupables. M. Jurieu ne les
en a pas accusés seulement, quoique depuis il l'ait
voulu nier ; mais encore il les en a convaincus : et si
on ajoute à ces preuves celles que j'ai rapportées du
livre de la Concorde (1), qui contient, non les sentimens des particuliers, mais les décisions de tout le
parti, il n'y aura rien à désirer pour la conviction.

Le premier parti de la Réforme est tombé dans cette
effroyable variation. Mais il ne faut pas que les Calvinistes, c'est-à-dire le second parti, se vante d'en être
innocent, puisque, comme nous l'avons dit, ils ne
s'étudient à convaincre les Luthériens de leur erreur
que pour leur faire valoir l'offre qu'on leur fait de la
tolérer. Ainsi ce que les Luthériens font par erreur,
les Calvinistes le font par consentement, en leur offrant
la communion, en les admettant à la table et au
nombre des enfans de Dieu, malgré l'injure qu'ils font
à sa grâce. Ce qui fait dire décisivement à M. Jurieu,
contre les maximes de sa secte et contre les siennes
propres, que le *semi - pélagianisme ne damne
pas* (2). Quel intérêt, mes chers Frères, prend - on
parmi vous aux semi-Pélagiens, ennemis de la grâce
de Jésus - Christ ? Que peut - il y avoir de commun
entre ceux qui donnent tout au libre arbitre, et ceux
qui lui ôtent tout ? Et d'où vient que votre ministre en
est venu jusqu'à dire que le semi - pélagianisme ne
damne pas ? Ne voyez-vous pas plus clair que le jour
que c'est qu'on sacrifie tout aux Luthériens ? La doctrine
de la grâce chrétienne, autrefois si fondamentale
parmi vous, cesse de l'être : et il ne tient qu'aux
Luthériens de vous faire changer, autant qu'ils vou-
dront, les maximes qu'on croyoit les plus sûres parmi
vous.

En effet, ce même M. Jurieu, qui, dans sa huitième et dans sa dixième lettre, s'emporte si violem-
ment contre moi de ce que je range le semi-pélagianisme parmi les erreurs mortelles, en a dit beaucoup

____

(1) *Var. liv.* VIII, p. 65 *et suiv.* — (2) *Syst. liv.* II, c. 3,
p. 249, 253. *Hist. des Var. liv.* VIII, p. 69. *Liv.* XIV, p. 81.

plus que moi, quand il a parlé naturellement, puisqu'il
a dit ces paroles : « On a beau faire, on ne rendra
» jamais les vrais chrétiens Pélagiens et semi-Péla-
» giens. » Et encore : « Il n'y a que deux articles gé-
» néraux que le peuple doit bien savoir, et sur les-
» quels tout le reste doit être bâti : le premier, que
» Dieu est le principe et la cause de tout notre bien.
» Cela est d'une nécessité absolue pour servir de fon-
» dement au service de Dieu, à la prière et à l'action
» de grâces (1) » : ce qui arrache jusqu'aux moindres
fibres de la doctrine de Pélage, comme incompatible
avec le salut et avec le fondement de la piété.- Il dit
encore en un autre endroit, et dans sa Consultation,
qui est son dernier ouvrage : « Qu'il est nécessaire, en
» toutes manières de bien enseigner au peuple qu'on
» ne doit point tolérer l'hérésie pélagienne dans
» l'Eglise ; que Dieu est la cause de tout le bien qui
» est en nous, en quelque manière que ce soit ; que
» le libre arbitre de l'homme, en tout ce qui regarde
» les choses divines et les œuvres par lesquelles nous
» obtenons le salut, est tout-à-fait mort ; que, dans
» l'œuvre de la conversion, Dieu est la cause du com-
» mencement, du milieu et de la fin (2). » Tout cela
c'est, ou les rameaux, ou la racine, ou les fibres du
pélagianisme, qu'il ne faut pas supporter. Mais le
semi-pélagianisme est exclus par là. Car dira-t-on
qu'il faut laisser avaler au peuple la moitié d'un poison si mortel ? S'il faut que le peuple sache que le
libre arbitre *est mort* dans toutes les œuvres qui ont
rapport au salut, il est donc mort pour écouter et se
rendre utilement attentif à la parole, comme à tout le
reste. S'il faut, encore un coup, que le peuple sache
que Dieu *est l'auteur du commencement,* comme
du milieu et de la fin ; que reste-t-il aux semi-Pélagiens, qui sont d'ailleurs convaincus d'attribuer à
l'homme tout le salut, en lui attribuant ce commencement auquel est attachée toute la suite ? Ainsi, selon
M. Jurieu, le semi-pélagianisme est intolérable.

(1) *Lett.* VIII, p. 61. x, 7. — (2) *Jur. Cons.* p. 282.

Il est vrai pourtant qu'il dit ailleurs, et le répète par deux fois, que le semi‑pélagianisme ne damne pas (1) : il est vrai qu'il s'échauffe dans ses lettres jusqu'à l'emportement, pour soutenir une doctrine favorable à cette hérésie (2). S'il a cru sauver ses contradictions en disant, comme il a fait, que ces semi‑Pélagiens, qu'il sauve dans la Confession d'Augsbourg et ailleurs, *pendant qu'ils sont semi‑Pélagiens dans l'esprit, sont disciples de saint Augustin dans le cœur* (3) ; il ne connoît guère ce que c'est ni que l'esprit, ni que le cœur. Car par où est‑ce que le poison d'une mauvaise doctrine passe dans le cœur, si ce n'est par l'esprit ? C'est donc par l'esprit qu'il faut commencer à empêcher le poison d'entrer, et ne pas tolérer une doctrine qui portera la mort dans le cœur aussitôt qu'elle y arrivera.

Mais le ministre s'entend encore moins lui‑même, lorsqu'en posant comme un fondement que l'hérésie pélagienne ne doit pas être tolérée parmi les fidèles, il ne laisse pas de décider que, *dans les exhortations, il faut nécessairement parler à la pélagienne* (4) : parole insensée s'il en fût jamais, sur laquelle il n'ose aussi dire un seul mot, quoiqu'on la lui ait objectée dans l'Histoire des Variations (5). Mais qu'il y réponde du moins maintenant, et qu'il nous explique, s'il peut, ce que c'est que parler à la pélagienne. Est‑ce presser vivement l'obligation et la pratique des bonnes œuvres ? C'est la gloire du christianisme et celle de Jésus‑Christ, qu'il ne faut pas transporter à Pélage et à ses disciples. Ou bien est‑ce qu'il ne faut prêcher que la justice des œuvres, et l'obligation de les faire, sans parler de la grâce par laquelle on les fait ? C'est établir la justice pharisaïque, tant réprouvée par saint Paul (6). On ne sait donc ce que veut dire ce téméraire docteur, qui, non content de conseiller de pré‑

(1) *Jur. Syst.* p. 249, 253. *Var. liv.* VIII, p. 42 ; *liv.* XIV, p. 81. — (2) *Lett.* [...] III et X. — (3) *Jur. Jug. sur les Méth.* p. [...] lett. [...], p. 86. — (4) *Jug. sur les Méth.* sect. [...] 13[...] — (5) [...] *liv.* XIV, p. 86. *Ibid.* p. 81. — (6) *Rom.* III, IV, VIII,

cher à *la pélagienne*, ajoute encore qu'il le fait *nécessairement*; comme s'il n'y avoit point d'autre moyen d'exciter les hommes à la vertu, que de flatter leur présomption. Tout cela ne s'accorde pas : mais sachez que Dieu n'aveugle votre ministre jusqu'à permettre qu'il tombe dans de si visibles et si surprenantes contradictions, qu'afin que vous entendiez qu'on ne peut parler conséquemment parmi vous. Pour être bon Calviniste, il faut concilier trop de choses opposées. Le calvinisme voudroit une chose; le luthéranisme, qu'il faut contenter, en fait dire une autre : on tourne à tout vent de doctrine; et il n'y a point de sable si mouvant.

Quant à ce que, pour récriminer, M. Jurieu nous objecte, que nos *Molinistes sont demi-Pélagiens* (1), et que l'Eglise romaine *tolère un pélagianisme tout pur et tout cru* (2) : pour ce qui regarde les Molinistes, s'il en avoit seulement ouvert les livres, il auroit appris qu'ils reconnoissent pour tous les élus une préférence gratuite de la divine miséricorde, une grâce toujours prévenante, toujours nécessaire pour toutes les œuvres de piété; et, dans tous ceux qui les pratiquent, une conduite spéciale qui les y conduit. C'est ce qu'on ne trouvera jamais dans les demi-Pélagiens. Que si on passe plus avant, et qu'on fasse précéder la grâce par quelque acte purement humain, à quoi on l'attache, je ne craindrois point d'être contredit par aucun catholique, en assurant que ce seroit de soi une erreur mortelle qui ôteroit le fondement de l'humilité, et que l'Eglise ne toléreroit jamais, après avoir décidé tant de fois, et encore en dernier lieu dans le concile de Trente, que tout le bien, jusqu'aux premières dispositions de la conversion du pécheur, vient *d'une grâce excitante et prévenante, qui n'est précédée par aucun mérite* (3); et avoit ensuite prononcé : « Si quelqu'un dit qu'on peut croire,
« espérer, aimer et faire pénitence sans la grâce pré-

____

(1) *Lett.* VIII, p. 61. — (2) *Ibid.* X, p. 77. — (3) *Sess.* VI,
c. V.

» vanante du Saint-Esprit, et que cette grâce est né-
» cessaire pour faire plus facilement le bien, comme
» si on pouvoit le faire, quoique plus difficilement,
» sans ce secours; qu'il soit anathème (1). » Voilà
comme l'Eglise romaine *tolère un pélagianisme
tout pur et tout crud*, pendant qu'elle en arrache
jusqu'aux moindres fibres, en attribuant à la grâce
jusqu'aux moindres commencemens du salut : et on ne
veut pas revenir de calomnies si atroces, et ensemble
si manifestes !

Tout ce que dit M. Jurieu pour soutenir celle-ci,
c'est qu'*on donne à l'homme le pouvoir de résister à la grâce* (2). Si c'est là être Pélagien, il y a
long-temps que les Luthériens le sont, puisqu'ils enseignent, dans la Confession d'Augsbourg, qu'on peut
résister à la grâce, jusqu'à la perdre entièrement
après l'avoir reçue (3).

Saint Augustin est aussi du nombre des Pélagiens,
puisqu'il répète si souvent, même contre ces hérétiques, que la grâce vient de Dieu; mais qu'il appartient à la volonté d'y consentir, ou de n'y consentir
pas (4). Mais ce n'est pas ici le lieu de traiter cette
question; et nous en dirons davantage, si le ministre
entreprend un jour de nous prouver ce paradoxe inouï
jusqu'à présent, qu'on ait condamné les Pélagiens pour
avoir dit qu'on peut résister à la grâce, ou qu'on y
résiste souvent, jusqu'à en rendre les inspirations inutiles; quand même on diroit avec cela que Dieu, dont
les attraits sont infinis, a des moyens sûrs pour prévenir et pour empêcher cette résistance. Qu'on me
montre, encore un coup, que les conciles qui ont condamné les Pélagiens, ou saint Augustin, ou quelque
autre auteur, quel qu'il soit, les aient condamnés pour
cela, ou qu'on ait mis ce sentiment parmi leurs erreurs : c'est ce que j'oserai bien assurer qu'on ne montrera jamais, et qu'on ne tentera même pas de le

(1) *Can.* 2, 3. — (2) *Lett.* VIII, p. 61. — (3) *Conf. Aug.*
art. 11. *Var. liv.* III, p. 142. — (4) *De spir. et litt.* c. XXXIII,
n. 57 et 58; t. X, col. 118.

montrer. Ainsi ce pélagianisme tout pur et tout crud, que M. Jurieu impute à l'Eglise romaine, n'est assurément que dans sa tête.

Mais voici une autre objection que je l'accuse d'avoir faite aux Luthériens : « Il n'est pas possible, leur » dit-il (1), de dissimuler votre doctrine sur la néces- » sité des bonnes œuvres. » Il est vrai, il faut renoncer au christianisme pour dissimuler l'erreur des Luthériens, lorsqu'ils ont osé condamner cette proposition : *Les bonnes œuvres sont nécessaires au salut.* Nous en avons pourtant rapporté la condamnation faite par le consentement unanime des Luthériens, dans l'assemblée de Vormes, en 155g (a). Le ministre avoue qu'il ne peut dissimuler cette doctrine des Luthériens ; et il semble montrer, par ces paroles, qu'il en a l'horreur qu'elle mérite ; mais cependant il entre en traité avec eux ; et, pour ne point les exclure de la société de l'Eglise, il est contraint de tolérer une erreur si préjudiciable à la piété. Que dira-t-il ? Quoi ? peut-être que les Luthériens ont depuis changé d'avis ? Mais, au contraire, il rapporte, avec une espèce d'horreur, ce passage de Scultet lui-même, où il dit « qu'il n'est pas permis de donner une obole des ri- » chesses bien acquises, pour obtenir le pardon de ses » péchés » ; et encore, « que l'habitude et l'exercice » des vertus n'est pas absolument nécessaire aux jus- » tifiés pour le salut ; que ce n'est pas même, ni dans » le cours, ni à la fin de leur vie, une condition sans » laquelle ils ne l'obtiendront pas ; que Dieu n'exige » pas d'eux les œuvres de charité, comme des con- » ditions sans lesquelles il n'y a point de salut. » Voilà des blasphèmes ; puisque, poursuit M. Jurieu (3), « si ni l'habitude, ni l'exercice des vertus n'est néces- » saire, pas même à l'heure de la mort, un homme » pourroit être sauvé, quand il n'auroit fait ni, dans » tout le cours de sa vie, ni même à la mort, aucun » acte d'amour de Dieu. » Ces impiétés, que votre

_____

(1) *Consult. de pac,* p. 243. — (2) *Var. liv.* 4, p. 245; liv. vii, p. 386; *liv.* viii, p. 24. — (3) *Consult. de pac.* p. 244.

ministre déteste avec raison dans les Luthériens d'aujourd'hui, viennent du fond de leur doctrine, et sont des suites inévitables du dogme de la justice par imputation; car par là on est mené à dire que la justice que Dieu même fait en nous par l'infusion et par l'exercice des vertus, et même de la charité, est la justice des œuvres réprouvées par l'apôtre; de sorte que la grâce de la justification précède la charité même; d'autant plus que, selon les principes de la secte, il n'est pas possible d'aimer Dieu, qu'après s'être parfaitement réconcilié avec lui; d'où il s'ensuit que le pécheur est justifié sans avoir la moindre étincelle de l'amour de Dieu; ce qui est une suite affreuse de la justice par imputation, et ce qu'aussi nous avons vu établi, en conséquence de cette doctrine, dès l'origine du luthéranisme (1).

Je ne puis ici m'empêcher de me réjouir avec M. Jurieu, de ce qu'il semble vouloir corriger ce mauvais endroit du système protestant; mais en même temps il fait deux fautes capitales : l'une de tolérer dans les Luthériens cette insupportable doctrine; ce qui le fait consentir au crime de la soutenir; l'autre, de l'imputer par une insigne calomnie à l'Église romaine et à moi-même. A mon égard, voici ce qu'il dit dans la vingtième lettre de cette année (2) : « L'évêque de Meaux, qui fait profession pourtant de » n'être pas de la doctrine des nouveaux Casuistes, » établit dans son Catéchisme, que la contrition imparfaite, c'est-à-dire, celle qui naît seulement de » la crainte de l'enfer, suffit pour obtenir la rémis- » sion des péchés. » Il ne faut plus s'étonner de rien, après les hardis mensonges qu'on a vus dans les discours de ce ministre : mais il est pourtant bien étrange de me faire dire une chose, quand je dis tout le contraire, en termes exprès. Voici l'endroit qu'il produit de mon Catéchisme (3) : « Ceux qui n'ont pas cette

_____

(1) *Var. liv.* 1, p. 7 *et suiv.* — (2) *Jur. Lett.* xx, 154. — (3) *Catéch. de Meaux. Inst. sur la Pénit. dans le* 2. *Catéch. Leç.* 2, p. 181.

» contrition parfaite, ne peuvent-ils pas espérer la
» rémission des péchés ? » A quoi on répond : « Ils
» le peuvent par la vertu du sacrement, pourvu qu'ils
» y apportent les dispositions nécessaires. » Il faudroit
donc examiner quelles étoient ces dispositions que
j'appelois nécessaires. Mais, sans en prendre la peine,
le ministre croit avoir droit de décider de son chef sur
mes sentimens ; « et, dit-il, ces dispositions ne sont
» autre chose que la peur de l'enfer : ainsi, conclut-
» il, un scélérat qui, à la fin de sa vie, se confessera
» avec la crainte de la mort éternelle, pourra être
» sauvé, sans jamais avoir fait aucun acte d'amour
» de Dieu ; c'est à quoi se réduit la morale sévère de
» notre convertisseur. »

Il croit avoir triomphé, quand il me donne ce titre
que je voudrois avoir mérité : mais pour le confondre,
il n'y a qu'à lire la suite du passage qu'il produit. Car
en expliquant ces dispositions nécessaires, que le ministre a interprétées de la seule crainte de l'enfer, je dis,
selon le concile de Trente, « que ces dispositions
» nécessaires pour obtenir le pardon de ses péchés,
» *sont, premièrement*, de considérer la justice de
» Dieu, et s'en laisser effrayer ; *secondement*, de
» croire que le pécheur est justifié ; c'est-à-dire, remis
» en grâce par les mérites de Jésus-Christ, et espérer
» en son nom le pardon de nos péchés ; *et enfin, de*
» commencer à l'aimer comme la source de toute
» justice, c'est-à-dire, comme celui qui justifie le
» pécheur gratuitement et par une pure bonté (1). »
Il faut donc nécessairement du moins commencer à
aimer Dieu, et cela par le motif le plus propre à la
grâce de la conversion ; en l'aimant comme celui qui
justifie le pécheur par une pure et gratuite miséricorde.
Ainsi, manifestement, pour avoir la rémission des
péchés, si l'on n'a pas la *contrition parfaite en
charité*, qui d'abord réconcilie le pécheur, il faut
du moins commencer à aimer Dieu à cause de sa bonté
gratuite ; et par cet amour commencé, se préparer la

(1) *Catéch. de Meaux, Ibid.*

chemin à l'amour parfait qui consomme en nous la justice, et qui même seroit capable de nous justifier avec le vœu du sacrement, quand on ne l'auroit pas actuellement reçu. Loin de me contenter de la seule crainte de l'enfer, j'explique pourquoi la crainte ne suffit pas seule : en peu de mots, à la vérité, comme il falloit à des enfans, mais de la manière qui me paroissoit la plus propre à s'insinuer dans ces tendres esprits : à quoi j'ajoute expressément qu'il faut apprendre plus clairement à ceux qui sont plus avancés, que ce qu'il faut faire dans le sacrement de pénitence, « pour y ASSURER SON SALUT autant qu'on y est tenu, » c'est de désirer vraiment d'aimer Dieu, et s'y EXCITER » DE TOUTES SES FORCES (1) ; » où, non content du désir de l'amour de Dieu, qui ne peut être sans un amour déjà commencé, je demande encore qu'on s'excite de toutes ses forces à exercer cet amour. Votre infidèle ministre a supprimé toutes ces paroles de mon Catéchisme, non seulement pour prendre de là occasion de me calomnier, lui qui m'impute sans raison tant de calomnies, mais encore de peur que vous ne voyiez les saintes dispositions que nous proposent les Pères de Trente, c'est-à-dire, toute l'Eglise catholique, pour obtenir le pardon de nos péchés.

Mais la plus coupable infidélité de cet écrivain, et celle où il vous fait voir qu'il n'a plus aucun égard à la bonne foi, a été celle de me faire dire dans ce même Catéchisme, qu'*on pouvoit être sauvé sans avoir jamais fait aucun acte d'amour de Dieu.* A Dieu ne plaise que j'instruise si mal le peuple que le Saint-Esprit a commis à ma conduite, et que je donne aux enfans ce poison mortel, au lieu du lait que je leur dois. Voici quelle est ma doctrine dans la leçon où je traite expressément cette matière. J'y enseigne très-soigneusement, entre autres choses, « que celui qui » manque à aimer Dieu, manque à la PRINCIPALE OBLI-» GATION de la loi de Jésus-Christ, qui est une loi » d'amour, et à la PRINCIPALE OBLIGATION de la créa-

(1) *Catéch. de Meaux*, leç. 3.

» ture raisonnable, qui est de reconnoître Dieu
» comme son premier principe, c'est-à-dire, la pre-
» mière cause de son être, et comme sa fin dernière,
» c'est-à-dire, celle à laquelle on doit rapporter
» toutes ses actions et toute sa vie : en sorte qu'étant
» difficile de déterminer les circonstances particulières
» où il y a une obligation spéciale de donner à Dieu
» des marques de son amour, nous en devons telle-
» ment multiplier les actes, que nous ne soyons pas
» CONDAMNÉS pour avoir manqué à un exercice si NÉ-
» CESSAIRE (1). » On seroit donc condamné, si on y
manquoit, faute d'avoir satisfait à la principale de ces
obligations, et comme chrétien, et même comme
homme : et voilà comme j'ai dit qu'on peut être sauvé
sans aimer Dieu.

Le ministre ne rougit pas de me l'imputer, pendant
que je m'étudie à établir précisément le contraire.
Mais ce n'est pas là son plus grand crime : l'excès de
son aveuglement, c'est qu'en m'accusant faussement
d'une erreur si opposée à l'amour de Dieu, il en convainc les Luthériens, et en même temps il les supporte :
de sorte que tout le zèle qu'il a pour la charité et pour
l'Évangile, c'est qu'il condamne sévèrement dans les catholiques, à qui il l'impute par calomnie, ce qu'il trouve
effectivement et ce qu'il tolère dans les Luthériens.

Mais, de peur qu'il ne s'imagine que ce qu'il trouve
dans mon Catéchisme soit ma doctrine particulière,
je veux bien lui déclarer que s'il s'est trouvé des auteurs parmi nous qui aient ôté l'obligation d'aimer
Dieu par un acte spécial, ou qui aient voulu la réduire
à quatre ou cinq actes dans la vie, les papes, les
évêques et les facultés de théologie s'y sont opposés
par de sévères censures : témoin ces propositions
censurées à Rome par les papes Alexandre VII et
Innocent XI (2), avec l'applaudissement de tout
l'ordre épiscopal et de toute l'Église catholique : « L'on
» n'est tenu de former en aucun temps de la vie des

____

(1) 2. *Catéch. IV. part. leç.* 5. — (2) *Prop. damn. ab Alex.*
VII. 24. *Sept.* 1665. *et ab Inn.* XI, 2 *Mart.* 1679.

» actes de foi, d'espérance et de charité, en vertu
» des préceptes qui appartiennent à ces vertus (1).
» Nous n'osons pas décider si c'est pécher mortelle-
» ment que de ne former qu'une seule fois en sa vie
» un acte d'amour de Dieu. Il est probable que le
» précepte de l'amour de Dieu n'oblige pas, même à
» la rigueur, tous les cinq ans ; il n'oblige que lors-
» qu'il est nécessaire pour être justifié, et que nous
» n'en avons point d'autre moyen (2). » On fait voir,
en condamnant ces propositions autant absurdes
qu'impies, que le précepte de l'amour de Dieu oblige
les chrétiens, et ne les oblige pas pour une fois ni
dans un certain temps seulement, mais continuellement et toujours, à la manière qu'on vient d'expliquer.

Il seroit aisé de vous faire voir que de semblables
propositions ont été souvent condamnées par les papes,
par les évêques et par les universités, si c'en étoit ici
le lieu. Ecoutez-moi donc, mes chers Frères, et ne
vous laissez point séduire par ces paroles de mensonge :
les catholiques tolèrent toutes les mauvaises doctrines,
et jusqu'à celle qui nie la nécessité d'aimer Dieu. Vous
voyez par ces censures comme on les tolère : mais,
ô Dieu, vous êtes juste ! ceux qui nous accusent faussement de les tolérer, livrés à l'esprit d'erreur en punition de leurs calomnies, sont eux-mêmes coupables
du crime qu'ils nous imposent, puisqu'ils tolèrent ces
erreurs dans les Luthériens, parmi lesquels ils sont
forcés de les reconnoître d'une manière plus insupportable qu'elles ne se sont jamais trouvées dans aucuns auteurs.

C'est à quoi les pousse, malgré qu'ils en aient, cette
malheureuse compensation de dogmes qu'ils ne cessent
de négocier avec ceux de la Confession d'Augsbourg
par toutes sortes de moyens. Votre ministre s'est offensé
d'une manière terrible, de ce que j'ai osé lui reprocher
ce commerce infâme. « Je n'ai pu, dit-il (3), lire sans

(1) *Prop.* 1. *Alex,* VII. — (2) *Innoc.* XI. *prop.* 5, 6, 7. —
(3) *Lett.* X, p. 77.

5.

» pitié ces paroles de M. de Meaux : Après toutes ces
» vigoureuses récriminations que font les Calvinistes
» aux Luthériens, on croiroit que le ministre Jurieu va
» conclure à détester dans les Luthériens tant d'abo-
» minables excès, tant de visibles contradictions, un
» aveuglement si manifeste. Point du tout; il n'accuse
» les Luthériens de tant d'énormes erreurs, que pour
» en venir à la paix… Nous vous passons tous les pro-
» diges de votre doctrine; nous vous passons votre
» monstrueuse ubiquité ; nous vous passons votre
» demi-pélagianisme ; nous vous passons ce dogme
» affreux qui veut que les bonnes œuvres ne soient
» pas nécessaires au salut : passez-nous donc aussi les
» décrets absolus, la grâce irrésistible, la certitude
» du salut, etc. » Je reconnois mes paroles, il les
a fidèlement rapportées; et « voilà, poursuit-il (1),
» ce que j'appelle faire le comédien et le déclamateur
» sans jugement et sans foi. Il n'est point vrai qu'on
» reconnoisse dans les Luthériens des dogmes énormes,
» des prodiges de doctrine, d'abominables excès. »
Prêtez l'oreille, mes Frères. L'ubiquité, constamment
enseignée par les Luthériens, n'est plus un caractère de
doctrine : laissons celui-là qui trouvera sa place ailleurs. L'erreur d'attribuer à l'homme le commencement, et par là tout l'ouvrage de son salut; c'est-à-
dire que les bonnes œuvres ne sont pas nécessaires au
salut, et qu'en effet on est sauvé sans les rechercher, sans
leur exercice et sans celui de l'amour de Dieu, n'est
pas un dogme énorme, ni un abominable excès : tout
cela est supportable; car il a la marque du luthéranisme, qui rend tout sacré et inviolable. Retenez bien,
mes Frères, ce que dit ici votre ministre; mais écoutez comme il continue (2) : « C'est être comédien,
» encore une fois, que d'appeler ainsi des erreurs
» humaines. » Remarquez encore : toutes ces erreurs
des Luthériens ne sont plus que des erreurs humaines,
c'est-à-dire, très-supportables, « auprès desquelles les
» erreurs des Molinistes, et celles des défenseurs de

____

(1) *Jur. Lett.* x, p. 77. — (2) *Jur. Ibid.*

» la souveraine autorité papale, sont de vrais monstres,
» que M. Bossuet tolère pourtant dans son Eglise,
» quoiqu'il fasse profession de ne pas les croire. Je
» n'offre point la tolérance aux Luthériens, pour les
» abominables dogmes, que l'amour de Dieu n'est
» pas nécessaire pour être sauvé. » Rompez donc avec
eux, puisque vous venez de les convaincre de cette
erreur. Mais, après ce petit mot d'interruption, re-
prenons les paroles du ministre. « Je n'offre point,
» poursuit-il, la tolérance aux Luthériens, pour les
» abominables dogmes, que la fornication n'est point
» un péché mortel; que la sodomie et les autres im-
» puretés contre nature, ne sont que des péchés vé-
» niels; qu'on peut tuer un ennemi pour un écu, à
» plus forte raison pour mettre son honneur en sûreté.
» Ce sont là des abominations que M. Bossuet tolère
» dans son Eglise. » Quoi ! mes Frères, sous les yeux
de Dieu oser dire qu'aucun auteur catholique ait pu
tenir pour péchés véniels les impuretés qu'on vient
d'entendre ! J'en rougis pour votre ministre. Il n'en
nommera jamais un seul. Que s'il y a quelque malheureux qui ait enseigné dans quelques cas métaphy-
siques, qu'on peut s'opposer à la violence jusqu'à tuer
un voleur qui veut vous ravir un écu, son opinion est
réprouvée par les censures dont on a parlé; et on n'en
souffre les auteurs dans l'Eglise, que parce qu'ils sont
soumis à ses décrets.

Mais voyons s'il en est ainsi de l'échange qu'on négocie avec les Luthériens. Le ministre se tourmente en
vain pour s'en excuser : c'est lui-même qui parle en
ces termes au docteur Soudet dans sa Consultation
pour la paix entre les protestans. « Le dernier argu-
» ment, dit-il, qui persuade une mutuelle tolérance,
» c'est que les Réformés ne demandent rien qu'ils
» n'offrent. Nous demandons la tolérance pour notre
» dogme que vous appelez particularisme », c'est-à-
dire pour la certitude du salut, et les autres de cette
nature dont nous avons tant parlé. « On ne doit point
» la tolérance, mais le consentement, à la vérité :
» mais, supposé que le particularisme soit une erreur,

» nous vous offrons la tolérance pour des erreurs bien
» plus importantes. » Là il fait un long dénombrement des erreurs des Luthériens qu'on vient de voir : il
est tout prêt à communier avec ceux qui les enseignent ;
ou plutôt, en tant qu'en lui est, il y communie en
effet, lui et tous ceux de son parti, puisqu'ils offrent
la communion aux Luthériens avec ces erreurs ; et ils
ont trouvé le moyen, en faisant semblant de les rejeter, de s'en rendre en effet coupables, puisqu'ils y
consentent.

Après cela, faut-il avoir de la conscience pour nier
qu'on ait proposé ce honteux échange de dogmes ? Le
voilà en termes formels dans les écrits de votre ministre ; et le public peut voir à présent qui est le comédien, qui est le déclamateur, qui est l'homme sans
jugement et sans foi ; de moi qui lui reproche ce lâche
traité, ou de lui qui le fait. Mais je ne m'étonne pas
qu'il en ait honte ; car, après tout, qui vous a permis
de négocier à la face de tout l'univers de tels accommodemens, et d'acheter la communion des Luthériens
aux dépens de la grâce de Jésus-Christ, et des préceptes les plus sacrés de l'Evangile ? Qui vous a, dis-
je, donné le pouvoir de recevoir à la sainte table les
ennemis de la grâce, qui en attribuent les premiers
dons au libre arbitre, et les ennemis de ces saints préceptes, qui nient qu'il soit nécessaire de les pratiquer
pour se sauver ? On voit bien que la sainte table ne
vous est de rien ; et si vous vous en croyiez les dispensateurs véritables, vous ne l'abandonneriez pas à
des gens que vous avez convaincus de tant d'erreurs
capitales. Mais encore, par quels moyens prétendez-
vous parvenir à cette union tant désirée avec les Luthériens ? Par l'autorité des princes. Selon vous, ce sera
aux princes à déterminer les articles dont on pourra
convenir, et ceux qu'on pourra du moins tolérer (1).
M. Jurieu ne nie pas du moins qu'il n'ait fait la proposition de rendre les princes et leurs conseillers souverains arbitres des points qu'on pourra concilier, et

______

(1) *Consult. de pac. c.* XII, p. 260 *et seq.*

de la manière de le faire; ce qui est remettre entre
leurs mains l'essentiel de la religion. Et pourquoi leur
donner tout ce pouvoir? « Parce que, dit-il (1), toute
» la Réforme s'est faite par leur autorité. » Vous ne
m'en croyez pas, quand je vous le dis; mais votre ministre l'avoue : à ce coup il a raison. On a vu, dans
toute l'Histoire des Variations, que la Réforme est
l'œuvre des princes et des magistrats : c'est par eux
que les ministres se sont établis; c'est par eux qu'ils
ont chassé les anciens pasteurs, aussi bien que les anciens dogmes. Après de si grands engagemens, il est
trop tard pour en revenir; et l'accord des religions doit
être l'ouvrage de ceux par qui elles se sont formées.
Mais il y a encore une autre raison de leur soumettre
tout; « parce que, ajoute M. Jurieu, les ecclésias-
» tiques sont toujours trop attachés à leurs sentimens. »
C'est pourquoi il faut appeler *les politiques*, qui
apparemment feront meilleur marché de la religion.
Jugez-en vous-mêmes, mes Frères : qu'est-ce qu'une
religion où la politique domine, et domine jusqu'à
un excès si honteux? C'est aux princes et aux politiques que votre ministre permet de déterminer de la
doctrine, et de prescrire les conditions sous lesquelles
on donnera le sacrement de notre Seigneur. Les théologiens commenceront *par jurer* qu'ils se soumettront
à l'accord des religions qu'auront fait les princes (2).
C'est la loi que leur impose M. Jurieu, sans quoi il ne
voit point d'union à espérer : les pasteurs prêcheront
ce que les princes auront ordonné, et distribueront la
Cène à leur mandement. Mais qui les a préposés pour
cela ? Est-ce aux princes que Jésus-Christ a dit :
*Faites ceci, et, je serai avec vous jusqu'à la con-
sommation des siècles?* Ou bien est-ce sur la confession et la foi des princes qu'il a fondé son Eglise, et
qu'il lui a promis une éternelle stabilité contre l'enfer?
Les Luthériens se tiennent plus fermes, je l'avoue, et
ne semblent pas disposés à entrer dans ces honteux
accommodemens. Les ministres calvinistes ont tou-

(1) *Consult. de pac.* c. XII, p. 250 *et seq.* — (2) *Ibid.*

jours fait toutes les avances; et celle que fait ici M. Jurieu ne dégénère pas de toutes les autres.

Le ministre n'a osé toucher tous ces endroits : je vois bien qu'il a rougi pour la Réforme, où l'on négocie de tels traités à la vue de tout l'univers. Mais, direz-vous, qui l'en avoue? Ce seroit à vous à le savoir. Mais non. Quand la politique du parti fit résoudre qu'on recevroit les Luthériens à la Cène, et que le synode de Charenton en eut fait la décision, il fallut bien y passer. Il en seroit de même en cette occasion. On vous dira éternellement qu'on vous laisse la liberté de juger de tout, et même de vos synodes ; mais on sait bien qu'on ne manque pas de vous mener où l'on veut sous ce prétexte.

Vous pouvez voir maintenant combien est vain le discours de M. Jurieu, lorsqu'en tant d'endroits de ses lettres il tâche de vous faire accroire que les erreurs des Luthériens ne font rien contre vous. Elles font si bien contre vous, qu'elles vous convainquent de tolérer l'anéantissement de la grâce, celui de la charité et des bonnes œuvres, et toutes les autres impiétés que le ministre Jurieu a reprochées aux Luthériens. Je ne m'étonne donc pas s'il ne veut plus maintenant les en avoir convaincus : c'est visiblement qu'il rougit d'avoir par là convaincu toute la Réforme d'une impiété manifeste. Toute la Réforme est convaincue d'avoir commencé par le blasphème, en faisant Dieu auteur du péché, et en niant le libre arbitre. Le Calviniste persiste dans cette impiété : que si le luthéranisme s'en corrige, c'est pour aller à l'impiété opposée, et de l'excès de nier le libre arbitre à l'excès de lui donner tout. Le calviniste, à la vérité, n'enseigne pas une erreur si préjudiciable au salut; mais il l'approuve dans les Luthériens, assez pour les recevoir au nombre des enfans de Dieu. Il approuve de la même sorte d'autres grossières et insupportables erreurs, et même celle d'avoir rejeté la nécessité des bonnes œuvres pour obtenir le salut. Ainsi les Luthériens sèment ces erreurs; les Calvinistes marchent après pour les recueillir; et ce que ceux-là font par erreur, les autres, comme on a vu, le font par consentement : et voilà en trois mots l'état présent de la Réforme.

Mais il faut passer à d'autres matières ; et après vous avoir montré la Réforme condamnée par son propre jugement, il reste encore à vous faire voir l'Église romaine, celle que les protestans chargent de tant d'opprobres, justifiée néanmoins, non seulement par des conséquences tirées de leurs principes, mais encore en termes formels et de leur aveu. Ce sera le sujet de l'avertissement suivant. En attendant qu'il paroisse, ô Seigneur, écoutez-moi ! O Seigneur, on m'a appelé à votre terrible jugement comme un calomniateur qui imputoit des impiétés, des blasphèmes, d'intolérables erreurs à la Réforme ; et qui, non seulement lui imputoit tous ces crimes, mais encore qui accusoit un ministre de les avoir avoués : ô Seigneur, c'est devant vous que j'ai été accusé : c'est aussi sous vos yeux que j'ai écrit ce discours ; et vous savez combien je suis éloigné de vouloir rien ajouter aux excès déjà si étranges des Prétendus Réformés. Si j'ai dit la vérité ; si j'ai convaincu de blasphème et de calomnie ceux qui m'ont appelé à votre jugement, comme un calomniateur, un homme sans foi, sans honneur, sans conscience, justifiez-moi devant eux. Qu'ils rougissent ; qu'ils soient confondus : mais, ô Dieu, je vous en conjure, que ce soit de cette confusion salutaire qui opère le repentir et le salut.

III AVERTISSEMENT

AUX PROTESTANS

LES LETTRES DU MINISTRE JURIEU

L'HISTOIRE DES VARIATIONS.

Le salut dans l'Eglise romaine, selon ce ministre: le fanatisme établi dans la Réforme par les ministres Claude et Jurieu, selon la doctrine des Quakers : tout le parti protestant exclu du titre d'Eglise par M. Jurieu.

UNE des promesses de l'Eglise, et celle qui fait le mieux sentir que la vérité plus puissante que toutes choses est en elle, c'est qu'elle verra ses ennemis et même ceux qui la *calomnient,* abattus à ses pieds, *l'appeler,* malgré qu'ils en aient, *la cité du Seigneur, la Sion du Saint d'Israël* (1). Personne, je l'oserai dire, n'a jamais plus indignement calomnié l'Eglise romaine que le ministre Jurieu; et néanmoins on va le voir forcé à la reconnoître pour la cité de Dieu, puisqu'il l'avoue pour vraie Eglise qui porte

_____

(1) *Isaï.* LX. 14. *Apoc.* II. 9. III. 9.

ses élus dans son sein, et dans laquelle on se sauve. Il nie de l'avoir dit ; et peut-être voudroit-il bien ne l'avoir pas fait. Mais nous allons vous montrer, et cela ne nous sera point fort difficile, premièrement, qu'il l'a dit ; secondement, qu'il faut qu'il le dise encore une fois, et qu'il justifie l'Église romaine de toutes les calomnies qu'il lui fait lui-même. à moins de renverser en même temps tous les principes qu'il pose, et en un mot, tout son système de l'Église. « Je n'ai pas » pu négliger, dit-il (1), les deux accusations que » M. Bossuet me fait dans son dernier livre (c'est » le xv° des Variations) de sauver les gens dans le » socinianisme et dans le papisme. Peut-être, con-» tinue-t-il, aurois-je pu me passer de répondre sur » la première accusation ; mais il est fort nécessaire » de repousser la seconde ; c'est que, selon le mi-» nistre, on peut se sauver dans l'Église romaine, » et qu'ainsi c'est une grande témérité d'en sortir. » Vous voyez, mes Frères, comme il s'élève contre cette accusation : avouer qu'on se sauve dans le papisme, c'est, selon lui, un si grand crime, qu'il trouve plus nécessaire de s'en défendre, que d'avoir mis le salut parmi les Sociniens : mais, malgré ses vaines défaites, vous l'avez vu convaincu sur le dernier chef, et vous pouvez présumer de là qu'il le sera bientôt sur l'autre.

La preuve en est concluante, en présupposant la distinction que fait le ministre, de l'Église considérée selon le corps, et de l'Église considérée selon l'âme. La profession du christianisme suffit pour faire partie du corps de l'Église (ce qu'il avance contre M. Claude, qui ne compose le corps de l'Église que de véritables fidèles); mais pour avoir part à l'âme de l'Église, il faut être dans la grâce de Dieu (2). « L'Église, dit le » ministre (3), est composée de corps et d'âme : on » en convient dans les deux communions : l'âme de » l'Église est la foi et la charité. »

(1) *Lett.* xi. 81. — (2) *Var. liv.* xv, *p.* 65. — (3) *Sym.* *p.* 10.

Pour décider maintenant, selon ce ministre, ce qui donne part à l'âme de l'Eglise, ou, comme il parle en d'autres endroits, ce qui rend les sociétés *vivantes*, il ne faut qu'entendre le même ministre dans son système. « Premièrement nous distinguons les sectes » qui ruinent le fondement, de celles qui le laissent » en son entier ; et nous disons que celles qui ruinent » le fondement sont des sociétés mortes ; des membres » du corps de l'Eglise, à la vérité, mais des membres » sans vie, et qui, n'ayant point de vie, n'en sauroient » communiquer à ceux qui vivent au milieu d'elles (1). » Par la raison opposée, les sociétés où les fondements sont en leur entier, ont la vie et la communiquent : or voici quelles elles sont selon le ministre. « Nous appe- » lons communions vivantes les Grecs, les Armé- » niens, les Cophtes, les Abyssins, les Russes, les » Papistes et les protestans. Toutes ces sociétés ont » forme d'Eglise : elles ont une Confession de foi, des » conducteurs, des sacremens, une discipline : la pa- » role de Dieu y est reçue, et Dieu y conserve ses » vérités fondamentales. » Vous voyez qu'il range les Papistes avec les Grecs et les autres, qui, selon lui, ont conservé les *vérités fondamentales*, et parmi lesquels, pour cette raison, il reconnoît qu'on se sauve par la vertu de la parole qui y est prêchée : car c'est là son grand principe, comme vous l'avez déjà vu dans l'Avertissement précédent (2), et comme vous le ver- rez de plus en plus dans la suite. Voilà ce qu'il appelle les sociétés vivantes.

Il raisonne de la même sorte dans ses Préjugés lé- gitimes (3). « L'Eglise universelle s'est divisée en » deux grandes parties, l'Eglise grecque et l'Eglise » latine. L'Eglise grecque, avant ce grand schisme, » étoit déjà subdivisée en Nestoriens, en Eutychiens, » en Melchites, et en plusieurs autres sectes. L'Eglise » latine s'est aussi partagée en Papistes, Vaudois, » Hussites, Taborites, Luthériens, Calvinistes, Ana-

_____

(1) *Syst.* p. 142. — (2) *I. Avertissement* p. 7. — (3) *Préj. légit. I. part.* p. 6.

» baptistes, divisés eux-mêmes en plusieurs branches.
» C'est une erreur de s'imaginer que toutes ces diffé-
» rentes parties aient absolument rompu avec Jésus-
» Christ, en rompant les unes avec les autres. » Je
ne m'arrêterai pas à l'ignorance de votre ministre,
qui, en comptant les Melchites parmi les sectes de
l'Orient, les oppose aux Nestoriens et aux Eutychiens,
sans songer que le nom de Melchites, qui veut dire
royalistes, est celui que les Eutychiens donnèrent aux
orthodoxes, à cause que les empereurs qui étoient
catholiques, autorisoient la saine doctrine par leurs
édits, et au contraire proscrivoient les Eutychiens :
ce qui fait voir en passant que ce n'est pas d'aujour-
d'hui que les hérétiques, qui n'ont pas pour eux les
puissances, tâchent de tirer avantage de ce que l'Eglise
catholique en est protégée. Mais, laissant à part cette
remarque, arrêtons-nous à cette parole du ministre :
Il ne faut pas croire que toutes ces sectes (ce sont
celles qu'il vient de nommer, parmi lesquelles il nous
range), *en rompant entre elles, aient rompu
absolument avec Jésus-Christ.* Nous avons observé
ailleurs (1) que, *qui ne rompt pas avec Jésus-
Christ,* ne rompt pas, pour ainsi parler, avec le salut
et avec la vie, et qu'aussi, pour cette raison, le ministre
a compté ces sociétés parmi *les sociétés vivantes,*
sans s'émouvoir de l'objection qu'on leur fait *de renverser le fondement par des conséquences qu'ils
nient;* ce que le ministre pousse si loin, qu'il ose bien
dire (2), « que les Eutychiens renversoient le fonde-
» ment, c'est-à-dire, l'incarnation du Verbe, en sup-
» posant que le Verbe s'étoit fait chair, non par voie
» d'assomption, mais par voie de changement, comme
» l'air se fait eau, et l'eau se fait air; en supposant
» que la nature humaine étoit absorbée dans la nature
» divine, et entièrement confondue. Si tel a été leur
» sentiment, continue-t-il, ils ruinoient le mystère
» de l'Incarnation; mais c'étoit seulement par consé-
» quence : car d'ailleurs ils reconnoissoient en Jésus-

_____

(1) *Var. liv.* xv, p. 63. (2) *S. st.* 155.

» Christ divinité et humanité, et ils avouoient que le
» Verbe avoit pris chair réellement et de fait. » Cette
doctrine du ministre sur l'Incarnation paroîtra étrange
aux théologiens ; mais ce qu'il dit de Nestorius ne l'est
pas moins : « Si Nestorius a cru qu'il y a dans Jésus-
» Christ deux personnes, aussi bien que deux natures,
» son hérésie étoit notoire ; cependant elle ne détruit
» soit l'Incarnation que par conséquence : car cet
» hérésiarque confessoit un rédempteur, Dieu béni
» éternellement avec le Père » : d'où il conclut « qu'il
» est aisé que Dieu se conserve des élus dans ces sortes
» de sectes, parce qu'il y a dans ces communions
» mille et mille gens qui ne voit point jusqu'aux
» conséquences, et d'autres qui y allant les rejettent
» formellement. »

Je ne veux point disputer avec le ministre sur la
doctrine de Nestorius et d'Eutychès, ni s'il est permis
à des gens sages d'en croire plutôt des auteurs modernes, qui viennent les excuser après douze cents ans,
que les Pères qui ont vécu avec eux et les ont ouïs, et
que les conciles d'Éphèse et de Chalcédoine, où leur
cause a été jugée. Mais qu'en supposant leur erreur
telle qu'on vient de la rapporter, on s'en puisse contenter jusqu'à les sauver de détruire formellement
l'Incarnation ; c'est ce qu'aucun catholique, aucun
Luthérien, aucun Calviniste n'avoit osé dire. Les termes
mêmes y résistent ; puisque l'Incarnation n'étant autre
chose que deux natures unies en la même personne
divine, pour peu que l'on divise la personne, ou que
l'on confonde les natures, le nom même d'Incarnation ne subsiste plus. On sauve néanmoins ces hérétiques ; on sauve, dis-je, les Nestoriens, ou les Eutychiens, bien qu'on avoue qu'ils renversent le mystère
de l'Incarnation ; c'est-à-dire, bien qu'on avoue qu'ils
renversent le fondement de la rédemption du genre
humain. On traite aussi favorablement ceux qui font
naître le Fils de Dieu dans le temps, et seulement un
peu avant la création du monde (1). Si ceux-là con-

(1) I. Avert. p. 7 et suiv.

servent le fond de la Trinité, il ne faut plus s'étonner qu'on fasse aussi conserver le fond de l'Incarnation à ceux qui divisent la personne de Jésus-Christ, ou lui ôtent ses deux natures en les absorbant l'une dans l'autre, comme parle M. Jurieu. Tout est permis à ce prix : le mystère de la piété est anéanti; la théologie n'est que dans les mots ; et les hérétiques les plus pervers sont orthodoxes. Mais laissons cela : ce dont nous avons ici besoin, c'est de ce principe du ministre; qu'il ne faut point imputer les conséquences à qui les nie. Sur ce principe il a dit, et il a dû dire que l'Eglise romaine étoit comprise parmi les sociétés vivantes, puisque, selon lui, elle ne renverse aucun des fondemens de la foi, et que si on lui impute de les renverser par des conséquences, on doit répondre pour elle, ou qu'*elle n'y entre pas*, ou qu'*elle les nie*; ce qui en effet est très-véritable : de sorte que, pour parler avec le ministre, *il est aisé à Dieu de s'y conserver des élus.*

A la vérité, il est honteux à la Réforme de ne sauver les enfans de l'Eglise catholique qu'avec les Nestoriens et les Eutychiens, et avec tant d'autres sectes réprouvées; cela, dis-je, est honteux à la Réforme : car pour nous notre témoignage vient de plus haut; et quand tous les protestans conspireroient à nous damner, notre salut n'en seroit pas moins assuré. C'est à eux qu'il est avantageux de nous mettre au rang des vrais fidèles, quoique ce soit avec ceux envers qui il ne faudroit pas être si facile; et dans la haine que M. Jurieu a contre nous, c'est une espèce de miracle qu'il ait pu être forcé à cet aveu. Voici comme il s'en défend, et voici en même temps comme il en est convaincu. « On accuse, dit-il (1), M. Jurieu » d'avoir franchi le pas, et d'avoir avoué rondement » qu'on peut se sauver dans l'Eglise romaine. En quel » endroit a-t-il donc franchi ce pas? N'a-t-il pas dit » partout que le papisme est un abominable paganisme, et que l'idolâtrie y est aussi grossière qu'elle

(1) *Lett.* xi. *p.* 8.

» étoit autrefois à Athènes? » Il l'a dit, je le confesse :
il passe outre; et après avoir exagéré nos idolâtries
avec l'aigreur dont il a coutume d'accompagner ses
paroles, il continue en cette sorte : « N'a-t-il pas
» dit, ce ministre qu'on accuse de reconnoître qu'on
» peut se sauver dans l'Eglise romaine, qu'elle étoit
» cette Babylone de laquelle on étoit obligé de sortir
» sur peine d'éternelle damnation, par le comman-
» ment de Dieu : Sortez de Babylone, mon peuple.
Il a dit tout cela, et il a poussé ces calomnies au dernier excès. Mais avec tout cela Dieu est le maître :
Dieu force les ennemis de la vérité et les calomniateurs de son Eglise, à dire plus qu'ils ne veulent : et
tout en calomniant l'Eglise romaine de la manière
qu'on voit, il faut qu'il vienne aux pieds de cette
Eglise avouer qu'on se sauve dans sa communion, et
que les enfans de Dieu sont dans son sein.

Les deux raisons qu'il allègue pour se défendre de
cet aveu, sont, premièrement, que l'Eglise romaine,
selon lui, est idolâtre; et, secondement, qu'elle est
l'Eglise antichrétienne. Pour commencer par l'idolâtrie, voici les paroles du ministre : « L'Eglise, dit-
» il (1), dans le cinq, le six, le sept et le huitième
» siècle, adopta les divinités d'un second ordre, en
» mettant les saints et les martyrs sur les autels desti-
» nés à Dieu seul; elle adora des reliques; elle fit
» des images qu'elle plaça dans les temples, et devant
» lesquelles elle se prosterna. C'étoit pourtant la même
» Eglise, mais devenue malade, infirme, ulcérée,
» VIVANTE POURTANT, parce que la lumière de l'Evangile
» et les vérités du christianisme demeuroient cachées,
» mais non étouffées sous cet amas de superstitions. »
Voilà donc, en propres termes, l'Eglise vivante, malgré ses idolâtries envers les saints, envers leurs reliques,
et même envers leurs images. Il n'y a point ici d'équivoque : ce que le ministre appelle *Eglise vivante*,
c'est l'Eglise où sont ceux qui vivent, c'est-à-dire,
les vrais fidèles, ceux qui participent à l'Eglise, non

(1) *Préj. légit. I. part. c.* 1. *p.* 5.

seulement *selon son corps*, c'est-à-dire, selon la profession extérieure de sa foi; mais encore *selon son âme*, c'est-à-dire, selon la foi et la charité, comme on a vu. Si donc l'Eglise est vivante, malgré les idolâtries dont on l'accuse, ces idolâtries n'empêchent pas que la foi et la charité ne s'y trouvent, ni par conséquent qu'on ne s'y sauve.

J'avois produit ce passage dans l'Histoire des Variations (1) : mais le ministre le passe sous silence, et se contente de s'écrier en cette sorte : « Quelle har- » diesse faut-il avoir pour avancer qu'un auteur qui » dit tout cela », c'est-à-dire, qui dit entre autres choses que l'Eglise romaine est idolâtre, « a franchi » le pas, et avoué rondement qu'on peut se sauver » dans l'Eglise romaine ? Il faut avoir un front sem- » blable à celui du sieur Bossuet (2). » Il est en colère, vous le voyez; mais cela n'est rien en com- paraison de ce qui paroît dans la suite, lorsqu'il dit « que bien des gens mettent ce prélat au nombre » des hypocrites qui connoissent la vérité », et qui la trahissent, sans doute, en parlant contre leur cons- cience, ce qu'il répète encore en d'autres endroits. Que lui servent ces emportemens et tous ces airs de dédain qui lui conviennent si peu ? Il voudroit bien avoir avec moi une dispute d'injures, ou que je per- disse le temps à répondre aux siennes; mais ce n'est pas de quoi il s'agit. Puisqu'il se vante de répondre à l'accusation que je lui fais, de nous sauver malgré nos idolâtries prétendues, il faudroit répondre aux pas- sages dont je la soutiens; et c'est un aveu de sa foi- blesse de ne mettre que des injures à la place d'une défense légitime.

Mais il va être poussé bien plus avant. Selon lui, du temps de saint Léon, l'idolâtrie étoit assez grande dans l'Eglise, pour en faire une Eglise antichrétienne, et faire de saint Léon l'Antechrist même; et néan- moins le ministre écrit ces paroles, dans la treizième

_____

(1) *Var. liv.* XV, *p.* 65 — (2) *Lett.* XI.

lettre de cette année (1) : « Pendant que l'Antechrist
» fut petit, il ne ruina pas l'essence de l'Église. Léon,
» (car il n'est plus saint, et M. Jurieu l'a dégradé)
» Léon donc, et quelques uns de ses successeurs
» furent d'honnêtes gens, autant que l'honnêteté et
» la piété sont compatibles avec une ambition exces-
» sive. Il est certain aussi que, de son temps, l'Église
» se trouva engagée FORT AVANT DANS L'IDOLÂTRIE du
» culte des créatures, qui est un des caractères de
» l'antichristianisme : et bien que ces maux ne fussent
» pas encore extrêmes, et ne fussent pas tels qu'ils
» DAMNASSENT la personne de Léon, qui d'ailleurs
» avoit de bonnes qualités, c'étoit pourtant assez
» pour faire les commencemens de l'antichristia-
» nisme. » Vous voyez donc qu'on n'est point damné,
quoiqu'on soit non seulement idolâtre, mais encore
*fort avant engagé dans l'idolâtrie du culte des
créatures.* Si on n'est pas du nombre des saints, et
qu'il faille rayer saint Léon de ce catalogue, on est au
moins du nombre des honnêtes gens, et le mal de
l'idolâtrie n'est pas si extrême qu'on en perde le salut.

Poussons encore. On a démontré dans le livre des
Variations et ailleurs (2), par les paroles expresses
de saint Jean, que la bête et l'Antechrist ont blasphémé et idolâtré dès leur naissance, et pendant toute
l'étendue des 1260 jours de leur durée. Le ministre a
voulu le dissimuler, pour n'être point obligé de reconnoître ces attentats, du temps et dans la personne de
saint Léon, de saint Simplice, de saint Gélase, et des
autres saints pontifes du cinquième siècle ; mais, à la
fin, il a fallu trancher le mot. « Il est certain que,
» dès ce temps, commencèrent tous les caractères de
» la bête. Dès le temps de Léon, les gentils ou païens
» commencèrent à fouler l'Église aux pieds ; car le
» paganisme, qui est le culte des créatures, y entra.
» Dès lors, on commença à blasphémer contre Dieu

(1) *Lett.* XIII. *de* 1689, *p.* 98. — (2) *Apoc.* XI, XII. 6, 14.
XIII. 5, 6. *Var. liv.* XIII, *p.* 19. *Apoc. Avert. aux Protest.*
n 37, 38.

» et ses saints ; car ôter à Dieu son véritable culte,
» pour en faire part aux saints, c'est blasphémer
» contre Dieu (1). » Voilà donc le blasphème et l'idolâtrie antichrétienne établie sous saint Léon. Il n'en
étoit pas exempt, puisqu'il étoit lui-même l'Antechrist : et en effet, il est constant qu'il n'honora pas
moins les reliques, et ne demanda pas moins le secours
de la prière des saints, que tous les autres. Voilà
donc non seulement un idolâtre, mais encore le chef
de l'idolâtrie antichrétienne dans le nombre des élus ;
et l'idolâtrie n'empêche pas le salut.

Mais est-il possible, direz-vous, que notre ministre
ait dit ces choses, lui qui avoue à l'auteur des Variations que l'idolâtrie, un si grand blasphème contre
Dieu, n'a point d'excuse, *et qu'on n'a jamais cru
ni pensé qu'on pût sauver un idolâtre, sous prétexte de sa bonne foi* (2)? N'est-il pas vrai qu'il a
écrit ces paroles ? Je l'avoue : il les a écrites dans
l'onzième lettre ; mais néanmoins, dans la treizième,
il a excusé saint Léon, quoique idolâtre et chef de
l'idolâtrie. Bien plus, on lui a fait voir que, sur le
sujet de l'honneur des saints, saint Léon n'en avoit
dit ni plus ni moins que saint Basile, que saint Chrysostôme, que saint Ambroise, que saint Augustin,
que saint Grégoire de Nazianze, et tous les autres
Pères du quatrième siècle, qui, selon lui, ne sont pas
seulement d'honnêtes gens, comme saint Léon, mais
encore des saints. Le fait a passé pour constant, et
voici les paroles du ministre (3) : « Cent ans avant
» saint Léon, l'adoration des saints et des reliques
» étoit inconnue. Quinze ou vingt ans après, on
» commença à en voir quelques vestiges dans les
» écrits des Pères ; mais ce ne fut rien de considérable
» avant la fin du quatrième siècle. » Laissons-lui
arranger à sa fantaisie toute cette histoire ; et, en ne
prenant que ce qu'il nous donne, posons pour principe certain, que ce qu'il appelle idolâtrie, et adoration des reliques, étoit devenu *considérable* sur la

(1) *Lett.* XIII, *p.* 99, 2 c. — (2) *Ibid.* XI, *p.* 82. — (3) *Ib. d.*
1. BOSSUET. AVERTISSEMENS.   6

fin du *quatrième siècle*, où ces grands hommes fleu-
rissoient. Non seulement ils souffroient, mais encore
ils enseignoient cette idolâtrie : ils prêchoient les
miracles dont le démon, dit le ministre, fascinoit les
yeux des hommes, pour l'autoriser ; *et il est certain,*
dit M. Jurieu (1), *que ce fut un esprit trompeur
qui abusa saint Ambroise*, et qui lui découvrit
ces reliques (ce furent celles de saint Gervais et de
saint Protais (2)), *pour en faire des idoles*. Voilà
donc non seulement un adorateur de l'idole, mais
celui qui l'érige dans la maison de Dieu, et que le
diable abuse, pour le faire servir d'organe à l'impiété,
au nombre des saints. Saint Augustin entre en part
de ce crime, puisqu'il le rapporte, qu'il le loue, qu'il
le consacre. Voilà donc des saints idolâtres ; et l'idolâtrie, loin d'être un crime qui damne, n'empêche
même plus qu'on soit saint.

Le ministre a prévu cette objection, et voici comme
il se la fait à lui-même (3) : « Vous avouez que l'invo-
» cation des saints a plus de douze cents ans sur la
» tête : cela ne vous fait-il point de peine, et com-
» ment pouvez-vous croire que Dieu ait laissé repo-
» ser son Eglise sur l'idolâtrie, depuis tant de
» siècles ? » Il n'y a personne qui ne frémît à une
semblable objection, et ne crût qu'il n'y a de salut
qu'à nier le fait ; mais le ministre accorde tout, et sans
s'étonner, « Nous répondons, dit-il, que nous ne
» savons point respecter l'antiquité sans vérité. Nous
» ne sommes point étonnés de voir une si vieille ido-
» lâtrie dans l'Eglise, parce que cela nous a été for-
» mellement prédit : il faut que l'idolâtrie règne dans
» l'Eglise chrétienne 1260 ans. » Voilà donc l'état
de l'Eglise, dès le quatrième siècle. Dans le siècle de
saint Basile, de saint Ambroise et de saint Chrysostôme, *l'idolâtrie régnoit* ; l'Eglise se reposoit sur
l'idolâtrie : on se sauvoit néanmoins ; on parvenoit

(1) *Acc. des Proph.* p. 166 — (2) *Apoc. Avert. aux Prot.*
n. 36. — (3) *Apoc. Avert. sur les Proph.* n. 29. *Jur. Lett.*
XVII *de la 1. ann.* p. 139.

à la sainteté, dans cette Eglise où régnoit l'idolâtrie, et qui se reposoit dessus. Il ne faut donc plus alléguer l'idolâtrie de l'Eglise, pour montrer qu'on ne s'y sauve pas.

Quelqu'un me dira peut-être : J'ai trouvé dans M. Jurieu la résolution de cette difficulté. « L'évêque » de Meaux, dit-il (1), répète la vaine déclamation »‑tirée de ce qu'en accusant le culte de l'Eglise » romaine d'idolâtrie, cette accusation tombe néces- » sairement sur les saint Ambroise et les saint Au- » gustin, les saint Jérôme, les saint Grégoire de » Nazianze, et sur tous les chrétiens de ces siècles, » qui ont vénéré les reliques et invoqué les saints. » La *déclamation* est pressante, sans doute ; mais voyons si le ministre, qui la méprise, osera du moins nier le fait qu'on y avance, sur le sentiment des Pères du quatrième siècle. Point du tout. Voici sa réponse : *Nous avons répondu à cela bien des fois.* C'en est assez pour tromper les ignorans ; il ne faut que leur dire qu'on y a répondu. Mais qu'avez-vous répondu ? Que dans ces siècles, il n'y avoit point de superstitions des reliques, ou d'invocation des saints ? Non. « Nous avons répondu, dit-il, que dans » ces siècles, la superstition des reliques et de l'invo- » cation des saints n'étoit pas encore montée au » degré de l'idolâtrie où elle est arrivée depuis, et » que Dieu a toléré quelques sortes de superstitions » dans ces grands hommes, qui d'ailleurs ont rendu » tant de services à l'Eglise. » Quelle misère de gau- chir toujours, et de n'oser jamais parler franchement dans une matière de religion ! *Cette superstition des reliques, cette invocation des saints*, qui étoit alors, et qui, selon vous, étoit pratiquée par *les saint Augustin, par les saint Ambroise, par les saint Basile et les autres*, étoit-ce une idolâtrie, ou n'en étoit-ce pas une ? Si c'en étoit une, ils sont damnés : si ce n'en étoit pas une, nous sommes absous. Ou, peut-être, c'en étoit une, mais non encore dans

(1) *Lett. xx. au comm. p.* 315.

6.

le degré qu'il falloit pour damner les hommes, et il y a une idolâtrie, c'est-à-dire, un transport du culte divin à la créature, qui ne damne pas, et qu'on peut si bien compenser par *d'autres services*, que Dieu n'y prendra pas garde, comme s'il pouvoit y avoir un service agréable à Dieu, dans ceux qui rendent le culte divin à la créature. Qui jamais ouït parler d'un égarement semblable? Mais encore que manquoit-il à l'idolâtrie de saint Augustin et de saint Ambroise? à celle qui, selon vous, régnoit alors, et sur laquelle on se reposoit? Que votre ministre ne vous dise pas que cette idolâtrie n'étoit pas publique; car qu'importe, premièrement, qu'elle soit publique? Est-ce que l'idolâtrie qui se feroit en particulier ne damneroit pas? Michas cesse-t-il d'être idolâtre, à cause que l'idole qu'il servoit étoit dans sa maison (1)? L'Ephod, dont la maison de Gédéon se fit une idole, mérita-t-elle moins ce nom, parce qu'elle ne fut pas posée dans un temple, et que, selon les apparences, ce faux culte, prit commencement dans une famille particulière? Quelle erreur donc de vouloir excuser les Pères et les chrétiens du quatrième et cinquième siècle, sous prétexte qu'ils n'idolâtroient qu'en particulier? Mais d'ailleurs, quelle illusion d'oser nous dire que l'idolâtrie n'étoit pas publique, pendant qu'on nous avoue qu'elle étoit *régnante* (2)? pendant qu'on la reconnoît dans les sermons de ces Pères, qui, sans doute, étoient publics, et se faisoient dans les églises et dans l'assemblée des fidèles, et faisoient alors, comme maintenant et toujours, une partie essentielle du culte divin; et non seulement dans leurs sermons, mais encore dans leurs liturgies, dans les églises où ils servoient Dieu, dans les oratoires des martyrs, et jusque sur les autels où leurs reliques étoient déposées par honneur, comme dans le lieu le plus saint du temple de Dieu? « Qu'on mette, disoit saint Am-
» broise, ces triomphantes victimes, dans le lieu où

____

(1) *Jud.* xvii. 4. — (2) *Lett.* xv *de la* 1. *ann. p.* 123. *Acc. des Proph. I. part. c.* xiv, *etc. Var. liv.* xiii, *p.* 20 *et suiv.*

« Jésus-Christ est l'hostie. » « Les fidèles, dit saint Jé-
» rôme, regardent les tombeaux des saints martyrs
» comme des autels de Jésus-Christ. » « Nous hono-
» rons leurs reliques, dit saint Augustin, jusqu'à les
» placer sur la sublimité du divin autel. » Voilà, ce
me semble, pour ne pas appuyer sur l'autel et sur le
sacrifice dont il ne s'agit pas ici, voilà pour les saints
et pour leurs reliques une vénération assez marquée,
assez publique, assez solennelle ; et ceux qui, non
contens de la leur rendre, la prêchent avec tant de
force, ne laissent pas d'être saints.

Et qu'on ne nous dise pas que les saints n'avoient
point alors d'oratoires, ni de chapelles ; car on demeure
d'accord qu'ils en avoient au quatrième et cinquième
siècle (1) ; et encore qu'on ose dire que la sainte
Vierge n'en avoit pas dans ces deux siècles, c'est une
erreur grossière, puisque le concile d'Ephèse, comme
il paroît par ses actes, fut assemblé en 430, dans une
église appelée *Marie* (2), du nom de la sainte Vierge,
qui sans doute ne fut pas construite alors, pour y tenir
le concile.

Qu'on ne dise pas que ces Pères n'employoient point
envers Dieu les mérites des saints : car, au contraire,
on convient que c'est par là que l'on commença.
« Dans le commencement, dit M. Jurieu (3), les
» prières s'adressoient au Dieu des martyrs, par rap-
» port aux mérites et aux souffrances des martyrs. »

Qu'on ne dise pas que du moins l'Eglise n'avoit
pas été avertie de la prétendue erreur de ce culte ; car
elle l'avoit été par Vigilance, que saint Jérôme mit
en poudre dès sa naissance ; et toute l'Eglise d'alors
prit tellement le parti de ce saint, que depuis on
n'entend pas seulement parler de Vigilance, ni de son
erreur.

Voilà donc, en tout et partout, la prétendue idolâtrie de ces temps-là, dans le même état où elle a été
depuis ; et quand tout cela ne seroit pas, se prosterner

____

(1) *Jur. ibid.* — (2) *Conc. Ephes. Ac.* 1, etc. *Labb. t.* III,
col. 415 *et seq.* — (3) *Lett.* XV, *p.* 123.

devant les reliques, et demander des prières aux martyrs; les appeler des remparts et des forteresses, ce que M. Jurieu appelle le culte des Maozzims, après son auteur Joseph Mède (1); en quelque sorte qu'on le fasse, en particulier ou en public, dans l'église, dans les cimetières, ou dans les maisons, c'est toujours une idolâtrie, selon les ministres, toujours par conséquent un crime damnable; et quand cette idolâtrie ne seroit pas assez formée au quatrième siècle, elle l'étoit au cinquième, et sous saint Léon, que néanmoins on n'ose damner, non plus que ses prochains successeurs. Votre ministre prononce lui-même « que le faux culte des saints et la doctrine des » seconds intercesseurs étoit si bien formée dans les » paroles de Théodoret, en l'an 450 (2) ». qu'il y en avoit assez pour constituer dès-lors l'Église antichrétienne, et assez d'adhérence à cette erreur, dans saint Léon, pour en faire un Antechrist formé, sauvé toutefois; et voilà encore insensiblement la seconde défense de votre ministre entièrement renversée. Car, peut-il dire qu'on ne peut trouver son salut dans une Église antichrétienne, puisque, selon lui, on est sauvé, non seulement étant sectateur de l'Antechrist, mais encore étant l'Antechrist même? Qui jamais ouït parler d'un semblable excès, et que faut-il davantage, pour appliquer à un auteur ce mot de saint Paul, que *sa folie est connue à tous?* Mais allons encore plus avant, et voyons comme le ministre a établi par principes le salut uni avec l'antichristianisme.

Il est vrai qu'il a semblé donner pour règle, qu'on ne peut pas se sauver dans l'Église antichrétienne : ce qui est très-vrai dans le fond; parce que, comme dit le ministre, il n'y a point de communion entre Christ et Bélial. Mais ce qui en soi est indubitable, dans les principes du ministre, ne peut être qu'une

____

(1) *Acc. des Proph. I. part. c.* xv, *etc. Lett.* xix *de la 1. avu. p.* 16, 17. *Apoc. Avert. aux Protest. p.* 33. *Var. liv.* xiii, *p.* 20 *et suiv.* — (2) *Acc.* 11, *p.* 12, 21, 22.

vaine exagération que cet auteur réfute lui-même par
le discours que voici : « Je ne veux point définir quelles
» sont les sectes où Dieu peut avoir des élus, et où il
» n'en peut avoir : l'endroit est trop délicat et trop
» périlleux : mais ce que je puis assurer, c'est que
» Dieu peut se conserver des élus dans les commu-
» nions et dans les sectes très-corrompues : ce qui est
» clair ; parce qu'il s'en est conservé dans le règne
» même de l'Antechrist et dans celle de toutes les
» religions, qui, sans avoir renoncé aux principes
» de la religion, est pourtant la plus antichrétienne.
» Saint Paul nous dit expressément que l'Antechrist
» doit être assis dans le temple de Dieu, c'est-à-dire,
» dans une Eglise qui sera chrétienne, et qui aura
» assez de reste du véritable christianisme pour con-
» server le nom d'Eglise et de temple de Dieu. Ces
» cent quarante-quatre mille de l'Apocalypse sont
» représentés être dans l'empire de l'Antechrist,
» comme les Israélites étoient dans l'Egypte, où les
» poteaux de leurs maisons furent marqués, afin
» que l'ange destructeur ne les touchât point (1). »
Voilà, ce me semble, des élus en assez grand nombre,
et assez bien marqués dans l'Eglise de l'Antechrist,
c'est-à-dire, selon le ministre, dans la romaine,
sans que son antichristianisme les en empêche. Mais
achevons le passage, puisque nous y sommes. « Les
» Eglises de l'Orient et du Midi sont assurément dans
» une grande décadence. » Sans doute, selon les principes du ministre, puisqu'on y voit bien assurément
tout le culte et des images et des saints, qu'on nous
impute à idolâtrie. « L'Eglise des Abyssins n'est pas
» trop pure », puisque, outre ses idolâtries, on y
suit les erreurs de Dioscore, et on y déteste la sainte
doctrine du concile de Chalcédoine. « Cependant,
» poursuit le ministre, il n'y a pas lieu DE DOUTER que
» Dieu ne s'y conserve un résidu, selon l'élection de
» la grâce ; car jamais la parole n'est prêchée en un

(1) *Avis à tous les chrét. avant l'acc.* p. 48, 49. *Préf. Egil.
I. part. c.* 1, p. 16.

» pays, que Dieu ne lui donne efficace à l'égard de
» quelques uns. » Voilà toujours son grand principe
qui est la fécondité de la parole de Dieu, partout où
elle est prêchée.

Mais, afin que cette parole ait cette fécondité et
cette efficace, il ne faut pas s'imaginer qu'elle doive
être prêchée dans sa pureté ; puisque , comme on
voit, ces Eglises ne sont guère pures. Il n'y a point
d'Eglise moins pure que celle de l'Antechrist ; et
néanmoins, on y trouve cent quarante-quatre mille
élus. Votre ministre a écrit ces choses ; vous les
voyez, vous les lisez de vos propres yeux ; et toutefois, mes chers Frères, il se tient si assuré de vous
faire croire tout ce qu'il voudra, qu'il ose nier qu'il
les ait écrites, et il se fait fort de vous persuader que
jamais il n'a songé à mettre des élus parmi nous, ni à
confesser qu'on se sauve dans notre communion,
parce que c'est la communion de l'Antechrist.

Ce qu'il dit dans le Système de l'Eglise est encore
plus fort, puisqu'il entreprend d'y prouver, par l'Apocalypse, « que l'Eglise peut être dans Babylone, et
» que Babylone peut entrer dans l'Eglise (1). Il est
» vrai, poursuit-il, nous soutenons , et nous avons
» raison de soutenir que l'Eglise romaine est la Baby-
» lone spirituelle dépeinte dans l'Apocalypse; mais
» Dieu dit de cette Babylone : Sortez de Babylone ,
» mon peuple, de peur que participant à ses péchés,
» vous ne participiez à ses peines. » Voilà donc encore
une fois le peuple de Dieu dans Babylone ; et cela jusqu'au moment où ses crimes sont montés si haut,
qu'elle n'a plus à attendre que la dernière sentence ,
et qu'il n'y a plus aucun délai à son supplice.

Entreprenez sa défense, imaginez tout ce qu'il peut
dire, et lui-même, au même moment, il le réfutera.
Vous pourriez croire que ce peuple, qui est renfermé
dans Babylone jusqu'à ce moment fatal , n'est appelé
le peuple de Dieu, que selon la prédestination éter-

____

(1) *Syst. liv.* 1, *c.* 1, *p.* 144, 145. *Var. liv.* xv, *p.* 160.

pellé. Mais, non, dit M. Jurieu (1), « il ne faut pas
» dire que le peuple de Dieu sorte de Babylone,
» comme les chrétiens sortent du milieu des païens,
» quand ceux-ci se convertissent; car Dieu n'appelle
» point son peuple des gens en état de damnation; et
» si le peuple de Dieu renfermé dans Babylone étoit
» lui-même un peuple babylonien, Dieu ne le pour-
» roit plus appeler son peuple. Il est plus clair que
» le jour, que Dieu, dans ces paroles : Sortez de
» Babylone, mon peuple, fait allusion au retour du
» peuple juif de la captivité de Babylone; et pendant
» que les Juifs furent dans Babylone, ils ne cessèrent
» pas d'être Juifs, et le peuple de Dieu. » Vous le
voyez, mes chers Frères : il ne dit pas seulement,
mais il prouve, par tous les principes dont on convient dans la Réforme, que le vrai peuple de Dieu,
le peuple justifié, le peuple saint et séparé des méchans par la grâce qu'il a reçue, se trouve dans sa
Babylone, qui est l'Eglise romaine, jusqu'au moment
de sa chute : et cet homme ose dire encore qu'il n'a
jamais enseigné qu'on se sauvât parmi nous.

Mais, dit-il, ceux qui s'y sauvent, ce sont les
enfans; car il avoue dans sa lettre, qu'il dit bien « que
» dans l'Eglise romaine, il y a une infinité d'âmes
» sanctifiées par la vertu du christianisme; mais
» qu'il a ajouté, que ces âmes sont celles des enfans,
» qui ont été baptisés au nom de Jésus-Christ, et
» qui, étant morts avant l'âge de raison, n'ont pris
» aucune part aux abominations du papisme (2). »
Ce qu'il répète encore une fois en ces termes : « Nous
» ne reconnoissons d'élus, dans l'Eglise romaine,
» qu'entre les enfans qui ne sauroient prendre part
» à ses idolâtries (3). » Sans doute, c'est aux enfans
qui n'ont pas atteint l'âge de raison, que s'adresse
cette parole : Sortez de Babylone, mon peuple : ils
entendront à merveille que Babylone, c'est l'Eglise
romaine; que c'est celle-là d'où il faut sortir, et qu'il
faut passer en Hollande, pour se joindre au peuple de

____

(1) *Jur. ibid.* — (2) *Jur. Lett.* 11, p. 80. (3) — *Ibid.*

Dieu. Les enfans entendent cela avant l'usage de la raison, et ils sont le peuple de Dieu à qui s'adresse cette voix du ciel. Qu'on espère de vous faire croire de telles absurdités ! Mais, si vous n'avez pas oublié ce que votre docteur vient de vous dire, ceux qui se sauvent dans la communion romaine, c'est-à-dire, dans la Babylone spirituelle, ont été comparés aux Juifs qui étoient dans la Babylone temporelle, ou en Égypte, qui, sans doute, étoient des adultes, et non pas de petits enfans avant l'âge de raison. On attribuoit tout à l'heure le salut de ce grand nombre d'élus, qui se trouve dans Babylone, et sous le règne de l'Antechrist, à l'efficace de la parole, qui n'est jamais prêchée inutilement (1). Est-ce que ces enfans écouteront cette parole, et qu'à la faveur des vérités qu'elle contient, ils sauront bien se séparer de la corruption ? Pour qui veut-on vous faire passer, et dans quel rang met-on ceux qu'on espère de contenter par de tels moyens ? Il n'y a donc rien à répondre à des passages si clairs : les plus sourds les entendent, les plus ignorans en sont frappés ; et il ne vous reste que le seul refuge où l'on se jette ordinairement quand on n'en peut plus, c'est de dire ce que tous les jours nous entendons de votre bouche : Nous ne saurions vous répondre ; mais notre ministre, s'il étoit ici, vous répondroit bien. Quelle réponse pour des gens à qui tout est clair, et qui croient pouvoir décider seuls au-dessus de tous les docteurs et de tous les synodes ! Mais encore, ce misérable refuge vous est-il fermé à cette fois. Il n'est pas question de dire que votre ministre répondra, quand on lui objectera ces passages tirés de ses livres : on les lui a objectés dans l'Histoire des Variations (2) ; vous les trouverez dans ce livre xv, qu'il reconnoît avoir lu, et auquel il s'est engagé de répondre, du moins pour les endroits qui le touchent. Il ne dit mot, néanmoins, de ceux-ci, et ces témoignages, qu'il a portés contre lui-même, lui ferment la bouche.

(1) *Voy.* ci-dessus, p. 12. — (2) *Var. liv.* xv. p. 160

« Mais vous trouverez dans ce même livre de quoi le confondre plus démonstrativement. Le ministre propose deux voies dont Dieu se sert pour sauver son peuple au milieu de la corruption de Babylone : la première est la voie de tolérance, parce qu'*il supporte les erreurs et les superstitions en ceux qui y vivent de bonne foi, et qui d'ailleurs ont beaucoup de piété et de charité* (1) : la seconde est la voie de séparation, parce qu'*il éclaire ceux qu'il veut sauver, jusqu'à leur faire séparer la doctrine divine des additions humaines* (2). *C'est ainsi*, dit-il, *qu'on se sauve dans le règne même de l'Antechrist.* Or, constamment ce n'est pas ainsi que Dieu veut sauver les enfans : ni il ne supporte leurs erreurs, ni il ne leur donne de discernement. Ce n'est donc pas eux qu'on entend par ce peuple sauvé dans Babylone : ce sont les adultes : ce sont, dis-je, ceux-là qui, selon les principes de votre ministre, sont sauvés dans l'Eglise romaine, non seulement en rejetant ses prétendues erreurs, mais encore en les croyant de bonne foi.

Vous ne croyiez pas, mes chers Frères, qu'on en pût venir parmi vous, dans la conjoncture présente, jusqu'à nous donner cet avantage ; mais Dieu l'a voulu ainsi : Dieu, qui a soin de votre salut, a voulu vous donner ce témoignage par la bouche d'un ministre, d'ailleurs si implacable envers nous ; et il n'a pu s'en défendre. Car il a déclaré formellement que la voie de la tolérance, pour les erreurs, regarde ceux qui y vivent de bonne foi ; et ce qu'il n'a dit qu'en passant dans ses Préjugés légitimes (3), il l'explique à fond dans son Système, où il parle ainsi (4) : « Pour ce » qui est des sectes qui renversent le fondement par » additions, sans l'ôter pourtant », (vous entendez bien que c'est de nous et de nos semblables qu'il veut parler) « il est certain qu'on n'y peut communier sans

(1) *Jun. ibid. n.* 5g. — (2) *Préj. I. part. c* 1, p. 17. — (3) *Ibid.* — (4) *Syst. liv.* 1, p. 158, 159, 164, 171 175, 195, 259.

» péché ; et, afin de pouvoir espérer de Dieu quelque
» tolérance, il faut premièrement qu'on y soit engagé
» par la naissance. 2. Qu'on ne puisse communier
» avec aucune autre société plus pure. C'est pourquoi
» il n'eût pas été permis de communier tantôt avec
» les Vaudois, et tantôt avec les prétendus catho-
» liques. 3. Qu'on y communie de bonne foi, croyant
» qu'elle a conservé l'essence des sacremens, et qu'elle
» n'oblige à rien contre la conscience. » Vous voyez
donc clairement que ceux qui se sauvent dans ces
communions impures, où néanmoins les fondemens
subsistent toujours, ce sont ceux qui y vivent de
bonne foi, et qui croient qu'on *n'y oblige à rien qui
blesse la conscience.* « Car, poursuit-il, si on croit
» que cette société oblige à quelque chose contre la
» conscience, on pèche mortellement quand on par-
» ticipe à ses sacremens; c'est pourquoi il ne vous est
» pas permis de communier alternativement avec les
» prétendus catholiques et avec les Réformés, parce
» qu'étant dans les sentimens des Réformés, nous
» sommes persuadés que le papisme nous oblige, dans
» sa communion, à bien des choses contre la cons-
» cience, comme, dit-il, à adorer le sacrement » :
par où l'on voit manifestement qu'il a compris l'Église
romaine avec celles où l'on peut se sauver en y vivant
de bonne foi, c'est-à-dire, en participant sincèrement
à sa doctrine et à son culte; et c'est pourquoi il n'o-
blige à péché mortel que ceux qui communieroient ou
adoreroient avec nous, sans croire de bonne foi notre
doctrine.

On voit par là le pas important qu'il a fait au-
delà de M. Claude et du commun de sa secte.
M. Claude, avant la Réforme, ne sauvoit parmi nous
que ceux qui n'étoient pas de bonne foi, en demeu-
rant dans le sein de notre Église sans y croire; M. Jurieu, qui a bien vu combien il étoit absurde de ne
sauver que les hypocrites, a été forcé de passer outre,
et d'accorder le salut plutôt à la bonne foi qu'à la
tromperie.

Il est vrai qu'il semble y mettre deux conditions :

l'une, qu'on soit engagé à une communion par la naissance; l'autre, qu'on ne puisse communier avec une société plus pure. Mais il tempère lui - même la première condition, en disant que ceux qui passent de bonne foi et par persuasion *dans les sectes qui ne ruinent ni ne renversent le fondement*, au nombre desquels il nous met, comme on a vu, *ne sont pas en autre état que ceux qui y sont nés;* et, pour l'autre condition, qui est celle de ne pas pouvoir communier avec une société *plus pure*, il est fort commode pour cela, puisqu'en disant qu'il faut rompre avec les conciles *qui détruisent les fondemens de la religion, soit en les niant, soit en les renversant*, il y appose la condition, *si on est en état de pouvoir le faire* (1). Les questions qu'il propose ensuite vous feront encore mieux connoître ses intentions. « Il semble, dit-il (2), que si l'idée de l'Eglise » renferme généralement toutes les sectes, on puisse » sans scrupule passer de l'une à l'autre; être tantôt » Grec, tantôt Latin, tantôt Réformé, tantôt Papiste, » tantôt Calviniste, tantôt Luthérien. » Telle est la question qu'il propose, où l'on voit qu'il met également les Latins et les Grecs, les Papistes et les Prétendus Réformés; et il répond premièrement, qu'il n'est pas permis de passer d'une communion à une autre, pour *faire profession de croire ce qu'on ne croit pas;* ce qui est très-assuré; mais, secondement, il ajoute qu'on y peut passer, comme on vient de voir, sans risque de son salut, « en changeant de » sentiment, lorsqu'on passe dans les sectes qui ne » ruinent ni ne renversent le fondement (3). »

Lorsque, pour répondre à ce passage, il dit qu'il faut entendre sa proposition des sectes qui ne renversent en aucune sorte le fondement de la religion, ni en le niant, ni en y mêlant des erreurs mortelles, telles que sont les idolâtries qu'il nous impute (4) : il est battu premièrement par tous les endroits où il a sauvé, non seulement les Grecs, aussi idolâtres que

(1) *Syst.* p. 259.—(2) *Ibid.* 259.—(3) *Ibid.* 175.—(4) *Lett.* xi.

nous, mais encore les Nestoriens et les Eutychiens, qui joignent d'autres erreurs à ces prétendues idolâtries; et secondement par toutes les preuves par lesquelles on a démontré qu'il met des idolâtres reconnus pour tels par lui-même, non seulement au nombre des sauvés, mais encore au rang des plus grands saints.

Si tout cela ne démontre pas qu'il a sauvé, parmi nous, d'autres gens que les enfans décédés avant l'usage de raison, je ne sais plus ce qu'il y a de démonstratif. Mais voici encore une autre preuve, qui n'est pas moins concluante : « Nous avouons, dit-il (1), à » M. de Meaux que l'Eglise dont Jésus-Christ parle » là » (dans le passage de saint Matthieu, XVI, où il dit que l'enfer ne prévaudra point contre l'Eglise), « est » une Eglise confessante, une Eglise qui publie la foi, » une Eglise par conséquent extérieure et visible; » mais nous nions que cette Eglise confessante, et qui » publie la foi, soit une certaine communion chré- » tienne, distincte et séparée de toutes les autres. » C'est l'amas de toutes les communions qui prêchent » un même Jésus-Christ, qui annoncent le même » salut, qui donnent les mêmes sacremens en subs- » tance, et qui enseignent la même doctrine; » en substance encore, et quant aux points fondamentaux, comme il vient de dire; car s'il vouloit qu'en tout et partout on enseignât jusqu'aux moindres points la même doctrine, il sortiroit visiblement de son système, et ne pourroit plus sauver, comme il fait, ni les Nestoriens, ni les Jacobites, ni les Grecs; et c'est pourquoi il ajoute que l'Eglise dont Jésus-Christ parle ici « est un corps qui renferme toutes les communions, » lesquelles retiennent le fondement de la foi. » Or, il nous comprend dans ce corps; il nous met dans cet amas, comme on a vu, et comme il le dit à chaque page de son livre, et en particulier dans cet endroit, puisque c'est de nous en particulier et de l'Eglise romaine qu'il s'agit. C'est dans cet amas que sont les élus : le ministre le décide ainsi par ces paroles :

(1) *Syst. p.* 215.

« Dans ce corps visible et externe est renfermée l'âme
» de l'Eglise, les fidèles et les vrais saints (1) »; et
un peu plus bas, « quelque sens qu'on donne à cet
» article (c'est à l'article du Symbole où l'on croit
» l'Eglise universelle): et, quoique l'on avoue que
» par là il faut entendre une vraie Eglise visible, les
» prétendus catholiques n'en peuvent tirer aucun
» avantage, puisque cette Eglise visible, laquelle nous
» faisons profession de croire, est celle qui est répan-
» due dans toutes les communions véritablement
» chrétiennes, et dans laquelle est renfermée la partie
» invisible, qui sont les élus et les vrais saints. » Nous
sommes, comme on a vu plusieurs fois, une de ces
communions véritablement chrétiennes, c'est-à-dire,
de celles où l'on retient les fondemens de la foi; et
nous sommes par conséquent une de ces communions
où l'on est contraint d'avouer que les saints sont renfermés. Qu'on ne nous objecte donc plus nos idolâtries prétendues comme exclusives du salut. Nous
annonçons dans le fond le même salut que les autres
qu'on reconnoît pour véritables chrétiens : en l'annon-
çant, nous y conduisons, puisque, selon les principes
du système, on ne l'annonce pas inutilement, et que
la parole de Dieu n'est pas stérile. Qu'on ne nous objecte plus que nous retranchons avec la coupe une
partie substantielle de l'Eucharistie. Nous avons les
sacremens en substance; et il n'y a aucune raison ni
générale, ni particulière, de nous priver du salut. On
ne peut ici se réduire aux enfans qui meurent, parmi
nous, après le baptême et avant l'âge de raison; car
il n'auroit fallu parler ni de la doctrine, ni de la prédication, puisqu'ils n'y ont aucune part en l'état où
ils sont. Les adultes se sauvent donc parmi nous,
comme parmi les autres vrais chrétiens qui font une
communion et retiennent les fondemens ; et c'est en
vain qu'on voudroit tâcher de renfermer le salut dans
les enfans.

En effet, dans le même endroit où le ministre

____

(1) *Syst. p.* 216.

semble s'y réduire, sentant bien en sa conscience qu'il n'y a pas moyen de s'en tenir là, il ajoute que s'il y avoit *quelques élus entre les adultes, cela étant absolument inconnu, ne pouvoit servir à rien* (1); comme s'il y avoit sur la terre une communion où l'on connût les élus, ou que l'on sût qu'il y en a par une autre voie que par celle qui a forcé le ministre à en mettre, selon ses principes, dans toutes les sociétés où la parole de Dieu est prêchée, c'est-à-dire, par l'efficace et par la fécondité de cette parole.

C'en seroit trop sur cette matière, si elle étoit de moindre importance, et si le ministre à qui nous avons affaire vouloit agir de bonne foi; mais, comme il ne cherche qu'à éluder tout ce qu'il a dit de plus clair, il faut l'accabler de preuves. Car, après tout, quelle raison l'auroit empêché de nous sauver avec tous les autres, c'est-à-dire, non seulement avec les Luthériens, qui font partie des protestans, mais encore avec ceux qu'on ne met point en ce rang; avec les Grecs, les Jacobites et les Nestoriens, à qui il ne dénie pas qu'il ait accordé le salut? Commençons par ce qui regarde le culte; car c'est ce qu'on fait passer pour le point le plus essentiel. On ne nie pas que les Grecs n'aient avec nous le culte des saints, celui des reliques et des images, ni que ce culte n'ait passé en dogme constant au second concile de Nicée, tenu et approuvé dans l'Eglise grecque. Les Nestoriens et les Jacobites sont dans les mêmes pratiques : le fait est constant, et personne ne le conteste : ils sont donc déjà idolâtres, comme nous et comme les Grecs; et néanmoins on se sauve parmi eux. Venons à ce qui regarde la personne de Jésus-Christ et son incarnation. Sans disputer maintenant du sentiment des Nestoriens et des Eutychiens, ou demi-Eutychiens et Jacobites, vous avez vu que M. Jurieu les a sauvés (2), en présupposant dans la doctrine des Nestoriens la désunion des personnes, et, dans celle des Eutychiens, la confusion des natures. Vous avez vu, dis-je, qu'on peut être

____

(1) *Lett.* xi. — (2) Ci-dessus, *p.* 2.

sauvé en croyant l'humanité absorbée dans la nature divine, et la personne de Jésus - Christ divisée en deux.

Passons à la doctrine de la grâce et de la prédestination. Vous sauvez les Luthériens, encore que, de l'aveu de M. Jurieu, ils soient demi - Pélagiens, et qu'ils attachent la conversion de l'homme à des actes purement humains, où la grâce n'a aucune part. Vous en avez vu les passages dans le second avertissement.

Vous avez vu, dans le même endroit, que les mêmes Luthériens nient que les bonnes œuvres soient nécessaires au salut, et qu'ils avouent qu'on se peut sauver sans exercer les vertus et sans aimer Dieu; ce qui va à l'extinction de la piété, et n'empêche pas néanmoins qu'ils ne parviennent au salut.

Disons un mot des sacremens. Ce seroit une cruauté, selon le ministre (1), de chasser de l'Eglise et d'exclure du salut ceux qui admettent d'autres sacremens que le baptême et la Cène; et, loin de nous en exclure pour y avoir ajouté la confirmation, l'extrême-onction et les autres, il n'en exclut même pas les chrétiens d'Ethiopie, à qui il fait recevoir la circoncision à titre de sacrement, encore que saint Paul ait dit : *Si vous recevez la circoncision, Jésus - Christ ne vous servira de rien* (2). Tout cela est objecté dans les Variations (3), et tout cela a passé sans contradiction.

Pour la présence réelle, on n'a plus besoin d'en parler; et il y a trop long-temps qu'on est convenu, en faveur des Luthériens, que cette doctrine, qui nous rangeoit autrefois au nombre des anthropophages, est devenue innocente et sans venin. L'ubiquité, doctrine insensée et monstrueuse, s'il en fût jamais, de l'aveu de vos ministres, où l'on fait Jésus - Christ, en tant qu'homme, aussi immense que Jésus-Christ en tant que Dieu, est toléré dans les Luthériens, avec la présence réelle, quoique au fond cette doctrine emporte avec elle l'eutychianisme tout pur, et l'huma-

_____

(1) *Syst.* p. 539, 548. — (2) *Gal.* v. 2. — (3) *Var. liv.* xv, p. 162.

nité absorbée dans la nature divine ; mais cela même est déjà passé aux Jacobites, avec tout le reste,

Pour peu qu'il y eût de bonne foi, il ne faudroit plus disputer de la transsubstantiation, puisqu'il n'y a presque plus de protestans qui ne la reconnoissent parmi les Grecs, et que les savans la trouvent si claire dans les liturgies des Nestoriens et des Eutychians, qu'il n'y a pas moyen de le nier ; mais du moins, à quelque excès que l'on porte l'impudence, on ne niera pas parmi eux, non plus que parmi les Grecs, une oblation et un sacrifice dans la célébration de l'Eucharistie, et un sacrifice offert à Dieu pour les morts comme pour les vivans, et pour les péchés des uns et des autres. Tout cela passe, et on se sauve avec tout cela ; avec le culte des saints, et l'idolâtrie des reliques et des images ; avec un sacrifice propitiatoire pour les vivans et les morts, puisque c'est pour les péchés des uns et des autres ; avec la présence réelle et toutes ses suites ; et, ce qui est bien plus étrange, avec l'ubiquité des Luthériens, avec le nestorianisme, l'eutychianisme, le semi-pélagianisme. Et qu'est-ce qui ne passe point avec ces monstres d'erreurs ? Ce ne sont point seulement les enfans que le ministre a voulu sauver dans toutes ces sectes, en vertu de leur baptême ; ce sont les adultes qui y vivent de bonne foi, et ne songent seulement pas à en sortir : autrement, il retomberoit dans la cruauté qu'il rejette, de damner tant de chrétiens qui lui paroissent de bonne foi. Ouvrant la porte du ciel à tant d'hérétiques, quel front eût-il fallu avoir pour nous en exclure ?

Mais le grand principe du ministre l'oblige encore plus à nous recevoir ; car, comme on a vu souvent, ce qui l'oblige à sauver tant de sectes, et des sectes si corrompues de son aveu propre, c'est la fécondité, qui, selon lui, est inséparable de la parole de Dieu, quoique imparfaitement prêchée. Or, la parole de Dieu se prêche parmi nous autant et plus, sans difficulté, que parmi les Jacobites et les Grecs. Dieu seroit cruel, selon le ministre, si cette parole n'étoit prêchée que

pour rendre les hommes plus inexcusables; et c'est de
là qu'il conclut qu'elle a son effet entier dans toutes
ces sectes, et qu'elle y sauve quelqu'un. C'est pousser
la haine trop avant et trop au-delà de toutes les
bornes, que de nous faire les seuls pour qui Dieu
puisse être cruel; les seuls qui, en retenant les fondemens du salut, et les prêchant si solidement, ne
puissions sauver personne; les seuls à qui il faille
imputer les conséquences que nous nions. Avoir un
pape à sa tête pour maintenir l'unité et le bon ordre,
même en tempérant sa puissance par l'autorité des
canons, est-ce un crime si détestable, qu'il vaille
mieux nier la grâce, rejeter la nécessité des bonnes
œuvres, diviser la personne de Jésus-Christ, absor-
ber son humanité dans sa nature divine, et tout cela
en termes formels? Ce seroit une cruauté et une
absurdité tout ensemble, qu'un front humain ne
pourroit soutenir.

Après cela, si on nous demande d'où vient donc
que les protestans sont si difficiles envers nous, et
que M. Jurieu, qui nous admet au salut, fait semblant de s'en repentir; la raison en est bien aisée; et
ce ministre nous apprend lui-même que c'est une
fausse politique. C'est ce qu'il a dit clairement à la
fin de la préface de son Système. Ce Système, qui
met tant de sectes dans l'Eglise universelle, et les
admet au salut, selon lui, est un dénoûment des
plus grandes difficultés qu'on puisse faire à la Réforme;
et ce ministre déclare que *si on n'a pas encore
beaucoup appuyé là-dessus, c'est l'effet de la politique* du parti; c'est, en un mot, qu'on a vu qu'il
seroit facile d'attirer les protestans qui aiment la
paix dans la communion de l'Eglise, si une fois on
leur avouoit qu'on s'y pût sauver. Il n'y a personne
qui ne fût bien aise d'assurer son salut par ce moyen;
et voilà bien certainement *cette politique* dont se
plaint M. Jurieu, et qui a empêché jusqu'ici qu'on
n'appuyât beaucoup sur son système.

Je lui ai fait cette objection dans le livre des Variations (1), et il n'a eu rien à répliquer; mais nous pouvons maintenant entrer plus avant dans ce secret de la Réforme. Il est certain qu'au commencement on n'y osoit dire qu'il n'y eût point de salut dans la communion romaine; au contraire, on faisoit semblant de ne pas vouloir absolument y renoncer. Les deux partis de la Réforme, c'est-à-dire, tant les Zuingliens que ceux de la Confession d'Augsbourg, se soumettoient au concile que le pape assembleroit (2). Nous avons vu qu'on mettoit au nombre des saints les plus zélés défenseurs de l'Eglise et de la croyance romaine, un saint Bernard, un saint Bonaventure, un saint François; et Luther reconnoissoit en termes magnifiques le salut et la sainteté dans cette Eglise (3).

Je ne parle point des autres auteurs dont les discours vont au même but. Si, dans la suite, on a usé de plus de réserve, c'est l'appréhension qu'on a eue de rendre la Réforme moins nécessaire au salut; et de faire voir, si on se sauvoit dans la communion romaine, qu'il valoit mieux s'y tenir que d'aller risquer ailleurs son éternité. On sait ce qui se passa dans la conversion de Henri IV. Quand il pressoit ses théologiens, ils lui avouoient de bonne foi, pour la plupart, qu'avec eux l'état étoit plus parfait; mais qu'avec nous, il suffisoit pour le salut. Ce prince ne trouva jamais aucun catholique qui lui en dît autant de la prétendue Réforme où il étoit. De là donc il concluoit qu'il faudroit être insensé pour ne pas aller au plus sûr; et Dieu se servoit de l'aveu de ses ministres pour faire entrer ses lumières dans le grand cœur de ce prince. La chose étoit publique dans la cour: les vieux seigneurs, qui le savoient de leurs pères, nous l'ont raconté souvent; et, si on ne veut pas nous en croire, on en peut croire M. de Sully, qui, tout zélé Huguenot qu'il étoit, non seulement déclare au roi qu'il tient infaillible qu'on se sauve étant

____

(1) *Var. liv.* xv, *p.* 155. — (2) *Ibid.* III. 153, 160, 161, 162. *Praef. Conf. Aug. Conclus. Conf. Argent.* — (3) *Var. liv.* III. 161.

catholique, mais nomme encore à ce prince cinq des principaux ministres qui ne s'éloignoient pas de ce sentiment (1). Cependant un si grand exemple et la conversion d'un si grand roi fit peur aux docteurs de la Réforme, et ils n'osoient presque plus dire qu'on se sauvât parmi nous. M. Jurieu lui-même avoit peine à se déclarer dans ses Préjugés légitimes. Nous avons vu (2) le passage où il dit « qu'il ne veut point » définir quelles sont les sectes où Dieu peut avoir » des élus, et où il n'en peut avoir : l'endroit, pour- » suit-il, est trop délicat et trop périlleux. » Il le dit pourtant dans la suite, comme on a vu ; mais la poli- tique du parti le faisoit encore un peu hésiter alors ; et ce n'est que dans son Système de l'Eglise qu'il blâme ouvertement cette politique.

Demandez-lui maintenant ce qu'il y avoit *de si délicat et de si périlleux* dans ce système : étoit-ce de sauver les Grecs, les Russes, les Jacobites, les Nestoriens ? Craignoit-il que ses protestans n'allassent en Orient rechercher le patriarche de Constantinople, ou celui des Nestoriens ? Et qui ne voit, au contraire, que ce qu'il craignoit, c'étoit de faciliter le passage de la Réforme vers nous ? Il n'en faut pas davantage pour vous convaincre que, puisqu'à la fin il s'est élevé au-dessus de la politique du parti, c'étoit nous qu'il vouloit sauver ; et ce n'étoit pas les enfans qu'il avoit en vue : ce ne sont point les enfans qu'il faut em- pêcher d'aller chercher leur salut dans une autre communion : les adultes seuls étoient l'objet de la politique qu'il avoit enfin méprisée, en nous rece- vant au salut. S'il semble s'en repentir et révoquer son aveu, c'est que la politique qu'il avoit blâmée reprend le dessus dans son esprit ; et, en deux mots, mes chers Frères, il craint d'en avoir trop dit, et que, pour assurer votre salut, vous ne le cherchiez à la fin où lui-même il vous le montre.

Non, direz-vous, cet inconvénient n'est pas à craindre, puisqu'après tout, en avouant qu'on peut

(1) *Mém. de Sully*, c. xxxviii. — (2) Ci-dessus, p. 12.

se sauver dans la communion romaine, il y met des restrictions qui font trembler, et n'ouvre aux catholiques la voie du salut que par une espèce de miracle. Mais, mes Frères, tout cela est vain; et, malgré les restrictions odieuses et excessives de votre ministre, l'avantage que nous remportons de son aveu est grand en toutes manières. Premièrement, parce qu'il s'ensuit que l'accusation d'idolâtrie et celle d'antichristianisme est tout-à-fait nulle; puisque ces deux choses manifestement sont incompatibles avec le salut, et que le ministre n'a pu le nier que par la contradiction qu'on a remarquée entre ses principes; marque évidente et inévitable de leur fausseté.

Secondement, tout le monde ne donnera pas dans les idées de M. Jurieu, où il faut composer l'Église catholique de tant de sectes ennemies qui poussent le schisme et la division jusqu'à s'excommunier mutuellement, et *jusqu'aux épées tirées*, comme parle ce ministre (1). C'est détruire le christianisme, que de donner cette foible idée de l'unité chrétienne; c'est ôter au royaume de Jésus-Christ le caractère de paix qui le rend éternel, et lui donner le caractère du royaume de Satan, prêt à tomber, selon la parole du Fils de Dieu, parce qu'il est divisé en lui-même (2). Si donc on ouvre une fois les yeux à la vérité, si on voit qu'il n'est pas possible de nous refuser le titre de vraie Église, où l'on peut trouver le salut que nous cherchons tous, ceux qui le cherchent véritablement ne tarderont pas à pousser leurs réflexions plus loin. Ils reconnoîtront les avantages plus éclatans que le soleil de l'Église catholique-romaine, au-dessus de toutes les autres sociétés qui s'attribuent le titre d'Église. Ils y verront l'antiquité, la succession, la fermeté à demeurer dans le même état, sans qu'on puisse lui marquer par aucun fait positif, ni la date du commencement d'aucun de ses dogmes, ni aucun acte où elle renonce à ses anciens maîtres. Ils y verront la chaire de saint Pierre, où les chrétiens de tous

______

(1) *Préf*. p. 4. — (2) *Matt*. XII. 25, 26.

les temps ont fait gloire de conserver l'unité; dans cette chaire une éminente et inviolable autorité, et l'incompatibilité avec toutes les erreurs qui ont toutes été foudroyées de ce haut siége. Ils y verront, en un mot, tous les avantages de la catholicité, qui forcent ses ennemis, au milieu de leurs calomnies, à lui rendre témoignage: ce qui fera confesser à tous les gens de bon sens qu'on devoit d'autant moins la quitter, qu'à la fin il faut avouer qu'on y trouve la vie éternelle; et il paroîtra évident que, comme on est sorti de son sein, c'est à ce sein maternel qu'il faut retourner de tous les coins de la terre, pour assurer son salut.

En effet, en troisième lieu, les difficultés qu'on s'imagine à le trouver parmi nous, ne sont point fondées en raison, mais dans la haine la plus aveugle qu'on puisse jamais imaginer; puisque même on a osé dire qu'on se sauveroit plus aisément parmi les Ariens (1), quoiqu'ils nient la divinité du Fils de Dieu. Voilà ce qu'a dit votre ministre, où vous voyez clairement que c'est la haine seule qui le fait parler; et rien ne le prouve mieux que la raison dont il se sert pour donner la préférence aux Ariens: car c'est, dit-il, que parmi eux *on ne nie que cet article fondamental*, c'est-à-dire, la divinité de Jésus-Christ, et que, parmi les catholiques-romains, on en nie plusieurs. Mais vous venez de le voir forcé d'avouer que nous n'en nions aucun; et, s'il dit que nous les nions par conséquence, outre qu'il a justifié ceux qui rejettent les conséquences qu'on leur impute, toujours nous serions en meilleur état que les Ariens, qui nient directement le fondement de la foi avec la divinité de Jésus-Christ. Or, constamment et selon les propres principes de M. Jurieu, ceux qui nient directement le fondement du salut sont en pire état que ceux qui ne le nient qu'indirectement, et par des conséquences qu'ils rejettent. Nous sommes de ce dernier nombre, selon lui; par conséquent, sans aucun doute et selon lui-même, préférables aux

(1) *Préj. lég. I. part. c. t. Syst. p. 223. Var. liv. xv. p. 241.*

Ariens, au-dessous desquels il nous met : c'est donc manifestement la haine qui le fait parler, et non la raison. D'où premièrement je confirme, quoi qu'il dise, qu'il ne cherche qu'à diminuer l'impiété de ceux qui nient la divinité de Jésus-Christ; et je conclus, secondement, que tous les obstacles qu'on cherche avec tant d'aigreur au salut des catholiques, sans en avoir aucune raison, ne servent qu'à faire voir dans leurs adversaires une aversion injuste et insupportable.

Une objection si pressante, proposée au livre xv des Variations, est demeurée sans réplique. Vous y voyez, d'un côté, la haine la plus excessive et la plus aveugle qu'on puisse imaginer ; et d'autre part, malgré cette haine, l'aveu le plus authentique et le plus formel qu'on peut se sauver parmi nous. Dieu ne vous donne pas en vain ce témoignage; Dieu ne permet pas en vain que ce Caïphe prophétise; trompé et trompeur en tant d'endroits, il est forcé à dire cette vérité, pour aider les foibles, pour ramener les gens de bonne foi, et à la fin rendre les autres autant inexcusables qu'ils sont endurcis.

Enfin, si l'aveu que fait le ministre, qu'on peut se sauver parmi nous et dans l'Eglise romaine, n'étoit pas pour elle d'une extrême conséquence, ce ministre, après l'avoir fait si solennellement et tant de fois dans ses Préjugés légitimes, dans son Système, et ailleurs, comme on a vu, ne feroit pas tant d'efforts dans sa lettre onzième, pour nous cacher un aveu si constant, ou plutôt pour se dédire, s'il pouvoit. Mais il se tourmente en vain; et, de peur que vous ne croyiez que ce ministre n'en est venu là que parce qu'il l'a bien voulu, ou qu'il en pourroit revenir s'il lui plaisoit, il est bon de considérer par quelle force invincible il y a été entraîné. L'histoire en est courte, et je veux bien répéter ici, en abrégé, ce qui en est expliqué un peu plus au long, mais encore très-brièvement, au quinzième livre des Variations. (1).

____

(1) *Var. liv.* xv, *p.* 143 *et suiv.*

Tout est fondé sur la question : Où étoit l'Eglise avant la Réforme? La chimère d'Eglise invisible ayant été vainement tentée, et à la fin étant reconnue pour insuffisante, il a fallu avouer, non seulement que l'Eglise étoit toujours, mais encore qu'elle étoit toujours visible et visiblement subsistante dans une immortelle société de pasteurs et de peuple. C'est cet aveu qu'on a démontré autant nécessaire qu'important dans les écrits des ministres Claude et Jurieu, qui, après tout, n'étoit qu'une suite des principes déjà avoués dans la Réforme. La question est donc toujours revenue : où y avoit-il dans le monde une Eglise semblable à celle des protestans avant la Réformation Prétendue? Là, après avoir vainement cherché par toute la terre une Eglise qui eût la même foi que celle qui se disoit réformée, il a fallu enfin avouer qu'on n'en reconnoissoit aucune de cette sorte, dans quelque partie que ce fût de l'univers, et ajouter que l'Eglise subsistoit visiblement dans ce corps de pasteurs et de peuple qu'on appeloit l'Eglise romaine, où les Prétendus Réformateurs et tous ceux qui les ont suivis avoient été élevés et avoient reçu le baptême. On pouvoit donc se sauver dans cette communion : les élus de Dieu y étoient. Quoiqu'on la dît idolâtre, quoiqu'on la dît antichrétienne, ce qui est le comble des maux, des impiétés et des erreurs parmi les chrétiens, il a fallu en même temps lui donner la gloire de porter les enfans de Dieu, sans qu'elle eût perdu sa fécondité par tous les crimes et par toutes les erreurs qu'on lui imputoit. La question étant ainsi résolue du commun aveu de la Réforme, une autre question s'élève naturellement : Si on pouvoit se sauver dans la communion romaine avant la Réforme, qui empêche qu'on ne s'y sauve depuis? N'y avoit-il pas, quand on s'y sauvoit, la même messe, les mêmes prières, le même culte, qu'on y veut regarder aujourd'hui comme un obstacle au salut? On s'y sauvoit néanmoins; d'où viendroit donc aujourd'hui qu'on ne pourroit s'y sauver?

Dire qu'elle eût ajouté depuis, dans le concile de

Trente, de nouveaux articles de foi; quand cela seroit, ce ne seroit rien; car il étoit bien constant qu'on n'avoit pas de nouveau ajouté la messe, ni tout ce que la Réforme vouloit appeler idolâtrie; et tout cela y étoit, pendant qu'il faut confesser qu'on s'y sauvoit: pourquoi donc, encore un coup, ne pourroit-on maintenant que s'y damner?

Alléguer ici l'ignorance, et la faire servir d'excuse aux bonnes intentions de ceux qui vivoient avant la grande lumière de la Réforme, c'est, premièrement, une fausseté manifeste, puisque la Réforme prétend que, dans le fond, la même lumière a précédé dans les Hussites, dans les Vicléfites, dans les Vaudois, dans les Albigeois, dans Bérenger, dans les autres; et c'est, secondement, une vaine excuse pour des gens qu'on taxe d'idolâtrie manifeste; étant chose avouée parmi les chrétiens, comme elle l'est encore tout nouvellement par le ministre Jurieu, qu'on n'a jamais cru ni pensé qu'on pût sauver un idolâtre, sous prétexte d'ignorance ou de bonne foi. Ainsi excuser nos pères sur leur ignorance (1), c'étoit détruire entièrement l'accusation d'idolâtrie, ôter tout le fondement de la Réforme et toute excuse du schisme. Il falloit donc ou damner nos pères, et ne laisser, durant tant de siècles, aucune ressource au christianisme, ou nous sauver avec eux; et l'argument ne souffroit aucune réplique. Ajoutez à tout cela les Luthériens, que toute la Réforme sauve avec la présence réelle, avec le monstre de l'ubiquité, avec le semi-pélagianisme, ennemi de la grâce de Jésus-Christ, avec l'erreur où l'on nie la nécessité des bonnes œuvres. Faites la comparaison de ces dogmes, qu'on veut tolérer, avec ceux qu'on veut trouver intolérables; ajoutez l'ambiguïté des articles fondamentaux, énigme indissoluble à la Réforme: voilà par où M. Jurieu s'est trouvé forcé à l'aveu que nous avons vu, et dont il est maintenant si embarrassé.

Je ne m'étonne donc pas si les ministres, et si

(1) *Lett.* 21, p. 80.

général tous les protestans, évitent autant qu'ils peuvent la question de l'Eglise, comme l'écueil où ils se brisent. Ils parlent tous et toujours de cette question, comme si elle n'étoit pas du fond de la religion ; c'est, disent-ils, une dispute étrangère, et une chicane où on les jette. Mais il faudroit donc effacer cet article du Symbole : *Je crois l'Eglise universelle* : c'est de cet article qu'il s'agit dans la question de l'Eglise ; si on l'entend bien ou mal, ou, pour mieux dire, si on l'entend, ou si on ne l'entend pas. Il s'agit donc du fond de la foi et d'un article principal du christianisme ; et il n'y a pas moyen de le nier. Bien plus, il ne s'agit pas seulement ici d'un des articles principaux, mais d'un article dont la décision entraîne celle de tous les autres. Car considérons où il nous mène, et commençons par considérer où il a conduit M. Jurieu. Je ne parle plus de la conséquence qu'il a tirée malgré lui et forcé par la vérité, qu'on peut se sauver parmi nous : en voici d'autres aussi importantes et aussi certaines. S'il y a toujours une Eglise où l'on se sauve, et que cette Eglise soit toujours visible, ce doit être en vertu de quelque promesse divine, et d'une assistance particulière qui ne la quitte jamais ; car la raison nous enseigne, l'Ecriture décide, l'expérience confirme, qu'*un ouvrage humain se dissiperoit de lui-même* (1). Les ministres passent condamnation, et ils avouent que l'Eglise subsiste visiblement dans ses pasteurs et dans son peuple, en vertu de cette promesse : *Je suis avec vous ;* de celle-ci : *Les portes d'enfer ne prévaudront point,* et des autres de cette nature. Mais l'Eglise ne peut subsister sans la profession de la vérité : c'est pourquoi M. Jurieu avoue, après M. Claude, que l'Eglise, à qui Jésus-Christ promet une éternelle durée, est *une Eglise confessante, une Eglise qui publie la foi,* et par conséquent qui a pour cela une assistance particulière : on en a vu les passages (2) ; et ces deux ministres l'avouent en termes formels. Il

(1) *Act.* v. 35 *et seq.* — (2) *Var. liv.* xv, *p.* 143 *et suiv.*

7.

est vrai que c'est avec restriction ; car ils confessent que Jésus-Christ assiste l'Eglise visible, quoique non pas jusqu'au point de ne la laisser tomber en aucune erreur, du moins jusqu'au point de ne la laisser tomber en aucune erreur capitale. C'est pourquoi M. Jurieu demeure d'accord que « l'Eglise universelle est » infaillible jusqu'à un certain degré, c'est-à-dire, » jusqu'à ces bornes qui divisent les vérités fonda- » mentales de celles qui ne le sont pas (1). » C'est déjà un attentat manifeste de donner des restrictions à la promesse de Jésus-Christ, qui est absolue ; et trois raisons s'y opposent, tirées l'une du côté de Dieu, l'autre du côté des dogmes qu'il révèle, et la troisième du côté des promesses mêmes. Du côté de Dieu, il est tout-puissant ; *il sauve en peu, comme en beaucoup*, ainsi que dit l'Ecriture (2) ; et il ne lui est pas plus difficile de garantir de toute erreur que de quelque erreur, ni de conserver tous les dogmes que de conserver seulement les principaux, en laissant périr cependant ceux qui en sont des accessoires et des dépendances. Il les conserve donc tous dans son Eglise, d'autant plus qu'à considérer les dogmes mêmes, Jésus-Christ qui nous les a révélés, ou par lui-même, ou par ses apôtres, n'est pas un maître curieux qui enseigne des dogmes inutiles et dont la croyance soit indifférente ; au contraire, c'est de lui qu'il est écrit dans Isaïe : *Je suis le Seigneur qui t'enseigne des choses utiles, et qui te conduis dans la voie où tu dois marcher* (3). Il n'a donc rien enseigné qui ne soit utile et nécessaire à sa manière : si quelqu'un de ses dogmes ne l'est pas à tous et toujours, il l'est toujours au général, et il l'est aux particuliers en certains cas : autrement, il n'auroit pas dû le révéler ; et, par la même raison qu'il a dû le révéler à son Eglise, il a dû aussi l'y conserver par l'assistance perpétuelle de son Saint-Esprit. C'est pourquoi, et c'est la troisième raison, c'est pourquoi,

(1) *Syst. p.* 256. *Var. liv.* XV, *p.* 194. — (2) *I. Reg.* XIV. 6. — (3) *Isaï.* XLVIII. 17.

dis-je, les promesses de cette assistance n'ont point
de restriction ; car Jésus-Christ n'en apporte aucune,
quand il dit : *Je suis avec vous*, et quand il dit :
Les portes d'enfer ne prévaudront point. Il ne dit
pas : *Je suis avec vous* dans certains articles, et je
vous abandonne dans les autres ; il ne dit pas : L'enfer
prévaudra dans quelques points, et dans les autres,
je rendrai ses efforts inutiles : il dit, sans restriction :
L'enfer ne prévaudra pas. Il n'y a point là d'exception, ni aucun endroit de sa doctrine que Jésus-
Christ veuille abandonner au démon ou à l'erreur :
au contraire, il a dit que l'Esprit qu'il enverroit à ses
apôtres *leur enseigneroit*, non pas quelque vérité,
mais *toute vérité* (1) : ce qui devoit durer éternellement, à cause que cet Esprit ne devoit pas seulement
être en eux, mais encore *y demeurer* (2), et que
Jésus-Christ *les avoit choisis*, non seulement pour
porter du fruit, mais encore afin *que le fruit
qu'ils porteroient demeurât* (3); et, comme dit
Isaïe (4), *afin que l'esprit qui étoit en eux, et la
parole qu'il leur mettroit à la bouche passât de
génération en génération, de la bouche du père
à celle du fils, et à celle du petit-fils, et ainsi à
toute éternité*: Ces promesses n'ont point d'exceptions ou de restrictions, et on n'y en peut apporter
que d'arbitraires, qu'on tire de son cœur et de son
esprit particulier, ce qui est la peste de la piété. Que
le Seigneur juge donc entre nous et nos Frères, ou
plutôt qu'il prévienne son jugement, qui seroit terrible, en leur inspirant la docilité pour les jugemens
de l'Eglise à qui Jésus-Christ a tout promis. Mais,
sans les pousser plus loin qu'ils ne veulent, ce qu'ils
nous donnent suffit pour les tirer de tous leurs doutes ;
et vous en serez convaincus en lisant le xve livre de
l'Histoire des Variations; car je ne veux ici répéter ni
soutenir que ce que M. Jurieu en a attaqué dans ses
réponses.

(1) *Joan.* xvi. 13. — (2) *Ibid.* xiv. 16, 17. — (3) *Ibid.* xv.
16. — (4) *Isai.* lix. 21.

Il traite avec un grand air de mépris les sophismes de ce livre, comme il les appelle, et ne daigne entrer dans cet examen; mais, puisqu'il y a quelques endroits qu'il a jugés dignes de réponse, voyons s'il y en aura du moins un seul où il ait pu se défendre. Comme il ne songe, à dire vrai, qu'à rendre tout difficile, il prétend qu'on tombe parmi nous dans des embarras inévitables, par le recours qu'on y a dans les controverses aux décisions de l'Eglise universelle; parce que l'Eglise universelle *n'enseigne rien*, selon lui, *ne décide rien, ne juge rien* (1), et qu'on n'en peut savoir les sentimens qu'avec un travail immense.

On voit bien où cela va : c'est à jeter tout particulier, savant ou ignorant, et jusqu'aux femmes les plus incapables, dans la discussion du fond des controverses, au hasard de n'en sortir jamais, ou de n'en sortir que par une chute; et au hasard, en s'imaginant avoir tout trouvé de soi-même, de se laisser emporter au premier venu. Voilà où M. Jurieu et ses semblables ont entrepris de mener tous les fidèles.

Pour cela, ce ministre a osé dire que *l'Eglise n'enseigne rien et ne juge rien.* Comment le peut-il dire, puisqu'il dit en même temps que le consentement de toutes les Eglises *à enseigner certaines vérités, est une espèce de jugement, et DE JUGEMENT INFAILLIBLE;* si infaillible, selon lui, qu'il *fait une démonstration* (ce sont ses paroles), et qu'on ne peut regarder que comme une *marque certaine de réprobation* (2), l'audace de s'y opposer? Ce sont encore ses paroles, et on ne pouvoit en imaginer de plus fortes. Mais, poursuit-il, on ne peut savoir le sentiment de l'Eglise universelle qu'avec beaucoup de recherches. Quelle erreur! et pourquoi ainsi embrouiller les choses les plus faciles? On fait imaginer à un lecteur ignorant que, pour savoir les sentimens de l'Eglise catholique, il faut envoyer des courriers par toute la terre habitable; comme s'il n'y avoit pas,

(1) *Var. liv.* **xv**, *p.* 188. *Syst. p.* 6, 217, 233 *et suiv.* —
(2) *Var. liv.* xv, *p.* 188, 189. *Syst. p.* 293,

dans les pays les plus éloignés, des choses dont on peut s'assurer infailliblement, sans qu'il en coûte autre chose que la peine de vouloir les apprendre ; ou que tout particulier, dans quelque partie qu'il habitât du monde connu, ne pût pas aisément savoir ce qui, par exemple, avoit été décidé à Nicée ou à Constantinople, sur la divinité de Jésus-Christ ou du Saint-Esprit, et ainsi du reste. Je ne sais comment on peut contester des choses si évidentes, ni comment on peut s'imaginer qu'il soit difficile d'apprendre des décisions que ceux qui les font sont soigneux de rendre publiques par tous les moyens possibles ; en sorte qu'elles deviennent aussi éclatantes que le soleil, et qu'on en peut dire ce que saint Paul disoit de la prédication apostolique : *Le bruit s'en est répandu dans toute la terre, et la parole en a pénétré jusqu'aux extrémités de l'univers* (1). Saint Paul parloit aux Romains d'une vérité qui leur étoit connue, sans avoir besoin de dépêcher des courriers par tout le monde, ni d'en attendre des réponses. Et pour venir à des exemples qui touchent de plus près les protestans, faut-il envoyer en Suède pour savoir qu'on y professe le luthéranisme, ou en Ecosse, pour savoir que le puritanisme y prévaut, et que l'épiscopat y est haï ; ou en Hollande, pour savoir que les Arminiens, qui y sont fort répandus, tendent fort à la croyance des Sociniens ? Mais, puisque le ministre est en humeur de contester tout, qu'il se souvienne du moins de ce qu'il a dit lui-même : que ce consentement de « l'E-
» glise universelle est la règle la plus sûre pour juger
» quels sont les points fondamentaux, et les distin-
» guer de ceux qui ne le sont pas ; question, dit-il,
» si épineuse et si difficile à résoudre (2). »

Voilà les passages de M. Jurieu, que je lui objecte à lui-même, dans le livre xv des Variations. Ils sont assez importans, et surtout le dernier, pour montrer l'autorité infaillible des jugemens de l'Eglise. Que croyez-vous, mes chers Frères, que ce ministre y

(1) *Rom.* x. 18 *Ps.* xviii. 5. — (2) *Ibid.*

réponde? Une chose rare sans doute: écoutez-la, et voyez d'abord de quelle hauteur il le prend : « On » veut bien que M. Bossuet sache qu'on ne parle pas » à des simples, mais à des savans, qui examinent » la question des points fondamentaux et non fonda- » mentaux. Mais, poursuit-il un peu après, à l'égard » des simples, cette règle est de nul usage (1). » Mais quelle règle auront donc les simples pour ré- soudre cette question *si épineuse et si difficile?* L'Ecriture. Mais comment donc dites-vous *que la règle la plus sûre* est le consentement des Eglises? Il y auroit donc une règle plus sûre que l'Ecriture? Mais si l'Ecriture est claire, comme vous le prétenez, comment est-ce que la question des articles fondamentaux est *si épineuse et si difficile à résoudre?* Ou bien est-ce qu'elle est difficile pour les savans seulement, sans l'être pour le simple peuple, et que l'Ecriture, qui la décide pour le peuple, ne la décide pas pour les savans? Reconnoissez que souvent on s'embarrasse beaucoup quand on ne songe, en expliquant les difficultés, qu'à éblouir le vulgaire. Mais voici un beau dénoûment (2): «C'est que les simples » ne sont guère appelés à distinguer les points fonda- » mentaux; cela ne leur est aucunement nécessaire. » Mais s'ils veulent entrer dans cet examen, leur » unique règle sera LEUR RAISON ET L'ECRITURE-SAINTE; » et, par ces deux lumières, ils jugeront aisément du » poids et de l'importance d'une doctrine pour le » salut. » Mais si les simples peuvent le *juger aisément,* pourquoi les savans seront-ils les seuls à qui cette question *est si épineuse et si difficile à résoudre? La raison et l'Ecriture* ne sont-elles que pour les simples? Et les savans ont-ils une autre règle de leur croyance que les autres? Mais pourquoi vous met-on ici *votre raison* avec *l'Ecriture? Leur raison et l'Ecriture,* dit-on, *seront leur unique règle.* Est-ce qu'à ce coup l'Ecriture n'est pas suffisante? ou bien est-ce qu'en cette occasion, il faut avoir de la raison

______

(1) *Lett.* xi, *p.* 83. l. c. — (2) *Ibid.*

pour bien entendre l'Ecriture, et que, dans les autres questions, la raison n'est pas nécessaire? O peuples fascinés et préoccupés! car c'est à vous que je parle ici, et je laisse pour un moment les superbes docteurs qui vous séduisent : ne sentirez-vous jamais que vos ministres se jouent de votre foi? Car, je vous prie, pourquoi vous exclure de l'examen des articles fondamentaux, et se le réserver à eux seuls? N'est-ce pas un article nécessaire à tous de bien savoir, par exemple, que Jésus - Christ *est le fondement* (1) ? Mais si quelqu'un venoit dire que l'article de sa divinité, ou celui du péché originel et de la grâce, ou celui de l'immortalité de l'âme et de l'éternité des peines, ou quelque autre de cette importance, n'est pas fondamental, et qu'il faut communier les Sociniens, qui les nient; pourquoi le peuple sera-t-il exclus de la connoissance de cette question? Mettons, par exemple, que quelque ministre ose avancer qu'il faut recevoir à la communion, non seulement les Luthériens, mais encore ceux qui rejettent les articles qu'on vient de rapporter, ou qui veulent qu'ils n'appartiennent pas à l'essence de la religion : ce n'est point là une idée en l'air; M. Jurieu sait bien que plusieurs ont proposé et proposent encore de semblables tolérances : les docteurs jugeront-ils seuls cette question, ou seront-ils infaillibles à cette fois, et le peuple sera-t-il tenu de les en croire à l'aveugle ? Mais si les ministres se trompent, car ils ne veulent être infaillibles ni en particulier, ni en corps, faudra-t-il consentir à leur erreur ? Peuple aveugle, où vous mène-t-on, en vous disant que vous voyez tout par vous-mêmes? Et à qui peut-on mieux appliquer cette parole du Sauveur : *Si vous étiez aveugles, vous n'auriez point de péché; mais maintenant que vous dites : Nous voyons, votre péché demeure sur vous* (2) ?

Mais voici encore une autre illusion. M. Nicole presse le ministre sur l'invincible difficulté où se trouvera une bonne femme dans un article important ;

_____

(1) *I. Cor.* III. 11. — (2) *Joan* IX. 41.

lorsque, par exemple (car il m'est permis de réduire
la question générale à un cas particulier), lors, dis-je,
qu'un Socinien viendra lui dire, comme font tous ceux
de cette secte, que l'intelligence des paroles par où on
lui prouve la divinité de Jésus-Christ, ou le péché
originel, ou l'éternité des peines, dépend des langues
originales, dont les versions, et même les plus fidèles,
ne peuvent jamais égaler la force ni remplir toutes les
idées. L'embarras assurément n'est pas petit, lorsqu'avec les protestans, on tient pour certain que,
dans les points de la foi, on ne peut se fier qu'à soi-
même ; et cette femme est agitée d'une terrible manière. Mais M. Jurieu apaise ses troubles, en lui
disant (1) « qu'une simple femme qui aura appris le
» Symbole des apôtres, et qui l'entendra dans le sens
» de l'Eglise universelle, sera peut-être dans une voie
» plus sûre que les savans qui disputent avec tant de
» capacité sur la diversité des versions. » Le livre des
Variations proposoit encore à votre ministre ce témoignage tiré de lui-même, où il paroît clairement que,
pour tirer d'embarras cette pauvre femme, il lui propose l'autorité de l'Eglise universelle, comme un
moyen plus facile que celui de la discussion. C'étoit
là parler en catholique ; c'étoit donner à cette femme
le même moyen d'affermir sa foi, que nous donnons
généralement à tous les fidèles ; et, dans un état si
embarrassant, votre ministre n'a pu s'empêcher de
revenir à notre doctrine. Mais il tâche de se relever
contre cet aveu. « Vit-on jamais, répond-il (2), une
» plus misérable chicanerie ? Le ministre dit bien
» qu'une femme peut entendre le Symbole dans le
» sens de l'Eglise universelle ; mais il ne dit pas
» qu'elle puisse savoir le sens de l'Eglise universelle. »
Et un peu après : « Elle ne connoîtra point le sens de
» l'Eglise universelle par l'Eglise universelle elle-
» même ; ce sera par l'Ecriture. Car elle fera ce rai-
» sonnement : C'est ici le vrai sens de l'Ecriture ; et
» par conséquent c'est celui de l'Eglise universelle. »

____

(1) *Syst.* liv. III, c. IV, p. 463. — (2) *Jur. Lett.* XI, p. 83.

Ne voilà-t-il pas un doute bien résolu, et une femme
bien contente ? Troublée en sa conscience sur l'intelligence de l'Ecriture, et embarrassée d'un examen où
elle se perd, elle trouvoit du soulagement lorsque vous
la renvoyiez à l'autorité de l'Eglise universelle, comme
à un moyen plus connu ; et maintenant vous lui faites
voir qu'elle ne voit goutte en ce moyen ! Pourquoi
donc le lui proposer ? Qui vous obligeoit à lui parler
de l'Eglise universelle, pour, dans la suite, l'embarrasser davantage ? Et ne valoit-il pas mieux, selon vos
principes, sans lui parler de l'Eglise ni du Symbole,
la renvoyer tout court à l'Ecriture, que d'y revenir
enfin par ce circuit embarrassant ? Mais c'est que les
principes de la Réforme veulent une chose, et que la
force de la vérité, ou plutôt le besoin pressant d'une
conscience agitée, en demande une autre.

Que si le ministre nous demande comment on peut
s'assurer du consentement de tous les siècles, dans
certains articles, sans lire beaucoup d'histoires et
remuer beaucoup de livres : ce moyen étoit tout
trouvé dans les principes qu'il posoit, s'il eût voulu
les pousser dans toute leur suite. Il n'avoit qu'à se
souvenir que Jésus-Christ, selon lui, promet une
Eglise où la vérité sera toujours annoncée, du moins
quant aux articles capitaux, infaillible par conséquent,
à cet égard, comme il en est convenu. Or, une Eglise
infaillible n'erre dans aucun moment ; qui n'erre
point, croit toujours la même chose ; et il n'y a dans
ce cas qu'à voir ce qu'on croit de son temps, pour
savoir ce qu'on a toujours cru (1). Les principes sont
arrêtés ; la conséquence est claire ; on nous donne
un dénoûment sûr à la principale difficulté qu'on
nous fait sur l'autorité de l'Eglise. On nous objecte
sans cesse, et autant de fois que nous recourons à
cette autorité, que c'est recourir aux hommes, au
lieu de se tourner du côté de Dieu. Que si on avoue
maintenant que le consentement de l'Eglise est une
règle certaine, et *la plus sûre de toutes*, il est clair

(1) *Var. liv.* xv, p. 194, 195.

qu'en s'y soumettant, ce n'est pas aux hommes qu'on cède, mais à Dieu ; et l'objection que la Réforme nous faisoit est résolue par la Réforme même.

C'est ce que j'ai dit au ministre(1) ; et, sans seulement songer à y répondre, il continue ses plaintes contre l'évêque de Meaux, en cette sorte : « Vit-on » jamais un plus étrange exemple de hardiesse, que » l'accusation qu'il fait aux ministres Claude et Ju- » rieu, d'avoir confessé ou écrit qu'il n'est pas néces- » saire aux simples de lire et d'étudier l'Écriture » sainte ? Dans quel esprit faut-il être, pour imputer » à des gens un aveu formellement contraire à toutes » leurs disputes et à leurs sentimens (2) ? Le ministre change un peu les termes. Je n'accuse ni M. Claude, ni lui de nier absolument la nécessité de lire ou d'étu- dier l'Écriture-Sainte : je dis seulement qu'ils ont nié que l'Écriture fût nécessaire aux simples, pour for- mer leur foi. Et afin de marquer les termes précis de l'accusation, je soutiens que ces deux ministres ont enseigné positivement « que l'Écriture n'est pas néces- » saire au fidèle pour former sa foi ; qu'il peut la former » sans en avoir lu aucun livre, et sans savoir même » quels sont les livres inspirés de Dieu (3). » J'avoue bien que cette doctrine est contraire à toutes les maximes de la secte ; et c'est aussi pour cette raison que je maintiens que la secte est insoutenable, puis- qu'à la fin il en faut nier toutes les maximes. Mais voyons ce qu'on nous répond. Voici les propres paroles de M. Jurieu (4) : « Les ministres Claude et Jurieu ont » avoué qu'il n'étoit pas d'une absolue nécessité aux » simples d'étudier la question des livres canoniques » et apocryphes ; donc ils ont avoué qu'il ne leur est » pas permis de lire l'Écriture. Quelle croyance devez- » vous avoir à un convertisseur d'une mauvaise foi si » découverte ? » Encore un coup, on change les termes de l'accusation pour lui ôter la vraisemblance : car qui croira que des ministres en soient venus jus-

(1) *Var. liv.* xv, *p* 191. — (2) *Jur. Lett.* xi, *p.* 83, *c.* II. —
(3) *Var. liv.* xv *p.* 204, 205. — (4) *Lett* xi, *p.* 83.

qu'à dire que la lecture de l'Ecriture ne soit pas permise aux simples? Aussi n'est-ce pas là ce que je dis ; mais seulement que l'Ecriture *n'est pas nécessaire au fidèle pour former sa foi.* Voilà mon accusation, surprenante, à la vérité, contre des ministres ; mais, par malheur pour celui-ci, qui fait tant l'étonné, il en avoue déjà la moitié, et encore, comme on va voir, une moitié qui entraîne l'autre. Car enfin, qu'il biaise tant qu'il lui plaira, et qu'il tâche de dissimuler son aveu, en disant qu'il n'est pas *de nécessité absolue aux simples d'étudier la question des livres canoniques :* ou cette question est indifférente, et les fidèles formeront leur foi, sans connoître quels sont les livres divins ; ou s'il leur est nécessaire de le savoir, et qu'ils ne le sachent pas, il faudra bien ou qu'ils l'étudient, ou qu'ils s'en fient à leurs docteurs et à l'autorité de l'Eglise, ou que, comme des fanatiques, ils attendent que, sans étude et sans aucun soin, Dieu leur révèle par lui-même les livres divins. Quoi qu'il en soit, et de quelque côté qu'il se tourne, au fond, il est constant qu'il accorde ce que M. Claude avoit aussi accordé, qu'il n'est pas besoin qu'un homme étudie *la question des livres apocryphes et canoniques ;* et il avoue lui-même, en termes formels, que « la question des livres apo- » cryphes et canoniques fait partie de cette science » qu'on appelle théologie ; mais qu'elle ne fait point » partie de l'objet de la foi (1). » Quoi donc ! il n'appartient point à la foi si l'Apocalypse, si l'Epître aux Hébreux, si d'autres livres sont divins ou non ? On peut errer sur ce point, sans blesser la foi ? Que deviendra donc la doctrine, que l'Eglise romaine est Babylone (2), doctrine si importante, qu'elle est à présent le principal fondement de la séparation, et un article sans lequel on ne peut pas être chrétien ? Que deviendra cet article, selon la Réforme, et quel fondement aura-t-il, si l'on peut révoquer en doute la

______

(1) *Syst. liv.* III, *c.* 11, *p.* 451, 453. — (2) *Jur. Préf. de l'acc. des Proph. Lett.* XI, *etc.*

divinité de l'Apocalypse ? D'ailleurs, s'il est permis une fois aux simples de croire, par exemple, sur la foi de saint Innocent et du concile de Carthage, pour ne point parler ici des autres auteurs, que les livres des Machabées sont divins, il faudra donc passer nécessairement et le sacrifice pour les morts, et la rémission des péchés après cette vie (1), comme choses révélées de Dieu. Je crois alors que la question des livres canoniques ou apocryphes deviendra appartenante à la foi, autant pour les simples que pour les doctes protestans : autrement, ce qu'on leur donne pour assuré par la foi, ne le sera plus. Que dira ici la Réforme, si vivement pressée par les propres réponses de ses ministres ? Avouez que la confusion met parmi vous d'une manière terrible, et, comme disoit le Psalmiste, que *l'iniquité se dément trop* visiblement *elle-même* (2).

Mais encore, qui pouvoit obliger deux ministres si précautionnés et si subtils à un aveu si considérable ? Je le dirai en peu de mots : c'est qu'enfin ils ont reconnu qu'on ne peut plus soutenir cet article de la Réforme : « Qu'on connoissoit les livres divins pour » canoniques, non tant par le consentement de l'Eglise » universelle, que par le témoignage et la persuasion » intérieure du Saint-Esprit (3). » Les ministres ont bien senti que de faire croire à tous les fidèles qu'ils vont connoître d'abord par un goût sensible la divinité du Cantique des Cantiques, ou du commencement de la Genèse, ou d'autres livres semblables, sans le secours de la tradition, ce seroit une illusion trop manifeste, ou, pour enfin trancher le mot, un franc fanatisme. De renvoyer les fidèles au consentement de l'Eglise, que, pour ne point donner tout à l'inspiration fanatique, on étoit forcé, en cette occasion, de reconnoître, du moins comme un moyen subsidiaire, cela seroit dangereux ; car, à quelque prix que ce soit, on veut que ce consentement de l'Eglise, moyen que

(1) *II. Mach.* xii. 43 *et seq.* — (2) *Ps.* xxvi. 12. — (3) *Conf. de foi*, art. 4.

l'antiquité a toujours donné pour si facile, soit d'une recherche si abstruse et si embarrassante, que les simples n'y connoissent rien. Que faire donc ? Le plus court a été de dire que la question des livres canoniques et apocryphes, où il s'agit d'établir le fondement de la foi et la parole qui en règle tous les articles, n'appartient pas à la foi, et n'est pas nécessaire aux simples.

Mais comme enfin il a bien fallu donner aux simples un moyen facile de discerner les livres divins d'avec les autres, à moins de les exposer à autant de chutes que de pas, on a trouvé ce moyen dans nos jours, de dire que la foi commence par sentir les choses en elles-mêmes, et que, par le goût qu'on a pour les choses, on apprend aussi à goûter les livres où elles sont contenues. C'est ce que le ministre Claude a dit le premier, cet homme que les protestans nomment maintenant leur invincible Achille : c'est ce que le ministre Jurieu a suivi depuis ; et voici ses propres paroles (1) : « C'est la doctrine de l'Evangile et de la véritable
» religion qui fait sentir sa divinité aux simples, indé-
» pendamment du livre où elle est contenue » ; et pour conclusion : « En un mot, continue-t-il, nous ne
» croyons pas divin ce qui est contenu dans un livre,
» parce que ce livre est canonique ; mais nous croyons
» qu'un tel livre est canonique, parce que nous avons
» senti que ce qu'il contient est divin : et nous l'avons
» senti comme on sent la lumière quand on la voit,
» la chaleur quand on est auprès du feu, le doux
» et l'amer quand on mange. »

Ainsi, contre les maximes qu'on avoit crues jusqu'ici les plus constantes dans la Réforme, le fidèle ne forme plus sa foi sur l'Ecriture ; mais, après avoir formé sa foi en lui-même, indépendamment des livres divins, il commence la lecture de ces livres. Ce n'est donc point pour apprendre ce que Dieu a révélé qu'il les lit : il le sait déjà, ou plutôt il le sent ; et je vous laisse à penser, avec cette prévention, s'il trouvera

____

(1) *Déf. de la Réf* II. part. c. IX, p. 196 et suiv. *Jur.
Syst. liv.* III. c. 11, *p.* 453.

autre chose dans ces divins livres que ce qu'il aura
déjà cru voir comme on voit le soleil, et sentir comme
on sent le froid et le chaud.

Or, cela, c'est formellement ce qu'enseignent les
fanatiques, comme il paroît par leurs thèses : car
voici celles que les Quakers ou les Trembleurs, c'est-
à-dire, les fanatiques les plus avérés, ont publiées,
et qu'ils ont ensuite traduites en français par ces
paroles (1) : « Les révélations divines et intérieures,
» lesquelles nous croyons absolument nécessaires pour
» FORMER LA VRAIE FOI, comme elles ne contredisent
» point au témoignage extérieur des Écritures, non
» plus qu'à la saine raison, aussi n'y peuvent-elles
» jamais contredire. Il ne s'ensuit pas toutefois de là
» que ces révélations divines DOIVENT ÊTRE soumises
» à l'examen du témoignage extérieur des Écritures,
» non plus qu'à celui de la raison naturelle et humaine,
» comme à la plus noble et à la plus certaine règle et
» mesure : car la révélation divine et illumination inté-
» rieure est une chose qui de soi est évidente et claire, et
» qui contraint, par sa propre évidence et clarté, un
» entendement bien disposé à consentir, et qui le
» meut et le fléchit sans aucune résistance ; ne plus
» ne moins que les principes naturels meuvent et flé-
» chissent l'esprit au consentement des vérités natu-
» relles, comme sont : Le tout est plus grand que sa
» partie : Deux contradictoires ne peuvent être en-
» semble vrais ou faux ». D'où s'ensuit la troisième
thèse, que *de ces saintes révélations de l'Esprit de
Dieu sont émanées les Écritures*, dont la thèse fait
une espèce de dénombrement ; et puis elle poursuit en
cette sorte : « Cependant ces Écritures n'étant seule-
» ment que la déclaration de la source d'où elles pro-
» cèdent, et non pas cette même source, elles ne doivent
» pas être considérées comme le principal fondement
» de toute vérité et connoissance, ni comme la règle
» première et très-parfaite de la foi et des mœurs ;

(1) *Les Princ. de la Vér.* etc. *avec les Thèses théolog. impr.
à Roterd. en* 1675. *Th.* 2, *p.* 21, 22.

» quoique rendant un fidèle témoignage de la première
» vérité, elles en soient et puissent être estimées la
». seconde règle, subordonnée à l'esprit duquel elles
» tirent toute l'excellence et toute la certitude qu'elles
» ont. »

Quand ils disent que l'Ecriture n'est que la seconde
règle, conforme néanmoins à la première, qui est
la foi déjà formée dans l'intérieur avec toute sa certitude, par la révélation avant l'Ecriture; ils ne font
que dire en autres termes ce qu'on vient d'entendre
de la bouche de vos ministres; qu'avant toute lecture
des livres divins, on a déjà senti au dedans toute
vérité, comme on sent le froid et le chaud, c'est-à-
dire, d'une manière dont on ne peut jamais douter;
ce qui opère nécessairement, non qu'on juge de ses
sentimens par l'Ecriture, et qu'on les rapporte à cette
règle comme à la première, ainsi qu'on l'avoit toujours cru dans la Réforme; mais qu'on accommode
l'Ecriture à sa prévention, et qu'on appelle cette prévention de son jugement une révélation de l'Esprit
de Dieu. Qu'on me cherche un moyen plus sûr de
faire des fanatiques. La Réforme tombe à la fin dans
ce malheur; et c'étoit l'effet nécessaire de ces ensei-
gnemens.

Je ne m'étonne donc pas si M. Jurieu a tant déguisé l'accusation que je lui faisois, aussi bien qu'à
M. Claude, et s'il en a dissimulé la moitié, c'est-à-
dire, cette formation, pour ainsi parler, de la foi
indépendamment de l'Ecriture. Pressé par la vérité,
on hasarde de telles choses dans un long discours où
les simples ne les sentent pas, au milieu d'un embarras infini de questions et de distinctions dont on les
amuse; mais s'il eût fallu dire la chose en trois mots
précis dans un article d'une lettre, on eût fait trop
tôt sentir à la Réforme l'étrange variation qu'on introduit dans ses maximes les plus essentielles; et tout le
monde auroit frémi à un établissement si manifeste
du fanatisme, où l'on veut que chacun juge de sa foi
par son goût, c'est-à-dire, qu'il prenne pour inspiration

toutes les pensées qui lui montent dans le cœur; en un
mot, qu'il appelle Dieu tout ce qu'il songe.

Ainsi cette accusation de l'évêque de Meaux, qui
devoit faire sentir toute la mauvaise foi de ce convertisseur (plût à Dieu, encore une fois, que j'eusse pu
mériter ce titre!), se trouve à la fin très-véritable;
mais le ministre sera encore plutôt confondu dans sa
dernière plainte. Elle est fondée sur ce qu'il exclut les
Sociniens et les autres sectes semblables d'être *des
communions et des communions chrétiennes*, à
cause qu'elles ne *sont ni anciennes, ni étendues*;
d'où j'ai conclu qu'il reconnoît donc que toute communion chrétienne doit avoir l'antiquité, c'est-à-dire,
la succession qui manque visiblement aux Calvinistes (1). Cette conséquence est claire, ce raisonnement est court et démonstratif. Toute communion
chrétienne, selon M. Jurieu, doit avoir *l'antiquité*
ou la succession, et en même temps *l'étendue*; elle
ne doit pas venir d'elle-même; mais elle doit montrer
ses prédécesseurs dans tous les temps précédens : elle
ne doit pas s'élever comme une parcelle détachée du
tout, ni comme le petit nombre qui se soulève contre
le grand et contre l'universalité; c'est-à-dire, en
autres termes, que toute société chrétienne doit être
universelle, et pour les temps et pour les lieux; et
voilà ce beau caractère de catholicité, tant loué par
les chrétiens de tous les âges; caractère indubitable
de la vraie Eglise, et en même temps inimitable à toutes
les hérésies, dont aussi M. Jurieu se sert lui-même pour
confondre les Sociniens. Mais il ne veut pas entendre
qu'il confond en même temps toute la Réforme : car
ayant trouvé dans le livre des Variations cette objection tirée de lui-même : « Cela est faux, répond-il (2) :
« si le ministre a dit que, par les communions qu'il
« renferme dans l'Eglise universelle, il n'entend que
« les grandes communions qui ont de l'étendue et de
« la durée, c'est, à la vérité, pour en exclure les Soci-

(1) *Syst. liv.* III, *c.* 1, *p.* 232. *Var. liv.* xv, *p.* 191, 192,
103. — (2) *Jur. Lett.* xi, *p.* 84.

» niens qui n'ont ni étendue ni durée ; mais il n'a pas
» voulu dire que, quand cette secte auroit étendue et
» durée, il voulût la renfermer dans le vrai christia-
» nisme. » Je l'entends. La succession et l'étendue ne
font pas qu'on soit compris dans l'Eglise : à la vérité,
on en est exclus par le défaut de ces deux choses : il
faut plus que cela pour l'inclusion ; mais pour l'exclusion, cela suffit : je n'en veux pas davantage. On est
exclus du titre d'Eglise et de communion chrétienne,
lorsqu'on manque de succession et d'étendue (c'est
la proposition de M. Jurieu contre les Sociniens) : or,
est-il que les Calvinistes et les Luthériens, comme
toutes les autres sectes, n'avoient, au commencement,
ni antiquité ou succession, ni étendue, non plus que
les Sociniens : comme eux donc ils étoient alors
exclus de l'Eglise universelle, qui est tout ce que je
voulois dans l'Histoire des Variations, et à quoi M. Jurieu n'a pas seulement songé à répondre, quoiqu'il
traite expressément cet endroit-là.

Il est donc vrai, mes chers Frères, que la vérité
l'accable. Il a conçu une injuste horreur contre l'Eglise
romaine ; sa haine le porte jusqu'à dire qu'on se sauve
plus aisément avec les Ariens qu'avec elle : mais à la
fin, il faut avouer qu'on fait son salut dans sa communion. Il fait semblant d'être impitoyable aux Sociniens, jusqu'à les mettre sans miséricorde au rang
des Mahométans : cependant, les principes qu'il pose
le forcent à reconnoître que leur erreur n'empêcheroit
pas que leur prédication ne produisît de vrais saints
dans leur communion, s'ils pouvoient venir à bout
d'être une communion ou une société chrétienne. Il
entreprend de leur montrer qu'ils n'en sont pas une,
et qu'ils ne méritent pas le nom d'Eglise, à cause de
leur état malheureux où manquent ces deux caractères,
l'antiquité ou la succession, et l'étendue. Mais quoi!
un Calviniste reprocher aux autres le défaut de succession ou d'étendue! ne songe-t-il pas à lui-même
et à la société dont il est ministre ? Cette société se
méconnoît-elle ? Un siècle ou deux de durée lui ont-
ils fait oublier ses commencemens, et ne sentira-t-elle

jamais qu'elle les condamne ? Non, mes Frères, la vérité est plus forte que toutes ces considérations. Parle, parle, dit-elle au ministre, condamne les Sociniens par une preuve qui retombera contre toi-même : ainsi, deux mauvaises sectes seront percées d'un même coup, et, à travers du Socinien, le Calviniste portera le couteau jusque dans son propre sein. Je vous avois dit, mes Frères, dès mon premier Avertissement, que cela devoit arriver ; mais maintenant, le fait est constant par l'expérience.

Que si vous dites peut-être qu'aussi votre ministre s'est trop avancé, et qu'il a eu, tort de se servir de ces preuves dont les Papistes tirent de si grands avantages ; désabusez-vous, mes chers Frères ; car il n'avoit point d'autre moyen d'exclure les Sociniens de l'unité de l'Eglise et du nombre des sociétés vraiment chrétiennes. Vous avez vu ses variations sur leur sujet ; mais dans les temps où il a voulu les exclure du titre d'Eglise et de communion chrétienne, il n'avoit point de meilleur moyen de le faire, qu'en leur montrant, par le défaut de la succession et de l'étendue, qu'ils ne méritoient même pas le nom de communion, qu'il ne pouvoit refuser aux sociétés à qui il attribuoit la succession et l'étendue.

Voilà donc une première raison qui l'obligeoit à condamner les Sociniens par le défaut d'étendue et d'antiquité. Mais une autre raison plus pressante l'y forçoit encore, c'est qu'il sentoit en sa conscience que cette preuve, quoique fatale à votre Réforme, en effet et par elle même, étoit invincible : car, mes Frères, ce sera toujours, quoi qu'on en dise, un coup mortel aux Sociniens, et à tous ceux qui nient ou qui ont nié la divinité du Fils de Dieu, toutes les fois que vous leur direz : Quand vous êtes venus au monde, il n'y avoit dans le monde personne de votre croyance ; si donc votre doctrine est la vérité, il s'ensuit que la vérité étoit éteinte sur la terre. Cette objection suffit pour fermer la bouche à ces hérétiques : ils n'ont rien eu, ils n'ont rien encore, ils n'auront jamais rien à y répondre toutes les fois que vous la ferez : car nulle *oreille* chrétienne ne souffrira qu'on assure que, sous un Dieu si puissant, si sage, si bon, la vérité soit éteinte sur la terre. Mais en même temps que vous aurez lâché le mot, et que vous aurez fait cette objection aux hérétiques qui venoient nier la divinité du Fils de Dieu; en même temps nous retombons sur vous, et nous vous forçons d'avouer que la vérité, qu'on se vantoit de rétablir dans la Réforme, étoit donc éteinte avant que la Réforme parût, aussi bien que celle que les Sociniens et, avant eux, les Ariens, les Paulianistes et les autres se vantoient de rétablir.

Il n'est pas vrai, direz-vous; il y avoit *les sept mille qui n'avoient point fléchi le genou devant Baal.* Mais qui empêche les Ariens et les Sociniens et, en un mot, tous les hérétiques d'en dire autant? On les confond, en leur montrant que la vérité ne vouloit pas seulement être crue, mais encore annoncée, et que l'Eglise ne devoit pas être seulement, mais encore être visible, ainsi que nous l'avons vu très-clairement reconnu par vos ministres. Mais, sans avoir recours à cet argument, quoique invincible, on les confond encore par une voie plus courte, en leur disant : Si, lorsqu'un Artémon, un Paul de Samosate, un Berylle, un Arius, et les autres qui s'opposoient à la divinité de Jésus-Christ, ont commencé à prê-cher, leur doctrine eût déjà été dans l'Eglise, en quelque sorte que ce fût, cachée ou publique, on ne se seroit pas étonné de leur nouveauté, ils n'auroient pas été réduits à n'être d'abord que quatre ou cinq, ni contraints d'avouer qu'ils avoient eux-mêmes été élevés dans une croyance contraire à celle qu'ils vouloient introduire dans le monde, sans pouvoir nommer personne, je ne dis pas qui la professât, mais qui la reçût auparavant. Osez faire le même argument à ces héré-tiques, vous les réduirez à la honte de ne pouvoir trouver dans tout l'univers un seul homme qui crût comme eux, quand ils sont venus. Mais, en même temps, vous voilà perdus, puisque vous ne sauriez vous sauver du même reproche.

La preuve en est bien facile en vous faisant seulement cette demande. Mes Frères , donnez gloire à Dieu. Quand on a commencé votre Réforme, y avoit-il, je ne dis pas quelque Eglise (car il est déjà bien certain qu'il n'y en avoit aucune), mais du moins y avoit-il un seul homme qui, en se joignant à Luther, à Zuingle, à Calvin, à qui vous voudrez, lui ait dit en s'y joignant : J'ai toujours cru comme vous; je n'ai jamais cru ni à la messe ni au pape, ni aux dogmes que vous reprenez dans l'Eglise romaine ? Mes chers Frères, pensez-y bien, vous a-t-on jamais nommé un seul homme qui se soit joint de cette sorte à votre Réforme ? En trouverez-vous quelqu'un dans vos annales, où l'on a ramassé autant qu'on a pu tout ce qui pouvoit vous justifier contre les reproches des catholiques, et surtout contre le reproche de la nouveauté qui étoit le plus pressant et le plus sensible ? Donnez gloire à Dieu, encore un coup ; et, en avouant que jamais vous n'avez rien ouï dire de semblable , confessez que vous êtes dans la même cause que les Sociniens, et que tout ce qu'il y a jamais eu d'hérétiques.

Vous pouvez dire, mes Frères, car je cherche tous les moyens dont vous pouvez fortifier vos prétentions, vous pouvez donc dire : Il est vrai ; on ne nous a jamais nommé personne qui se soit rangé dans la Réforme, en disant qu'il avoit toujours cru comme elle ; mais c'est aussi que peut-être on n'a jamais fait cette question à nos ministres. Mes chers Frères, ne vous flattez pas de cette pensée : on la leur a faite cent fois ; on leur a demandé cent fois qu'ils montrassent quelqu'un qui crût comme eux quand ils sont venus : moi-même le dernier des évêques, et le moindre des serviteurs de Dieu, j'ai demandé à M. Claude (1), le plus subtil de vos défenseurs, s'il pouvoit nommer un seul homme qui se soit uni à la Réforme en disant : J'ai toujours cru comme cela, je n'ai jamais adhéré à la foi romaine. Qu'a répondu ce ministre si fécond en évasions, si adroit à éluder les difficultés ? *M. de Meaux s'ima-*

(1) *Confér. Réf.* XII.

qu'a-t-il qu'on ait tout écrit (1) ? Vous le voyez, mes chers Frères, il n'a eu personne à vous nommer. J'ai relevé cette réponse dans ma Lettre pastorale; et de ce que M. Claude n'a rien eu à dire sur un fait si bien articulé, sur une demande si précise, j'ai conclu, comme on fait dans un légitime interrogatoire, que le fait étoit avéré, et ma demande sans réplique (2). Qu'a répondu M. Jurieu, qui se vante *d'anéantir* cette Lettre pastorale ? Voici tout ce qu'il a répondu quand il est venu à cet endroit : « Ensuite de cela » notre auteur entre en grosse dispute avec M. Claude, » pour lui prouver que la supposition des fidèles » cachés est ridicule (3). » Vous vous trompez, lui disons-nous; ce n'est point ici une grosse dispute, comme vous voudriez le faire accroire à vos lecteurs, afin de les rebuter par la difficulté de la matière; encore un coup ce n'est point ici un long procès : il ne s'agit que d'un simple fait : savoir, si parmi vous on sait quelqu'un qui, en se joignant aux Réformateurs, leur ait déclaré que toujours il avoit cru comme eux. Voilà cette *grosse dispute* où vous voudriez qu'on n'entrât jamais, parce que vous y trouvez votre honte. Ce fait dont il s'y agit devoit être constant parmi vous, s'il n'était pas absolument faux. Répondez-y du moins, M. Jurieu, vous qui avez entrepris d'y répondre : si vous savez sur ce fait quelque chose de meilleur que M. Claude, il est temps de nous le dire. Mais, mes Frères, vous vous y attendez en vain, et voici tout ce que vous en aurez : « En répondant à M. Nicole et à M. Bossuet, » on a répondu cent fois à ce sophisme : nous y avons » répondu dans nos Lettres pastorales, et encore tout » nouvellement en réfutant le troisième livre des » Variations (4). » Je reconnois le style ordinaire de vos ministres; ils ont toujours répondu à tout : mais ne les en croyez pas : M. Jurieu n'a pas dit un seul

(1) *M. Claude, Réponse au disc. de M. de Cond.* p. 362. — (2) *Lett. past. de M. de Meaux,* n. 8. — (3) *Jur. Lett.* XIX, p. 110. 2. col. — (4) *Ibid.*

mot sur ce fait articulé à M. Claude; il n'a même rien dit qui approche de cette matière. Mais il sait bien que vous n'irez pas lire tous ses ouvrages, où il vous renvoie en général, sans vous en marquer aucun endroit, pour chercher la réponse qu'il se vante d'avoir faite. Il est vrai qu'il vous a marqué *la réfutation du troisième livre des Variations* (1). C'est dans sa septième lettre de cette année que se trouve cette prétendue réfutation : elle consiste en deux ou trois pages qui ne font rien à la question, comme vous verrez en son lieu; mais où constamment vous ne trouverez pas un seul mot du fait proposé à M. Claude, ni qui y tende. Vous en pouvez juger autant des autres endroits où il vous renvoie, et par le silence obstiné de vos ministres, sur un fait de cette importance, le tenir pour avoué.

Mais vous n'avez qu'à entendre ce qu'il dit encore sur ce sujet-là dans sa xixe lettre pour voir qu'il ne sait où il en est. L'objection qu'il vouloit détruire de ma Lettre pastorale, étoit qu'on ne pouvoit du moins nier qu'on n'eût cru la réalité et adoré l'Eucharistie depuis Bérenger, c'est-à-dire, depuis six à sept cents ans. Donc, ai-je dit, tous les chrétiens étoient idolâtres, selon vous; et si on ne peut montrer au temps de Zuingle et de Calvin aucun homme qui leur ait déclaré, en se joignant à eux, qu'il n'avoit jamais pris de part à la croyance ni au culte de Rome, il sera vrai que tout le monde adoroit donc ce qu'ils appeloient une fable. A cette pressante instance M. Jurieu répond : *Que cela soit, il ne nous importe* (2). Il ne nous importe que Dieu ait eu des adorateurs, du moins cachés. Et que deviendront *ces sept mille* tant vantés? C'étoit déjà trop avouer que de dire qu'ils étoient cachés; puisque le vrai culte doit être public aussi bien que la vraie croyance. Mais j'ai voulu entrer avec vous jusque dans la dernière condescendance, et je vous disois dans ma

____

(1) *Lett.* vii *de la* 3. *an. p.* 54, 55. —(2) *Jur. Lett.* xix, *p.* 150.

pastorale : Que ces sept mille se soient cachés
avant la Réforme, *ils se seront du moins déclarés
quand ils l'ont embrassée,* et ils auront dit du
moins alors : Dieu soit loué, nous voyons enfin des
gens qui croient comme nous faisions, et il nous
est à présent permis de déclarer notre pensée. Mais
on ne trouve aucun homme qui ait parlé de cette
sorte. M. Claude n'en a rien trouvé dans les registres
de la Réforme, ni dans ce nombre infini d'écrits
qu'elle a publiés pour sa défense : il n'a rien trouvé
sur un fait qui eût vérifié si clairement, au grand
désir de la Réforme, que Dieu s'étoit réservé des
adorateurs du moins cachés; un fait, par conséquent,
qui, à cet égard, eût fermé la bouche aux catholiques,
étant prouvé, et qui les rendoit invincibles ne l'étant
pas. M. Jurieu n'en trouve rien non plus que
M. Claude, et il est réduit à dire : *Que nous importe ?* sur un fait dont l'importance est si visible.
Le fait est donc avéré, encore un coup, et il n'y a
rien de si certain que la vérité étoit éteinte sur la
terre, si on dit que la vérité est dans la Réforme.

Mais ce qu'ajoute M. Jurieu n'est pas moins clair.
Que nous importe, dit-il donc (1), *si tous les
chrétiens depuis ce temps-là ont été idolâtres :*
ajoutons, et s'ils l'étoient encore lorsque la Réforme
a commencé ? Avouez que cela presse M. Jurieu, et
qu'il seroit à désirer, pour votre défense, qu'on pût
alors trouver quelqu'un qui n'adorât pas l'idole que
tout le monde servoit. Mais, loin de l'assurer, voici
ce qu'il dit : « C'est ce que nous n'affirmons pas, de
» peur d'être téméraires, comme M. Bossuet qui
» assure que depuis ce temps-là (depuis le temps de
» Bérenger) tous les chrétiens ont adoré le Dieu de
» la messe. Nous ne le croyons pas ainsi : il est bien
» PLUS PROBABLE que Dieu en a garanti plusieurs de
» cette idolâtrie. » Mais si c'est constamment une
idolâtrie, il n'est pas seulement *plus probable,* il
est certain et indubitable que Dieu en a garanti quel-

____
(1) *Jur., Lett.* XIX, *p.* 150.

qués ainsi : autrement, il ne seroit pas certain qu'il y
auroit eu des élus ou des saints ; par conséquent des
adorateurs véritables dans tous les temps. Or, c'est
une vérité que personne n'a encore osé nier, et que
M. Jurieu confesse comme constante en cinquante
endroits de son Système, pour ne point parler ici de
ses autres ouvrages ; il est, dis-je, très-constant que
Dieu a eu de tout temps un corps d'Église universelle, où s'est trouvée la communion des saints, la
rémission des péchés et la vie éternelle ; par conséquent, de véritables adorateurs : autrement, le Symbole seroit faux. Mais ce qui est constant par le principe commun de tous les chrétiens, sans en excepter
les Prétendus Réformés, n'est seulement que plus
probable quand on presse davantage les ministres,
et ils n'ont rien à répondre, non plus que tous les
autres hérétiques, quand on leur demande où étoit
la vérité quand ils sont venus.

Il ne faut donc plus s'étonner si cette seule demande
les jette dans les contradictions que vous avez vues.
Il a fallu trouver des élus avant la Réforme, car il
en faut trouver dans tous les temps. Il en a fallu
trouver même dans l'Église romaine, aussi bien
ou même plutôt que dans les autres ; puisque les
fondemens du salut s'y trouvoient comme dans les
autres ou mieux, et qu'ainsi on ne pouvoit leur refuser
d'être du moins une partie de cette Église catholique
que l'on confesse dans le Symbole. Mais dans l'Église
romaine il ne pouvoit y avoir que de quatre sortes de
gens : ou ceux qui y étoient de bonne foi, croyant sa
doctrine et consentant à son culte, ou des impies
déclarés qui se moquoient ouvertement de toute religion, ou des hypocrites et des politiques, qui s'en
moquant dans leur cœur, faisoient semblant au dehors
d'y communiquer avec les autres, ou ces Prétendus
sept mille Réformés avant la Réforme, qui, Luthériens
ou Calvinistes dans le cœur, trouvoient moyen de ne
rien faire et de ne rien dire qui approuvât ou le culte
ou la doctrine de Rome. On vient de voir que ce
dernier genre est une chimère, et cent raisons le

démontré[?]. Ce ne sont ni les impies déclarés, ni les hypocrites qu'on veut sauver; ce sont donc les catholiques de bonne foi, consentant à un culte impie et idolâtre, et croyant ce que croyoit Rome. Voilà où l'on est poussé par cette seule demande : Où étoit la vérité, où le vrai culte, où la vraie Eglise, où les vrais saints, quand Luther a commencé son Eglise? Cette demande a confondu la Réforme dès son commencement, comme il a été démontré dans l'Histoire des Variations (1). Mais peut-être qu'à force d'y penser on se sera rassuré depuis? Point du tout : il y a des difficultés auxquelles plus on pense, plus on se confond; et c'est pourquoi M. Claude et M. Jurieu, qui y ont pensé les derniers, et qui ont pu profiter des découvertes de tous les autres, ont été, comme on a vu, ceux qui se sont le plus confondus eux-mêmes. M. Jurieu fait enfin un dernier effort dans ses lettres pour se tirer de cet embarras : mais vous avez vu que tous ses efforts ne servent qu'à l'embarrasser davantage, et à serrer de plus près le nœud où il est pris. Que reste-t-il donc, mes Frères, sinon que vous donniez gloire à la vérité, qui seule peut vous délivrer de ces lacets?

Voilà de très-bonne foi toutes les plaintes de votre ministre sur le livre xv des Variations. On a démontré dans ce livre trente autres absurdités de la doctrine de protestans sur l'unité de l'Eglise : je le dis sans exagérer; et vous pouvez vous en convaincre par une lecture de demi-heure. De toutes ces absurdités qu'on démontre à M. Jurieu, il n'a relevé que celle que vous veniez d'entendre, où il succombe manifestement comme vous voyez. Un de ces Messieurs de Hollande, qui entretiennent le public des ouvrages des gens de lettres, remarque ici, en parlant de ce xv livre des Variations, que sans doute, en l'écrivant, je n'avois pas lu le livre de l'Unité, où M. Jurieu répond à M. Nicole. Je n'avois garde de l'avoir vu, puisqu'à peine étoit-il imprimé lorsque mon Histoire

<hr>

(1) *Liv.* xv, p. [illegible].

8.

a paru. Je l'ai vu depuis; et je m'assure que M. Jurieu
ne dira pas qu'il y ait seulement touché, ni prévu la
moindre des observations qui me sont particulières.
Chacun a les siennes; et outre la diversité qui se
trouve dans les esprits, on prend diverses vues, selon
la matière qu'on se propose. Concluons donc que
toutes mes remarques sont en leur entier; mais concluons encore plus certainement, après toutes les
raisons qu'on vient de voir, que j'ai très-bien démontré que, de l'aveu du ministre, on peut se sauver
dans l'Eglise romaine; qu'elle n'est donc ni idolâtre,
ni antichrétienne; qu'il y faudroit revenir pour assurer
son salut, comme à celle à qui ses ennemis mêmes
rendent témoignage; puisque les ministres qui l'attaquent avec tant de haine, qui vont même donner
la préférence sur elle à une Eglise arienne, sont
forcés par la vérité à la reconnoître; qu'ils sont encore
obligés à reconnoître dans certains points l'autorité
infaillible de l'Eglise universelle, et les promesses sur
lesquelles elle est fondée; qu'ils n'ont aucune raison
de les limiter, et qu'ils n'y apportent que des restrictions arbitraires; que soumettre son jugement à
l'Eglise universelle, ce n'est pas se soumettre à
l'homme mais à Dieu; que cette soumission est le
plus sûr fondement du repos et des savans et des
simples; que, faute de se soumettre à une autorité
si inviolable, on se contredit sans cesse, on renverse
tous les principes qu'on a établis, on renonce la
Réforme même et tout ce que jusqu'ici on y avoit
trouvé de plus certain; et qu'enfin, on se jette dans le
fanatisme et dans les erreurs des Quakers, en sorte,
qu'après avoir posé des principes par lesquels on est
forcé de recevoir les Sociniens dans l'Eglise, jusqu'à
mettre des prédestinés parmi eux; lorsqu'on songe
à les exclure du nombre des communions chrétiennes, on ne peut le faire, que par des moyens
par où on s'exclut soi-même; en sorte que, d'un
côté on rend témoignage à l'Eglise, de l'autre on
tend la main aux Sociniens, et de l'autre on ne se
laisse à soi-même aucune ressource.

AVERTISSEMENT
AUX PROTESTANS

SUR

LE REPROCHE DE L'IDOLATRIE;

ET SUR L'ERREUR DES PAÏENS;

La calomnie des ministres est réfutée par eux-mêmes.

MES CHERS FRÈRES,

Le reproche d'idolâtrie est celui qu'on a toujours le plus employé pour allumer votre haine et donner quelque prétexte au schisme de vos Eglises prétendues. « Si l'Eglise romaine est idolâtre, notre séparation ne peut être un schisme. » C'est ce que dit M. Jurieu, dans le livre de l'Unité (1); mais il ne le dit pas plus dans ce livre que dans tous les autres; surtout dans toutes les lettres de la dernière année (2); et, sans cette accusation d'idolâtrie, ce ministre seroit muet. Il la pousse à un tel excès, que, dans des esprits moins prévenus, elle se détruiroit par elle-même, puisqu'il veut, et qu'il le répète cent fois, que nous sommes des idolâtres aussi grossiers et aussi charnels

(1) *Traité de l'Unité de l'Eglise contre M. Nicole*, en 1681. — (2) 1688.

que les païens, qui ne soupçonnoient seulement pas qu'il y eût une création; et qu'il prétend que nous égalons avec Dieu connu comme Créateur, sa créature, qu'il a tirée et qu'il tire continuellement du néant, à laquelle il ne cesse de donner tout ce qu'elle a, et dans l'ordre de la nature, et dans l'ordre de la grâce, et dans celui de la gloire. Il n'en faudroit pas davantage pour vous convaincre qu'il n'y eut jamais de calomnie plus grossière. Car qui jamais s'avisa d'égaler, par son culte, des choses où il reconnoît une différence infinie par leur nature; ou de rendre les honneurs divins à ce qu'il ne croit pas Dieu? Nous serions les seuls dans l'univers et dans toute l'étendue des siècles, capables d'une semblable extravagance, de ne croire qu'un seul Dieu, et d'en honorer plusieurs, comme Dieu même, et du même honneur que lui. Et néanmoins, sans cela, il n'y auroit rien, ou presque rien à nous dire. Sans cela, premièrement, il n'y auroit plus pour M. Jurieu d'Eglise anti-chrétienne, comme on a vu dans les précédens discours : on auroit ôté le plus grand, ou, pour mieux dire, le seul obstacle que ce ministre tâche de mettre à notre salut. C'est l'endroit où il triomphe le plus. Car ayant bientôt laissé là les variations, trop convaincantes pour lui, après les avoir tâtées par cinq ou six lettres, de peur qu'on ne croie qu'il n'a plus rien à me reprocher, il s'avise après trois ans d'interruption, de retomber tout de nouveau sur ma Lettre pastorale (1), et s'attache presque uniquement à cette accusation d'idolâtrie. Je veux donc bien aussi interrompre un peu la matière des variations, pour entrer dans celle-ci; et quoique j'aie fait voir dans le dernier Avertissement (2), qu'assurément il n'y eut jamais d'idolâtrie plus innocente et plus pieuse que la nôtre, puisque, de l'aveu de M. Jurieu, loin de damner ceux qui la pratiquent, elle leur est commune avec les saints; de peur qu'on ne s'imagine que nous ne

(1) *Aux nouveaux Catholiques, imprimée en 1686.* — (2) *III. Avert.*

pouvons nous sauver que par des exemples, je dé-
montrerai, par des principes avoués des ministres
mêmes, que l'accusation d'idolâtrie formée contre
nous ne peut subsister.

Je pose pour fondement la définition de l'idolâtrie.
Idolâtrer, c'est rendre les honneurs divins à la créature : c'est, dis-je, transporter à la créature le culte
qu'on doit à Dieu. Or est-il qu'il est manifeste que
nous ne le faisons pas, et ne le pouvons pas faire
selon nos principes ; ce que je prouve premièrement
dans l'invocation des saints, pour de là successive-
ment passer aux autres matières. La chose est aisée
à faire, puisqu'il n'y a qu'à définir cette invocation
pour la justifier.

Qu'on ne chicane point sur le mot. L'invocation
dont il s'agit, aux termes du concile de Trente, est
inviter les saints à prier pour nous, *afin d'obtenir
la grâce de Dieu, par notre Seigneur Jésus-
Christ* (1). Or est-il que c'est là si peu un honneur
divin, qu'au contraire il n'est pas possible de l'attribuer à autre qu'à la créature, n'y ayant visiblement que la créature qui puisse prier, demander,
obtenir les grâces, et encore par un autre, c'est-à-
dire, par Jésus-Christ, comme on vient de voir que
font les saints. C'est donc si peu un honneur divin,
que c'est chose, dans les propres termes, absolument
répugnante à la nature divine, d'où se forme ce raisonnement : Tout honneur qui renferme dans sa
notion la condition essentielle à la créature, ne peut
pas sa nature être un honneur divin ; or la prière, par
laquelle on demande aux saints qu'ils nous aident auprès de Dieu, par leurs prières, pour nous obtenir
ses grâces, enferme dans sa notion la condition de la
créature, c'est-à-dire, sa dépendance : ce ne peut
donc pas être un honneur divin.

Cette preuve est si convaincante, que pour la
détruire, il faut nier que nous nous bornions à demander aux saints le secours de leurs prières. Car

(1) *Decr. de invoc. Sanctorum, etc. Sess* XXV.

dit-on, l'Eglise les prie non seulement de prier, mais de donner, mais de faire, mais de protéger, mais de défendre : donc on les regarde non seulement comme intercesseurs, mais comme auteurs de la grâce. Mais cela visiblement est moins que rien.

Car celui qui prie et qui obtient, protège, défend, assiste, donne et fait à sa manière. Lorsqu'on attribue aux saints des effets qu'on sait très-bien dans le fond qu'il faut attribuer à Dieu, on ne fait qu'exprimer par là l'efficace de la prière : qu'elle peut tout, qu'elle pénètre le ciel, qu'elle y va forcer Dieu jusque dans son trône, il ne lui peut résister ; elle emporte tout sur sa bonté ; *il fait la volonté de ceux qui le craignent* (1) ; *il obéit à la voix de l'homme* (2). Pressé et comme forcé par Moïse, il lui dit : *Laissez-moi, que je punisse ce peuple ;* mais Moïse l'emporte contre lui, et lui arrache, pour ainsi dire, des mains la grâce qu'il lui demande (3) : en un mot, *ta foi peut tout, jusqu'à transporter les montagnes* (4) ; et si cela est vrai de la prière qui se fait parmi les ténèbres de la foi, combien plus le sera-t-il de celle qui est formée au milieu des lumières des saints, et qui, partant de la sainte ardeur de la charité consommée, porte en elle-même le caractère de Dieu dont elle jouit. Ainsi les saints peuvent tout : *assis sur le trône de Jésus-Christ* (5), selon sa promesse, revêtus de sa puissance par l'union qu'ils sont avec lui : comme lui, *ils gouvernent les Gentils, et les brisent avec un sceptre de fer* (6). En un mot, il n'y a rien qu'ils ne puissent ; et l'Ecriture n'hésite point à leur attribuer, en ce sens, ce qu'ailleurs elle attribue à Jésus-Christ même.

Quand on attribue à la prière les effets de la toute-puissance de Dieu, ce n'est pas là seulement un langage humain : c'est le langage du Saint-Esprit et de l'Ecriture. *Racontez-moi les miracles qu'a faits*

(1) *Ps.* CXLIV. 19. — (2) *Jos.* X. 14. — (3) *Exod.* XXXII. 9 *et seq.* — (4) *I. Cor.* XIII. 2. — (5) *Apoc.* II. 26. III. 21. — (6) *Ibid.* XIX. 15.

Elisée, disoit un roi d'Israël à Giezi (1). Un protestant lui diroit ici : Vous parlez mal. Ce n'est pas lui qui les a faits ; c'est Dieu par lui et à sa prière.

Mais le texte sacré poursuit : *et Giezi lui raconta comment il avoit ressuscité un mort.* Dites toujours : ce n'étoit pas lui, c'étoit Dieu ; mais le Saint-Esprit continue : *et comme Giezi racontoit ces choses, la femme dont il avoit ressuscité le fils, vint tout à coup devant le roi, et Giezi s'écria : Seigneur, voilà la femme, et voilà le fils qu'Elisée a ressuscité.* Tout le peuple de Dieu parloit ainsi, et l'on appeloit cette femme, la femme *dont Elisée avoit fait vivre le fils* (2). Il ne l'avoit pourtant fait que par ses prières, et je ne crois pas qu'il fût plus puissant que le Fils de Dieu, qui, voulant ressusciter Lazare : *Mon Père*, dit-il (3), *je vous rends grâces de ce que vous m'avez exaucé.*

Il y a donc toujours une prière secrète dans tous les miracles, et quoiqu'elle ne soit pas toujours exprimée, il la faut sous-entendre, même dans tous ceux qui se font par une espèce de commandement ; puisque c'est toujours la foi et l'invocation du nom de Dieu qui fait tout. C'est pourquoi le roi de Syrie écrivoit au roi d'Israël : *Je vous ai envoyé Naaman, à fin que vous le guérissiez de sa lèpre* (4) ; il vouloit dire qu'il le fît guérir par Elisée. Ils entendoient pourtant bien qu'il ne le feroit que par sa prière ; puisque Naaman dit ces paroles : *Je pensois qu'il viendroit à moi, et que s'approchant, il invoqueroit le nom de son Dieu, et me toucheroit de sa main, et me guériroit* (5). Ainsi l'effet est attribué à celui qui prie et qui obtient ; et si l'on n'exprime pas toujours la prière, c'est que la chose est si claire, qu'on la regarde comme toujours sous-entendue. L'Eglise dit tant de fois, dans ses oraisons, que ce qu'elle espère des saints, elle l'espère par leur intercession et par leurs prières, qu'elle sait qu'il

_____

(1) *Joram. IV. Reg.* VIII. 4 *et seq.* — (2) *Ibid.* 1. — (3) *Joan.* XI. 41. — (4) *IV. Reg.* V. 6. — (5) *Ibid.* 11.

8.

n'est pas possible qu'on l'entende jamais autrement, ni qu'on attende autre chose du secours des saints qu'une puissante intercession auprès de Dieu par Jésus-Christ. Il n'est pas toujours nécessaire d'exprimer dans les prières ce qu'on suit déjà. *Je vous prie*, disoit Élisée au prophète Élie (1), *que votre double esprit soit en moi*, ou *que votre esprit soit en moi avec abondance*; et Élie lui répondit: *Vous demandez une chose difficile; toutefois si vous me voyez lorsque je serai élevé, cela sera*; et il avoit dit auparavant à Élisée: *Que voulez-vous que je vous fasse?* comme tout étoit en sa main, parce qu'il est en celle de Dieu, qui ne refuse rien à ses amis. Ils ne parlent de Dieu ni l'un ni l'autre. En savoient-ils moins que c'étoit Dieu seul qui pouvoit donner son esprit? A Dieu ne plaise! Il ne faut point abuser de ces façons de parler; mais aussi ne faut-il pas tomber dans la petitesse de croire qu'on déplaise à Dieu en sous-entendant une chose claire, comme s'il ne voyoit pas les intentions, ou qu'à l'exemple des ministres, il fût toujours attentif à épiloguer sur les paroles. L'Église ne manque point de bien instruire le peuple que la puissance des saints est dans leurs prières. Écoutez le concile (2): « Il faut enseigner avec soin que les saints prient; qu'il est bon de les appeler à son secours, pour nous obtenir les grâces de Dieu par Jésus-Christ; qu'il est bon d'avoir recours à leurs prières; qu'il ne faut point assurer qu'ils ne prient pas pour nous, ni que ce soit une idolâtrie de leur demander qu'ils prient en particulier pour chacun de nous. » Voilà leur prière répétée cinq ou six fois en dix lignes, afin que nous entendions que les saints, encore un coup, ne sont puissans qu'en priant pour nous.

Il n'y a aucun de nos catéchismes où il ne soit exprimé soigneusement que Dieu donne ce que les saints demandent. Si nous leur attribuons du pouvoir auprès de Dieu, c'est que Dieu, qui leur inspire tout

(1) *IV. Reg.* II, 9. — (2) *Decr. de invoc. SS. sess.* XXV.

ce qu'ils demandent, ne leur peut rien refuser. Nous
imputer une autre pensée et nous chicaner sur les
mots, c'est faire le procès à l'Ecriture, où il est
écrit tant de fois : *Que l'aumône éteint le péché* (1) ;
que la prière de la foi sauve le malade (2), et
cent autres choses semblables ; et reprocher à Jésus-
Christ même qu'il n'a pas parlé correctement quand
il a dit : « Guérissez les malades, purifiez les lépreux,
» ressuscitez les morts, chassez les démons ; vous
» avez reçu gratuitement, donnez de même (3).

C'est en cette confiance que saint Augustin, un si
sublime docteur, un théologien si exact, loue la
prière d'une mère qui disoit à saint Etienne : « Saint
» martyr, rendez-moi mon fils, vous savez pourquoi
» je le pleure ; et vous voyez qu'il ne me reste aucune
» consolation (4). » C'est qu'il étoit mort sans baptême. Saint Augustin ne s'avisa pas de chicaner cette
femme sur ce qu'elle disoit au martyr : *Rendez-moi
mon fils.* Il savoit bien qu'elle n'ignoroit pas à qui
c'étoit à le rendre, et à donner l'efficacité aux prières
du saint martyr. Saint Basile demandant les prières
des saints quarante martyrs, les appelle « notre dé-
» fense et notre refuge, les protecteurs et les gar-
» diens de tout le genre humain (5). » Saint Grégoire,
évêque de Nysse, son frère, prie saint Théodore « de
» regarder d'en haut la fête qui se célébroit en son
» honneur (6). Nous croyons, lui disoit-il, vous
» devoir le repos dont nous jouissons à présent ;
» mais nous demandons la tranquillité de l'avenir. »
Saint Astère, évêque d'Amase, contemporain et
digne disciple de saint Chrysostôme, introduit dans
son discours un fidèle qui prie ainsi saint Phocas :
« Vous qui avez souffert pour Jésus-Christ, priez
» pour nos souffrances et nos maladies ; vous avez
» vous-même prié les martyrs, avant que de l'être ;
» alors vous avez trouvé en cherchant, maintenant

(1) *Tob.* xii. 9, *et in S. Script. passim.* — (2) *Jac.* v. 15.
— (3) *Matth.* x. *etc.* — (4) *Aug. Serm.* cccxxiv. *in nat.
Mar. aliàs* xxxiii. *de divers. tom.* v, col. 1279. — (5) *Orat.
in* 40 *Mart.* — (6) *Orat. in Theod.*

» que vous possédez, donnez-nous (1). » Saint Grégoire de Nazianze a prié saint Cyprien et saint Athanase « de le regarder d'en haut, de gouverner ses » discours et sa vie, de paître avec lui son troupeau, » de lui donner une connoissance plus parfaite de la » Trinité, et enfin de le tirer où ils étoient, de le » mettre avec eux et avec leurs semblables (2). » Les autres Pères ont parlé de même. Si ces grands saints ignoroient que Dieu donnoit toutes choses, et croyoient les recevoir des saintes âmes autrement que par leurs prières, ils ne sont pas seulement, comme le veut le ministre, des Antechrists commencés, mais des Antechrists consommés, ou quelque chose de pire.

Revenons donc, et disons : Idolâtrer est rendre à la créature les honneurs divins. Or prier les saints de prier, c'est si peu un honneur divin, que c'est chose qu'il n'est pas possible d'attribuer à d'autre qu'à la créature : ce n'est donc pas un honneur divin, ni enfin rien au-dessus de la créature, puisqu'au contraire son apanage naturel est qu'on lui demande de prier.

Et cela n'est pas seulement constant par la raison naturelle ; c'est une chose expressément révélée de Dieu, puisque saint Paul a dit à la créature, et qu'il a répété souvent : *Mes Frères, priez pour moi.* C'est donc chose révélée de Dieu, en termes formels, que demander des prières ne peut être un honneur divin ni au-dessus de la créature. Il n'en faudroit pas davantage pour confondre M. Jurieu et tous les ministres. Car voilà, en termes précis, cette demande : *Priez pour nous,* déclarée par un apôtre un honneur humain et convenable à la créature : or cet honneur, qui est humain en le faisant aux fidèles qui sont sur la terre, ne peut pas devenir divin en le faisant aux esprits bienheureux, puisqu'on fait l'un et l'autre dans le même esprit de demander la société des prières de nos frères.

Il ne reste à vos ministres que de nier, comme ils

(1) *Hom. in Phoc.* — (2) *Orat.* XVIII, etc.

osant le faire, que nous prions les bienheureux esprits dans le même esprit que nous prions nos frères. Mais c'est là nous contredire dans la chose du monde la plus claire, puisqu'il est clair, et attesté par tous les actes de notre religion, que nous ne demandons aux plus grands saints et même à la sainte Vierge que des prières. C'est ce que démontrent tous nos conciles, tous nos catéchismes, tout notre service, tous nos rituels, et, en un mot, tous les actes de notre religion ; et pour en venir à un exemple, c'est ce qui paroît dans le *Confiteor*, prière si familière à tous les fidèles, où, après avoir confessé nos péchés à Dieu, à ses anges, à ses saints et à nos frères présens, pour nous humilier non seulement devant Dieu, mais encore devant toutes ses créatures, nous finissons en disant : *Je prie la sainte Vierge, les saints anges, saint Jean-Baptiste, saint Pierre, saint Paul, tous les autres saints, et vous mes frères, de prier pour moi notre Dieu tout-puissant.*

Vous le voyez, mes chers Frères, nous ne prions point les saints et la sainte Vierge elle-même de prier pour nous autrement que nous en prions nos frères, parmi lesquels nous vivons. Cette prière adressée à nos frères vivans avec nous, se trouve, en termes formels, dans l'Écriture ; donc celle que nous adressons aux saints qui sont avec Dieu, étant de même nature, est clairement autorisée dans l'équivalent.

Qui veut voir combien ce raisonnement embarrasse les ministres, n'a qu'à entendre les extravagances où il jette M. Jurieu. Il entreprend de prouver que la glorification des bienheureux est un obstacle à cette prière qu'on leur pourroit faire ; et la raison qu'il en apporte, est, dit-il, « qu'il seroit moins criminel « d'invoquer un homme sur la terre, que de l'aller « chercher dans les cieux. Sur la terre, un homme « est loin de Dieu : il est ou il paroît être quelque « chose étant seul ; mais uni à Dieu, réuni à sa « source, comme un fleuve est réuni à l'Océan quand « il s'y est jeté, il n'est plus rien, il est englouti et « abîmé, pour ainsi dire, dans les rayons de la gloire

» de Dieu. » Quelle vision de s'imaginer qu'un bienheureux, uni à Dieu, n'est plus rien, qu'il n'agit
plus et ne vit plus ! C'est du Dieu des Siamois que le
ministre veut sans doute parler. Que si l'on dit que
c'est une exagération qui fait voir qu'à comparaison
de la gloire immense de Dieu, celle de la créature
doit être comptée pour rien, il faut donc avouer en
même temps que le bienheureux, loin d'être effectivement anéanti et sans action dans ce glorieux état,
est au contraire d'autant plus, vit et agit d'autant
plus, qu'il est plus infiniment uni à la source de la
vie et à la plénitude de l'être. S'imaginer maintenant
qu'il n'est plus permis de l'honorer dans cet état, ce
seroit dire en même temps qu'on ne le peut plus
honorer ni glorifier, à cause qu'il est arrivé au comble
de la gloire, ce qui seroit la plus grossière de toutes
les absurdités.

Que veut donc dire ce vain discours de votre
ministre : « On est obligé de s'abstenir de rendre
» tout hommage à un sujet en présence de son sou-
» verain, et l'on ne sera pas obligé de s'abstenir de
» rendre un culte religieux à une créature devant le
» Créateur ? » Quand on tient de pareils discours,
où il n'y a qu'un son éclatant et des couleurs spé-
cieuses, on montre bien qu'on ne veut qu'éblouir le
monde. Car, laissant à part l'équivoque du terme de
religieux dont on parlera bientôt, demandez, mes
Frères, à votre ministre, s'il permet de louer et de
glorifier les bienheureux Esprits dans l'état de gloire
où ils sont. Voilà donc cette espèce d'hommage, puisqu'il veut l'appeler ainsi ; et pour parler plus correctement, voilà les justes louanges et la glorification
rendue aux saints, sous les yeux de Dieu, sans qu'il
s'en offense. Niera-t-on que les louanges soient un
culte, et les louanges de Dieu la principale partie du
culte divin ? Donc les louanges des saints sont un
honneur qu'on leur rend. On sait bien, et il ne faut
pas se tourmenter à nous l'expliquer, qu'on ne les
loue pas comme Dieu ; mais enfin en les louant on
les honore. Le ministre nous dira, quand il lui plaira,

qu'est honneur qu'on leur rend, pour l'amour de
Dieu, est religieux ou profane. En attendant, il est
constant qu'on ne les regarde pas devant Dieu comme
des riens, puisqu'on les loue à ses yeux, et que c'est
là proprement que nous les devons glorifier, puisque
c'est là que Dieu les glorifie.

La comparaison des rois de la terre montre bien
encore qu'on ne s'entend pas. Car, sans parler de certains honneurs qu'on rend tous les jours aux enfans
des rois en présence de leur Père, et qui rejail-
lissent sur les rois mêmes, ce qui montre qu'on
peut honorer les enfans de Dieu devant leur Père céleste; et où est-ce qu'on les honorera, si l'on ne les
honore pas devant Dieu et sous ses yeux? Où est-
ce que Dieu n'est pas? Où est-ce que la foi ne nous le
représente pas dans sa majesté et dans sa gloire? Il
ne faudroit donc jamais honorer nos frères, ni les
prier de prier pour nous. Car nous ne le pouvons
faire qu'en les regardant sous les yeux de cette
suprême Majesté. Et d'ailleurs peut-on ne pas voir
que ce qui oblige à supprimer devant les rois certains honneurs qu'on pourroit rendre aux autres
hommes en leur absence, c'est qu'après tout le roi
n'est qu'un homme, et l'honneur qu'on lui rend est
un honneur fini, qu'un autre honneur peut partager
et diminuer; mais l'honneur qu'on rend à Dieu
n'ayant point de bornes, puisqu'on y regarde toujours la disproportion de créature à créateur, qui est
infinie, Dieu ne peut rien perdre du sien, quand on
honore ses serviteurs, qu'on ne regarde au contraire
que comme un foible écoulement de sa grandeur infinie, et qu'on regarde toujours comme d'autant plus
revêtus de ses bienfaits, qu'ils sont eux-mêmes plus
grands. Il n'en est pas ainsi des rois. Les hommes
n'en tiennent pas toutes les belles qualités d'esprit et
de corps qui leur attirent du respect. Mais tous les
avantages que nous révérons dans les saints, leur
viennent de Dieu; et dès qu'ils sont connus comme
tels, s'ils provoquoient Dieu à jalousie, Dieu seroit
jaloux de lui-même.

Mais voici une autre raison de votre ministre :
« Quand vous dites à un saint vivant : Priez pour
» nous, vous n'en faites point un intercesseur qui
» soit médiateur auprès de Dieu ; car il n'est pas
» plus auprès de Dieu que vous : il n'est point entre
» Dieu et vous ; ce n'est qu'une jonction de prières
» que vous demandez ; mais quand vous dites à un
» saint qui est au ciel plus près de Dieu que vous, et
» tout près de Dieu : Priez pour nous, vous en faites
» un intercesseur posé près de Dieu, un médiateur
» entre Dieu et vous. » Dans quelles subtilités s'embarrasse l'esprit humain, et quel vain tourment il
se donne, quand il ne veut pas ouvrir les yeux à la
vérité ? Un bienheureux est uni à Dieu par la charité ;
un fidèle qui est sur la terre lui est uni par le même
nœud, et c'est la même charité partout, puisque
saint Paul a prononcé *que la charité ne se perd
jamais* (1), et par conséquent ne se perd pas même
dans la gloire, comme la foi et l'espérance s'y perdent.
Si c'est la même charité, elle nous unit avec Dieu et
entre nous, tant dans le ciel que sur la terre, en
sorte que tous ensemble nous ne faisons qu'un même
corps de Jésus-Christ. Les saints voient ce que nous
croyons ; mais toute la perfection de la gloire est
renfermée dans la foi, comme le fruit dans son germe.
Les saints ne sont donc pas entre Dieu et nous, à
parler dans la précision d'une saine théologie ; mais
ils sont nos membres et nos frères, qui sont unis
comme nous par le même médiateur, qui est Jésus-
Christ. De là se forme ce raisonnement tiré des principes du ministre : Ce n'est point offenser Dieu ni
Jésus-Christ *que de demander aux saints une
jonction de prières.* (Ce sont les paroles du ministre
qu'on vient de voir.) Or nous ne demandons aux
saints qu'une jonction de prières. Ce n'est point
mettre les saints entre Dieu et nous, que de les
regarder comme unis à nous. (C'est encore le principe du même ministre.) Or nous ne regardons les

____

(1) *I. Cor.* XIII. 8.

saints, qui sont dans la gloire, que comme unis avec nous par la charité en un même corps de Jésus-Christ ; nous ne les mettons donc pas entre Dieu et nous, comme nous y mettons Jésus-Christ ; et, à proprement parler, il n'y a que Jésus-Christ seul à qui nous rendions cet honneur ; puisqu'il n'y a que lui seul que nous regardions comme écouté par lui-même ; tous les autres, qui prient dans le ciel ou sur la terre, ne l'étant uniquement que par lui, ainsi qu'on vient de le voir par le concile de Trente, et qu'on le verra encore plus évidemment dans la suite.

Il s'ensuit de là clairement que les prières qu'on adresse aux saints, loin de nous détourner de Dieu, nous y unissent, ce qui se démontre en cette sorte. La prière, dont Dieu est toujours le premier et le principal objet, ne nous peut détourner de Dieu ; or est-il que Dieu est toujours le premier et le principal objet de la prière que les catholiques adressent aux saints, puisqu'ils ne les prient que de prier Dieu ; par conséquent la prière adressée aux saints ne peut jamais détourner de Dieu ceux qui la font dans l'esprit de l'Église catholique.

En effet, le but de cette prière n'est pas tant de s'adresser aux saints comme priés, que de nous unir à eux comme prians ; et c'est pourquoi saint Basile ne croyoit pas détourner les peuples de prier Dieu, en les invitant à prier les saints ; parce que, les invitant à prier les saints, selon l'esprit du christianisme, c'étoit leur dire, en d'autres paroles, comme il l'interprète lui-même : *Que vos prières se répandent devant Dieu avec celles des martyrs* (1). Le dessein de glorifier Jésus-Christ est toujours le principal et le plus intime motif qui anime ces prières ; c'est aussi ce qui faisoit dire à saint Chrysostôme (2) : « Où est le sépulcre d'Alexandre le Grand ? Mais les » tombeaux des serviteurs de Jésus-Christ sont il- » lustres dans la ville maitresse, et personne n'ignore » les jours de leur mort, qui sont devenus des jours

____

(1) *Orat. in* 40 *Mart.* — (2) *Hom.* XXVI. *in* II. *ad Cor.*

» de fêtes par tout l'univers..... Les tombeaux des
» serviteurs du Crucifié sont plus magnifiques que
» les palais des rois, non tant par la beauté de la
» structure, quoique cela ne leur manque pas, que
» par le concours des peuples. Car celui qui porte
» la pourpre, y accourt lui-même pour embrasser
» ces tombeaux; et ayant déposé son faste, il est
» debout, priant les saints qu'ils l'aident par leurs
» prières. Celui qui porte le diadème obéit à un
» pêcheur et à un faiseur de tentes, même après leur
» mort, pour ses patrons. Direz-vous que Jésus-
» Christ soit mort, lui dont les serviteurs, même
» après leur mort, sont les patrons et les protecteurs
» des rois de la terre? » C'est dans la gloire qu'il les
regarde, comme vous voyez; et, loin d'être rebuté de
les honorer, sous prétexte qu'il les regarde avec
Jésus-Christ, c'est au contraire pour cette raison
qu'il les juge dignes des plus grands honneurs. C'est
ainsi que ces grands hommes faisoient servir la gloire
des saints à celle de Jésus-Christ. Le même saint
Chrysostôme dit encore ailleurs (1) : « Allons sou-
» vent visiter ces saints martyrs, touchons leurs
» châsses, embrassons avec foi leurs saintes reliques,
» afin d'en attirer quelques bénédictions sur nous;
» car comme de braves soldats montrant aux rois les
» plaies qu'ils ont reçues pour leur service leur par-
» lent avec confiance, de même ceux-ci, en montrant
» leurs têtes coupées, obtiennent tout ce qu'ils
» veulent du Roi du ciel. »

Ce beau passage de saint Chrysostôme a tellement
touché Œcolampade, un des Prétendus Réformateurs, qu'il l'oblige à parler ainsi dans les notes
qu'il a faites sur cette Homélie : « Je ne voudrois
» pas nier que les saints ne prient pour nous; je
» ne voudrois pas dire non plus qu'il fût assuré que
» ce fût une impiété et une idolâtrie d'implorer leur
» protection. Les saints sont tout embrasés de charité
dans le ciel : ils ne cessent de prier pour nous. Quel

(1) *Hom.* XL, *de SS. Juvent. et Max.*

y a-t-il donc de leur demander qu'ils fassent ce que nous croyons que Dieu a très-agréable, quoi-qu'il ne nous ait pas commandé de le faire? » Un ministre nous justifie contre les ministres; et malgré les préventions de la secte, lorsqu'il entend les Pères parler comme nous, il n'ose pas assurer que nos prières se ressentent de l'idolâtrie.

Mais, dit-on, et voici le fort des Prétendus Réformés, on présuppose, en priant les saints de tant d'endroits de la terre, qu'ils ont l'oreille partout, et qu'ils connoissent le secret des cœurs; ce qui est leur attribuer une prérogative divine. Qu'un autre ministre réponde pour nous. Les Prétendus Réformés n'ont pas dessein d'élever les anges, non plus que les autres saints, au-dessus de la créature. Cependant que nous disent-ils de ces créatures bienheureuses? « Les anges, dit M. Daillé (1), voient ce qui touche » chacun de nous en particulier. Ils voient le péril » de chacun de nous, ce que chaque fidèle craint, ce » qu'il désire, ce qu'il demande, parce qu'ils sont pré-» sens sur la terre et mêlés au milieu de nous. » Daillé en fait-il des dieux, en leur donnant tant de connois-sance, et de nos besoins, et de nos désirs, et de tout ce qui nous touche en particulier? *Mais c'est,* dit-il, *qu'ils sont sur la terre au milieu de nous:* comme si la connoissance de tant de secrets dépen-doit des lieux, et non d'une lumière céleste, que Dieu communique à qui il lui plaît. Quoi qu'il en soit, on peut dire, sans blesser la foi, que les anges connoissent ce qui se passe sur la terre, et même nos secrets désirs. Ce qui fait que cette opinion qu'on a de leurs connoissances ne nous empêche pas de les reconnoître pour ce qu'ils sont, c'est-à-dire, pour des créatures, c'est que nous savons d'où leur vien-nent toutes leurs lumières, d'où ils reçoivent leurs ordres, et où ils mettent leur félicité. Nous n'avons donc pas besoin d'égaler les saints à Dieu, pour leur faire entendre nos vœux. Il ne faut que les égaler

(1) *Lib.* 3, c. xxiii, *p.* 484.

aux anges, qui savent nos prières, qui les présentent
à Dieu, qui les mettent sur l'autel céleste devant le
trône de Dieu (1), comme un présent agréable. Lisez
le chapitre VIII de l'Apocalypse ; et ne dites pas que
l'ange qui y offre à Dieu les prières des saints, soit
Jésus-Christ ; saint Jean ne l'appelle qu'un *autre
ange* (2), un ange comme les autres qui paroissent
dans ce divin livre ; un ange comme les sept anges
dont il venoit de parler. Cet ange, qui n'est qu'une
créature, entend nos vœux, puisqu'il les offre. Qu'on
répète tant qu'on voudra que c'est une idolâtrie que
d'égaler par quelque endroit que ce soit les saints à
Dieu : j'en conviens ; mais sera-ce, encore une fois, idolâtrie de les égaler aux anges, à qui Jésus-Christ
même nous apprend que sa grâce nous rend semblables ? *Ils seront,* dit-il (3), *comme les anges de
Dieu.* Mais qui empêche qu'ils ne le soient dès à
présent, puisqu'ils voient, comme les anges, *la face
du Père ?* Un ange présente nos prières (4), et les
fioles qui sont pleines de ce céleste parfum. Mais les
vingt-quatre vieillards, qui nous représentent l'universalité des saints, assis devant le trône de Jésus-
Christ, revêtus de blanc, et couronnés, c'est-à-dire,
avec la couleur et les ornemens de la gloire (5), ne
portent-ils pas aussi dans leurs mains ces fioles pleines
de parfums, qui sont les prières des saints ? Si les
anges sont appelés à la participation des secrets divins,
et s'ils en font le sujet des louanges qu'ils donnent à
Dieu, ne voit-on pas les âmes des martyrs sous l'autel,
où elles sont en Jésus-Christ, dans lequel elles sont
cachées, qui connoissent l'état de l'Église, en sachant
les persécutions dont elles demandent la fin, et appren-
nent qu'elle est différée pour peu de temps, et pourquoi (6) ? N'est-ce donc pas blasphémer, que de les
ranger parmi les morts qui ne savent rien de ce qui
se passe sur la terre ; et quand Babylone tombe, les
apôtres et les martyrs ne sont-ils pas invités à louer

______

(1) *Apoc.* VIII. 3. — (2) *Ibid.* — (3) *Matth.* XXIII. 30.
(4) *Apoc.* VIII. 3 — (5) *Ibid.* IV. 4. *Ibid.* V. 8. *Ibid.* VI. 1,
11. — (6) *Ibid.* VI. 9, 10, 11.

Dieu de ses jugemens, et n'entend-on pas en effet, aussitôt après, des cantiques d'admiration, dans le ciel, sur ce sujet (1); ne voit-on pas que l'exécution des justes jugemens de Dieu, fait une fête dans le ciel, pour tous les esprits bienheureux, et autant pour les âmes saintes que pour les saints anges? Pourquoi donc ces âmes saintes n'entreroient-elles pas dans les actions particulières, et dans la fête qu'on fait dans le ciel, pour la conversion d'un pécheur? Qu'on ne nous dise donc plus que c'est en faire des dieux, que de leur faire connoître ce qui se passe ici-bas, et en particulier les prières que nous envoyons au ciel. Suivons de plus hauts principes, et apprenons à connoître en quoi consiste la grandeur de Dieu. Il fait entendre à ses prophètes, aux âmes saintes, à ses anges, et à tel autre qu'il lui plaît de ses serviteurs, non seulement les pensées des hommes, mais encore ses propres pensées, et ce qu'il a résolu des peuples et des nations dans son conseil éternel. Il les élève plus haut, lorsqu'il leur montre son essence à découvert. Et sans doute, c'est quelque chose de plus de le voir lui-même face à face, que de connoître ses desseins, quelque hauts qu'ils soient; à plus forte raison, que de connoître les desseins et les pensées des hommes mortels. Dieu mène ses serviteurs autant qu'il lui plaît, ainsi qu'il lui plaît, par tous les degrés de connoissances; et à quelque perfection qu'il les élève, il se montre toujours leur Dieu, parce qu'ils ne sont éclairés que par sa lumière.

C'est pourquoi les saints docteurs n'ont point hésité à attribuer la connoissance de nos prières aux âmes saintes. Nous avons ouï saint Grégoire de Nysse, dire au martyr saint Théodore : *O saint martyr, regardez-nous du plus haut des cieux.* Nous avons ouï saint Augustin, louer la prière d'une mère chrétienne, qui avoit perdu son fils sans être baptisé : *O saint martyr, vous savez pourquoi je le pleure,* disoit cette mère (2); et parce qu'elle avoit dit, *vous*

(1) *Apoc.* XVIII. 20. XIX. 1. — (2) Vide sup. *p.* 179.

savez, « Dieu, continue le même Père, voulut mon-
» trer quelle avoit été sa pensée. Elle porta l'enfant
» ressuscité aux prêtres, il fut baptisé, il fut sanctifié,
» il fut oint, on lui imposa les mains ; tous les céré-
» mens étant achevés, il mourut. Sa mère accom-
» pagna son enterrement avec un visage qui faisoit pa-
» roître qu'elle ne croyoit pas tant mettre son fils dans
» le tombeau que le mener dans le propre sein du mar-
» tyr. » Que d'articles de la nouvelle Réforme sont condamnés par ce récit ; et qu'on doit être fâché, s'il reste
quelque sentiment de piété véritable, d'être d'une religion qui oblige à rejeter des choses si saintes ; et à
la fois si bien attestées par de si grandes autorités !
Mais quelque opinion qu'on en ait, j'ai toujours prouvé
ce que je voulois ; et il est bien assuré que, si la
femme qui fit cette prière à saint Etienne, ni saint
Augustin qui la loue, ne vouloient pas faire un Dieu
de ce saint martyr. Les autres Pères ne vouloient pas
non plus attribuer aux saints, dont ils demandoient
les prières, aucune perfection divine ; puisque, quelque
intelligence qu'ils y reconnussent de nos besoins, ou
en général des choses du monde, ils savoient bien
qu'ils ne voyoient rien que dans une lumière emprun-
tée. « Vous savez tout, disoit saint Paulin à son
» Félix (1) : Vous voyez dans la lumière de Jésus-
» Christ les choses les plus secrètes et les plus éloi-
» gnées, et vous comprenez tout en Dieu, où tout
» est renfermé. »

Il faut que le ministre succombe sous des vérités si
constantes. Il en a senti le poids : il a, dis-je, bien
senti que ni les saints Pères, qu'il accuse comme nous
d'idolâtrie, ni nous, qui ne faisons que les suivre,
n'attribuons rien de divin aux bienheureux esprits ; et
vous le pouvez entendre par ces paroles : « Nous
» pouvons défier l'Eglise romaine de nous montrer
» aucune différence entre le culte qu'elle rend au Fils
» de Dieu, et celui qu'elle rend aux saints. Ils ne
» peuvent trouver quelqu'une entre le culte de Jésus-

(1) Paul. de Naz. S. Fel.

» et celui des saints ; mais entre le culte des saints
» et du Fils, je les défie d'en montrer aucune (1). »
Tout cela se réduit à dire que Jésus-Christ *homme*,
fait tout le bien qu'il nous fait par voie d'inter-
cession, comme les saints. Au nom de notre Seigneur, et par le soin que vous devez avoir de votre
salut, arrêtez-vous ici, mes très-chers Frères. Vous
voyez à quoi votre ministre réduit principalement la
difficulté. « Ils peuvent, dit-il, trouver quelque dif-
» férence entre le culte du Père éternel et celui des
» saints. » Il n'ose découvrir tout ce qu'il sent. *Nous*
pouvons trouver quelque différence; c'est-à-dire,
naturellement, quelque petite différence ; mais, ou
nous n'en pourrons trouver aucune, ou celle que nous
trouvons est infinie. Car, je vous prie, quelle différence avons-nous trouvée entre le secours de Dieu et
celui des saints, entre la manière de prier Dieu et
celle de prier les saints? C'est, avons-nous dit, que
Dieu donne, et les saints obtiennent : on prie Dieu,
comme la source de tout bien, de donner ses grâces
quelles qu'elles soient, temporelles ou spirituelles,
et on prie les saints de les demander. Or ce n'est pas
là quelque différence, c'est une différence immense,
infinie; puisque c'est une différence, qui, d'un côté,
fait Dieu être parfait, et de l'autre la créature être in-
digent, tiré du néant, et le néant même ; une différence, en un mot, qui met d'un côté l'indépendance
absolue, et de l'autre la dépendance sans bornes. Ce
n'est pas là quelque différence; mais c'est toute la
différence qu'on peut établir entre Dieu et la créature, et l'on ne peut en imaginer une plus grande
ni une plus essentielle.

Ici votre ministre se tourmente en vain à prouver
aux catholiques, « qu'il n'y a point de biens et de grâces
» pour le temps et pour l'éternité, qu'ils ne demandent
» à leurs saints directement, et sans détour. » Veut-il
dire qu'on les leur demande, comme à ceux qui les
donnent? Il n'y auroit donc aucune différence. Or est-

(1) *Lett.* xv, p. 114, 115.

il qu'il ne peut nier que nous n'y en mettions quelqu'une ; et nous venons de lui prouver, ou que nous
n'en mettons aucune, ou que nous en mettons une
aussi grande qu'on la puisse mettre, et en un mot
une infinie. Qu'il enfle donc son discours de tant
d'exagérations qu'il lui plaira, et qu'il raconte toutes
les grâces qu'on demande à la sainte Vierge ; il demeure lui-même d'accord qu'on ne les demande que
par voie d'intercession, puisque même, selon lui,
on n'en attend pas davantage de Jésus-Christ. La difficulté n'est donc plus que de l'intercession de Jésus-
Christ. Il s'agit de voir si celle des saints est de même
nature que la sienne, et il est essentiel à cette cause,
que vous compreniez que c'est en cela précisément,
que votre ministre met le nœud de cette question.
C'est ce qu'il déclare par ces paroles : « Pour moi,
» poursuit-il (1), plus j'étudie le culte qu'on rend à
» Jésus-Christ, plus je le trouve semblable à ce-
» lui des saints. Nous adressons à Jésus-Christ deux
» sortes de prières, l'une indirecte, en lui disant :
» Priez pour nous ; l'autre directe, en lui demandant
» directement la grâce, la rémission des péchés, la
» vie éternelle. Dans l'Église romaine, on fait pré-
» cisément la même chose à l'égard des saints. Cela
» laisse une différence, je l'avoue, entre l'adoration
» qu'on rend à Dieu le Père, et celle qu'on rend aux
» saints. » La voilà donc encore une fois établie, de
son aveu, cette différence, qui, comme on voit, est infinie. « Car, continue-t-il, jamais on ne dit au Père :
» Seigneur, priez pour nous, intercédez pour nous
» auprès de votre Fils. Cela seroit insensé, et
» peut-être impie ; et je crois que Rome ne pratique
» pas cette impiété. » Il y a donc pour la troisième
fois une différence essentielle entre la prière que l'É-
glise romaine fait au Père, et celle qu'elle fait aux
saints, de l'aveu de votre ministre. « Mais il n'y a,
» continue-t-il, aucune différence du culte rendu à
» Jésus-Christ, et de celui qu'on rend aux saints ; car,

(1) *Lett.* xv, p. 115.

» et à celui-là, et à celui-ci, on dit indifféremment :
» Priez pour nous, afin que Dieu nous donne, ou bien :
» Donnez-nous vous-même, PAR VOIE D'INTERCESSION
» ET D'IMPÉTRATION de son Père », comme il l'explique
lui-même et le répète dix fois. Il ne reste donc plus
qu'à faire voir qu'il y a encore une différence infinie
entre l'intercession de Jésus-Christ, et celle des saints ;
et c'est là, comme vous voyez, que votre ministre fait
consister notre question. Mais elle est si aisée à résoudre,
que je n'y veux employer que M. Daillé. C'est un ministre que je prends pour juge entre M. Jurieu et moi.

Daillé étant obligé, par une objection du cardinal
du Perron, de parler de cette matière, et d'expliquer
comment on peut croire que Jésus-Christ prie pour
nous, commence en cette sorte : « Ni nous, ni les
» anciens, ni aucun chrétien vraiment pieux, n'avons
» jamais prié Jésus-Christ de prier son Père pour
» nous (1). » D'abord il apprend bien à M. Jurieu,
qu'il ne sait pas sa théologie, quand il dit qu'on prie
Jésus-Christ de prier pour nous : « Ni nous, dit-il,
» ni les anciens, ni aucun chrétien vraiment pieux,
» ne l'a jamais fait. » M. Jurieu n'est donc pas de ces
pieux chrétiens, selon le ministre Daillé. Il poursuit :
« Du Perron pense-t-il que Jésus-Christ ne fasse pour
» nous autre chose que de se prosterner devant Dieu,
» afin de prier comme feroit un des saints de ce car-
» dinal ? Assurément il se trompe, s'il a une sem-
» blable pensée. » Tout en s'emportant contre nous,
Daillé nous accorde ce que nous voulons. Les saints
du cardinal du Perron, c'est-à-dire, les saints des
catholiques, sont prosternés devant Dieu comme
d'humbles supplians : Jésus-Christ n'agit pas de cette
manière, et nous en convenons avec le ministre ; l'intercession de Jésus-Christ n'est donc pas de même
nature que celle des saints. Prenons encore la chose
d'une autre manière. Daillé dit, et il dit vrai, qu'on
n'a jamais prié Jésus-Christ de prier pour nous. Il n'y
en a aucun exemple, ni aucun précepte, ni aucun

(1) *Daill. de cult. Latt. l.* III, *c.* XIX, *p.* 386.
1. BOSSUET. AVERTISSEMENS.   9

conseil, ni dans l'Ecriture, ni dans la tradition. Quand donc on prie les saints, comme fait l'Église romaine, on ne leur demande rien de semblable à ce qu'on attend de Jésus-Christ. Voilà qui est clair : mais la suite le sera beaucoup davantage ; et plus Daillé s'étudie à nous expliquer la dignité de la médiation de Jésus-Christ, plus il justifie les catholiques. Car écoutons ce qu'il ajoute : « Jésus-Christ, Père de l'éternité, est » seigneur et dispensateur de toutes les grâces que » son sang nous a méritées. Ce puissant roi de l'univers nous les donne ainsi qu'il lui plaît : ses sujets » ne le tiennent pas pour un simple intercesseur, mais » pour leur Roi, pour leur Seigneur, pour leur Dieu, » et ils souhaitent que ce qu'ils demandent leur soit » accordé par sa volonté et par sa puissance. » Notre cause se fortifie visiblement, par le discours de Daillé. Il ne permet pas qu'on regarde Jésus-Christ comme un simple intercesseur. Il est, dit-il, dispensateur et distributeur des grâces de Dieu ; mais il les donne avec autorité, et comme Seigneur, parce qu'il *les a méritées par son sang* : elles sont à lui ; il les a acquises ; il les a achetées, et cela par un prix infini, qui est celui de son sang ; et si M. Daillé rapporte cela à la nature divine de Jésus-Christ, c'est que c'est là qu'est la source de la dignité et du mérite infini qui se trouve dans les actions de Jésus-Christ, et dans toute sa personne : ce qui est indubitable ; mais en même temps il ne l'est pas moins que ceux qui, comme nous, regardent les saints, non comme *distributeurs de la grâce*, mais comme de *simples intercesseurs*, ne les égalent en aucune sorte avec Jésus-Christ. Mais le ministre, en continuant de plaider sa cause, va donner comme un dernier trait à la bonté de la nôtre. « Que si on dit, poursuit-il, que » Jésus-Christ prie pour nous, il faut entendre cela, » non d'une manière basse, mais d'une manière relevée et convenable à la majesté d'un si grand Roi. Ce » n'est point en se prosternant, en tendant les mains, » ni en disant des paroles de suppliant qu'il intercède » pour nous, c'est qu'il apaise son Père, par le prix

» et la bonne odeur toujours présente de la victime
» qu'il a une fois offerte, et fait qu'il nous donne les
» grâces que nous demandons, lui-même consentant
» aussi et voulant que nous les ayons. Telles sont les
» prières que Jésus-Christ fait pour nous. Elles sont
» dignes de sa personne ; et saint Paul nous le fait en-
» tendre, lorsqu'il dit que l'épanchement du sang de
» Jésus crie plus haut que le sang d'Abel. » Nous
sommes d'accord avec les ministres de cette manière
d'expliquer la médiation de Jésus-Christ. On la peut
voir très-bien expliquée dans saint Thomas, et l'on
n'en connoît point d'autre dans nos écoles. On y enseigne constamment, que Jésus-Christ intercède par
son sang répandu pour nous, et par la vertu éternelle
de son sacrifice. Il n'a besoin ni de paroles ni de pos-
tures suppliantes ; il suffit, comme dit l'Apôtre, *qu'il
paroisse pour nous devant Dieu*, afin de nous obtenir tout ce qu'il lui plait. Ce qu'on appelle prier, dans
cet état glorieux de Jésus-Christ, c'est dans sa sainte
âme une perpétuelle volonté de nous sanctifier, con-
formément à cette parole qu'il a prononcée : *Je me
sanctifie pour eux, afin qu'ils soient saints en
vérité* (1) ; et à celle-ci : *O mon Père, je veux que
ceux que vous m'avez donnés soient avec moi* (2).
Il a droit de dire, *Je veux*, d'une façon particulière,
qui ne convient qu'à lui seul : il peut disposer de nous,
et des grâces qu'il nous distribue, comme de choses
qui sont siennes, qu'il a achetées, qu'il s'est rendues
propres. Nous ne donnons rien de semblable aux
saints. Ce n'est point leur sang qui nous sauve, ni
qui est une source de grâces pour nous : ils n'ont
point offert le sacrifice, dont l'efficace infinie et toujours présente, sanctifiera les pécheurs, jusqu'à la fin
des siècles : ils sont humbles supplians devant la majesté divine, serviteurs agréables à leur maître ; mais
enfin simples serviteurs, non seigneurs, ni rédemp-
teurs, ni dispensateurs des grâces, comme Jésus-
Christ. Ainsi ni nous ne faisons faire à Jésus-Christ

(1) *Joan.* XVII. 19. — (2) *Ibid.* 24.

ce que font les saints, ni nous ne faisons faire aux saints ce que fait Jésus-Christ. Leur intercession laisse en son entier tout ce qui convient, selon les ministres, aussi bien que selon nous, à celle du Fils de Dieu, et nous ne leur en donnons aucune partie.

Mais, après avoir fait voir au ministre que nous établissons parfaitement la médiation de Jésus-Christ, apprenons-lui à la mieux entendre qu'il ne fait, lui, qui en fait consister la reconnoissance à dire à Jésus-Christ : Priez pour nous. M. Daillé a eu raison de lui dire que ni les modernes ni les anciens n'ont jamais prié ainsi. Quand saint Étienne mourant invoqua Jésus-Christ pour ceux qui le lapidoient, il ne lui dit pas : O Seigneur, priez pour eux ; mais, *O Seigneur, ne leur imputez pas leur péché* (1), le regardant comme juge, comme celui *qui opère par lui-même la purification du péché* (2). Il ne lui dit pas : Priez votre Père de recevoir mon esprit ; mais il lui dit à lui-même : *O Seigneur, recevez mon Esprit* (3). Je ne sache aucun orthodoxe qui ait osé dire, comme fait M. Jurieu, qu'il faut dire à Jésus-Christ, même comme homme : Priez pour nous ; parce que l'homme, dans Jésus Christ, étant élevé à être Dieu, ce qui lui a donné le moyen de nous acheter les grâces, et en particulier celle de la rémission des péchés, par un prix proportionné à leur valeur, il en est fait Seigneur, même comme homme, mais comme homme élevé à être Dieu. C'est pourquoi on ne le prie pas de la demander, mais de la donner comme Seigneur ; ce qui fait aussi que saint Étienne lui donne le nom de Seigneur, dans cette prière : *O Seigneur, n'imputes pas ce péché ;* et de même : *O Seigneur, recevez mon esprit.* Car c'est à vous de le recevoir, à la vérité, pour le présenter à votre Père ; mais néanmoins comme Seigneur, à qui il appartient en propre, parce que vous l'avez acheté par votre sang.

Mais quand il seroit permis *de prier Jésus-Christ de prier,* chose que la vraie piété a en horreur, tou-

____

(1) *Act.* VII. 59. — (2) *Heb.* I. 3. — (3) *Act.* VII. 58.

jours le ministre n'y gagneroit rien ; parce qu'il y aura toujours une différence infinie entre la prière du chef et celle des membres ; entre la prière de celui où réside la plénitude et la source de la grâce, et celle de ceux qui n'en reçoivent qu'un écoulement imparfait ; enfin entre la prière d'une personne sainte par la propre sainteté substantielle de Dieu, et la prière de ceux qui ne le sont que par quelque participation de sa sainteté infinie ; ce qui fait que la prière de l'un est agréable et reçue par sa propre dignité, et celle des autres, au contraire, en son nom, et par le mérite de la sienne ; et c'est aussi ce qui met la différence la plus essentielle qu'on puisse jamais établir de prière à prière, et même une différence qui va jusqu'à l'infini, parce qu'elle est fondée sur la perfection de la nature divine.

Toute cette doctrine est renfermée dans cette conclusion solennelle des prières ecclésiastiques, qui finissent toutes en ces termes : *Per Dominum nostrum Jesum Christum : Par notre Seigneur Jésus-Christ*, par où l'Eglise reconnoît que toutes ses prières tirent leur valeur et leur efficace de l'interposition du nom de Jésus-Christ, à quoi elle ajoute en même temps la confession de la divinité du même Sauveur, en adressant ces paroles à Dieu le Père : *Par Jésus-Christ votre Fils unique, qui, étant Dieu, vit et règne aux siècles des siècles avec vous et le Saint-Esprit ;* où l'Eglise met clairement la médiation de Jésus-Christ, en ce qu'il est un homme-Dieu, en qui s'unissent toutes choses ; c'est-à-dire tout ensemble, les hautes et les basses, les célestes et les terrestres, sans que ni nous ni les plus grands saints puissent impétrer aucune grâce, ni pour eux, ni pour leurs frères, en un autre nom.

Au reste, si l'on a vu la médiation de Jésus-Christ si parfaitement expliquée par le ministre Daillé, il faut se souvenir qu'on a vu aussi qu'il n'y a rien là de nouveau pour nous, puisque tous nos docteurs l'expliquent de même sur le fondement des Ecritures et sur la doctrine de saint Paul. Ç'a été aussi la doctrine de tous les anciens Pères, et saint Grégoire de Na-

zianze l'a expliquée admirablement par ces paroles :
« Le Verbe engendré de Dieu avant tous les temps,
» et par là étant Fils de Dieu, est devenu Fils de
» l'homme. Il est sorti sans impureté et d'une ma-
» nière miraculeuse du sein d'une Vierge, homme
» parfait aussi bien que Dieu parfait, pour sauver en
» toutes ses parties l'homme qui étoit blessé en elles
» toutes, et détruire la condamnation du péché (1). »
C'est en cela que consiste sa médiation, et c'est
aussi sur ce fondement que le même saint l'établit,
en supposant premièrement qu'il ne faut point croire
« que le Fils de Dieu se jette aux pieds de son Père
» d'une manière servile. Loin de nous, dit-il (2),
» cette pensée basse et indigne de l'esprit de Dieu.
» Il ne convient ni au Père d'exiger une telle chose,
» ni au Fils de la souffrir. » Il enseigne « qu'intercé-
» der n'est autre chose au Fils de Dieu que d'agir pour
» nous auprès de son Père, en qualité de médiateur
» de Dieu et des hommes, Jésus-Christ homme ;
» et, ajoute ce grand personnage, comme homme,
» il intercède pour mon salut, parce qu'il est toujours
» avec le corps qu'il a pris, et qu'il me fait devenir
» un Dieu par la force de l'humanité qu'il s'est unie. »
Voilà une manière d'intercéder digne de Jésus-
Christ. Un Dieu en se faisant homme, nous a faits des
dieux par ressemblance : son humanité est le moyen
par lequel la divinité nous est communiquée : son corps,
qui a été notre victime, nous attire continuellement
les grâces du ciel, et Jésus-Christ ne cesse d'intercéder,
parce qu'il ne quitte jamais l'humanité qu'il a prise.
Cette sublime médiation, qui ne convient qu'à Jésus-Christ seul, n'a pas empêché que le même Père,
en prenant la médiation en un autre sens infiniment
inférieur à celui-là, n'ait dit que *les saints martyrs
sont les médiateurs de cette élévation qui nous
divinise* (3) : sans doute, parce qu'ils nous en montrent le chemin par leur exemple, et qu'ils nous aident
à y arriver par leurs prières.

(1) *Orat.* XL. — (2) *Ibid.* XXXVI. — (3) *Ibid.* VI.

Qu'on ne nous objecte donc plus ces mots de saint Paul : *Il y a un médiateur* (1). Sans disputer sur les mots, *il n'y a pas plus un médiateur qu'il y a un Dieu;* et je dis que, si nous pouvons par Jésus-Christ, selon saint Pierre, *participer à la nature divine* (2), nous pouvons aussi en quelque façon, quoique très-imparfaitement, participer par la charité fraternelle à la qualité de médiateur. Mais, à parler proprement, il n'y a que Jésus-Christ seul qui la porte et qui fasse cet office, ce que saint Augustin a expliqué à fond en ce peu de mots : « Les chrétiens, dit-» il (3), se recommandent aux prières les uns des » autres ; mais celui qui intercède pour tous, sans » avoir besoin que personne intercède pour lui, est » le seul et véritable médiateur. »

Les Prétendus Réformés se servent de ce passage contre la prière des saints, au lieu qu'ils devroient comprendre que, si un Père qui a si parfaitement entendu la doctrine de la médiation de Jésus-Christ, n'a pas laissé de les prier, comme les ministres l'avouent, il paroît qu'il n'a jamais seulement pensé que ces deux choses soient incompatibles. J'en dis autant de saint Grégoire de Nazianze, qui, d'un côté, constamment a prié les saints, comme nous, et qui aussi constamment n'en a pas moins bien entendu la doctrine de la médiation de Jésus-Christ, comme on vient de le voir; en sorte qu'en toutes manières, il n'y a rien de plus faux que de confondre deux choses dont la différence est infinie.

Après cela, en reviendra-t-on à cette objection cent fois résolue, mais que M. Jurieu répète encore, comme si l'on n'y avoit jamais répondu ? Vous offrez à Dieu, dit-il (4), les mérites des saints, comme vous lui offrez ceux de Jésus-Christ; vous priez Dieu par les mérites des saints, comme vous priez Dieu par les mérites de Jésus-Christ : c'est donc en tout et partout la même chose. Mais sans nous donner la peine de

_____

(1) *Gal.* III. 20. — (2) *II. Pet.* I. 4. — (3) *Cont. Epist. Parmen. lib.* II, n. 16; t. IX, col. 3; — (4) *Jur. Lett.* XI, p. 114, 115, etc.

répondre, Bucer, un des chefs de la Réforme, répondra pour nous. Le passage en est connu, et M. Jurieu l'a lu dans l'Histoire des Variations (1). « Pour ce qui
» regarde ces prières publiques qu'on appelle col-
» lectes, où l'on fait mention des prières et des mé-
» rites des saints; puisque dans ces mêmes prières,
» tout ce qu'on demande en cette sorte est demandé
» à Dieu, et non pas aux saints, et encore qu'il est
» demandé par Jésus-Christ, dès là tous ceux qui
» font cette prière, reconnoissent que tous les mé-
» rites des saints sont des dons gratuitement accordés. »
Et un peu après : « Car d'ailleurs nous confessons et
» nous prêchons avec joie que Dieu récompense les
» bonnes œuvres de ses serviteurs ; non seulement
» eux-mêmes, mais encore en ceux pour qui ils prient,
» puisqu'il a promis qu'il feroit du bien à ceux qui
» l'aiment jusqu'à mille générations. » Voilà ce qu'un reste de bonne foi fit avouer à Bucer, en 1546, dans la conférence de Ratisbonne. Je ne demande pas au ministre dédaigneux qu'il cède à l'autorité de Bucer; mais qu'il imite sa bonne foi, en reconnoissant que le mérite que nous attribuons à Jésus-Christ est bien d'une autre nature que celui que nous attribuons aux saints; puisque le mérite de Jésus-Christ est infini, à cause qu'il est Dieu et homme; et celui des saints fini, à cause qu'ils sont des hommes purs; d'où suit une autre différence qui n'est pas moins essentielle, savoir que le mérite de Jésus-Christ a sa valeur par lui-même auprès de Dieu, au lieu que les mérites des saints n'en ont que par celui de Jésus-Christ; ce qui fait qu'en priant Dieu d'avoir agréables les mérites de ces saints, l'Eglise finit toujours en demandant que ce soit par Jésus-Christ : *Per Dominum nostrum Jesum Christum*, et que le concile de Trente en définissant qu'il *est utile de prier les saints de nous obtenir les grâces de Dieu*, ajoute, par Jésus-Christ, et décide que c'est par là qu'ils nous les obtiennent.

Ainsi il ne reste plus de difficulté dans la question

(1) *Liv.* III, p. 147.

que nous traitons. Il s'agit de savoir si nous sommes idolâtres en priant les saints, c'est-à-dire, en d'autres mots, si nous égalons les saints ou à Dieu ou à Jésus-Christ : et le ministre est déjà demeuré d'accord que nous mettons une différence très-essentielle du côté de la prière qu'on adresse à Dieu. Restoit celle qu'on adressoit à Jésus-Christ ; et la différence n'est pas moins essentielle, de l'aveu même, et par les principes de Daillé et de Bucer ; par conséquent la question est vidée. C'est en vain que le ministre triomphe, et qu'il provoque l'évêque de Meaux à lui répondre. Cet évêque lui a répondu ; mais s'il restoit quelque bonne foi à votre ministre, il n'y avoit rien de plus aisé pour lui que de prévenir cette réponse, puisqu'il l'auroit pu trouver dans ses propres théologiens, aussi claire et aussi distincte que l'auroit pu faire un des nôtres.

En effet, quoi qu'il puisse dire , il sait bien que le vrai Dieu que nous adorons n'est pas le Jupiter des païens. Les anges et les âmes bienheureuses dont nous demandons la société dans nos prières , ne sont ni des dieux, ni des demi-dieux, ni des génies, ni des héros, ni rien enfin de semblable à ce que les Gentils imaginoient. Notre Dieu est le Dieu qui seul a fait toutes choses par sa parole , qui n'a pas commis à ses subalternes une partie de l'ouvrage , comme on disoit dans le paganisme. Le monde n'est pas un arrangement d'une matière que Dieu ait trouvée toute faite ; les âmes et les esprits ne sont pas une portion de son être et de sa substance. Il a tout également tiré du néant, et tout également par lui-même. Vos ministres n'oseroient nier que ce soit là constamment notre doctrine. Qu'ils entreprennent de nous montrer ce caractère dans le paganisme. Ne sait-on pas que Jupiter y étoit le père des dieux, à peu près dans le même sens qu'un père de famille l'est de ses enfans, et qu'il en étoit le maître, à peu près comme un roi l'est de ses ministres, sans leur avoir donné le fond de l'être ? Mais Dieu , qui l'a donné à tous les esprits bienheureux, ou plutôt qui le leur donne sans cesse par une influence toujours nécessaire, leur donne en même temps toute leur puissance, inspire tous leurs désirs, ordonne toutes leurs actions, et il est lui seul toute leur félicité; choses que les païens, je dis même les philosophes, ne songeoient pas seulement à attribuer à leur Jupiter. Cette différence infinie de leur théologie et de la nôtre, en produit une qui n'est pas moins grande dans le culte. C'est qu'au fond, tout notre culte se renferme en Dieu. Nous n'honorons dans les saints que ce qu'il y met : en demandant la société de leurs prières, nous ne faisons qu'aller à Dieu dans une compagnie plus agréable; mais enfin c'est à lui que nous allons, et lui seul anime tout notre culte.

Votre ministre nous fait ici une horrible calomnie, mais qui seule devroit servir à vous désabuser de toutes les autres « Les dieux supérieurs des païens, » dit-il (1), étoient si célestes, si sublimes et si » purs, qu'ils ne pouvoient pas eux-mêmes avoir » aucun commerce avec les hommes, ni s'abaisser » jusqu'aux soins des affaires, pour les gouverner » immédiatement et par eux-mêmes. C'est pourquoi » ils établirent les démons comme des médiateurs et » des agens entre les dieux souverains et les hommes » mortels, disoit Platon. » Il est vrai, c'est la doctrine de Platon; et c'est aussi ce qui met une différence infinie entre lui et nous. Car qui jamais a ouï dire dans l'Eglise qu'il fût indigne de Dieu de se mêler par lui-même des choses humaines, ou qu'il fallût mettre entre lui et nous cette nature mitoyenne ou médiatrice des démons? C'est pourtant ce qu'on nous impute : car écoutons le ministre. « Or, dit-il (2), » une goutte d'eau n'est pas plus semblable à une » goutte d'eau que cette théologie païenne à la théo- » logie du papisme. Dieu et Jésus-Christ, disent-ils, » qui sont nos grands dieux, sont trop sublimes pour » nous adresser droit à eux. » Je ne sais comment on ne rougit pas d'une si grossière calomnie : car ce

(1) *Acc. des Luth. I. part.* p. 183. — (2) *Ibid.* p. 184.

ministre sait bien en sa conscience, qu'outre que Dieu et Jésus-Christ ne sont pas nos *grands dieux*, puisqu'ils ne sont pour nous qu'un seul et même Dieu, avec le Saint-Esprit, et que c'est une trop hardie imposture de nous faire parler ainsi, contre toute notre doctrine, ce n'en est pas une moindre de nous faire dire, *qu'on ne peut aller droit à eux;* puisque constamment toutes les collectes, toutes les secrètes, toutes les post-communions, toutes les prières du sacrifice, le *Gloria in excelsis*, le *Te Deum*, toutes les autres prières du service ou du bréviaire s'adressent, ou à Dieu par Jésus-Christ, ou à Jésus-Christ lui-même, et que dans celles qu'on adresse aux saints, dans les litanies et dans quelques autres endroits, dès là qu'on les prie de prier pour nous, on ne fait que s'unir à eux par la charité, pour aller à Dieu. On ne les regarde donc pas comme des natures mitoyennes et médiatrices; mais on entre en société avec eux, pour aller également à Dieu; puisque si Dieu nous a donné un médiateur nécessaire en Jésus-Christ, il est pour eux comme pour nous, et qu'ils n'ont d'accès qu'en ce seul nom et comme membres de ce même Chef. Qu'on nous montre ce caractère dans le paganisme! Mais on vient de nous montrer un caractère tout contraire, en nous disant que les grands dieux du paganisme sont trop sublimes pour se mêler par eux-mêmes de nos affaires, ou avoir aucun commerce avec nous. Votre ministre sait bien que nous ne disons, ni ne croyons rien de semblable. Quand donc il ose avancer *qu'une goutte d'eau n'est pas plus semblable à une autre goutte d'eau, que notre doctrine à celle des païens,* il parle contre sa conscience et contre ses propres paroles, et l'iniquité se dément visiblement elle-même.

Achevons : le culte est intérieur ou extérieur, l'intérieur est le sentiment qu'on vient de voir. Pour donc montrer notre culte intérieur dans les païens, il y faut montrer nos sentimens, qu'on les y montre tels que nous venons de les exposer. Que si l'on prétend que ce n'est pas là notre doctrine, et qu'on réplique les calomnies cent fois réfutées ; qu'on nous attaque du moins une fois dans ce fort, et qu'on y découvre le moindre trait d'idolâtrie.

Mais si le culte intérieur des païens est si essentiellement différent du nôtre, donc le culte extérieur n'étant que le signe de l'intérieur, il s'ensuit qu'il y a la même différence. En effet, les païens, qui regardoient tous leurs dieux, et les plus grands, et les médiocres, et les plus petits, comme des natures à peu près semblables, leur offroient aussi à tous également le même culte du sacrifice, que nous réservons à Dieu seul, quoi qu'en dise le ministre. A lui seul appartient la souveraine louange, à lui seul la reconnoissance d'un empire absolu et tout-puissant, et l'hommage de l'être reçu, tant de celui qui nous fait hommes, que de celui qui nous fait saints et agréables à Dieu. Si l'on croit trouver tout cela dans le paganisme, on croit trouver la lumière dans les ténèbres ; et si l'on croit seulement y en voir quelque ombre, c'est qu'il faut bien trouver dans l'erreur le fond de la vérité qu'elle gâte, et dans le culte des démons, ce qu'ils imitent, et ce qu'ils dérobent du culte de Dieu.

L'idolâtrie a eu plusieurs formes, et s'est accrue ou diminuée par divers degrés ; mais parmi ces variétés, c'est une chose constante que tous ceux qu'on a jamais vu rendre sérieusement à la créature quelque partie des honneurs divins, ont erré dans la pensée qu'ils ont eue de Dieu. Les fausses idées qu'on a de Dieu, comme dit souvent saint Augustin, sont les premières idoles que les hommes se sont forgées, et c'est là le vrai principe de l'idolâtrie. Que si nous remontons jusqu'à la source de l'erreur, nous trouverons que l'idolâtrie vient, au fond, de n'avoir pas bien connu la création.

Elle n'étoit connue que du peuple hébreu. Parmi tous les autres peuples, on croyoit que la substance et le fond de l'être étoit indépendant de Dieu, et que tout au plus il n'étoit auteur que de l'ordre, ou que, sans avoir fait l'univers, il n'en étoit que le moteur,

C'est de là qu'est venue l'erreur qui a fait adorer à

le monde, soit qu'on le regardât comme Dieu lui-même, ou qu'on le considérât comme le corps dont Dieu étoit revêtu. On en adoroit le tout, on en adoroit toutes les parties, c'est-à dire le ciel, la terre, les astres, les élémens, les rivières et les fontaines, et enfin on adoroit toute la nature. Tout avoit part à l'adoration, parce que tout, en un certain sens, avoit part à l'indépendance : tout étoit coéternel à Dieu ; tout étoit une partie de l'être divin : l'âme étoit dérivée de là, selon quelques uns (1). C'est pourquoi ils le regardoient comme étant ingénérable et incorruptible en sa substance. C'étoit une portion de la divinité ; c'étoit un Dieu elle-même, disoit cet empereur philosophe (2), après plusieurs autres. C'est ce qui a donné lieu à l'erreur qui a consacré tant de mortels, et qui leur a fait rendre les honneurs divins. Les biens qu'ils avoient procurés au monde, ont fait regarder leur âme comme ayant quelque chose de plus divin que les autres ; et tout cela enfin étoit fondé sur ce que rien n'étoit regardé comme absolument dépendant d'une volonté souveraine, ni comme tenant d'autre que de soi le fond de son être.

Le ministre, qui nous parle tant de ces natures médiatrices, et de ces esprits médiateurs, introduits par le platonisme, ne sait pas, ou ne songe pas, ou ne veut pas avouer de bonne foi, qu'on les y faisoit médiateurs de la création de l'homme, comme ils l'étoient de sa réunion avec Dieu. Ainsi la nature divine étoit inaccessible pour les hommes, et ils n'en pouvoient approcher que par les demi-dieux, qui les avoient faits, qu'on appeloit aussi démons. Il est certain que ces démons ou ces demi-dieux de Platon (3) furent adorés sous le nom des anges, par un Simon le magicien, par un Ménandre, par cent autres qui, dès l'origine du christianisme, mêloient les rêveries des philosophes avec une profession telle quelle du

(1) *Platon.* — (2) *Marc-Aurel.* — (3) *Plat. in Tim.*

christianisme (1). Mais si ces hommes, aussi mauvais philosophes que mauvais chrétiens, avoient compris que Dieu tire également du néant toutes les natures intelligentes, et les anges comme les hommes,
ils n'auroient jamais pensé que les uns eussent besoin d'aller à Dieu par les autres, ni que, pour approcher de lui, il fallût mettre tant de différence entre
ceux qu'il avoit formés de la même main. La religion
chrétienne ne connoît point ces entremetteurs, qui
empêchent Dieu de tout faire, de tout gouverner,
de tout écouter par lui-même; et s'il a donné aux
hommes un médiateur nécessaire, qui est Jésus-
Christ, ce n'est pas qu'il dédaigne leur nature qu'il a
faite; mais c'est que leur péché, qu'il n'a pas fait,
a besoin d'être expié par le sang du juste. C'est par là
que nous avons besoin de médiateur. Mais afin que
nous connussions que c'étoit notre péché, et non pas
notre nature, qui nous éloignoit de Dieu, il a voulu
que ce médiateur fût homme; et il a si peu dédaigné
la nature humaine, qu'il l'a même unie à la personne
de son Fils.

Par ce mystère, l'idolâtrie devient comme impossible au chrétien, et il ne peut y tomber qu'en oubliant jusqu'aux premiers principes de sa religion. Il
ne peut plus, comme faisoient les païens, égaler
les hommes à Dieu; puisqu'il voit que le genre humain étoit si éloigné de Dieu par son péché, qu'il
avoit besoin d'un médiateur pour en approcher. Et
ce médiateur est homme; et quand il ne seroit que
cela aux merveilles qu'il a faites, et aux grâces qu'il
répand sur nous, le genre humain, porté à diviniser
ses bienfaiteurs, auroit tenté d'en faire un Dieu, et
de lui rendre les honneurs divins. Pour prévenir cette
erreur, Dieu, en incarnant son Fils unique, en te
faisant homme comme nous, a su faire de ce médiateur, qu'il nous donne, un Dieu égal à lui; en sorte
qu'on ne se trompe pas de l'adorer comme tel. Mais

____

(1) *Tertull. de Praxer. n. 31. Hieron. adv. Lucif. Epist.
hær. 6o. Theod. hær. Fab. lib. v, c. vii.*

de peur qu'on n'étendît le même honneur à d'autres
hommes excellens, on apprend que, pour faire un
Dieu de Jésus-Christ, il a fallu lui donner, outre la
nature humaine, une nature plus haute, et qu'il ne
fût rien moins qu'une des Personnes divines, à laquelle on rendît avec Dieu en unité un même culte
suprême. Car si l'on avoit attribué notre rédemption
ou notre réconciliation à la nature angélique, l'on auroit pu adorer les anges; mais on ne le peut plus depuis qu'on adore en Jésus-Christ celui-là même qui
a fait les anges, et que les anges adorent. Il n'y a
donc plus moyen de lui rien égaler dans sa pensée,
ni par conséquent de rien égaler à son Père et au
Saint-Esprit, auxquels seuls on le rend égal. Mais ne
peut-il pas arriver qu'en le regardant en sa qualité de
médiateur, qui l'approche si fort de nous, on lui donne
des égaux par cet endroit-là, et des médiateurs à même
titre? Point du tout, puisqu'on ne le fait médiateur
qu'au titre d'un mérite et d'une dignité infinie : ce
qu'il ne pourroit avoir, s'il n'étoit Dieu et fils unique
de Dieu, de même nature que lui. Car s'il exerce sa
médiation par une nature humaine, et par des actions
humaines, on reconnoît tout ensemble que tout cela
seroit inférieur à cet empl i, si tout cela n'étoit élevé
par la divinité même de cette personne; et c'est ce
qui nous est déclaré dans le mystère de l'Eucharistie,
où Jésus-Christ exerce très-parfaitement son office
de médiateur; puisqu'il nous y consacre et nous y
sanctifie par son corps et par son sang; mais en même
temps nous voyons qu'on ne nous sanctifie dans ce sacrement, ni par le corps d'un apôtre, ni par le corps
d'un martyr, ni par le corps de la sainte Vierge, ni
enfin par le corps d'aucun autre saint, si ce n'est par
le corps de celui qui est reconnu pour le Saint des
saints. Ainsi l'Eucharistie même nous dévoue et nous
consacre à Dieu seul; non seulement parce que l'objet à qui nous nous dévouons est Dieu, mais encore
parce que le moyen qui nous y unit, en même temps
qu'il s'approche de nous en tant qu'homme, consomme notre unité en tant que Dieu. Cela est cru dans

l'Eglise, et y est cru très-distinctement, et y est soigneusement enseigné à tous les fidèles, dès l'enfance jusqu'à la vieillesse et jusqu'à la mort. Tous vos ministres le savent ; et si vous savez les presser, vous leur en arracherez l'aveu, malgré qu'ils en aient. Qu'on s'imagine, après cela, par quel endroit l'idolâtrie pourroit s'introduire dans un tel culte, et comment il seroit possible de rien égaler, ou à Dieu, ou à Jésus-Christ, qui seul est un avec Dieu même. A cela qu'oppose-t-on ? Des chicanes que j'ai honte de rapporter, tant elles sont vaines, et qu'il faut néanmoins encore que je réfute ; puisqu'on ne cesse de les objecter, quoique cent fois réfutées.

Vous égalez, dit-on, vos saints à Dieu, puisque vous leur érigez des temples, puisque vous leur consacrez des jours de fêtes. Quoi ! n'y aura-t-il point quelque ministre assez officieux pour nous décharger de l'ennui de répéter cent fois la même chose, sans qu'on veuille nous écouter ? Mais je n'ai pas besoin d'un ministre officieux. Toute l'Angleterre plaide notre cause, puisqu'elle célèbre comme nous les fêtes des saints ; et, pour ne manquer à aucun, même la fête de la Toussaint. Le calendrier où elles sont marquées, et l'office qu'on y fait, ne sont pas encore abolis. Ils pourront l'être avec le temps, et tout cela peut devenir une idolâtrie, s'il plaît au vainqueur (*), (car il faudra bien subir la loi) ; mais on ne fera jamais qu'on ne les ait célébrées, ni que Burnet, qui sans doute n'eut jamais dessein de nous obliger, n'ait écrit qu'on devoit les célébrer, même par principe de conscience ; « parce qu'aucun de ces jours n'est » proprement dédié à un saint ; mais qu'on les con- » sacre à Dieu, en la mémoire des saints, dont on » leur donne le nom (1) » ; ce qui est de mot à mot notre doctrine, comme il paroît en tout et par-

(*) Bossuet désigne ici le prince d'Orange, qui venoit d'usurper la couronne d'Angleterre sur le roi Jacques II, son beau-père. (*Edit. de Paris.*)

(1) *Burn.* 1. *Tom. p.* 291. *Var. liv.* VII, *p.* 375.

tout par nos catéchismes ; et tout ce qu'on nous impute au-delà est une manifeste calomnie.

Venons aux temples ; mais ici toute l'Angleterre nous justifie encore. Qui ne connoît à Londres l'église de saint Paul, et toutes les autres qui portent les noms des saints ? On nous dira que c'est pour en conserver la mémoire ; mais que les temples sont proprement dédiés à Dieu, comme les fêtes. C'est encore notre doctrine : toutes les églises et toutes les fêtes sont également dédiées à Dieu. On leur donne les noms des saints pour les distinguer. Qu'on nous reproche après cela les églises dédiées aux saints, et celle de saint Eustache ou de Notre-Dame, plus belle que celle du Saint-Esprit. Tout le synode de Thorn, de la religion de nos Prétendus Réformés, a inséré dans ses actes qu'il s'étoit assemblé dans le temple de la sainte Vierge, *Divæ Virginis* (1). Le même synode parle encore du 25 août, comme d'un jour consacré à saint Barthélemi, *Divo Bartholomæo sacra*. Ces actes sont rapportés dans le recueil des Confessions orthodoxes de Genève ; et, en passant, voilà non seulement le temple de la sainte Vierge, et la fête de saint Barthélemi, mais encore le mot *Divus*, dont Daillé nous fait un si grand crime. Car c'est, dit-il (2), ériger les saints *en dieux tout court*. Sur cela il prend la peine de ramasser les passages où les saints sont appelés de ce nom, dans un Paul Jove, dans un Bembe, dans un Juste Lipse. Il est vrai, le zèle de l'ancien latin nous a introduit ce mot, et tant d'autres aussi ridicules, quand on les affecte. Tout est perdu, si en lisant Bembe, et les autres auteurs de ce goût, on trouve un seul mot que Cicéron ou Virgile n'aient point prononcé ; et Juste Lipse, qui s'est moqué de cette fade affectation, n'a pu s'empêcher d'y tomber. Qu'on s'en moque ; nous y consentons ; mais ceci devient une affaire de religion. N'importe que Bellarmin, plus régulier, ait

(1) *Syn. Thor. Syntag. Conf. Fidei*, part. II, p. 240, 242.
(2) *De cultu latr.* p. 523, 525.

blâmé ces expressions païennes. Daillé le trouve mauvais. Comme il vouloit se servir de ce mot, pour montrer que nous donnons de la divinité aux saints, en les appelant *Divi*, il s'emporte contre Bellarmin; parce qu'il ne trouve pas dans ses écrits ce mot dont il prétendoit tirer avantage, lui reprochant avec amertume que *sa modestie est fausse, ridicule et impertinente*. Enfin il fait tort aux saints, et lorsqu'il ne............. (Le reste manque.)

IV· AVERTISSEMENT

AUX PROTESTANS

LES LETTRES DU MINISTRE JURIEU

L'HISTOIRE DES VARIATIONS.

———

La sainteté et la concorde du mariage chrétien violées.

MES CHERS FRÈRES,

Il n'y a rien de si sacré dans les mystères de la religion, que M. Jurieu n'ait cru devoir attaquer pour défendre votre cause : vous l'avez vu dans les Avertissemens précédens. Les deux suivans vous feront voir qu'il attaque encore les fondemens que Jésus-Christ a donnés à l'union des familles et au repos des empires : et ce ministre n'a rien épargné.

C'étoit pour lui et pour toute la Réforme un endroit fâcheux que le vi⁰ livre de Variations, où l'on voit la permission donnée à Philippe, landgrave de Hesse, le héros et le soutien de la Réforme, d'avoir deux femmes ensemble, contre la disposition de l'Évangile et la doctrine constante des chrétiens de tous les siècles. Il n'y avoit rien de moins convenable à une Réforme et au titre de Réformateurs, que d'anéantir un si bel article de la morale chrétienne, et la Réforme que Jésus-Christ même avoit faite dans le mariage.

lorsque, s'élevant au-dessus de Moïse et des patriarches, il régla la sainte union du mari et de la femme, selon la forme que Dieu lui avoit donnée dans son origine. Car alors en bénissant l'amour conjugal comme la source du genre humain, il ne lui permit pas de s'épancher sur plusieurs objets, comme il arriva dans la suite, lorsqu'un même homme eut plusieurs femmes : mais réduit à l'unité de part et d'autre, il en fit le lien sacré de deux cœurs unis; et, pour lui donner sa perfection, et à la fois le rendre une digne image de la future union de Jésus-Christ avec son Eglise, il voulut que le lien en fût éternel comme celui de l'Eglise avec Jésus-Christ. C'est sur cette idée primitive que Jésus-Christ réforma le mariage; et, comme disent les Pères, il se montra le digne Fils du Créateur, en rappelant les choses au point où elles étoient à la création. C'est sur cet immuable fondement qu'il a établi la sainteté du mariage chrétien, et le repos des familles. La pluralité des femmes autrefois permise ou tolérée, mais pour un temps et pour des raisons particulières, fut ôtée à jamais, et tout ensemble les divisions et les jalousies qu'elle introduisoit dans les mariages les plus saints. Une femme qui donne son cœur tout entier et à jamais, reçoit d'un époux fidèle un pareil présent, et ne craint point d'être méprisée ni délaissée pour une autre. Toute la famille est unie par ce moyen : les enfans sont élevés par des soins communs; et un père qui les voit tous naître d'une même source, leur partage également son amour. C'est l'ordre de Jésus-Christ, et la règle que les chrétiens n'ont jamais violée par aucun attentat.

Mais Luther, Bucer et Melancton, trois chefs principaux de la Réforme, ont osé y donner atteinte : ce sont les premiers des chrétiens qui ont permis d'avoir deux femmes à un prince qui confessoit son intempérance. On ne pouvoit pousser plus loin la corruption; et, comme cette permission est inexcusable, il en falloit abandonner les auteurs à la détestation de tous les fidèles. Mais l'endroit est trop délicat. Quel abus

oseroit-on dorénavant reprocher à l'Eglise catholique,
si on en avouoit un si criant dès le commencement de
la Réforme, sous ses chefs et dans sa plus grande vigueur? C'est pourquoi M. Jurieu rappelle ici tout son
esprit pour excuser les Réformateurs le mieux qu'il
peut; et lui qui ne fait que courir ou, pour mieux
dire, voltiger sur les autres variations des protestans,
prend un soin particulier de défendre celle-ci.

D'abord il voudroit pouvoir douter du fait. « Je
» dirai, dit-il (1), quelque chose sur un fait dont
» M. Bossuet fait grand bruit : c'est une consultation
» véritable ou prétendue du landgrave » : il n'ose dire
qu'elle soit fausse. J'ai fait voir qu'elle étoit publique
il y a douze ans, sans avoir été contredite (2) : les
actes en sont produits tout entiers en forme authentique dans une histoire (3) attaquée en mille endroits,
même par des auteurs protestans, sans qu'ils aient
osé toucher à celui-ci. J'ai ajouté, pour confirmer ce
fait important, l'instruction donnée à Bucer par le
landgrave lui-même, pour obtenir de Luther et de
Melancton cette honteuse dispense. Tout cela a été
rendu public, comme on a vu dans l'Histoire des Variations, par un électeur palatin, et par un prince de
la maison de Hesse, un des descendans du landgrave.
Nous avons encore produit en confirmation des lettres
de Luther et du landgrave (4) : et un fait si honteux à
la Réforme est devenu plus clair que le soleil. Il ne
faut donc pas s'étonner si le ministre n'a osé le nier.
Vous voyez en même temps qu'il voudroit bien ne pas
avouer qu'il soit constant : mais c'est un foible artifice; et s'il y avoit quelque chose à dire contre des
actes si authentiques que j'ai soutenus de tant de
preuves, on l'auroit dit il y a long-temps dans le
parti, ou enfin M. Jurieu le diroit maintenant.

Passez donc condamnation sur le fait. Il faut voir
comment on pourra le pallier, et connoître à cette
fois pour toujours les vains raisonnemens, la vaine

____

(1) *Lett.* VIII, *p.* 56. — (2) *Var. liv.* VI, *p.* 253. — (3) *Va-
rillas, Hist. de l'Hér. liv.* XII. — (4) *Var. liv.* VI, *p.* 253.

science, et, en un mot, les vains artifices de votre grand défenseur.

Il prend d'abord son air de dédain, comme il fait quand il n'en peut plus : *et voilà*, dit-il (1), *qui revient bien au titre et au but des Variations*. Quoi! ce n'est pas innover et varier dans la doctrine, que d'en changer un article auquel aucun chrétien, et pas même les Réformateurs n'avoient encore osé donner d'atteinte? et le mariage chrétien deviendra semblable à celui des infidèles, sans qu'on puisse imputer de variations aux auteurs d'une si étrange nouveauté? « Mais, dit-il (2), cela ne fait rien pour » prouver que les vérités venues de Dieu obtiennent » d'abord toute leur perfection. » Je l'avoue. Je ne prétends pas prouver ici cette vérité : je la suppose connue et même prouvée ailleurs, si elle avoit besoin de preuves (3) : je fais voir seulement ici que l'Église protestante est entraînée par un esprit d'innovation, et ne laisse rien d'inviolable parmi les fidèles, pas même la sainte alliance du mariage. Voyons comment on se défend de ce reproche.

Après les airs de dédain, on vient aux injures, autre marque de foiblesse : et on écrit, ce que j'ai honte de répéter, mais ce que néanmoins je ne puis taire, que « l'Église romaine donne des dispenses des crimes » les plus affreux, accorde des indulgences à ceux qui » ont couché avec leur mère et avec leur sœur, per- » met d'exercer la sodomie les trois plus chauds » mois de l'année, et en a signé la permission par son » pape (4). » On ne peut assez s'étonner ni de l'impudence d'un si infâme langage, ni de celle d'avancer sans la moindre preuve des faits si atroces ; car il s'agit de dispenses et de permissions ; il s'agit non des indulgences qu'on pourroit donner, après les crimes commis, aux pécheurs vraiment repentans ; de peur *qu'abîmés dans un excès de tristesse*, ils ne tombent dans le désespoir ; car de telles indulgences n'ont point de difficulté, et on sait que l'apôtre même

<hr>

(1) *Lett.* VIII, p. 59. — (2) *Ibid.* — (3) *Var. Préf.* p. 1 et suiv. — (5) *Jur. Lett.* VIII, p. 59.

en a donné de semblables (1) : les indulgences qu'on
veut ici que nos papes aient signées, ne sont pas
celles qu'on accorde à un pécheur accablé par
la douleur de son crime, mais de celles où on
lui permet de le commettre. Votre ministre ose
nous imputer de cette sorte d'indulgence qui nous
fait horreur : mais on connoît son artifice. Il ne croit
pas que vous puissiez vous imaginer qu'il écrive des
faits si étranges sans quelques preuves : et il est vrai
que cela n'est pas croyable ; mais néanmoins il est
vrai en même temps, qu'il ne cite rien pour prouver
ce qu'il avance. Il ne produit point ces décrets honteux signés par les papes : on ne peut pas deviner où
il les a pris, non plus que ses autres calomnies. Il n'y
a que le père de mensonge, dont le nom propre est
celui de calomniateur, qui puisse les avoir inventées.
Mais quoi ! plus la raison manque, plus un homme
violent répand d'injures ; et il n'y a plus à s'étonner
que de ce qu'on l'écoute parmi vous.

Mais venons au fond. Il est question de savoir si
Luther, Melancton, Bucer, ces trois piliers de la
Réforme, ont eu droit de dispenser le landgrave de
la loi de l'Evangile qui réduit le mariage à l'unité ; et
par là d'établir une doctrine directement contraire à
celle de tout ce qu'il y a jamais eu de chrétiens dans
l'univers. Le ministre s'embarrasse ici d'une si terrible manière, qu'on ne comprendroit rien dans tout
son discours, si pour le rendre plus intelligible on ne
tâchoit de le réduire à quelques principes. Voici donc
comme il raisonne : « Les lois naturelles, dit-il (2),
» sont entièrement indispensables : mais quant aux
» lois positives, telles que sont celles du mariage, on
» en peut être dispensé, non seulement par le légis-
» lateur, mais encore par la souveraine nécessité.
» Ainsi, continue-t-il, les enfans d'Adam et de Noé
» se marièrent au premier degré de consanguinité,
» frères et sœurs, quoiqu'ils n'en reçurent dispense,
» ni du souverain Législateur, ni de ses ministres :

(1) *II. Cor.* xı. 6, 7. — (2) *Lett.* viii, p. 57.

» la nécessité en dispensa. » Dissimulons pour un
temps la prodigieuse ignorance de ce ministre, qui
premièrement ose avancer que les enfans de Noé se
marièrent frères et sœurs comme ceux d'Adam. Où
a-t-il rêvé cela ? l'Ecriture dit expressément et répète
cinq ou six fois, que les trois enfans de Noé avoient
leurs femmes dans l'arche, dont ils eurent des enfans
après le déluge (1) : mais qu'elles fussent leurs sœurs,
c'est ce qu'on ne voit nulle part. Qui les auroit obligés
à épouser leurs sœurs avant que d'entrer dans l'arche
(car ils y entrèrent mariés), pendant que toute la
terre étoit pleine d'hommes ? et où M. Jurieu pourroit-il trouver alors cette souveraine nécessité qu'il
nous allègue ? Il n'en paroît non plus dans la suite :
les enfans de l'un des trois frères pouvoient choisir une
femme dans la famille des autres : de cette sorte, sans
se marier *frères et sœurs au premier degré de
consanguinité*, comme l'assure M. Jurieu, les mariages pouvoient se faire entre les germains ; et on ne
sait où le ministre a pris le contraire. Mais cette
erreur n'est rien en comparaison de celle où il tombe,
lorsqu'il conclut par ses raisons, que le mariage
d'entre frères et sœurs n'est pas contre la loi naturelle, sous prétexte qu'il s'en est fait de semblables
dans l'origine des choses, par où il montre qu'il ne
sait pas même qu'il y a un ordre entre les lois naturelles, les moindres cédant aux plus grandes. Ainsi,
lorsque les enfans d'Adam se marièrent ensemble au
premier degré de consanguinité, ce ne fut pas une
dispense de la loi naturelle, qui défend le mariage de
frère à sœur ; mais l'effet de la subordination de cette
loi à une autre loi plus essentielle, et, si on peut
parler ainsi, plus fondamentale, qui étoit celle de
continuer le genre humain.

Il n'y a donc rien de plus mauvais sens à votre
ministre, que de parler ici de dispense. Mais après
tout, s'il en falloit une ou pour les enfans d'Adam,
ou enfin, s'il plaît au ministre, pour ceux de Noé ;

(1) *Gen.* VI, VII, VIII, IX, X. — (2) *Ibid.* I. 8.

elle étoit suffisamment renfermée dans ce commandement exprès de Dieu : *Croissez, et multipliez, et remplissez la terre* (1) ; commandement donné aux premiers hommes, dès l'origine du monde, et qui obligeroit sans difficulté en pareil cas ; mais commandement que Dieu daigna bien encore réitérer à Noé et à ses enfans (2) : de sorte qu'avoir recours à la seule nécessité dans cette prétendue dispense, sans y reconnoître l'expresse autorité du Législateur, c'est assurément une ignorance du premier ordre. Mais c'en est une de la même force de ne pas entendre dans ce précepte divin la voix même de la nature, qui veut être multipliée, et qui ne veut pas périr, parce que son auteur l'a faite pour durer. C'est aussi pour cette raison qu'il a créé les deux sexes, qu'il les a bénis, qu'il y a répandu sa fécondité, et quelque image de l'éternelle génération de son Fils : ce qui fait que leur union est autant de droit naturel, que leur distinction ; de sorte que c'est sans raison qu'on a ici recours aux lois positives.

Il ne falloit donc pas dire si absolument que les lois du mariage sont des lois positives, et que le mariage est de pure institution : comme s'il n'étoit pas fondé sur la nature même, ou que la sainte société de l'homme et de la femme, avec la production et l'éducation des enfans, ne fût pas au fond de droit naturel, sous prétexte que les conditions en sont réglées dans la suite par les lois positives.

Mais il y a encore ici une autre erreur : c'est qu'en parlant des lois positives qui ont réglé le mariage, le ministre oublie de dire ce qui étoit en ce cas le principal, qui est qu'elles sont divines, par conséquent indispensables de leur nature tant qu'elles subsistent ; et si M. Jurieu y avoit pensé, il n'auroit pas dit, comme il fait, que la souveraine nécessité puisse dispenser de ces lois ; puisque c'est dire que Dieu commande des choses dont il est souvent nécessaire de se dispenser ; doctrine aussi ridicule qu'elle est inouie.

(1) *Gen.* i. 28. — (2) *Ibid.* ix. 1.

Mais laissons ignorer ces choses à notre ministre, et
efforçons-nous de comprendre où il en veut venir
par tous ces détours.

Ce fondement des dispenses des lois positives,
même divines, par la souveraine nécessité étant supposé, M. Jurieu passe au divorce dont il ne s'agit
nullement dans cette affaire; puisque le landgrave,
sans faire divorce avec sa femme, en prit une autre,
et demeura également avec les deux. Mais puisque
M. Jurieu, pour embarrasser la matière, veut nous
parler du divorce, ayons la patience de l'entendre.

« Les lois, dit-il (1), qui regardent le divorce, ne
» sont point d'une autre nécessité que celles qui re-
» gardent les degrés dans lesquels les mariages sont
» incestueux : ni Dieu ni les hommes n'en dispensent
» plus; mais au moins la nécessité en peut dispenser.
» Le Seigneur Jésus-Christ déclare que l'adultère
» dissout le mariage, et qu'un homme qui y surprend
» sa femme la peut abandonner et en prendre une
» autre : c'est la raison de la nécessité qui fait cela,
» et non pas la nature et l'adultère. »

Ne donnons pas ici le plaisir à notre ministre de
nous détourner sur la question de l'adultère et de la
dissolution du mariage en ce cas : mais si c'est là une
dispense, qu'il reconnoisse du moins que l'autorité
du Législateur y intervient, puisqu'il l'attribue lui-
même à Notre-Seigneur.

Passons outre. « L'apôtre saint Paul, poursuit
» M. Jurieu (2), nous donne un autre cas de néces-
» sité qui dispense des lois du mariage : c'est le refus
» de la cohabitation. » Voici une nouvelle doctrine,
et de quoi grossir les Variations, si on enseigne que
le mariage contracté entre les fidèles après le baptême
peut se rompre, même quant au lien, par le refus de
l'une des deux parties. Luther l'a dit; je le sais, et je
m'en suis étonné (3) : mais je ne croyois pas que ces
excès fussent approuvés dans la Réforme. Les luthériens

(1) *Lett.* VIII, p. 58, c. II. — (2) *Ibid.* p. 59. — (3) *Var.*
liv. VI, p. 238.

« y croissent tous les jours, et le ministre ne fait
» aucune difficulté qu'un mari dont la femme seroit
» entre les mains des Barbares, sans aucune espérance
» de pouvoir être retirée, après y avoir fait tout ce
» qui est possible, pourroit légitimement passer à un
» autre mariage; de même que les lois civiles per-
» mettent à une femme dont le mari est absent durant
» plusieurs années, de présumer son mari mort, et
» de se remarier (1). » Nous allons loin par ces principes : la perpétuelle indisposition survenue à un
mari ou à une femme, n'est pas un empêchement
moins invincible, que l'absence ou la captivité même;
il faut donc que les mariés se quittent impitoyable-
ment dans ces tristes états. Mais l'incompatibilité des
humeurs, maladie des plus incurables, ne sera pas
un empêchement moins nécessaire. M. Jurieu n'a qu'à
suivre son raisonnement : par ses soins le mariage
deviendra si libre, qu'il n'y aura plus à se plaindre de
ses contraintes ou de ses incommodités ; et les apôtres
auront eu tort de dire à leur maître, lorsqu'il défendoit si sévèrement le divorce : *Maître, si telle est
la condition du mari et de la femme, il vaut
mieux ne se pas marier* (2). Quand ils parloient de
cette sorte, ils ne songeoient pas aux commodités
que le christianisme réformé devoit apporter aux mariages. Voilà des facilités et des complaisances que
notre discipline ne connoît pas. La Réforme devoit
du moins les chercher dans l'Écriture, où elle se
vante de trouver toute sa doctrine; et nous ne croyons
pas qu'elle doit régler les consciences sur les tolérances
de la loi civile pour la plupart abolies.

Pour nous, il y a long-temps que nous en avons
purgé le christianisme. C'est une règle inviolable
parmi nous de ne permettre les secondes noces à l'une
des parties, qu'après que les preuves de la mort de
l'autre sont constantes. On n'a point d'égard aux cap-
tivités ni aux absences les plus longues. Les papes,
que la Réforme veut regarder comme les auteurs du

(1) *Jur. Lett.* VIII, p. 59. — (2) *Matth.* XIX, 10.

relâchement, n'ont jamais laissé affoiblir cette sainte discipline (1). L'Église parle pour l'absent; et ne permet pas qu'on l'oublie, ni qu'on mette au rang des morts celui pour qui le soleil se lève encore. M. Jurieu nous apprend que « le droit commun » de l'État des Provinces - Unies et de tous les » États protestans, est que l'absence invincible et la » perte irréparable du mari ou de la femme après » quelques années, est réputée une mort (2). » Mais comment est - ce qu'on peut croire l'absence d'une personne invincible, et sa perte irréparable tant qu'elle est vivante ? Cependant *c'est le droit commun de tous les États protestans*; et les exemples par conséquent en sont ordinaires : une absence de *quelques années* a cet effet. Apparemment, ces *quelques années* s'écoulent bien vite : car un chrétien réformé ne peut pas attendre long - temps la liberté de sa femme, quoiqu'il la sache vivante : il suffit qu'il en croie la perte irréparable pour lui, selon l'état de ses affaires. Si elles l'appellent à Batavia ou plus loin, et que sa femme ne puisse supporter la mer, *après quelques années*, M. Jurieu, et si nous l'en croyons, *le droit commun de la Réforme*, lui permettra d'en prendre une autre. Qui peut douter, après cela, de l'empêchement d'une maladie incurable ? Nulle absence ne sera jamais plus irréparable; et il est plus aisé de s'échapper d'une captivité, quelque dure qu'on se l'imagine, que de guérir de telle maladie. Un confrère de M. Jurieu lui reproche ses facilités (3); mais il le traite d'ignorant, et méprise sa critique. *Cet auteur, dit-il (4), ne sait rien, et critique tout.* Pour les papes, dans ces occasions ils conseillent la prière, le jeûne, la patience; et Jésus-Christ ayant prononcé si absolument, *que l'homme ne sépare pas ce que Dieu a uni (5)*, nous ne trouvons point de nécessité qui dispense de cette loi. Si la Réforme l'a corrigée,

___

(1). *Ext. cap.* In præsentia. *de Sponsal. lib* IV *Decretal. tit.* I; c. XIX. — (2) *Lett.* XXI, p. 168. — (3) *Rép. d'un Ministre sur le sujet des p. Proph. du Dauph.* etc. — (4) *Jur. Lett.* XXI. — (5) *Matth.* XIX. 6.

nous ne voulons pas être réformés à ce prix. Mais enfin passons tout ceci à M. Jurieu, et tâchons de voir à la fin s'il conclura quelque chose en faveur de la permission donnée au landgrave.

« Il faut, dit-il (1), observer après cela que le di- » vorce est une espèce de polygamie. » Voici une étrange idée : le divorce, qui est la rupture du lien du mariage, est un moyen de l'étendre et d'établir la polygamie. Mais voyons la preuve du ministre : « Car » celui, dit-il, qui se marie à une autre femme, la » première étant vivante, a plusieurs femmes actuel- » ment ; encore qu'il n'habite pas avec les deux » ensemble. » A la bonne heure : qu'on permette donc au landgrave de faire divorce avec sa femme, puisqu'on lui en veut donner une autre. Ce sera sans doute un attentat contre l'Evangile ; mais bien moindre que d'autoriser hautement la polygamie, à l'exemple des Mahométans, et de vouloir mettre deux femmes éga- lement légitimes dans un même lit nuptial.

Au reste, je laisse passer pour un peu de temps cette étrange proposition, qu'une épouse qu'on aban- donne, et sur laquelle on n'a plus aucun droit, non plus qu'elle sur nous, le contrat étant résolu de part et d'autre, soit encore une épouse : je laisse, dis-je, passer cela par le désir qui me presse, je l'avoue, de voir enfin les conclusions que le ministre prétend tirer de ces beaux principes ; les voici : « Toutes ces » considérations font voir que les théologiens luthé- » riens, qui eurent la complaisance de permettre au » landgrave de prendre une seconde femme du vivant » de la première, se sont trompés beaucoup plus » dans le fait que dans le droit (2). » C'est directe- ment le contraire. Le fait étoit que le landgrave leur déclaroit fort grossièrement et sans équivoque, ce que j'ai honte de répéter, *qu'il ne vouloit ni ne pouvoit se contenter de sa femme* (3) ; et le droit de juger que c'étoit là un moyen légitime d'en avoir

(1) *Jur. Lett.* VIII. — (2) *Ibid.* p. 54. — (3) *Inst. du Land. Var. liv.* VI, p. 254.

une autre. Ils se trompent donc beaucoup moins dans le fait, qui pouvoit dépendre en quelque façon de la bonne foi du prince, que dans le droit qui étoit constant par l'Évangile, où il est clair qu'on ne peut avoir qu'une seule femme, sans que jamais on ait douté de cette règle. Mais passons. « Le principe sur lequel ils « se sont fondés (Luther et ses consultans), c'est « que les lois du mariage étant des lois positives, la « nécessité en certains cas en dispensoit. » Il falloit avoir ajouté, quoiqu'elles fussent divines : et l'erreur seroit en ce cas de reconnoître des nécessités contre ces lois ; puisque c'est donner le moyen de les éluder et de s'élever au-dessus de Dieu. Poursuivons. « Ils « ont fondé cette maxime sur la permission que donnent « Jésus-Christ et saint Paul de rompre les liens du « mariage en certains cas. » Mais au contraire, bien éloignés d'avoir fondé leur résolution sur la permission de rompre ce mariage, ils ont si bien supposé qu'il n'y avoit pas lieu de le rompre, qu'ils ont donné au landgrave une autre femme sans le séparer d'avec la sienne : en sorte que ce n'étoit plus *deux personnes dans une même chair*, comme Jésus-Christ l'avoit commandé (1) ; mais trois, contre son précepte, et contre le sacré mystère du mariage chrétien, qui ne donne à un mari qu'une seule épouse, comme il ne donne à Jésus-Christ qu'une seule Église. Mais voici la conclusion plus ridicule et plus indigne, s'il se peut, que tout le reste : « Ils peuvent, dit-il (2), avoir « poussé ce principe trop loin, en l'étendant à la po- « lygamie formelle : s'ils se sont trompés en cela, « leur erreur vient de ce que j'ai dit, que le divorce « est une espèce de polygamie ; et ils ont confondu « la polygamie directe avec la polygamie indirecte : « ce qui n'est qu'une erreur humaine. » Si pour éluder une loi expresse de Jésus-Christ, il ne faut qu'embarrasser un discours, et en pousser l'ambi- guïté jusqu'à la dernière extrémité où l'on peut aller, le ministre a gagné sa cause : mais tâchons de déve-

(1) *Matth.* xix. 5. — (2) *Ibid.*

lopper, s'il est possible, l'obscurité affectée de son discours.

La polygamie directe et formelle doit être d'avoir deux femmes ensemble, avec lesquelles on vit conjugalement : la polygamie indirecte doit être après le divorce, d'avoir une femme, vraie femme, sur laquelle on ait le droit conjugal, et une autre qu'on ait quittée, et sur laquelle il ne reste plus aucun droit. Je demande si on s'est jamais avisé d'appeler cela polygamie ? Mais tout est permis pour excuser les Réformateurs : il faut bien embrouiller les choses quand on n'en peut plus, et que le foible de la cause va se faire sentir aux plus ignorans. Que si on réduit en termes communs le raisonnement du ministre, il veut dire que Luther et ses consultans, persuadés qu'en certains cas, comme dans celui de l'absence ou de l'adultère, on pouvoit rompre le mariage en ôtant tout droit au mari sur la femme qu'il avoit, sont excusables d'avoir cru sur ce fondement qu'on pouvoit donner en même temps à un seul mari un droit légitime sur deux femmes. Mais c'est tout le contraire qu'il faudroit conclure ; puisque par les exemples du divorce que le ministre nous allègue, quand ils seroient approuvés, il paroît qu'on ne peut donner une nouvelle femme à un mari, qu'en lui ôtant tout droit sur celle qu'il avoit auparavant : de sorte qu'il n'y a rien de plus ridicule, que de s'imaginer des nécessités, telles qu'étoient celles du landgrave, où il n'y ait point de remède qu'en tenant deux femmes ensemble ; puisque c'est manifestement lâcher la bride à la licence, et renverser l'Evangile.

Revenons un peu maintenant aux propositions que nous avons laissé passer. Je dis que les lois positives divines, tant qu'elles subsistent, ne sont pas moins indispensables que les naturelles. Je dis qu'on ne peut non plus admettre de nécessité contre les unes que contre les autres, et que tant qu'une loi divine subsiste, alléguer une nécessité pour s'en dispenser, c'est s'élever au-dessus de Dieu même. Je dis que M. Jurieu, qui enseigne le contraire, quoique Grotius, dont il s'autorise, ait pu dire sur ce sujet, n'a compris ni la notion, ni la force de la loi naturelle, qui, après tout, n'est inviolable qu'à cause qu'elle est divine. Je dis que, sans disputer si Jésus-Christ ou saint Paul ont permis le divorce en certains cas, c'est un attentat impie d'en pousser la permission au-delà. Je dis enfin que le divorce n'a rien de commun avec la polygamie; et que ce seroit se moquer de Dieu, quand il auroit permis d'ôter une femme, d'en conclure que, sans sa permission, on pût en même temps en avoir deux.

Ce raisonnement du ministre, « que la relation de » mari à femme ne peut non plus être anéantie que » celle de fils à père, à cause qu'elle est fondée sur » des actions très-réelles, qui ne peuvent pas n'avoir » pas été faites (1) », est une preuve constante qu'il n'entend pas ce qu'il dit; car, pour peu qu'il l'eût entendu, il auroit pu épargner à son lecteur la peine de réfléchir sur cette *action si réelle* à laquelle il donne tant de force; puisqu'après tout, ce n'est pas celle qui fait le mariage : autrement, elle marieroit tous les impudiques. Le mariage consiste dans la foi, dans le lien, dans le droit mutuel qu'on a l'un sur l'autre; et, quand on ôte ce droit, quand il n'y a plus de foi conjugale, et qu'on résout le contrat de part et d'autre, on n'est non plus mari et femme que si on ne l'avoit jamais été.

Quand le ministre allègue ici *la séparation de corps et de biens* (2), il ne fait que confirmer de plus en plus qu'il parle sans entendre de quoi il s'agit; puisque si le mariage subsiste dans cet état, ce n'est pas, comme le dit ce docteur, *parce que cette relation, fondée sur une action si réelle, ne se peut jamais anéantir :* c'est à cause que ce qu'on appelle la foi, le contrat, en un mot, le lien du mariage subsiste toujours : autrement, chacun des conjoints auroit la liberté de se pourvoir; ce que la séparation de corps et de biens constamment n'opère pas.

____

(1) *Lett.* viii, p. 49. — (2) *Ibid.*

A quoi servent donc tous ces détours, et tous les vains raisonnemens de la lettre VIII de M. Jurieu, si ce n'est à éblouir les ignorans, et à se donner un air de savant par des distinctions frivoles ? C'a été manifestement à ce ministre une foiblesse digne de pitié, de prétendre faire accroire aux gens de bon sens, soit protestans, soit catholiques, que des docteurs qui ont permis expressément la polygamie ne se sont trompés que dans le fait, et n'ont pas détruit un dogme certain de la religion chrétienne, ni établi une erreur judaïque et mahométane ; et tout cela, pour quelle fin ? Pour prouver, en tout cas, que ces docteurs n'étoient pas *des scélérats* (1), car c'est tout ce qu'il prétend. N'est-ce pas là un beau fruit de son travail, et un bel éloge pour les réformateurs du genre humain ?

Mais, puisqu'il nous pousse jusque-là, comment veut-il donc que nous appellions, et comment veut-il appeler lui - même des gens assez corrompus pour flatter l'intempérance d'un prince jusqu'à lui permettre la polygamie, dont ils rougissoient en leur cœur, puisqu'ils prenoient tant de précautions pour la cacher (2) ; des gens qui, ayant honte de ce qu'ils faisoient, le font néanmoins, de peur de choquer ce prince, qui étoit l'appui de la Réforme ; qui leur déclaroit ouvertement qu'il pourroit bien s'adresser à l'empereur pour cette affaire ; qui leur faisoit aussi entrevoir qu'on pourroit bien y mêler le pape ; qui leur faisoit craindre par là qu'il pourroit bien échapper au parti ; qui, pour ne rien oublier, et gagner ces âmes vénales par les intérêts les plus bas, leur propose de leur accorder, pour prix de leur iniquité, tout ce qu'ils lui demanderoient ; *soit que ce fût les biens des monastères, ou d'autres choses semblables* (3) ? C'est ainsi que les traita le landgrave, qui assurément les connoissoit ; et, au lieu de lui répondre avec la vigueur et le désintéressement que le nom de réformateur demandoit, ils lui répondent, en tremblant (4) :

(1) *Lett.* VIII, *p.* 59, c. II. — (2) *Var. liv.* VI, *p.* 248 *et suiv.* — (3) *Inst. du Land. Var. liv.* VI, *p.* 248. — (4) *Consult. de Luth. Var. liv.* VI, *p.* 245.

16..

*Notre pauvre Église, petite, misérable et aban-
donnée, a besoin de princes régens vertueux, tel
qu'étoit sans doute celui-ci, qui vouloit bien con-
descendre à la Réforme, et lui demeurer fidèle, pourvu
qu'on lui permît d'avoir plusieurs femmes en sûreté
de conscience, à l'exemple des Mahométans ou des
païens, et de contenter ses désirs impudiques.*

Voilà ceux que votre ministre tâche d'excuser; et
« pour ce qui est du landgrave, à Dieu ne plaise,
« dit-il (1), que je le justifie d'avoir eu un désir si
« déréglé que celui de prendre une seconde femme
« avec celle qu'il avoit déjà. » Mais si ce prince est
inexcusable, Luther et les autres chefs de la Réforme
le sont beaucoup davantage, de lui trouver des exemples
dans son crime et d'autoriser son impénitence. Au
lieu d'être des réformateurs, on voit par là qu'ils ne
sont que de ces *conducteurs aveugles* dont le Fils de
Dieu a prononcé, non seulement *qu'ils tombent dans
l'abîme, mais encore qu'ils y précipitent ceux
qui les suivent* (2). Je n'ai pas besoin d'exagérer
davantage une si grande prostitution de la théologie
réformée : la chose parle d'elle-même; et, quelque
étrange qu'elle paroisse dans la déduction qu'on en
vient de voir, j'ose assurer qu'elle paroîtra plus
odieuse encore et plus horrible quand on en verra
l'histoire entière, comme elle est fidèlement rapportée
dans le livre des Variations.

Toute la Réforme est armée contre ce livre; et
M. Burnet a interrompu ses grandes occupations pour
y répondre, ou plutôt pour dire qu'il y répondoit.
Car on n'appellera pas une réponse quarante ou cinquante pages d'un petit volume qu'il vient d'opposer
à cette histoire, sans avoir osé attaquer aucun des
faits qu'elle contient. C'est une nouvelle manière de
combattre une histoire, que d'en laisser tous les faits
en leur entier. Tous les autres qui se soulèvent contre
celle-ci la laissent également inviolable. On blâme,
on gronde, on menace; mais pour les faits, on n'en

(1) *Lett.* VIII, p. 59. — (2) *Matth.* XV. 14.

« pas encore marqué un seul qu'on accuse de fausseté; et en particulier M. Burnet a laissé passer tous
ceux qu'on a avancés sur son Cranmer et sur les
autres Réformateurs. Ainsi on peut dorénavant tenir
pour certain que Luther, Bucer et Melancton ne
sont pas les seuls qui aient flatté les princes intempé-
rans. Il faut mettre encore en ce rang le héros de
M. Burnet, et le chef de la Réformation anglicane.
M. Burnet continue bien à l'égaler aux Athanases,
aux Cyrilles, aux Grégoires et aux autres grands
saints; mais, pour le purger de sa perpétuelle lâcheté
et de la honteuse prostitution de sa conscience, livrée
à toutes les volontés d'un mauvais prince, il n'y songe
seulement pas. Nous parlerons à lui une autre fois,
il ne faut pas mêler tant de matières, lorsqu'on en
veut donner l'intelligence.

Au reste, je suis bien aise de voir que les maximes
dont M. Jurieu tâche de souiller la sainteté du mariage
ne soient pas universellement approuvées dans la Réforme. Pendant que nous écrivions ceci, nous avions
devant les yeux une lettre, dont nous avons déjà dit
un mot, d'un ministre qui trouve aussi mauvais que
nous que M. Jurieu « soit assez inaccessible aux con-
» seils modérés pour oser dire qu'un mari dont la
» femme est captive entre les mains des Barbares,
» sans espérance de la pouvoir retirer, peut se rema-
» rier; parce que la nécessité n'a point de loi, et que
» le fâcheux remède de la polygamie est plus soute-
» nable que les impuretés inévitables dans une perpé-
» tuelle séparation à ceux qui n'ont pas le tempéra-
» ment tourné du côté de la continence (1). » Ce ministre rougit pour son confrère de ces nécessités contre
l'Evangile, et de *ces impuretés inévitables*, sans
que la prière, ni le jeûne y puissent apporter de remède. Il voit comme nous l'inconvénient de cette im-
pure doctrine, qui introduiroit le divorce, et même
la polygamie, aussitôt que l'un des conjoints seroit

(1) *Rép. de M.... Ministre, sur le sujet des prét. Proph. du
Dauphiné, etc. p. 3, c. 1.*

travaillé de maladies, je ne dis pas incurables, mais longues; ou qu'il se trouvât d'ailleurs quelque empêchement qui les obligeât à demeurer séparés. Si cette doctrine avoit lieu, qu'y auroit-il de plus inhumain ni de plus brutal que la société du mariage? Mais, en permettant de quitter sa femme, ou, ce qui est bien plus détestable, d'en prendre une autre avec elle, en cas de captivité; s'il arrivoit par hasard que, contre l'espérance du mari, sa femme fût délivrée, laquelle des deux demeureroit? Ou bien seroit-il permis à un chrétien d'en avoir deux? M. Basnage en a honte, et il voudroit bien qu'on ne souffrît pas de tels excès. Mais M. Jurieu a pris le dessus, et le traite d'ignorant. La Réforme ne permet pas qu'on abandonne ses chefs, ni qu'on en fasse les plus corrompus et les plus infâmes de tous les hommes. On aimera toujours mieux M. Jurieu, qui les excuse, quoique pitoyablement, que M. Basnage, tout prêt à les condamner. Aussi se tait-on dans les consistoires; les synodes sont muets : M. Basnage lui-même ne reprend l'erreur qu'en tremblant, et comme un homme qui craint la colère envenimée d'un adversaire toujours prêt à se venger à toute outrance; car c'est ainsi qu'il en parle. M. Jurieu triomphe, et la vérité est opprimée.

Ve AVERTISSEMENT

AUX PROTESTANS

sur

LES LETTRES DU MINISTRE JURIEU

contre

L'HISTOIRE DES VARIATIONS.

——

Le fondement des empires renversé par ce ministre.

Mes chers frères,

Dieu, qui est le père et le protecteur de la société humaine, qui a ordonné les rois pour la maintenir, qui les a appelés ses christs, qui les a faits ses lieutenans, et qui leur a mis l'épée en main pour exercer sa justice, a bien voulu, à la vérité, que la religion fût indépendante de leur puissance, et s'établît dans leurs États malgré les efforts qu'ils feroient pour la détruire : mais il a voulu en même temps que, bien loin de troubler le repos de leurs empires ou d'affoiblir leur autorité, elle la rendît plus inviolable, et montrât, par la patience qu'elle inspiroit à ses défenseurs, que l'obéissance qu'on leur doit est à toute épreuve. C'est pourquoi c'est un mauvais caractère, et un des effets des plus odieux de la nouvelle Ré-

forme, d'avoir armé les sujets contre leurs princes et
contre leur patrie, et d'avoir rempli tout l'univers de
guerres civiles ; et il est encore plus odieux et plus
mauvais de l'avoir fait par principes, et d'établir,
comme fait encore M. Jurieu, des maximes séditieuses
qui tendent à la subversion de tous les empires, et à
la dégradation de toutes les puissances établies de
Dieu. Car il n'y a rien de plus opposé à l'esprit du
christianisme, que la Réforme se vantoit de rétablir,
que cet esprit de révolte, ni rien de plus beau à l'ancienne Église que d'avoir été tourmentée et persécutée jusqu'aux dernières extrémités durant trois cents
ans, et depuis à diverses reprises par des princes hérétiques ou infidèles, et d'avoir toujours conservé
dans une oppression si violente une inaltérable douceur, une patience invincible, et une inviolable fidélité envers les puissances. C'est un miracle visible qu'on
ne voie durant tous ces temps ni sédition, ni révolte,
ni aigreur, ni murmure parmi les chrétiens ; et ce
qu'il y avoit de plus remarquable dans leur conduite,
c'étoit la déclaration solennelle qu'ils faisoient de pratiquer cette soumission envers l'empire persécuteur,
non point comme une chose de perfection et de conseil, mais comme une chose de précepte et d'obligation
indispensable : alléguant non seulement les exemples,
mais encore les commandemens exprès de Jésus-Christ
et des apôtres : d'où ils concluoient que l'empire, ni
les empereurs n'auroient jamais rien à craindre des
chrétiens, en quelque nombre qu'ils fussent, en
quelques persécutions qu'on leur fît souffrir. *Plus il
y aura de chrétiens*, disoient-ils à leurs persécuteurs (1), *plus il y aura de gens de qui jamais
vous n'aurez rien à craindre*. Il n'y a donc rien,
encore un coup, de plus opposé à l'ancien christianisme que ce christianisme réformé, puisqu'on a fait
et qu'on fait encore dans celui-ci un point de religion
de la révolte, et que, dans l'autre, on en a fait un de
l'obéissance et de la fidélité.

(1) *Tertull. Apol.* c. xxxvi et seq.

Que la Réforme ne pense pas s'excuser sur ce qu'elle
semble à la fin avoir condamné, en France et en
Angleterre, par ses plus fameux écrivains, ces guerres
civiles de religion, et les maximes dont on les avoit
soutenues. Car les réprouver quelque temps pour y
revenir après, c'est bien montrer qu'on a honte de son
erreur ; mais c'est montrer en même temps qu'on ne
veut pas s'en corriger ; et c'est enfin augmenter, dans
un article si important à la tranquillité publique, les
variations dont la Réforme est convaincue.

C'est, mes Frères, ce que j'entreprends de vous
découvrir dans cet avertissement. J'entreprends,
dis-je, de vous découvrir que votre Réforme n'est
pas chrétienne, parce qu'elle n'a pas été fidèle à ses
princes et à sa patrie. Que la proposition ne vous
fâche pas : il sera temps de se fâcher si ma preuve vous
paroît défectueuse, si je vous laisse le moindre doute
de ce que j'avance : en attendant, lisez sans aigreur
ce que je vous expose pour votre bien. Je dirai tout
avec ordre ; et, quoiqu'il fût naturel, en déduisant ce
que j'ai à dire d'un seul et même principe, de vous le
développer sans interruption par la suite d'un même
discours, je partagerai celui-ci, pour votre commodité, en plusieurs parties, que les titres vous appren-
dront.

*Maxime de M. Jurieu, qu'on peut faire la guerre
à son prince et à sa patrie pour défendre sa
religion ; que cette maxime est née dans l'hérésie. Variations de la Réforme.*

Ce qui aggrave le crime de la Réforme, si souvent
rebelle, c'est de voir d'un côté naître l'Église avec
l'esprit de fidélité et d'obéissance au milieu de l'oppression la plus violente, et de voir de l'autre l'esprit
contraire, c'est-à-dire l'esprit de sédition et de révolte, prendre naissance et se perpétuer dans les hérésies. Les premiers des chrétiens qui ont pris séditieu-
sement les armes avec une ardeur furieuse, sous prétexte de persécution, ont été les Donatistes : c'est une

vérité constante. Il n'est pas moins assuré que les premiers qui ont fait des guerres réglées à leurs souverains pour la même cause, ont été les Manichéens, les plus insensés et les plus impies de tous les hommes. Pour ce qui regarde les Donatistes, il n'y a personne qui ne sache les fureurs de leurs Circumcelliens, rapportées en tant de lieux de saint Augustin (1), qui montre même que les violences de ce parti séditieux ont égalé les ravages que les Barbares faisoient alors dans les plus belles provinces de l'Empire. Et quant aux Manichéens, nous en avons raconté les guerres sanglantes dans le livre XI des Variations (2). Les Albigeois ont suivi ce mauvais exemple : aussi avons-nous vu qu'ils étoient de dignes rejetons de cette abominable secte. Les Wicléfites n'ont point eu de honte de marcher sur leurs pas ; les Hussites et les Taborites les ont imités ; et, puisqu'enfin il en faut venir aux sectes de ces derniers siècles, on suit l'histoire des Luthériens et des Calvinistes.

C'étoit un terrible préjugé contre la Réforme naissante, de n'avoir pu prendre l'esprit de l'ancien christianisme qu'elle se vantoit de rétablir, et d'avoir pris, au contraire, l'esprit turbulent et séditieux qui avoit été conçu et qui s'étoit conservé dans l'hérésie. Car c'étoit d'un côté ne pouvoir prendre l'esprit de Jésus-Christ, et de l'autre prendre l'esprit opposé, c'est-à-dire, l'esprit de sédition, que Jésus-Christ nous fait voir être l'esprit du démon et de son empire (3) ; d'où suit aussi, selon sa parole, la désolation des royaumes et de toute la société humaine, que Dieu a formée par ses lois, et qu'il a prise en sa protection.

Sur une si pressante accusation, il n'est pas aisé d'exprimer combien la Réforme a été déconcertée. Tantôt elle a fait profession d'être soumise et obéissante ; tantôt elle a étalé les sanguinaires maximes qui exhortoient à prendre les armes sans se soucier du nom ni de l'autorité du prince. Elle a fait d'abord la

____

(1) *Epist.* CXI, *ad Victorian.* tom. II, *col.* 319. — (2) *Var. liv.* XI, *p.* 171, 172. — (3) *Matth.* XII. 25, 26.

modeste : il le falloit bien quand elle étoit foible ; et
d'ailleurs comment soutenir sans ce caractère le nom
et le caractère du christianisme réformé ? C'est pourquoi au commencement, à l'exemple des premiers
chrétiens, on ne nous vantoit que douceur, que
patience, que fidélité. *Il vaut mieux souffrir*,
disoit Melancton (1), *toutes sortes d'extrémités, que
de prendre les armes pour les affaires de l'Evangile* (c'est du nouvel Evangile qu'il vouloit parler),
*et d'exciter des guerres civiles : tout bon chré-
tien, tout homme de bien*, continuoit-il, *doit empêcher les ligues* qu'on trame secrètement sous prétexte de religion. Luther, tout violent qu'il étoit,
défendoit les armes dans cette cause, et fit même un
sermon exprès dont le titre étoit : *Que les abus doivent
être ôtés, non par la main, mais par la parole* (2).
La papauté devoit tomber dans peu de temps, mais
seulement par le souffle de la prédication de Luther,
*pendant qu'il boiroit sa bière et tiendroit de
doux propos au coin de son feu, avec son cher
Melancton et avec Amsdorf.* Les Calvinistes n'é-
toient pas moins doux en apparence. Il ne faut qu'é-
couter Calvin écrivant à François Iᵉʳ, en 1536, à la
tête de ce fameux livre de l'institution, où il se plaint
à ce prince qu'on lui faisoit immoler à la vengeance
publique ses plus fidèles sujets, avec de solennelles
protestations de l'inébranlable fidélité de lui et des
siens. Il ne faut, trente ans après, et jusqu'à la veille
des guerres civiles, qu'écouter Bèze et sa magnifique
comparaison de l'Eglise avec une enclume, qui n'étoit
faite que pour recevoir des coups, et non pas pour en
donner ; mais qui aussi, en les recevant, brisoit souvent les marteaux dont elle étoit frappée (3). Voilà
des colombes et des brebis qui n'ont en partage que
d'humbles gémissemens et la patience : c'étoit le plus
pur esprit et la parfaite résurrection de l'ancien chris-

(1) *Lib.* III, *Ep.* 16. *Lib.* IV, *Ep.* 35, 110, 111. *Var. liv.*
v, *p.* 238, 239. — (2) *Var. liv.* I, *p.* 55. *liv.* II, *p.* 63. —
(3) *Hist. de Bèze, liv.* VI. *Var. liv.* X, *p.* 134.

tianisme; mais il n'étoit pas possible qu'en soutînt
long-temps ce qu'on n'avoit pas dans le cœur. Au
milieu de ces modesties de Luther, il échappoit des
paroles de menaces et de violence qu'il ne pouvoit
retenir : témoin celles qu'il écrivit à Léon X, après
la sentence où ce pape le citoit devant lui; qu'il espéroit bientôt y comparoître avec vingt mille hommes
de pied et cinq mille chevaux, et qu'alors il se feroit
croire (1). Ce n'étoit là encore que des paroles; mais
on en vint bientôt aux effets (2). Ces ligues tant
détestées par Mélancton se formèrent, à son grand
regret, par les conseils de Luther (3). Le landgrave
et les protestans prirent les armes sur ces vains om-
brages : Mélancton en rougissoit pour le parti; mais
Luther prit en main la défense des rebelles; et il osa
bien menacer George de Saxe, prince de la maison
de ses maîtres, de faire tourner contre lui les armes
des princes pour l'exterminer, lui et ses semblables,
qui n'approuvoient pas la Réforme. Enfin il n'oublia
rien de ce qui pouvoit animer les siens et irriter
contre Rome, qui, malgré ses prédications et ses
prophéties, avoit bien osé subsister au-delà du terme
qu'il lui donnoit; il mit au jour la thèse sanguinaire
où il soutenoit que le pape étoit « un loup enragé,
» contre lequel il falloit assembler les peuples, et ne
» pas épargner les princes qui le soutiendroient, fût-ce
» l'empereur lui-même (4). » L'effet suivit les paroles. L'électeur de Saxe et le landgrave prirent les
armes contre Charles V; mais l'électeur, plus cons-
ciencieux que ne vouloit la Réforme, ne savoit comment concilier avec l'Évangile cette guerre contre le
chef de l'empire. On trouva l'expédient dans le manifeste de traiter Charles V, non comme empereur (car
c'étoit précisément cette qualité qui troubloit la conscience de l'électeur), mais comme *se portant pour*

____

(1) *Var. liv.* I, *p.* 46. *Luth. adv. Ant. Bull. T.* II. —
(2) *Var. liv.* IV, *p.* 169 *et suiv.* — (3) *Ibid. liv.* II, *p.* 105 *et
suiv.* — (4) *Disp.* 1540. *prop.* 39 *et seq. T.* I. *Vid. Sleid. liv.*
XVI. *Var. liv.* I. *p.* 8. *Liv.* VIII, *p.* 46.

empereur (1); comme si c'étoit un usurpateur, ou
qu'il fût au pouvoir des rebelles de le dépouiller de
l'empire. Tout devint permis par cette illusion; et la
propre déclaration des princes ligués fut un témoignage éternel que ceux qui entreprenoient cette guerre
la tenoient injuste, contre un empereur reconnu de
tout le monde.

Je n'ai pas besoin de parler de la France : on sait
assez que la violence du parti réformé, retenue sous
les règnes forts de François Ier et de Henri II, ne
manqua pas d'éclater dans la foiblesse de ceux de
François II et de Charles IX. On sait, dis-je, que le
parti n'eut pas plus tôt senti ses forces, qu'on n'y mé-
dita rien de moins que de partager l'autorité, de s'emparer de la personne des rois, et de faire la loi aux
catholiques. On alluma la guerre dans toutes les villes
et dans toutes les provinces : on appela les étrangers
de toutes parts au sein de la France, comme à un
pays de conquête; et on mit ce florissant royaume,
l'honneur de la chrétienté, sur le bord de sa ruine,
sans presque jamais cesser de faire la guerre, jusqu'à
ce que le parti dépouillé de ses places fortes fût dans
l'impuissance de la soutenir.

Ceux qui n'ont que les dragons à la bouche, et qui
pensent avoir tout dit pour la défense de leur cause
quand ils les ont seulement nommés, doivent souffrir
à leur tour qu'on leur représente ce que le royaume
a souffert de leurs violences, et encore presque de
nos jours. Ils sont convaincus par actes et par leurs
propres délibérations qu'on a eu original, d'avoir
alors exécuté en effet par une puissance usurpée, plus
qu'ils ne se plaignent à présent d'avoir souffert de la
puissance légitime. Le fait en a été posé dans l'Histoire des Variations (2), et n'a pas été contredit. On
y a dit qu'on avoit en main en original les ordres des
généraux et ceux des villes à la requête des *consistoires*, pour contraindre les *Papistes* à embrasser

____

(1) *Sleid. lib.* XVII. *Var. liv.* VIII, p. 6, 7, 8. — (2) *Var.*
liv. X, p. 140.

la Réforme *par taxes, par logemens, par dé-
molitions de leurs maisons, et par découverte
de leurs toits.* Ceux qui s'absentoient pour éviter
ces violences étoient dépouillés de leurs biens. Les
registres des Hôtels-de-Ville de Nîmes, de Mon-
tauban, d'Alais, de Montpellier, et d'autres villes
du parti, sont pleines de telles ordonnances. On a
été bien plus avant : une infinité de prêtres, de
religieux, de catholiques de tous les états ont été
massacrés dans le Béarn par les ordres de la reine
Jeanne, sans autre crime que celui de leur religion
ou de leur ordre. Il y a encore des actes authentiques
des habitans de La Rochelle, où il est porté que la
guerre fut renouvelée à l'occasion des prêtres qu'ils
précipitèrent dans la mer jusqu'au nombre de vingt-
six ou de vingt-sept : de sorte que ceux qui nous
vantent leur patience et leurs martyres sont en effet
les aggresseurs, et le sont de la manière la plus
sanguinaire. Ces dragons, dont on fait sonner si
haut les violences, ont-ils approché de ces excès? Et
tout ce qu'on leur reproche d'avoir entrepris sans
ordre, de combien est-il au-dessous des violences
où les protestans se sont emportés par des ordres bien
délibérés et bien signés? On a avancé ces faits publiquement : M. Jurieu ou quelqu'autre les ont-ils niés,
ou ont-ils dit un seul mot pour les affoiblir? Rien du
tout; parce qu'ils savent bien qu'ils sont connus par
toute la chrétienté, écrits dans toutes les histoires, et
de plus prouvés par actes publics. Mais c'étoient, disoient-ils, des temps de guerres, et il n'en faut plus
parler, comme s'ils étoient les seuls qui eussent droit de
se plaindre de la violence, et que ce ne fût pas au contraire une preuve contre leur Réforme, d'avoir entrepris par maximes de religion des guerres dont les effets
ont été si cruels.

Joignons à toutes ces choses les explications sanguinaires qu'on donnoit à l'Apocalypse, où la Réforme,
en prenant pour elle et interprétant contre Rome ce
commandement : *Sortez de Babylone,* s'appliquoit
aussi à elle-même cet autre commandement du même

lieu, *faites-lui comme elle vous a fait :* d'où nous avons vu qu'elle concluoit, qu'il lui étoit commandé, non seulement de sortir de Rome, mais encore de l'exterminer à main armée avec tous ses sectateurs, partout où on les trouveroit, avec une espérance certaine de la victoire (1).

Voilà donc la Réforme convaincue d'avoir entrepris, et encore d'avoir entrepris par maximes, et comme par un précepte divin, les guerres qu'elle sembloit détester au commencement. Mais si elle rougissoit du dessein de les entreprendre, elle en a encore rougi après l'avoir exécuté. C'est pourquoi, ne pouvant nier le fait, ni faire oublier au monde ses guerres sanglantes ; quand elle a cru que les causes en pouvoient être oubliées par le temps, elle a employé tout ce qu'elle avoit de plus habiles écrivains pour soutenir que ces guerres, tant reprochées à la Réforme, ne furent jamais des guerres de religion : et non seulement M. Bayle dans sa Critique de M. Maimbourg, et M. Burnet dans son Histoire de la Réformation anglicane (2), mais encore M. Jurieu, qui s'en dédit aujourd'hui dans son Apologie de la Réforme, ont épuisé toute leur adresse à soutenir ce paradoxe.

Il n'y a rien de plus étrange que la manière dont il défend les Réformés, de la conjuration d'Amboise, qui est l'endroit par où ont commencé toutes les guerres : « La tyrannie des princes de Guise ne pouvoit être abattue que par une grande effusion de » sang : L'ESPRIT DU CHRISTIANISME NE SOUFFRE POINT » CELA : mais si l'on juge de cette entreprise par les » règles de la morale du monde, elle n'est point du » tout criminelle » ; et il conclut « qu'elle ne l'est, en » tout cas, que selon les règles de l'Evangile (3). » Par où l'on voit clairement, en premier lieu, que toutes ces guerres des Prétendus Réformés, selon lui, étoient injustes et contraires à l'esprit du christianisme; et

(1) *Explic. de l'Apoc. Avert. aux Prot. sur l'Acc. des Proph.* n. 1. — (2) *Hist. de la Réf. Ang. II. part. liv.* III. *Var. liv.* X, p. 131 *et suiv.* — (3) *Apol. de la Réf. I. part. c.* XV, p. 453. *Var. liv.* X, p. 137.

en second lieu, qu'il se console de ce qu'elles sont contraires à cet esprit *et aux règles de l'Évangile*, sur ce qu'en tout cas, à ce qu'il prétend, elles sont conformes *aux règles de la morale du monde*: comme si ce n'étoit pas le comble du mal de lui chercher des excuses dans le dérèglement du genre humain corrompu, qui ne l'est pourtant pas assez, comme nous l'avons démontré ailleurs (1), pour approuver de tels attentats. C'est ainsi que M. Jurieu défend la Réforme; et tout cela pour confirmer ce qu'il avoit dit: « que la religion s'est trouvée purement par acci- » dent dans ces querelles, et pour y servir de pré- » texte (2). »

Il n'a pas été malaisé de le convaincre. Car, outre que c'étoit à la Réforme une action assez honteuse de vouloir bien donner un prétexte à une guerre que ce ministre avouoit alors contraire à l'esprit et aux règles du christianisme; il est plus clair que le jour que la religion étoit le fond de toutes ces guerres. C'est ce qu'on voit dans le livre des Variations (3), par la propre Histoire de Bèze, par les consultations, par les requêtes, par les délibérations et par les traités qu'il rapporte; on voit, dis-je, plus clair que le jour, par toutes ces choses, que la guerre fut entreprise dans la Réforme par délibération expresse des ministres et de tout le parti, et par principe de conscience: en sorte qu'il n'est pas possible de s'empêcher de le voir en lisant le xe livre des Variations, où cette matière est traitée, et qu'en effet M. Jurieu n'a rien eu à y répliquer, si ce n'est ce mot seulement: « Ce n'est » point, dit-il (4), mon affaire de parler de cette » matière; on y répondra si l'on veut: et pour moi, » ce que j'en ai dit dans ma Réponse à l'histoire du » jésuite Maimbourg me suffit. » Il est content de lui-même, c'est assez; et il ne veut pas seulement songer que tout ce qu'il a dit sur ce sujet est détruit

_____

(1) *Var.* liv. x, p. 137. — (2) Jur. *Apol. de la Réflexion* p. 2. — (3) *Var.* liv. x, p. 128, 121 et suiv. — (4) Juss. *Lett.* ix.

ment réfuté, non point par raisonnement, mais par
actes ; et, sans ici répéter tout le reste qui est produit
dans l'Histoire des Variations (1), par les décrets très-
formels du synode national de Lyon en 1563, dès le
commencement des guerres.

On y accorde par décret exprès la Cène à un abbé
réformé à la nouvelle manière, parce que, sans se défaire de son abbaye dont le revenu l'accommodoit,
« il en avoit brûlé les titres, et n'avoit pas permis
» depuis six ans qu'on y chantât messe ; ainsi s'étoit
» toujours PORTÉ FIDÈLEMENT, et avoit PORTÉ LES ARMES
» POUR MAINTENIR L'ÉVANGILE (2). » Ce n'est pas ici
un prétexte : ce sont les armes portées ouvertement
pour L'Évangile réformé, et cette action honorée dans
le parti, jusqu'à y être récompensée et ratifiée par la
réception de la Cène.

Oser vous dire, après cela, que ce n'est pas ici une
guerre de religion, c'est vous déclarer, mes Frères,
qu'on n'a besoin ni de raison ni de bonne foi, ni même
de vraisemblance, pour vous persuader tout ce que
l'on veut. Mais voici un cas bien plus étrange, et un
décret bien plus surprenant du même synode national. *Un ministre qui autrement s'étoit bien com-
porté*, c'est-à-dire, qui avoit bien fait son devoir à inspirer la révolte, pour réparer cette faute, « avoit écrit à la
» reine mère, qu'il n'avoit jamais consenti au port des
» armes, jaçoit qu'il y eût consenti et contribué ; fut
» obligé à un jour de Cène de faire confession pu-
» blique de sa faute devant tout le peuple » ; et, pour
pousser l'audace jusqu'au bout, *à faire entendre à
la reine sa pénitence ;* de peur que cette princesse,
qui étoit alors régente, ne s'imaginât qu'on fût capable
de garder aucune mesure avec elle et avec le roi.
N'est-ce pas là déclarer la guerre, et la déclarer à la
propre personne de la régente, et de la part de tout
un synode national, afin qu'on ne doute pas que ce ne
soit une guerre de religion, et encore de tout le parti ?
Mais on n'en demeure pas là. Pour éviter le scandale

que ce ministre avoit donné à son Eglise en se repen-
tant de son crime, et marquant ses soumissions à la
reine, on permet au synode de sa province *de le
changer de lieu*; en sorte qu'on ne le voie plus dans
celui qu'il avoit scandalisé en se montrant bon sujet.
Loin de se repentir d'avoir pris les armes, la Réforme
ne se repent que de s'être repentie de les avoir prises;
et au lieu de rougir de ces excès, M. Jurieu répond
hardiment : « M. de Meaux doit savoir que nous ne
» nous faisons pas une honte de ces décisions de nos
» synodes. »

Mais si la Réforme n'avoit point de honte des guerres
qu'elle avoit faites pour la religion, pourquoi donc
M. Jurieu ne les osoit-il avouer il y a quelque temps ?
Et pourquoi écrivoit-il que la religion *s'y étoit mêlée
purement par accident ?* C'étoit une espèce de réparation de ces attentats, que de tâcher de les pallier
comme il faisoit : mais maintenant il lève le masque.
En parlant de ses Réformés en l'état où ils sont en
France, il déclare « qu'il faut être aveugle pour ne
» pas voir que des gens à qui on renfonce la vérité
» dans le cœur à coups de barre, ne se relèveront pas
» LE PLUS TÔT QU'ILS POURRONT ET PAR TOUTES SORTES DE
» VOIES (1). » D'où il conclut que « dans peu d'années
» on verra un grand éclat de ce feu que l'on couverne
» sans l'étouffer. » Ce n'est pas seulement prédire,
c'est souffler la rébellion, que de parler de cette sorte.
Il ne dissimule point que les Prétendus Réformés
n'aient *la fureur et la rage dans le cœur : et c'est,*
dit-il (2), *ce qui fortifie la haine qu'ils avoient
pour l'idolâtrie;* dont il rend cette raison, *que les
passions humaines,* telles que sont la rage et la fureur, *sont de grands secours aux pertes chrétiennes.* Voici un nouveau moyen de fortifier les
vertus et *des vertus chrétiennes,* que les apôtres ne
connoissoient pas. Saint Paul a fondé sur la charité
toutes les vertus chrétiennes : mais qu'a-t-il dit de la
charité, sinon, « qu'elle est douce, qu'elle est patiente,

<hr>

(1) *Accomp. des Proph. Avis à tous les Chrét.* — (2) *Ibid.*

» qu'elle n'est ni envieuse ni ambitieuse, qu'elle ne
» s'enorgueillit point, ni ne s'aigrit point (1) ? » Et
notre docteur nous dit qu'elle est furieuse. Quelle
vertu, quelle vérité, quelle religion est celle-là, qui
emploie jusqu'à la rage pour se maintenir dans un
cœur ? C'est ainsi que sont disposés les Réformés, selon
M. Jurieu, et c'est ainsi qu'il les veut. Car il n'oublie
rien pour nourrir en eux ces sentimens qui les portent
à la révolte : et pour les y exciter il fait une lettre entière (2), où, sans pallier comme auparavant le crime
des guerres civiles, il entreprend ouvertement de les
justifier. Lui qui hésitoit auparavant, ou plutôt qui
sans hésiter décidoit, comme on vient de voir, que
ces guerres contre son pays et son prince légitime,
*étoient contraires à l'esprit du christianisme et
aux règles de l'Evangile*, trop heureux de pouvoir
les excuser *par les règles de la morale* corrompue
du monde, dit maintenant à la face de l'univers et au
nom de toute la Réforme : *Nous ne nous faisons
pas une honte des décisions de nos synodes*, qui ont
soutenu qu'on est en droit, pour défendre la religion,
de faire la guerre à son roi et à sa patrie. C'est la femme
prostituée qui ne rougit plus, qui, après avoir long-
temps déguisé son crime et cherché de vaines excuses
à ses infidélités, à la fin étant convaincue, se fait un
front d'impudique, comme parle l'Ecriture-Sainte, et
dit hardiment : *Oui, j'ai aimé des étrangers, et
je marcherai après eux* (3).

Il ne faudroit rien davantage que sa honte d'un
côté, et sa hardiesse de l'autre pour la confondre.
Que nous dira donc M. Jurieu, qui, après avoir condamné ces guerres, aujourd'hui en entreprend la
défense ? Et n'est-il pas confondu par ses propres
variations ? Mais ne laissons pas d'écouter ses foibles
raisonnemens.

(1) *I. Cor.* xiii. 4. — (2) *Jur. Lett.* ix. — (3) *Jer.* ii. 26.

*Réponses de M. Jurieu à l'exemple de l'ancienne
Eglise. Question : si la soumission des premiers
chrétiens n'étoit que de conseil, ou en tout cas
un précepte accommodé à un certain temps.*

Les réponses de ce ministre sont prises d'un dialogue de Buchanan qui a pour titre : *Du droit de
régner dans l'Ecosse.* Les sentimens en sont si excessifs, qu'il a été détesté par les plus habiles gens de
la Réforme : mais aujourd'hui M. Jurieu en prend
l'esprit ; et aussi ne lui restoit-il que ce moyen-là de
saper les fondemens, et de renverser le droit des
monarchies.

Il faut écouter, avant toutes choses, ce qu'ils répondent à l'exemple des martyrs. Il n'y a personne
qui ne soit touché, quand on les voit dans leur passion, entre les mains et sous les coups des persécuteurs, les conjurer *par le salut et la vie de l'Empereur* (1), comme par une chose sainte, de contenter le désir qu'ils avoient de souffrir pour Jésus-Christ. « A Dieu ne plaise, disoient-ils (2), que nous
» offrions pour les empereurs le sacrifice que vous nous
» demandez pour eux : on nous apprend à leur obéir,
» mais non pas à les adorer. » L'obéissance qu'ils
leur rendoient, servoit de preuve à celle qu'ils vouloient rendre à Dieu. « J'ai été, disoit saint Jule (3),
» sept fois à la guerre : je n'ai jamais résisté aux puissances, ni reculé dans les combats, et je m'y suis
» mêlé aussi avant qu'aucun de mes compagnons.
» Mais si j'ai été fidèle dans de tels combats, croyez-
» vous que je le sois moins dans celui-ci, qui est bien
» d'une autre importance ? » Tout est plein de semblables discours dans les actes des martyrs : la profession qu'ils faisoient, parmi les supplices, de demeurer
fidèles à leurs princes en tout ce qui ne seroit point
contraire à la loi de Dieu, faisoit la gloire de leur
martyre ; et ils la scelloient de leur sang comme

(1) *Act. Jul. Act. Marc. et Nicand. etc.* — (2) *Act. Phil.
Epist. Heracl. etc.* — (3) *Act. Jul.*

le reste des vérités qu'ils annonçoient. Mais écoutons ce que leur répond M. Jurieu. « A Dieu ne plaise,
» dit-il (1), que je voulusse diminuer le mérite des
» martyrs, et rien rabattre des louanges qu'on leur
» donne : mais je voudrois bien qu'on me fît voir
» qu'ils ont été en état de se pourvoir contre les vio-
» lences des empereurs romains. Que pouvoit faire,
» continue-t-il, un si petit nombre de gens épars dans
» toute l'étendue d'un grand empire, qui avoit tou-
» jours sur pied des armées nombreuses pour la garde
» de ses vastes frontières ? Ce n'étoit donc pas seule-
» ment piété, mais c'étoit prudence aux premiers
» chrétiens de souffrir un moindre mal pour en éviter
» un plus grand. » C'est sa première raison, qu'il a
tirée de Buchanan son grand auteur : mais voyons
celles dont il la soutient (2). « Outre cela, on ne sau-
» roit tirer un grand avantage de la conduite des
» premiers chrétiens au sujet de la prise des armes.
» Il y en avoit plusieurs qui ne croyoient pas qu'il
» fût permis de se servir du glaive en aucune manière,
» ni à la guerre, ni en justice pour la punition des cri-
» minels : c'étoit une sévérité outrée, et une maxime
» généralement reconnue pour fausse aujourd'hui ;
» tellement que leur patience ne venoit que d'une
» erreur et d'une morale mal entendue. » Voilà donc
la seconde cause de la patience des martyrs : la première étoit leur foiblesse ; la seconde étoit leur erreur.
Voilà d'abord comme on traite ceux dont on dit qu'on
ne voudroit diminuer en rien le mérite.

Mais le ministre sait bien en sa conscience que
le sentiment de l'Église n'étoit pas celui de ces esprits
outrés qui condamnoient universellement l'usage
des armes. Nous venons d'ouïr un martyr qui fait
gloire d'avoir bien servi les empereurs à la guerre :
cent autres en ont fait autant ; et l'Église ne les met
pas moins parmi les saints. Tertullien, dont on auroit
le plus à craindre ces maximes outrées, n'hésite point
à dire au sénat et aux magistrats de Rome, au nom de

______

(1) *Jur. Lett.* IX , *p.* 67, *c.* 11 *et suiv.* — (2) *Ibid. p.* 68.

11.

tous les chrétiens (1) : « Nous sommes comme tous
» les autres citoyens dans les exercices ordinaires ;
» nous labourons, nous naviguons, nous faisons la
» guerre avec vous. Nous remplissons la ville, le
» palais, le sénat, le marché, le camp et les armées ;
» il n'y a que les temples seuls que nous vous lais-
» sons. » C'est-à-dire, que, hors la religion, tout le
reste leur étoit commun avec leurs concitoyens, et les
autres sujets de l'empire. Il y avoit même des légions
toutes composées de chrétiens. On connoît celle dont
les prières furent si favorables à Marc Aurèle (2), et
celle qui fut immolée à la foi sous la conduite de saint
Maurice : on entend bien que je parle de cette fameuse
légion thébaine, dont le martyre est si fameux dans
l'empire de Dioclétien et de Maximien.

M. Jurieu n'ignoroit pas ces grands exemples, et
c'est pourquoi il ajoute : « Dans le fond ce n'étoit
» point cette délicatesse de conscience qui a empêché
» les premiers chrétiens de se défendre contre leurs
» persécuteurs : car ces dévots, dont la morale étoit
» si sévère, étoient en petit nombre en comparaison
» des autres (3). » Il eût donc mieux fait de supprimer cette raison, qui lui paroît sans force à lui-même.
Mais c'est qu'il est bon d'embrouiller toujours la matière, en entassant beaucoup d'inutilités, et à la fin
d'affoiblir un peu l'autorité de l'ancienne Église dont
les exemples l'accablent.

Il poursuit ; et pour montrer que le nombre de ces
faux dévots, qui croyoient les armes défendues aux
chrétiens, étoit petit, il nous dit ceci pour toute
preuve : « Par les plaintes que les Pères nous font des
» maux des chrétiens de leur siècle, il est bien aisé à
» comprendre que des gens aussi peu réguliers dans
» leur conduite, qu'étoient plusieurs chrétiens d'alors,
» ne se laissoient pas tuer par conscience, mais par
» foiblesse et par impuissance. » C'est ce que diroient
des impies, s'ils vouloient affoiblir la gloire des mar-

____

(1) *Apol. c.* XXXVII, XL. — (2) *Apoc. c.* XLV. — (3) *Jur.*
Ibid.

tyrs et les témoignages de la religion. Au reste, il est évident que tout cela ne servoit de rien à M. Jurieu. Il avoit, comme on vient de voir, assez de moyens pour justifier les chrétiens des premiers siècles, sans en alléguer les mauvaises mœurs : mais il n'a pu se refuser à lui-même ce trait de chagrin contre l'Église primitive, dont on lui objecte trop souvent l'autorité.

« Enfin, conclut-il, quand les premiers chrétiens
» par tendresse de conscience n'auroient pas pris le
» parti de se défendre, en cela sans doute ils n'auroient
» pas mal fait : il est toujours permis de se relâcher
» de son droit ; car on fait de son bien ce qu'on veut :
» mais on ne pèche pourtant pas en se servant de ses
» droits. Il y a, continue-t-il, de la différence entre
» le mieux, et le bien. Celui qui marie sa fille fait
» bien, et celui qui ne la marie pas fait mieux. Sup-
» posé que les chrétiens aient mieux fait, en ne pre-
» nant pas les armes pour se garantir de la persécu-
» tion (car c'est de quoi le ministre doute), il ne s'en-
» suit pas que ceux qui font autrement ne fassent bien,
» et que peut-être ils ne fassent mieux en certaines
» circonstances. » Il ne restoit plus au ministre que de proposer un moyen de mettre la Réforme armée, et non seulement menaçante, mais encore ouvertement rebelle à ses rois, au-dessus de l'Eglise ancienne, humble et souffrante, qui ne connoissoit d'autres armes que celles de la patience.

Telles sont les réponses de M. Jurieu. Pour com-mencer par la dernière, qu'il fonde sur la distinction de perfection et de conseil, et du bien de nécessité et d'obligation, le ministre nous allègue le mot de saint Paul : *Celui qui marie sa fille fait bien, mais celui qui ne la marie pas fait mieux* (1). Mais, pour appliquer ce passage à la matière dont il s'agit, il faudroit qu'il fût écrit quelque part, ou qu'on pût attribuer aux apôtres et aux premiers chrétiens cette doctrine : C'est bien fait à des sujets persécutés de prendre les armes contre leurs princes ; mais c'est

____

(1) *I. Cor.* VII. 38.

encore mieux fait de ne pas les prendre. M. Jurieu oseroit-il bien attribuer cette doctrine aux apôtres ? Mais en quel endroit de leurs écrits en trouvera-t-il le moindre vestige ? Quand les premiers chrétiens nous ont fait voir qu'ils étoient fidèles à leur patrie quoique ingrate, et aux empereurs quoique impies et persécuteurs, ont-ils laissé échapper la moindre parole pour faire entendre qu'il leur eût été permis d'agir autrement, et que la chose étoit libre ? au contraire, lorsqu'ils entreprennent de prouver qu'ils sont fidèles à tous leurs devoirs, ils commencent par déclarer qu'ils ne manquent à rien « ni envers Dieu ni envers » l'empereur et sa famille ; qu'ils paient fidèlement » les charges publiques, selon le commandement de » Jésus-Christ : Rendez à César ce qui est à César(1) : et qu'ils font des vœux continuels pour la prospérité de l'empire, des empereurs, de leurs officiers, du sénat dont ils étoient les chefs, de leurs armées : et enfin, leur disoient ces bons citoyens fidèles à Dieu et aux hommes, « à la réserve de la religion, dans » laquelle notre conscience ne nous permet pas de » nous unir avec vous, nous vous servons avec joie » dans tout le reste ; priant Dieu de vous donner avec » la souveraine puissance de saintes intentions (2). » C'est ainsi qu'ils n'oublient rien pour signaler leur fidélité envers leurs princes ; et afin qu'on ne doutât pas qu'ils ne la crussent d'obligation indispensable, ils en parlent comme d'un devoir de religion. Ils l'appellent « la piété, la foi, la religion envers la » seconde majesté, envers l'empereur que Dieu a » établi, et qui en exerce la puissance sur la terre (3). » C'est pourquoi lorsqu'on les accuse de manquer de fidélité envers le prince, ils s'en défendent non seulement comme d'un crime, mais encore comme d'un sacrilége, où la majesté de Dieu est violée en la personne de son lieutenant ; et ils allèguent non

(1) *Athenag. Legat. pro Christ. Just. Apol.* 1, num. 1, p. 54. — (2) *Just. Ibid. Tertull. Apol. c.* v, 39. — (3) *Tertull. Apol. c.* XXXII, XXXIV, XXXV, XXXVI.

seulement les apôtres, mais encore Jésus-Christ même qui leur dit : *Rendez à César ce qui est à César, et à Dieu ce qui est à Dieu* (1) : par où il met, pour ainsi parler, dans la même ligne ce qu'on doit au prince avec ce qu'on doit à Dieu même ; afin qu'on reconnoisse dans l'un et dans l'autre une obligation également inviolable : ce qui aussi étoit suivi par le prince des apôtres, lorsqu'il avoit dit : *Craignez Dieu, honorez le Roi* (2) : où l'on voit qu'à l'exemple de son maître, il fait marcher ces deux choses d'un pas égal comme unies et inséparables. Que s'ils poussoient cette obligation jusqu'à être toujours soumis malgré les persécutions les plus violentes, c'est que Jésus-Christ, qui assurément n'ignoroit pas que ses disciples ne dussent être persécutés par les princes, puisque même il l'avoit prédit si souvent, n'en rabattoit rien pour cela de l'étroite obéissance qu'il leur prescrivoit : au contraire, en leur prédisant qu'ils seroient *traînés devant les présidens et devant les rois, et haïs de tout le monde pour son nom* (3), il leur déclare en même temps, *qu'il les envoie comme des brebis au milieu des loups* (4), sans armes et sans résistance, ne leur permettant que *la fuite d'une ville à l'autre*, et ne leur donnant autre moyen de *posséder leurs âmes*, c'est-à-dire, d'assurer leur vie et leur liberté, en un mot, de jouir d'eux-mêmes, que la patience : *Ce sera*, dit-il (5), *par votre patience que vous posséderez vos âmes*. Telles sont les instructions, tels sont les ordres que Jésus-Christ donne à ses soldats. L'effet suivit les paroles. Les apôtres ne prévoyoient pas seulement les persécutions ; mais ils les voyoient commencer, puisque saint Paul disoit déjà : *Tous les jours on nous fait mourir pour l'amour de vous, et on nous regarde comme des brebis destinées à la boucherie* (6). Mais les chrétiens ne sortirent pas pour cela du caractère de brebis que

(1) *Matth.* XXII. 21.—(2) *J. Pet.* II. 17.—(3) *Matth.* X. 16, 23.—(4) *Luc.* XXI. 12, 19.—(5) *Ibid.* 19.—(6) *Rom.* VIII. 36.

Jésus-Christ leur avoit donné ; et, déchirés, selon sa parole, par les loups, ils ne leur opposèrent que la patience qu'il leur avoit laissée en partage. C'est aussi ce que les apôtres leur avoient enseigné : lorsqu'ils virent que les empereurs et tout l'empire romain entroient en furieux dans le dessein de ruiner le christianisme, bien instruits par le Saint-Esprit de ce qui alloit arriver, de peur que la soumission des chrétiens ne fût ébranlée par une oppression si longue et si violente, ils leur recommandèrent avec plus de soin et de force que jamais, l'obéissance envers les rois et les magistrats. « Il est temps, disoit saint » Pierre (1), que le jugement commence par la » maison de Dieu. Que nul de vous ne souffre comme » homicide ou comme voleur ; mais si c'est comme » chrétien, qu'il n'en rougisse pas, et qu'il glorifie » Dieu en ce nom. » Ce qu'il répète trois ou quatre fois en mêmes paroles (2) ; de peur que l'oppression où l'Eglise étoit déjà, et où elle alloit être jetée de plus en plus, ne le surprit. Mais il ne répète pas avec moins de soin *qu'on soit soumis aux rois et aux magistrats*, et afin de ne rien omettre, à ses *maîtres mêmes fâcheux* et inexorables ; tant il craignoit qu'on ne manquât à aucun devoir, dans un temps où la patience et avec elle la fidélité alloit être poussée à bout de toutes parts. On ne peut donc plus douter que ces préceptes de soumission et de patience ne regardent précisément l'état de persécution. C'étoit en cette conjoncture et en cet état que saint Paul, déjà dans les liens, et presque sous le coup des persécuteurs, ordonnoit qu'on leur fût fidèle et obéissant, et qu'on priât pour eux avec justice (3).

Buchanan a bien osé éluder la force de ce commandement apostolique, en disant qu'on prioit pour les voleurs afin que Dieu les convertit. Impie et blasphémateur contre les puissances ordonnées de Dieu, qui n'a point voulu ouvrir les yeux, ni entendre

(1) *I. Pet.* IV. 15, 16, 17. — (2) *Ibid.* II, 19, 20. III. 14. 17. V. 9, *etc.* — (3) *Tit.* III. 1. *I. Tim.* II. 1, 2.

qu'on ne prie pas Dieu pour l'état et la condition des voleurs, et qu'on ne s'y soumet pas ; mais qu'on prie Dieu pour l'état et la condition des princes quoique impies et persécuteurs, comme pour un état ordonné de Dieu auquel on se soumet pour son amour. On demande à Dieu dans cet esprit, qu'il donne *à tous les empereurs*, à tous, remarquez, bons ou mauvais, amis ou persécuteurs, « une longue vie, » un empire heureux, une famille tranquille, de » courageuses armées, un sénat fidèle, un peuple » juste et obéissant, et que le monde soit en repos » sous leur autorité (1). » Mais peut-on demander cette sûreté du monde et des empereurs, même dans les règnes fâcheux, si on se croit en droit de la troubler ?

Enfin, saint Jean avoit vu et souffert lui-même la persécution, et il en voyoit les suites sanglantes dans sa Révélation : mais il n'y voit de couronne ni de gloire que pour ceux qui ont vécu dans la patience. *C'est ici*, dit-il (2), *la foi et la patience des saints :* marque indubitable que les témoins et les martyrs qu'il voyoit (3), n'étoient pas ces témoins guerriers de la Réforme, toujours prêts à prendre les armes quand ils se croiroient assez forts ; mais des témoins qui n'avoient pour armes que la croix de Jésus-Christ, et pour règle que ses préceptes et ses exemples : martyrs, comme dit saint Paul (4), *qui résistent jusqu'au sang* ; jusqu'à prodiguer le leur, et non pas jusqu'à verser celui des autres, et à armer des sujets contre la puissance publique, contre laquelle nul particulier n'a de force ni d'action. Car c'est là le grand fondement de l'obéissance, que comme la persécution n'ôte pas aux saints persécutés la qualité de sujets, elle ne leur laisse aussi, selon la doctrine de Jésus-Christ et des apôtres, que l'obéissance en partage. C'est ce que les premiers chrétiens avoient dans le cœur ; c'est l'exemple que Jésus-Christ leur

______

(1) *Tertull. Apol.* c. XXXII. — (2) *Apoc.* XIII. 10. XIV. 12. — (3) *Ibid.* XI. — (4) *Heb.* XII. 4.

avoit donné, lorsque, soumis à César et à ses ministres, comme il l'avoit enseigné, il reconnoît dans Pilate, ministre de l'empereur, *une puissance que le Ciel lui avoit donnée sur lui-même* (1). C'est pourquoi il lui répond, lorsqu'il l'interroge juridiquement, comme il avoit fait au pontife, se souvenant du personnage humble et soumis qu'il étoit venu faire sur la terre; et ne daigna dire un seul mot à Hérode, qui n'avoit point de pouvoir dans le lieu où il étoit. C'est donc ainsi qu'il accomplit toute justice, comme il avoit toujours fait; et il apprit à ses apôtres ce qu'ils devoient à la puissance publique, lors même qu'elle abusoit de son autorité et qu'elle les opprimoit. Aussi est-il bien visible que les apôtres ne nous donnent pas la soumission aux puissances comme une chose de simple conseil ou de perfection seulement, et, en un mot, comme un mieux, ainsi que M. Jurieu se l'est imaginé, mais comme le bien nécessaire, qui obligeoit, dit saint Paul, *en conscience* (2); ou, comme disoit saint Pierre lorsqu'après avoir écrit ces mots: *Soyes soumis au roi et aux magistrats pour l'amour de Dieu*, il ajoute, *parce que c'est la volonté de Dieu* (3), qui veut que par ce moyen vous fermiez la bouche à ceux qui vous calomnient comme ennemis de l'empire. Les chrétiens avoient reçu ces instructions comme des commandemens exprès de Jésus-Christ et des apôtres; et c'est pourquoi ils disoient aux persécuteurs par la bouche de Tertullien, dans la plus sainte et la plus docte apologie qu'ils leur aient jamais présentée, non pas: On ne nous a pas conseillé de nous soulever, mais: Cela nous est défendu, *vetamur* (4): ni, C'est une chose de perfection, mais: C'est une chose de précepte, *Præceptum est nobis* (5): ni, que c'est bien fait de servir l'Empereur, mais que c'est une chose due, *debita imperatoribus*; et due encore, comme on a vu, à titre de religion et de piété, *Pietas à*

<hr>

(1) *Joan.* xix. 11. — (2) *Rom.* xiii. 5. — (3) *I. Pet.* ii. 13, 14, 15. — (4) *Tert. Apol.* c. xxxvi. — (5) *Ibid.* xxxii.

religio imperatoribus debita (1) : ni, qu'il est bon d'aimer le prince ; mais que c'est une obligation et qu'on ne peut s'en empêcher, à moins de cesser en même temps d'aimer Dieu qui l'a établi, *Necesse est ut et ipsum diligat* (2). C'est pourquoi on n'a rien fait et on n'a rien dit, durant trois cents ans, qui fît craindre la moindre chose ou à l'empire et à la personne des empereurs, ou à leur famille ; et Tertullien disoit, comme on a vu, non seulement que l'État n'avoit rien à craindre des chrétiens ; mais que, par la constitution du christianisme, il ne pouvoit arriver de ce côté-là aucun sujet de crainte : *A quibus nihil timere possitis* (3) ; parce qu'ils sont d'une religion qui ne leur permet pas de se venger des particuliers, et, à plus forte raison, de se soulever contre la puissance publique.

Voilà ce qu'on enseignoit au dedans, ce qu'on déclaroit au dehors, ce qu'on pratiquoit dans l'Église comme une chose ordonnée de Dieu aux chrétiens. On le prêchoit, on le pratiquoit de cette sorte par rapport à l'état où l'on étoit, c'est-à-dire, dans l'état de la persécution la plus violente et la plus injuste. C'étoit donc par rapport à cet état qu'on établissoit l'obligation de demeurer parfaitement soumis, sans jamais rien remuer contre l'empire. Et on ne peut pas ici nous alléguer, comme M. Jurieu fera bientôt, le caractère excessif de Tertullien, ni ces maximes outrées qui défendoient de prendre les armes pour quelque cause que ce fût ; car l'Église ne se fondoit pas sur ces maximes qu'on a vu qu'elle réprouvoit, et n'auroit jamais souffert qu'on eût avancé une doctrine étrangère ou particulière dans les apologies qu'on présentoit en son nom. D'où il faut conclure nécessairement, que les chrétiens étoient retenus dans l'obéissance, non par des opinions particulières que l'Église n'approuvoit pas, mais par les principes communs du christianisme.

(1) *Tert. Apol.* c. XXXVI. — (2) *Tert. ad Scap.* c. II. — (3) *Apol.* c. XXXVI, XLIII.

Il n'y a donc plus moyen de dire que tout cela n'étoit qu'un conseil et un mieux : et non seulement les propres paroles de Jésus-Christ et des apôtres, mais encore leur pratique même et celle des premiers siècles résistent à cette glose. Ainsi il ne reste plus à M. Jurieu que celle qu'il a aussi proposée d'abord, que la patience des chrétiens étoit fondée sur leur impuissance, parce que dans leur petit nombre ils ne pouvoient rien contre la puissance romaine.

C'est aussi la glose de Buchanan, qui soutient que les préceptes de Jésus-Christ et des apôtres, qui ordonnoient aux chrétiens de tout souffrir, étoient préceptes accommodés au temps d'alors, où l'Église encore foible et impuissante ne pouvoit rien contre les princes ses persécuteurs ; en sorte que la patience tant vantée des martyrs est un effet de leur crainte plutôt que de leur vertu. Mais cette glose n'est pas moins impie ni moins absurde que l'autre ; et pour en entendre l'absurdité, il ne faut qu'ajouter à l'apologie des chrétiens, qui se glorifioient de leur inviolable fidélité, ce que Buchanan et M. Jurieu veulent qu'ils aient eu dans le cœur. Il est vrai, sacrés empereurs, vous n'avez rien à craindre de nous tant que nous serons dans l'impuissance : mais si nos forces augmentent assez pour vous résister par les armes, ne croyez pas que nous nous laissions ainsi égorger. Nous voulons bien ressembler à des brebis, nous contenter de bêler comme elles, et nous couvrir de leur peau pendant que nous serons foibles : mais quand les dents et les ongles nous seront venus comme à de jeunes lions, et que nous aurons appris à faire des veuves et à désoler les campagnes, nous saurons bien nous faire sentir, et on ne nous attaquera pas impunément. Avoir de tels sentimens, n'est-ce pas, sous un beau semblant d'obéissance et de modestie, couver la rébellion et la violence dans le sein ? Mais que seroit-ce, s'il falloit trouver cette hypocrisie, non plus dans les discours des chrétiens, mais dans les préceptes des apôtres et dans ceux de Jésus-Christ même ? Oui, mes Frères, dira un saint Pierre ou un saint Paul, dites bien qu'il faut obéir aux puissances établies de Dieu, et que leur autorité est inviolable ; mais c'est tant qu'on sera en petit nombre : à cette condition et en cet état vantez votre obéissance à toute épreuve : croissez cependant ; et quand vous serez plus forts, alors vous commencerez à interpréter nos préceptes en disant que nous les avons accommodés au temps : comme si obéir et se soumettre c'étoit seulement attendre de nouvelles forces et une conjoncture plus favorable, ou que la soumission ne fût qu'une politique.

Enfin, il faudra encore faire dire à Jésus-Christ, selon ces principes : Vous, Juifs, qui souffrez avec tant de peine le joug des Romains, rendez à César ce qui lui est dû ; c'est-à-dire, gardez-vous bien de le fâcher jusqu'à ce que vous vous sentiez en état de vous bien défendre. Que si cette glose fait horreur dans les préceptes de Jésus-Christ et des apôtres, avouons donc que les chrétiens qui les alléguoient pour prouver qu'il n'y avoit rien à craindre d'eux, en quelque nombre qu'ils fussent et quelle que fût leur puissance, ne vouloient pas qu'on les crût soumis par l'effet d'une prudence charnelle, qui, comme dit M. Jurieu, *préfère un moindre mal à un plus grand ;* mais par un principe de fidélité et de religion envers les puissances ordonnées de Dieu, que les tourmens, quelque grands qu'ils fussent, n'étoient pas capables d'ébranler.

Laissons donc ces gloses impies de M. Jurieu et de Buchanan, qui aussi bien ne peuvent cadrer avec l'Ecriture ; car saint Paul nous fait bien entendre que ce n'est pas seulement par la prudence de la chair et pour éviter un plus grand mal, qu'il faut être soumis aux puissances lorsqu'il dit : *Soyez soumis par nécessité, non seulement à cause de la colère, mais encore à cause de la conscience* (1) : où il semble qu'il ait eu en vue ces deux gloses des protestans pour les condamner en deux mots. Si l'on

____

(1) *Rom.* xiii. 5.

entreprend de nous faire accroire que les chrétiens demeuroient soumis, mais seulement par secret, saint Paul détruit cette glose en disant : *Soyez soumis par nécessité.* Que si l'on revient à nous dire qu'on doit, à la vérité, être soumis par la nécessité ; mais par celle de la crainte, de peur de se voir bientôt accabler par une plus grande puissance : saint Paul tombe sur cette glose encore avec plus de force, en enseignant clairement que cette nécessité n'est pas celle de la crainte, pour laquelle on n'a pas besoin des instructions d'un apôtre, mais celle de la conscience.

En effet, ce ne pouvoit être une autre nécessité que saint Paul voulût établir dans ce passage. Celle d'être mis à mort n'est pas la nécessité que les apôtres veulent faire craindre aux chrétiens ; au contraire, ils vouloient munir les chrétiens contre une telle nécessité, à l'exemple de Jésus-Christ qui leur avoit dit : *Ne craignez pas ceux qui ne peuvent faire mourir que le corps, et n'ont point de pouvoir sur l'âme* (1). Ainsi la nécessité dont parle saint Paul visiblement ne peut être que celle de la conscience : nécessité supérieure à tout, et qui nous tient soumis aux puissances, non seulement lorsqu'elles peuvent nous accabler, mais encore lorsque nous sommes le plus en état de n'en rien craindre.

Car enfin s'il étoit vrai que les chrétiens eussent eu d'autres sentimens ; si, comme dit M. Jurieu, la foiblesse ou la prudence les eût retenus plutôt que la religion et la conscience, on auroit vu leur audace croître avec leur nombre ; mais on a vu le contraire. M. Jurieu traite Tertullien de déclamateur et d'esprit outré (2), lorsqu'il dit que *les chrétiens remplissoient les villes, les citadelles, les armées, les palais, les places publiques, et enfin tout excepté les temples* (3) où l'on servoit les idoles. Mais pourquoi ne vouloir pas croire la prompte et prodigieuse multiplication du christianisme, qui étoit

(1) *Matt.* x. 28. — (2) *Lett.* ix, *p.* 68. — (3) *Tertull. Apol.* c. xxxvii, *p.* 30.

l'accomplissement des anciennes prophéties et de celles de Jésus-Christ même? A peine l'Evangile avoit-il paru; et les Juifs, quoique ce fût le peuple réprouvé, entroient dans l'Eglise par milliers. *Voyez, mes frères*, disoit saint Jacques à saint Paul (1), *combien de milliers de Juifs ont cru*. Combien plus se multiplioient les fidèles parmi les Gentils qui étoient le peuple appelé, et dans l'empire romain qui, dans l'ordre des desseins de Dieu, en devoit être le siége principal? Saint Paul n'outroit point les choses et n'étoit pas un déclamateur, lorsqu'il disoit aux Romains : *Votre foi est annoncée par tout l'univers* (2); et aux Colossiens, que *l'Evangile qu'ils ont reçu est et fructifie, et s'accroît par tout le monde comme au milieu d'eux* (3). Que si l'Eglise, si étendue du temps des apôtres, ne cessoit de s'augmenter tous les jours sous le fer et dans le feu, comme il avoit été prédit; ce n'étoit donc pas un excès à Tertullien de dire, deux cents ans après la prédication apostolique, que tout étoit plein de chrétiens : c'étoit un fait qu'on posoit à la face de tout l'univers. Ce qu'on disoit aux Gentils dans l'apologie qu'on leur présentoit pour les fidèles, afin de les obliger à épargner un si grand nombre d'hommes, on le disoit aux Juifs pour leur faire voir l'accomplissement des anciennes prophéties. Tertullien, après saint Justin, mettoit en fait que les chrétiens remplissoient tout l'univers, et même les peuples les plus barbares, que l'empire romain, qui maîtrisoit tout, n'avoit pu dompter (4). C'étoit donc ici un fait connu qu'on alléguoit également aux Gentils et aux Juifs. Les Gentils eux-mêmes en convenoient. C'étoient eux, dit Tertullien, qui se plaignoient qu'on trouvoit partout des chrétiens, que *la campagne, les îles, les châteaux, la ville même en étoit obsédée* (5). Quelque outré qu'on s'imagine Tertullien, l'Eglise pour qui il parloit lui auroit-elle permis ces prodi-

(1) *Act.* XXI. 20. — (2) *Rom.* 1. 8. — (3) *Col.* 1. 6. — (4) *Tert. ad Jud. Just adv. Tryph.* — (5) *Apol.* c. 1.

gieuses exagérations, afin qu'on pût la convaincre de faux, et qu'on se moquât de ses vanteries ? Quand donc Tertullien dit aux Gentils, que les chrétiens pouvoient se faire craindre à l'empire, autant du moins que les Parthes et les Marcomans, si leur religion leur permettoit de se faire craindre à leurs souverains et à leur patrie (1); si c'étoit une expression forte et vigoureuse, ce n'étoit pas une vaine ostentation. Car qui eût empêché les chrétiens d'obtenir la liberté de conscience par les armes ? Etoit-ce le petit nombre ? On vient de voir que tout l'univers en étoit plein. *Nous faisons*, disoit Tertullien (2), *presque la plus grande partie de toutes les villes.* Nos protestans approchoient-ils de ce nombre, quand ils ont arraché par force tant d'édits à nos rois ? Est-ce qu'ils n'étoient pas unis, eux qui, dès l'origine du christianisme, n'étoient qu'un cœur et qu'une âme ? Est-ce qu'ils manquoient de courage, eux à qui la mort et les plus affreux supplices n'étoient qu'un jeu, et l'étoient non seulement aux hommes, mais encore aux femmes et aux enfans, en sorte qu'on les appeloit des hommes d'airain, qui ne sentoient pas les tourmens ? Peut-être n'étoient-ils pas assez poussés à bout, eux qui ne trouvoient de repos, ni nuit, ni jour, ni dans leurs maisons, ni dans les déserts, ni même dans les tombeaux et dans l'asile de la sépulture. Que n'y auroit-il pas à craindre, dit Tertullien (3), de gens si unis, si courageux, ou plutôt si intrépides, et en même temps si maltraités ? Mais peut-être ne savoient-ils pas manier les armes, eux qui remplissoient les armées et y composoient des légions entières ? ou qu'ils manquoient de chefs ; comme si la nécessité et même le désespoir n'en faisoit pas lorsqu'on est capable de s'y abandonner. N'auroient-ils pas pu du moins se prévaloir de tant de guerres civiles et étrangères dont l'empire romain étoit agité, pour obtenir un traitement plus favorable ?

(1) *Apol.* c. XXXVII. — (2) *Ad Scap.* c. II. — (3) *Apol.* c. XXXVII.

Mais non, on les a vus durant trois cents ans également
tranquilles, en quelque état que l'empire se
soit trouvé : non seulement ils n'y ont formé aucun
parti, mais on ne les a jamais trouvés dans aucun de
ceux qui se formoient tous les jours. Non seulement,
dit Tertullien (1), il ne s'est point trouvé parmi nous
de Niger, ni d'Albin, ni de Cassius, *mais il ne s'y
est point trouvé de Nigriens, ni de Cassiens, ni
d'Albiniens.* Les usurpateurs de l'empire ne trouvoient point de partisans parmi les chrétiens ; et ils
servoient toujours fidèlement ceux que Rome et le
sénat avoient reconnus. C'est ce qu'ils mettent en fait
avec tout le reste à la face de tout l'univers, sans
craindre d'être démentis. Ils ont donc raison de ne
pas vouloir qu'on leur impute leur soumission à foiblesse. Si Tertullien est outré lorsqu'il raconte la
multitude des fidèles, saint Cyprien ne l'est pas
moins, puisqu'il écrit à Démétrien, un des plus grands
ennemis des chrétiens : *Admirez notre patience,
de ce qu'un peuple si prodigieux ne songe pas
seulement à se venger de votre injuste violence* (2).
S'ils parloient avec cette force du temps de Sévère et
de Dèce, qu'eussent-ils dit cinquante ans après, sous
Dioclétien, lorsque le nombre des chrétiens étoit
tellement accru, que les tyrans étoient obligés *par
une feinte pitié à modérer la persécution, pour
flatter le peuple romain* (3), dont les chrétiens
faisoient dès lors une partie si considérable ? Les con-
versions étoient si fréquentes et si nombreuses, qu'il
sembloit que tout alloit devenir chrétien. On entendoit en plein théâtre ces cris du peuple étonné ou de
la constance ou des miracles des martyrs : Le Dieu
des chrétiens est grand. On marque des villes entières
dont tout le peuple et les magistrats étoient dévoués
à Jésus-Christ, et lui furent tous consacrés en un seul
jour et par un seul sacrifice, pêle-mêle, riches et
pauvres, femmes et enfans (4). On sait aussi le mar-

(1) *Apol. c.* xxxv : *Ad Scap. c.* 11. — (2) *Cypr. ad Demetr.*
p. 216. — (3) *Euseb. liv.* viii, *c.* xiv. — (4) *Euseb. liv.* viii,
c. xi. *Lact. Div. Instit. lib.* v, *c.* xi.

tyre de cette sainte légion thébaine, où tant de braves soldats, que l'ennemi avoit vus toujours intrépides dans les combats, à l'exemple de saint Maurice qui les commandoit, tendirent le cou comme des moutons à l'épée du persécuteur. « O empereur, disoient-ils (1), » nous sommes vos soldats; mais nous sommes ser- » viteurs de Dieu : nous vous devons le service mi- » litaire; mais nous lui devons l'innocence : nous » sommes prêts à vous obéir, comme nous avons » toujours fait, lorsque vous ne nous contraindrez » pas de l'offenser. Pouvez-vous croire que nous » puissions vous garder la foi, si nous en manquons » à Dieu ? Notre premier serment a été prêté à Jésus- » Christ, et le second à vous; croirez-vous au second, » si nous violons le premier ? » Tels furent les derniers ordres qu'ils donnèrent aux députés de leurs corps pour porter leurs sentimens à Maximien. On y voit les saintes maximes des chrétiens fidèles à Dieu et à leur prince, non par foiblesse mais par devoir. Si Genève, qui les avoit vu mourir dans son voisinage et à la tête de son lac, s'étoit souvenue de leurs leçons, elle n'auroit pas inspiré, comme elle a fait par la bouche de Calvin, de Bèze et de ses autres ministres, la ré- bellion à toute la France, sous prétexte de persécu- tion. Qu'on ne dise point qu'une légion ne pouvoit pas résister à toute l'armée; car les maximes qu'ils posent, de fidélité et d'obéissance envers l'empereur, font voir que leur religion ne leur eût non plus per- mis de lui résister, quand ils auroient été les plus forts; et enfin, si les chrétiens avoient pu se mettre dans l'esprit que la défense contre le prince fût légi- time, sans conjurer de dessein formé la ruine de l'empire, ils auroient pu songer à ménager à l'Église quelque traitement plus doux, en montrant que les chrétiens savoient vendre cher leur vie, et ne devoient pas être poussés à l'extrémité. Mais c'est à quoi on ne songeoit pas; et si on obtenoit, comme il arrive souvent, des édits plus avantageux, ce n'étoit pas en

____

(1) *Sermon S. Euch. pass. Agaun. Mart. Act. Mart. p.* 290.

se faisant craindre, mais en lassant les tyrans par sa patience. A la fin on eut la paix, mais sans force, et seulement, dit saint Augustin, à cause que les chrétiens firent honte, pour ainsi dire, aux lois qui les condamnoient, et contraignirent les persécuteurs à les changer. Imputer à de telles gens qu'ils sont soumis par foiblesse, ou modestes par crainte, ce n'est pas vouloir seulement déshonorer le christianisme, mais encore vouloir obscurcir la vérité même plus claire que le soleil. Car, au contraire, on voit manifestement que plus l'Eglise se fortifioit, plus elle faisoit éclater sa soumission et sa modestie.

C'est ce qui parut plus que jamais sous Julien l'Apostat, où le nombre des chrétiens étoit si accru, et l'Eglise si puissante, que toute la multitude qu'on a vue si grande dans les règnes précédens, en comparaison de celle qu'on vit sous cet empereur, parut petite. Ce qui fait dire à saint Grégoire de Nazianze (1): « Julien ne songea pas que les persécutions précé- » dentes ne pouvoient pas exciter de grands troubles, » parce que notre doctrine n'avoit pas encore toute » son étendue, et que peu de gens connoissoient la » vérité »; ce qu'il faut faire toujours entendre en comparaison du prodigieux accroissement arrivé durant la paix, sous Constantin et sous Constance. « Mais maintenant, poursuit ce saint docteur, que la » doctrine salutaire s'étoit étendue de tous côtés, et » qu'elle dominoit principalement parmi nous, vou- » loir changer la religion chrétienne, ce n'étoit rien » moins entreprendre que d'ébranler l'empire ro- » main, et mettre tout en hasard. »

L'Eglise n'étoit pas foible, puisqu'elle étoit dominante et en état de faire trembler l'empereur; l'Eglise étoit attaquée d'une manière si formidable, que tout le monde demeure d'accord que jamais elle n'avoit été en plus grand péril : l'Eglise cependant fut aussi soumise en cet état de puissance qu'elle avoit été sous Néron et sous Domitien, lorsqu'elle ne faisoit que de

____

(1) *Orat.* III, *in Jul. t.* 1, *p.* 80.

naître. Concluons donc que la soumission des chrétiens étoit un effet des maximes de leur religion; sans quoi ils auroient pu obliger les Sévères, les Valériens, les Dioclétiens, à les ménager, et Julien jusqu'à les craindre comme des ennemis plus redoutables que les Perses : de sorte que toutes les bouches qui attribuent la soumission de l'Eglise à la foiblesse ou à la prudence de la chair, plutôt qu'à la religion, sont fermées par cet exemple.

Et il ne faut pas s'imaginer que la religion ne fût dominante que parmi le peuple, et qu'elle fût plus foible dans l'armée; car il paroît, au contraire, qu'après la mort de Julien, les soldats ayant déféré l'empire à Jovien, qui le refusoit, parce qu'il ne vouloit commander qu'à des chrétiens, toute l'armée s'écria : *Nous sommes tous chrétiens, et élevés dans la foi sous Constantin et Constance* (1) : et encore six mois après, cet empereur étant mort, l'armée élut en sa place Valentinien, non seulement chrétien, mais encore confesseur de la foi, pour laquelle il avoit quitté généreusement les marques du commandement militaire sous Julien.

On voit aussi combien les soldats étoient affectionnés à Jésus-Christ, par le repentir qu'ils témoignèrent d'avoir brûlé de l'encens devant la statue de Julien et aux idoles, plutôt par surprise que de dessein. Car alors, comme le raconte saint Grégoire de Nazianze (2), ils rapportèrent à cet apostat le don qu'ils venoient d'en recevoir pour prix de ce culte ambigu, en s'écriant : « Nous sommes, nous sommes chrétiens; et
» le don que nous avons reçu de vous n'est pas un
» don, mais la mort. » Des soldats si fidèles à Jésus-Christ furent en même temps très - obéissans à leur empereur. « Quand Julien leur disoit : Offres de
» l'encens aux idoles, ils le refusoient; quand il leur
» disoit : Marchez, combattez, ils obéissoient sans
» hésiter, comme dit saint Augustin (3) : ils distin-

(1) *Soc* III. 22. *Soz.* VI. 3. *Theodor.* III. 1. — (2) *Orat.* III, *p.* 85. — (3) *S. Aug. in Ps.* 124. *n.* 7; *t.* IV, *col.* 1516.

» gnoient le Roi éternel du roi temporel, et demeu-
» roient assujétis au roi temporel pour l'amour du
» Roi éternel : parce que, dit le même Père, lorsque
» les impies deviennent rois, c'est Dieu qui le fait
» ainsi pour exercer son peuple ; de sorte qu'on ne
» peut pas ne pas rendre à cette puissance l'honneur
» qui lui est dû » : ce qui détruit en un mot toutes les
gloses de M. Jurieu, puisque dire qu'on ne peut pas
faire autrement, ce n'est pas seulement exclure la
notion d'un simple conseil, mais c'est encore introduire un précepte dont l'obligation est constante et
perpétuelle.

Il ne faut non plus répondre ici que Julien n'étoit
pas persécuteur, puisque, outre qu'il autorisoit et
animoit secrètement la fureur des villes qui déchi-
roient les chrétiens, et que lui-même, pour ne point
parler de ses artifices plus dangereux que ses violences, il eût répandu beaucoup de sang chrétien sous
de faux prétextes ; on savoit qu'il avoit voué à ses
dieux le sang des fidèles, après qu'il auroit vaincu les
Perses ; et cependant ces fidèles, destinés à être la
victime de ses dieux, ne laissoient pas de combattre
sous ses étendards, et de promouvoir de toute leur
force la victoire, dont leur mort devoit être le fruit.
Lui-même n'entra jamais dans aucune défiance de ses
soldats qu'il persécutoit, parce que, bien instruit qu'il
étoit des commandemens de Jésus-Christ et de l'esprit
de l'Eglise, il savoit que la fidélité des chrétiens pour
les puissances suprêmes étoit à toute épreuve ; et,
comme nous disoit saint Augustin (1), qu'*il ne se
pouvoit pas faire qu'on ne rendît à cette puissance l'honneur qui lui étoit dû*. C'est aussi ce
que ce tyran expérimenta, lorsque, faisant tourmenter jusqu'à la mort deux hommes de guerre d'une
grande distinction parmi les troupes, nommés Juven-
tin et Maximin, ils moururent en lui reprochant ses
idolâtries, et lui disant en même temps qu'*il n'y avoit*

(1) *S. Aug. in Ps.* 124. *n.* 7; *t.* IV, *col.* 1416.

que cela qui leur déplaît dans son empire (1) :
montrant bien qu'ils distinguoient ce que Dieu avoit
mis dans l'empereur de ce que l'empereur faisoit contre
Dieu, et toujours prêts à lui obéir en toute autre
chose.

Ainsi, soit que l'on considère les préceptes de l'Ecriture, ou la manière dont on les a entendus et prati-
qués dans l'Eglise, la maxime qui prescrit une obéissance à toute épreuve envers les rois, ni ne peut être
un simple conseil, ni un précepte accommodé aux
temps de foiblesse, puisqu'on la voit établie sur des
principes qui sont également de tous les temps, tels
que sont l'ordre de Dieu et le respect qui est dû, pour
l'amour de lui et pour le repos du genre humain, aux
puissances souveraines : principes qui, étant tirés des
préceptes de Jésus-Christ, devoient durer autant que
son règne, c'est-à-dire, selon l'expression du Psalmiste, autant que le soleil et que la lune, et autant
que l'univers.

Ce qui a paru dans l'Eglise sous les princes infidèles
ne s'est pas moins soutenu sous les princes hérétiques.
Il est aisé de montrer, et nous-mêmes nous l'avons
fait dans le premier Avertissement, que le nombre des
catholiques a toujours été sans comparaison plus
grand que celui des Ariens. L'empereur Constance se
mit à la tête de ce malheureux parti, et persécuta si
cruellement les catholiques par confiscations de biens,
par bannissemens, par emprisonnemens, par de sanglantes exécutions, et même par des meurtres, tels
que furent ceux qu'un Syrien et ses autres officiers,
firent sous ses ordres et de son aveu ; que cette persécution étoit regardée comme plus cruelle que celle des
Dèces et des Maximiens, et, en un mot, comme un
prélude de celle de l'Antechrist (2). Et toutefois, dans
le même temps qu'on lui reprochoit à lui-même ses
persécutions, sans aucun ménagement, il n'en passoit

(1) *Theodor.* III. 15. — (2) *Hil. lib. cont. Const. col.* 1240.
Athan. Apol. Ed. Ben. hist. Arian. n. 74, *t.* 1, *p.* 388. *Ibid.
Apol. ad imp. Const. n.* 3, *p.* 296.

pas moins pour constant qu'il n'étoit pas permis de rien entreprendre contre lui, « parce que le règne et » l'autorité de régner vient de Dieu, et qu'il faut » rendre à César ce qui appartient à César. » C'est ce qu'enseignoit saint Hilaire (1); c'est ce qu'enseignoit Osius, non pas dans le temps de sa foiblesse, mais dans la force de sa glorieuse confession, lorsqu'il écrivoit à l'empereur, au nom de tous les évêques (2) : « Dieu vous a commis l'empire, et à nous l'Eglise ; » et, comme celui qui affoiblit votre empire par des » discours pleins de haine et de malignité s'oppose à » l'ordre de Dieu, ainsi vous devez prendre garde » que, tâchant de vous attirer ce qui appartient à » l'Eglise, vous ne vous rendiez coupable d'un grand » crime. Rendez à César ce qui est à César, et à Dieu » ce qui est à Dieu : ainsi ni l'empire ne nous appar- » tient, ni l'encensoir et les choses sacrées ne sont à » vous. » Peut-on établir plus clairement, comme un principe certain, par l'Evangile, la nécessité d'obéir à un prince, même hérétique et persécuteur. Saint Athanase n'avoit point d'autre sentiment, lorsqu'il protestoit au même empereur de lui être toujours obéissant, et lui déclaroit que lui et les catholiques, dans toutes leurs assemblées, lui souhaitoient une longue vie et un règne heureux (3). Tous les évêques lui faisoient de pareilles déclarations, et même dans les conciles. Ce courageux confesseur de Jésus-Christ saint Lucifer de Cagliari, adressa à cet empereur un livre dont le titre étoit : *Qu'il ne faut point épar- ner ceux qui offensent Dieu en reniant son Fils* (4); et toutefois y établit, comme un principe constant, « qu'on demeure toujours débiteur envers » les puissances souveraines, selon le précepte de » l'apôtre »; de sorte qu'il n'y a rien à faire contre l'empereur, que « de mépriser les ordres impies qu'il

(1) *Hil. fragm.* 1, n. 5, col. 1282. — (2) *Apud Athan. hist. arian.* n. 44, t. 1, p. 371. *Apol. ad Const.* — (3) *Apol. ad Const. etc. sup. cit.* — (4) *Athan. Ep. de Syn.* t. 1, part. II, 716 *et seq.*

» donne contre Jésus-Christ, et tout au plus lui dé-
» noncer librement qu'il est anathème. »

On peut ajouter ici, avec les anciens historiens ecclésiastiques (1), qu'au commencement de la persécution de Constance, pendant qu'il persécutoit saint Athanase et les autres évêques orthodoxes, jusqu'à les bannir et leur faire craindre la mort, le parti catholique étoit si fort, qu'il avoit pour lui deux empereurs, qui étoient Constantin et Constant, les deux frères de Constance, dont le premier le menaça de lui faire la guerre, s'il ne rétablissoit saint Athanase; et cependant les catholiques qui vivoient sous l'empire de Constance ne songèrent pas seulement à remuer; et saint Athanase, accusé d'avoir aigri contre Constance l'esprit de ses frères, s'en défend comme d'un crime, en faisant voir à Constance, dont il étoit sujet, qu'il ne lui avoit jamais manqué de fidélité (2).

Valens, empereur d'Orient, Arien comme Constance, fut encore un plus violent persécuteur; et c'est de lui qu'on écrit qu'*il parut un peu s'adoucir lorsqu'il changea en bannissement la peine de mort* (3) : et néanmoins les catholiques, quoique les plus forts, même dans son empire, ne lui donnèrent jamais le moindre sujet de craindre, ni ne songèrent à se prévaloir des longues et fâcheuses guerres, où à la fin il périt misérablement. Au contraire, les saints évêques ne prêchoient et ne pratiquoient que l'obéissance. Saint Basile rendit à Modeste, que l'empereur lui envoyoit, toutes sortes de devoirs (4). Ce saint évêque Eusèbe de Samosate, craignant quelque émotion populaire contre celui qui lui portoit l'ordre de se retirer, l'avertit de prendre garde à lui, et de se retirer sans bruit, apaisant le peuple qui accourut à son pasteur, et lui *récitant ce précepte apostolique, qu'il faut obéir aux rois et aux magistrats* (5). Je ne finirois jamais, si je voulois raconter

(1) *Socr.* VI. 22. *Soz.* III. 2. *Theodor.* II. 1, 2. — (2) *Apol. ad Const. sup. cit.* — (3) *Greg. Naz. Orat.* XX, t. 1, p. 377 et seq. *Socr. lib* IV, c. XXXII. — (4) *Greg. Naz. ibid. p.* 337. — (5) *Theod. lib.* IV. 14.

tous les exemples semblables. Saint Ambroise étoit le plus fort dans Milan, lorsque l'impératrice Justine, Arienne, y voulut faire tant de violences en faveur des hérétiques : mais il n'en fut pas moins soumis, ni n'en retint pas moins tout le peuple dans le respect, disant toujours : « Je ne puis pas obéir à des ordres » impies ; mais je ne dois point combattre : toute » ma force est dans mes prières : toute ma force est » dans ma foiblesse et dans ma patience : toute la » puissance que j'ai c'est d'offrir ma vie et de ré- » pandre mon sang (1). » Le peuple, si bien instruit par son saint évêque, s'écria : « O César, nous ne » combattons pas ; mais nous vous prions : nous ne » craignons rien ; mais nous vous prions » ; et saint Ambroise disoit : « Voilà parler, voilà agir comme il » convient à des chrétiens. » M. Jurieu auroit bien fait d'autres sermons, et leur auroit enseigné que la modestie n'est d'obligation que lorsqu'on est le plus foible : mais saint Ambroise et tout le peuple parlèrent ainsi, depuis même que les soldats de l'empereur tous catholiques se furent rangés dans l'Eglise avec leur évêque, et dans une conjoncture où l'Empereur, me- nacé du tyran Maxime, avoit plus besoin du saint évêque, que le saint évêque de lui, comme la suite des affaires le fit bientôt paroître. C'en est assez ; et de tous les exemples qui se présentent en foule à ma mé- moire, je ne veux plus rapporter que ceux des catho- liques africains sous l'impitoyable persécution des Gensérics et des Hunérics, Ariens. Ils résistèrent, dit saint Gélase ; mais *ce fut en endurant avec patience les dernières extrémités* (2). Les chrétiens ne con- noissoient point d'autre résistance ; et pour montrer que ce sentiment leur venoit non de leur foiblesse, mais de la foi même et de la religion, saint Fulgence, l'honneur de l'Afrique comme de toute l'Eglise d'alors, écrivoit à un de ces rois hérétiques (3) : « Quand nous

____

(1) *Orat. de Basil. trad. post Epist.* XXXII, *nunc* XXI. *Epist.* XXIII, *ad Marcell. nunc* XX; *t.* II, *col.* 854 *et seq.* — 2) *Epist.* XIII. — (3) *Ad Trasim. lib.* I. *c.* II. *Ed.* 1684, *p.* 70.

» vous parlons librement de notre foi, nous ne de-
» vons pas pour cela vous être suspects ou de rébellion
» ou d'irrévérence ; puisque nous nous souvenons
» toujours de la dignité royale, et des préceptes des
» apôtres qui nous ordonnent d'obéir aux rois. »

Cette doctrine se trouve établie partout où le christianisme s'étoit répandu. Au quatrième siècle, Sapor,
roi de Perse, fit un effroyable carnage des chrétiens ;
puisqu'on en compte de martyrisés « jusqu'à seize
» mille dont on sait les noms, sans parler des autres
» qu'on ne peut pas même nombrer (1). » On objecta
d'abord à leur archevêque *d'avoir intelligence
avec les Romains*, ennemis de l'empire des Perses.
Mais les chrétiens s'en défendoient comme d'un crime,
et soutenoient que c'étoit là une calomnie. On ne
poussa point une accusation si mal fondée ; et, pour
achever de la détruire, un chrétien trouva le moyen
d'obtenir de Sapor, qu'en le traînant au supplice,
« on publieroit auparavant par un cri public, qu'il
» n'étoit pas infidèle au prince, ni accusé d'autre
» chose que d'être chrétien (2). »

Les chrétiens, quoiqu'en si grand nombre et constamment les plus forts *dans une province des plus
importantes et des plus voisines des Romains* (3),
se laissoient traîner au supplice comme des brebis à
la boucherie, sans se prévaloir de ce voisinage ni des
guerres continuelles qui étoient entre les Romains et
les Perses : contens de trouver un refuge assuré dans
l'empire romain, ils ne le remplissoient pas de leurs
cris pour animer tous les peuples et les empereurs
contre leur patrie ; ils ne leur offroient point leur main
contre elle, et on ne les vit point à la guerre contre
leur prince.

Les Goths, zélés chrétiens, si cruellement persécutés par leur roi Athanaric, se contentèrent aussi de
se réfugier chez les Romains (4) ; mais ils ne songèrent

(1) *Soz. lib.* 11, c. VIII *et seq.* — (2) *Ibid.* — (3) *Ibid.* —
(4) *Paul. Oros. lib.* VII. 32. *Aug. de Civ. Dei, liv.* XVIII, c. 52,
t. VII, col. 533.

pas à en faire des ennemis à leur roi. L'amour de la patrie et la soumission pour leur prince régna toujours dans leur cœur. La maxime demeuroit ferme, que la soumission doit être à toute épreuve : la tradition en étoit constante en tous lieux comme en tous temps, parmi les Barbares comme parmi les Romains : et tout le nom chrétien la conservoit. Il n'est pas ici question de chercher de mauvais exemples depuis que la vigueur de la discipline chrétienne s'est relâchée : l'Eglise ne les a jamais approuvés ; et la foi des premiers siècles est demeurée ferme. Quand l'Eglise (ce qu'à Dieu ne plaise) auroit dégénéré de ces anciennes maximes sur lesquelles la religion a été fondée, c'étoit à des chrétiens qui se disoient réformés à purger le christianisme de ces erreurs ; mais au fond l'Eglise catholique ne s'est jamais démentie de l'ancienne tradition. S'il y a eu de mauvais exemples dans les derniers temps, s'il y en a eu de mêlés, l'Eglise n'a jamais autorisé le mal ; et en un mot la révolte, sous prétexte de persécution, n'a pu trouver d'approbation dans ses décrets. Les protestans sont les seuls qui en ont donné en faveur de la rébellion, que leurs synodes nationaux ont passée en dogme, jusqu'à déclarer eux-mêmes, pour ainsi parler, la guerre aux rois. Nous condamnons hautement tous les attentats semblables, en quelque lieu et en quelque temps qu'on les ait vus ; et tout le monde sait les décrets de nos conciles œcuméniques en faveur de l'inviolable majesté des rois. Mais la Réforme défend encore aujourd'hui les décrets de ses synodes, puisque M. jurieu ose dire qu'elle n'en a point de honte. Ce ne sont pas des foiblesses dont elle rougisse : ce sont des attentats qu'elle soutient.

Ainsi, l'opposition entre les premiers chrétiens et nos chrétiens réformés est infinie. Les premiers chrétiens n'avoient rien que de doux et de soumis : mais on ne voit rien que de violent et d'impétueux dans ces chrétiens qui se sont dits réformés. Leurs propres auteurs nous ont raconté que dès le commencement ils étoient pleins *de vengeance, et se servoient dans leurs entreprises de gens aiguillonnés de leurs passions* (1); et leur ministre nous les représente encore à présent comme gens en qui *la rage et la fureur* fortifient l'attachement qu'ils ont à leur religion. Mais les premiers chrétiens n'avoient rien d'amer ni d'emporté dans leur zèle. Aussi disoient-ils hautement, sans même que les infidèles osassent le nier, qu'ils n'excitoient point de trouble, ni n'attroupoient le peuple par des discours séditieux (2) : au contraire, les premières prédications de nos Réformés furent suivies partout de sédition et de pilleries. Les infidèles avouoient eux-mêmes que les premiers chrétiens *ne blasphémoient point leurs faux dieux* (3), encore qu'ils en découvrissent la honte avec une extrême liberté; parce qu'ils parloient sans aigreur, et ne disoient que la vérité sans y mêler de calomnies : au contraire tout a été aigre et calomnieux dans nos chrétiens réformés, qui n'ont cessé de défigurer notre doctrine, et ont rempli l'univers de satires envenimées, pour exciter la haine publique contre nous. Les premiers chrétiens n'ont jamais été ni orgueilleux, ni menaçans : nos chrétiens réformés, non contens de violentes menaces, en sont venus aux effets dès le commencement de leur Réforme. Il est vrai que nos chrétiens réformés ont eu à souffrir en quelques endroits, et la Réforme a tâché d'avoir le caractère des martyrs. Mais, comme nous avons vu, les martyrs souffroient avec humilité : et les autres, de leur aveu propre, avec dépit; les uns soutenus par leur seule foi, et les autres par leur passion : c'est pourquoi de si différens principes ont produit des effets bien contraires. Trois cents ans de continuelle et implacable persécution n'ont pu altérer la douceur des premiers chrétiens : la patience a d'abord échappé aux autres, et leur violence les a emportés aux derniers excès. À peine nomme-t-on en Allemagne trois ou quatre hommes punis pour le luthéranisme ; cependant

(1) *Var. liv.* x, *p.* 124, 130. — (2) *Act.* xix, xiv. 22. — (3) *Ibid.* xix. 37.

toute l'Allemagne vit bientôt les ligues, et sentit les armes de nos Réformés. Ceux de France furent patiens durant environ trente ans à différentes reprises, sous les règnes de François Ier et de Henri II. Ils ne furent pas à l'épreuve d'une plus longue souffrance; et ils n'eurent pas plus tôt trouvé de la foiblesse dans le gouvernement, qu'ils en vinrent aux derniers efforts contre l'Etat.

M. Jurieu donne pour raison de la justice de leurs armes le massacre de Vassi, sans répondre un mot seulement aux témoignages incontestables même des auteurs protestans, par lesquels nous avons montré que ce prétendu massacre ne fut qu'une rencontre fortuite, et un prétexte que la rébellion déjà résolue se vouloit donner (1). Mais, sans répéter les preuves que nous en avons rapportées contre ce ministre, nous avons de quoi le confondre par lui-même. « Le
» massacre de Vassi (2), dit-il, avoit donné le signal par
» toute la France ; parce que, continue-t-il, au lieu qu'il
» ne s'agissoit que de la mort de quelques particuliers,
» sous les règnes de François Ier et de Henri II, ici,
» et dans ce massacre, la vie de tout un peuple étoit
» en péril. » Mais, si l'on attendoit ce signal, pourquoi donc avoit-on déjà machiné la conspiration d'Amboise, par expresse délibération de la Réforme, comme nous l'avons démontré par cent preuves, et par l'aveu de Bèze même ? Et pourquoi donc avoit-on résolu de s'emparer du château où le roi étoit, arracher ses ministres d'entre ses bras, se rendre maître de sa personne, lui contester sa majorité, lui donner un conseil forcé, et allumer la guerre civile dans toute la France, jusqu'à ce que ce noir dessein fût accompli ? car tout cela est prouvé plus clair que le jour, dans l'Histoire des Variations (3), sans que M. Jurieu y ait répondu, ni pu répondre un seul mot. Et quant à ce que dit ce ministre, qu'on songea à prendre les armes, lorsqu'on vit que tout un peuple étoit en pé-

____

(1) *Var. liv.* x, p. 131. — (2) *Lett.* ix, p. 70. — (3) *Var. Liv.* x, p. 121 *et suiv.*

ril, au lieu qu'il ne s'agissoit auparavant, c'est-à-dire, sous François Ier et Henri II, que de quelques particuliers, Bèze a été bien plus sincère, puisqu'il est demeuré d'accord que ce qui causa les grands troubles de ce royaume, fut *que les seigneurs considérèrent que les rois François et Henri n'avoient jamais voulu attenter à la personne des gens d'Etat*, c'est-à-dire, des gens de qualité, *se contentant de battre le chien devant le loup*, et les gens de plus basse condition devant les grands; *et qu'on faisoit alors le contraire* (1). Ce fut donc, de l'aveu de Bèze, ce qui les fit réveiller *comme d'un profond assoupissement*; et ils émurent le peuple dont ils avoient méprisé les maux, tant qu'on ne s'étoit attaqué qu'à lui. Mais ni Bèze ni Jurieu n'ont dit le fond. Les supplices des protestans condamnés à titre d'hérésie, par édits et par arrêts, sous François Ier et Henri II, mettoient en bien plus grand péril tout le parti réformé, et devoient lui donner bien plus de crainte que la rencontre fortuite de Vassi, où il étoit bien constant que, ni on n'avoit eu de mauvais dessein, ni on n'avoit rien oublié pour empêcher qu'on ne s'échauffât. L'intérêt des gens de qualité ne fut pas aussi la seule cause qui obligea la Réforme à se remuer sous François II ou Charles IX; car ils se seroient remués dès le temps de François Ier et de Henri II, puisqu'ils sentoient que ces princes ne les épargneroient pas s'ils se déclaroient, et qu'ils ne se sauvoient de leur temps qu'en dissimulant. Il ne s'agissoit non plus, dans nos guerres civiles, de la vie des protestans; puisque nous avons fait voir, et qu'il est constant qu'ils ont pris les armes tant de fois, non point pour leur vie, à laquelle il y avoit long-temps qu'on n'en vouloit plus, mais pour avoir part aux honneurs et un peu plus de commodité dans leur exercice. Il n'y a qu'à voir leurs traités et leurs délibérations pour en être convaincu : et Bèze demeure d'accord (2) qu'il ne tint pas aux ministres qu'on ne

(1) *Var. liv.* x, *p.* 121. — (2) *Hist. liv.* VI.

rompît tout pour quelques articles si légers qu'on en
a honte en les lisant. Ainsi, la vraie cause des révoltes
arrivées sous François II, sous Charles IX et sous les
règnes suivans, c'est que la patience, qui n'est conçue et soutenue que par des sentimens humains, ne
dure pas; et que le dépit, retenu dans des règnes forts,
se déclare quand il en trouve de plus foibles. C'est
ensuite que la Réforme délicate a pris pour persécution ce que les anciens chrétiens n'auroient pas seulement compté parmi les maux; c'est-à-dire la privation
de quelques honneurs publics et de quelques facilités,
comme on a dit : encore le plus souvent leurs plaintes
n'étoient que des prétextes. Les rois qui leur ont été
le plus contraires n'eussent pas songé à les troubler,
si des esprits si remuans avoient pu se résoudre à
demeurer en repos. Certainement sous Louis XIII ils
étoient devenus si délicats et si plaintifs dans leurs
assemblées politiques, et encore plus dans leurs
synodes, qu'on les voyoit prêts à échapper à tous
momens; en sorte qu'on n'osoit rien entreprendre
contre l'étranger quoi qu'il fît, tant qu'on avoit au
dedans un parti si inquiet et si menaçant. Voilà dans
la vérité, et tous les Français le savent, ce qui a fait
nos guerres civiles; et voilà en même temps ce qui
mettra une éternelle différence entre les premiers
chrétiens et les chrétiens réformés. M. Jurieu ne sortira jamais de cette difficulté : qu'il brouille tout;
qu'il mêle le ciel à la terre; qu'il change les préceptes
en conseils, et les règles perpétuelles fondées sur
l'ordre de Dieu et le repos des États, en préceptes
accommodés au temps; qu'il change encore la patience
des premiers chrétiens en foiblesse; qu'il fasse leur
obéissance forcée; qu'il cherche de tous côtés des
prétextes à la rebellion de ses pères, il est accablé de
toute part par l'Écriture, par la tradition, par les
exemples de l'ancienne Église, par ses propres historiens; et il n'y eut jamais une cause plus déplorée.

Exemples de M. Jurieu en faveur des guerres civiles de religion. Premier exemple, tiré de Jésus-Christ même.

Prêtez maintenant l'oreille, mes Frères, aux exemples dont on se sert parmi vous, pour permettre aux chrétiens opprimés de défendre leur religion à main armée contre les puissances souveraines. Étrange illusion ! M. Jurieu a osé produire l'exemple de Jésus-Christ même, et encore dans le temps de sa passion, lorsqu'il ne fit autre chose, comme dit saint Pierre (1), que de se livrer à un juge inique comme un agneau foible et muet, sans ouvrir seulement la bouche pour se défendre (2). Mais voyons comme le ministre argumente. « L'Evangile, dit-il (3), n'a ôté à personne le droit de se défendre contre de violens
» agresseurs ; et c'est sans doute ce que le Seigneur
» a voulu signifier, quand allant au jardin où il sa-
» voit que les Juifs devoient venir l'enlever avec vio-
» lence ; et comme on lui eut dit : Voici deux épées,
» il répondit : C'est assez. » Sur quoi le ministre fonde ce raisonnement : « Ce n'est pas assez pour repousser
» la violence ; car deux hommes armés ne pouvoient
» pas résister à la troupe qui accompagnoit Judas :
» mais c'étoit assez pour son but, qui étoit de faire
» voir que ses disciples, dans une telle occasion, ont
» le droit de se servir des armes : car autrement, quel
» sens cela auroit-il : Prenez vos épées ? » Il ne falloit rien changer aux paroles du Fils de Dieu, qui n'a point parlé en ces termes. Mais, pour en venir au sens et à l'esprit, le ministre songe-t-il bien à ce qu'il dit, lorsqu'il tient un tel discours ? Songe-t-il bien, dis-je, que ceux qui venoient prendre Jésus-Christ, étoient les ministres de la justice, et que le conseil ou le sénat de Jérusalem, qui les envoyoit (4), avoit

(1) *I. Pet.* ii. 23. — (2) *Isai.* liii. 7. — (3) *Lett.* ix, p. 69. — (4) *Matt.* xxvi. 47.

en main une partie de la puissance publique ? Car il pouvoit faire arrêter qui il vouloit, et il avoit la garde du temple, et d'autres gens armés en sa puissance pour exécuter ses décrets. C'est pourquoi on voit si souvent dans les Actes, que *les apôtres ont été arrêtés par les pontifes et les magistrats du temple, et mis dans la prison publique pour comparoître devant le conseil* (1), où en effet ils répondent juridiquement sans en contester le pouvoir. Aussi lorsqu'ils prirent le Sauveur, sans les accuser d'usurper un droit qui ne leur appartenoit pas, il se contente de leur dire : *Vous venez me prendre à main armée comme un voleur : j'étois tous les jours au milieu de vous enseignant dans le temple, et vous ne m'avez pas arrêté* (2); reconnoissant clairement qu'ils en avoient le pouvoir, et dans la suite reprenant saint Pierre qui avoit frappé un des soldats, dont aussi il guérit la plaie par un miracle (3). Au lieu donc qu'il faudroit conclure de ce lieu, comme fait aussi saint Chrysostôme, qu'*il faut souffrir les persécutions avec patience et avec douceur, et que c'est là ce que le Sauveur a voulu montrer par cette action* (4), M. Jurieu conclut au contraire qu'il a voulu montrer qu'en cette occasion on a droit de se servir des armes. Mais qui lui donne la liberté de tourner ainsi l'Ecriture à contre-sens, et de porter son venin jusque sur les actions de Jésus-Christ même ? « Quel sens, » dit-il (5), auroit cela : Prenez vos épées ? et de » quel usage seroient-elles, si on ne pouvoit s'en » servir ? » Et il ne veut pas seulement entendre cette parole de Jésus-Christ, lorsqu'il ordonne à ses apôtres d'avoir une épée : *car je vous dis qu'il faut encore que ce qui est écrit de moi soit accompli : Il a été compté au nombre des scélérats* (6). Tel étoit donc le but de Jésus-Christ, non, comme dit

(1) *Act.* iv. 4. v. 18. — (2) *Matt.* xxvi. 55. — (3) *Joan.* xviii. 36. — (4) *Hom.* 83, *in Joan. t.* vii, *p.* 498. — (5) *Jur. Ibid.* — (6) *Luc.* xxii. 37.

12..

M. Jurieu, d'instruire les chrétiens à prendre les armes contre la puissance publique, lorsqu'ils en seroient maltraités ; mais d'accomplir la prophétie où il étoit dit *qu'on le mettroit au rang des scélérats*. En quoi, si ce n'est que, comme un voleur, il se faisoit accompagner de gens violens pour s'empêcher d'être pris, et qu'il employoit les armes contre les ministres de la justice, pour ne point tomber entre ses mains ? Jésus-Christ regardoit donc cette résistance qu'il prévoyoit qu'on feroit en sa faveur, non pas à la manière de M. Jurieu, comme une défense légitime, mais comme une violence et un attentat manifeste, qui aussi le feroit mettre par le peuple au nombre *des scélérats*. C'est pourquoi il reprend saint Pierre de s'être servi de son épée, et dit à lui et aux autres qui se mettoient en état de l'imiter : *Demeurez-en là ; qui prend l'épée, périt de l'épée* (1) : non pour défendre de s'en servir légitimement, mais pour défendre de s'en servir dans de semblables occasions, et surtout contre la puissance publique. M. Jurieu ose dire que Jésus-Christ ne reprit saint Pierre de s'être servi de l'épée, qu'à cause du temps où il le fit (2), qui étoit celui où, selon l'ordre de son Père, il falloit qu'il mourût : comme si, dans une autre occasion, Jésus-Christ eût voulu permettre à ses disciples d'opposer la force aux puissances légitimes. Voilà ce que M. Jurieu ose attribuer à Jésus-Christ. Socrate, un païen, aura bien connu qu'on est obligé d'obéir aux lois et aux magistrats de son pays, quand même ils vous condamnent injustement (3) ; autrement, dit-il, il n'y auroit plus ni peuple, ni jugement, ni loi, ni État. Par ces solides maximes, ce philosophe aura consenti à périr, plutôt que d'anéantir les jugemens publics par sa résistance, et n'aura pas voulu s'échapper de la prison contre l'autorité de ces lois, de peur de tomber après cette vie entre les mains des lois éternelles, lorsqu'elles prendront la

(1) *Luc.* XXII. 49, 50. *Matt.* XXVI. 52. *Joan.* XVIII. 11. — (2) *Jur. Ibid.* — (3) *Plat. Crito.*

défense des lois civiles, leurs sœurs (car c'est ainsi
qu'il parloit); et Jésus-Christ, qui rejette ceux dont
la justice n'est pas au-dessus de celle des païens (1),
aura été moins juste et moins patient qu'un philosophe,
et aura voulu montrer à ses disciples que la défense
contre le public est légitime ? Qui vit jamais un semblable attentat ? et n'est-ce pas faire prêcher la révolte à Jésus-Christ même ? Mais qui ne voit manifestement que ce qu'il blâme en cette occasion n'est
pas seulement une résistance dans le temps où son
Père vouloit qu'il mourût, ce qui n'eût regardé que
ses disciples à qui il avoit appris ce secret de Dieu ;
mais en général une résistance qui le faisoit mettre
au rang des méchans et des scélérats ? En un mot,
une résistance contre la puissance publique, contre
laquelle un particulier, un sujet, qui étoit le personnage que Jésus-Christ vouloit faire alors sur la terre,
n'a point de défense. C'est pourquoi il répond juridiquement au conseil de Jérusalem, comme nous l'a-
vons déjà dit, et il demeure d'accord que *la puissance de vie* et de mort, dont Pilate le menaçoit (2),
lui venoit d'en haut comme étant légitime et *ordonné de Dieu*, ainsi que son apôtre le dit après
lui (3) : et il ajoute que *son royaume n'est pas de
ce monde* (4), non plus que les ministres dont la
force le pourroit défendre contre l'injustice des hommes : afin que ses disciples entendent qu'il veut bien
en tout et partout se laisser traiter comme un sujet,
et leur enseigner en même temps ce qu'ils doivent
aux magistrats même injustes et persécuteurs.

M. Jurieu ne rougit pas de nous alléguer cet exemple,
et de mettre la défense de sa religion dans un attentat
manifeste, dans un attentat déclaré tel par les prophètes qui l'ont prédit ; que Jésus-Christ, qui l'a vu,
a réprouvé, et qu'il a même réparé par un miracle,
de peur qu'on ne pût jamais le lui imputer. Un tel
exemple, qu'est-ce autre chose qu'une parfaite dé-

(1) *Matt.* v. 20. — (2) *Joan.* xix. 10, 11. — (3) *Rom.* xiii.
(4) *Joan.* xviii. 36.

monstration de la doctrine opposée à celle que le ministre vouloit soutenir; et le tour qu'y donne M. Jurieu, une manifeste profanation des paroles de Jésus-Christ?

Second exemple. Les Machabées.

Mais ce ministre se promet une victoire plus assurée de l'exemple des Machabées ou des Asmonéens; puisqu'il est certain qu'ils secouèrent le joug des rois de Syrie, qui les persécutoient pour leur religion. Il n'en faut pas davantage à notre ministre pour égaler la Réforme, et la nouvelle république des Pays-Bas, au nouveau royaume de Judée, érigé par les Asmonéens (1). Mais, pour se désabuser de cette comparaison, il ne faut que lire l'histoire (2), et bien comprendre l'état du peuple de Dieu.

Premièrement, il est constant qu'Antiochus et les autres rois de Syrie ne se proposoient rien de moins que d'exterminer les Juifs, en faire passer toute la jeunesse au fil de l'épée, vendre tout le reste aux étrangers, en même temps donner à ces étrangers la terre que Dieu avoit promise aux patriarches pour toute leur postérité, détruire la nation avec la religion qu'elle professoit, et en éteindre la mémoire, profaner le temple, y effacer le nom de Dieu, et y établir l'idole de Jupiter Olympien (3). Voilà ce qu'on avoit entrepris, et ce qu'on exécutoit contre les Juifs avec une violence qui n'avoit point de bornes.

Secondement, il n'est pas moins assuré que la religion et toute l'ancienne alliance étoit attachée au sang d'Abraham, à ses enfans selon la chair, à la terre de Chanaan, que Dieu leur avoit donnée pour y habiter, au lieu choisi de Dieu pour y établir son temple, au ministère lévitique et au sacerdoce attaché au sang de Lévi et d'Aaron, comme toute l'alliance en général l'étoit à celui d'Abraham : en sorte que sans tout cela il n'y avoit ni sacrifice, ni fête, ni

(1) *Lett.* ix, p. 67. —(2) *II. Mach.* ii, iii. — (3) *Ibid.* v, vi.

aucun exercice de la religion. C'est pourquoi le peuple
hébreu, selon les anciennes prophéties, ne devoit
être tiré de cette terre que deux fois : l'une sous Na-
buchodonosor, et dans la captivité de Babylone, par
un ordre exprès de Dieu, que le prophète Jérémie
leur porta, et avec promesse d'y être rappelés bientôt
après pour n'en être jamais chassés, selon que le
même Jérémie et les autres prophètes le leur promettoient (1). Telle est la première transportation du
peuple de Dieu hors de sa terre. La seconde et la
dernière est celle qui devoit leur arriver, selon l'oracle
de Daniel, après avoir mis à mort l'Oint de Dieu et
le Saint des saints (2) : qui devoit être perpétuelle,
et emportoit aussi avec elle l'entière réprobation de
l'alliance et de la religion judaïque.

Troisièmement, il étoit constant par là que tant
que l'ancienne alliance subsistoit, il n'étoit non plus
permis aux Juifs de se laisser transporter hors de leur
terre, que de renoncer à tout le culte extérieur de
leur religion ; et que consentir à la perte totale de la
famille d'Abraham, où celle d'Aaron étoit comprise,
c'étoit consentir en même temps à l'extinction de la
religion, de l'alliance et du sacerdoce : d'où il s'ensuit manifestement,

En quatrième lieu, que lorsque Dieu ne leur donnoit aucun ordre d'abandonner la terre promise, où
il avoit établi le siège de la religion et de l'alliance,
ni ne leur montroit aucun moyen de conserver la
race d'Abraham, que celui d'une résistance ouverte,
comme il leur arriva manifestement dans cette cruelle
persécution des rois de Syrie, c'étoit une nécessité
absolue, et une suite indispensable de leur religion,
de se défendre.

Et néanmoins, en cinquième lieu, ils n'en sont
venus à ce dernier et fatal remède qu'une seule fois,
et après une déclaration manifeste de la volonté de
Dieu. Car auparavant, en quelque oppression qu'on

____

(1) *Jer.* XXI, XXV, XXVIII, XXIX, XXX, XXXI, *etc.* —
(2) *Dan.* IX.

les tint dans le superbe et cruel empire de Babylone, ils y demeurèrent *paisibles et soumis* , offrant à Dieu des vœux continuels pour cet empire et pour ses rois , selon l'ordre qu'ils en avoient reçu de Dieu par la bouche de Jérémie et de Baruch (1). Quand ils virent paroître Cyrus , qui devoit être leur libérateur, encore qu'il leur eût été non seulement prédit, mais encore expressément nommé par leurs prophètes , ils ne se remuèrent pas en sa faveur , et attendirent en patience sa victoire d'où dépendoit leur délivrance : et quand Assuérus , un de ses successeurs , séduit par les artifices d'Aman , entreprit de détruire toute la nation , et de *fermer par toute la terre la bouche de ceux qui louoient Dieu* (2), ils ne firent aucun effort pour lui résister; parce que Mardochée , un prophète et un homme manifestement inspiré de Dieu , leur faisoit voir une espérance assurée de protection en la personne de la reine Esther ; en sorte qu'il ne leur restoit qu'à prier Dieu dans le sac et dans la cendre, qu'il conduisît les desseins de cette reine. Que si dans la suite ils prirent les armes pour punir l'injustice de leurs ennemis , ce fut par un édit exprès du roi (3) ; et Dieu le permit ainsi pour montrer que les fidèles naturellement ne troubloient point les Etats, et n'y entreprenoient rien qu'avec l'ordre de la puissance souveraine. Ils seroient donc demeurés aussi humbles et aussi soumis à Antiochus , si Dieu leur avoit donné une semblable espérance, et un moyen aussi naturel de fléchir le roi. Mais le temps étoit arrivé où il avoit résolu de les sauver par d'autres voies , ainsi qu'il étoit marqué dans Daniel et Zacharie (4). Alors donc il inspira Mathathias , qui, poussé du même esprit que son ancêtre Phinées , c'est-à-dire manifestement de l'esprit de Dieu (5) , du même esprit dont Moïse avoit été poussé à tuer l'Egyptien qui maltraitoit les

(1) *Jerem.* XXIX. 7. *Bar.* 1. 11, 12. — (2) *Esth.* III, IV, XIII, etc. — (3) *Ibid.* V, VII, VIII. — (4) *Dan.* VII, VIII, X, XI, XII. *Zach.* XI. 7 *et seq.* — (5) *I. Mach.* II. 24, etc.

enfans d'Israël (1), selon qu'il est expliqué dans les
Actes (2); du même esprit qui avoit incité Aod à en-
foncer un couteau dans le sein d'Eglon, roi de
Moab (3), et Jahel, femme d'Héber, à attirer Sisara
dans sa maison pour lui percer les tempes avec un
clou (4); du même esprit dont Judith étoit animée
lorsqu'elle coupa la tête d'Holoferne (5); Mathathias
donc, poussé de cet esprit, perça d'un coup de poignard un Juif qui se présentoit pour sacrifier aux
idoles, et l'immola sur l'autel où il alloit sacrifier au
dieu étranger (6). Il enfonça le même poignard au
sein de celui qui, par l'ordre d'Antiochus, contraignoit le peuple à ces sacrifices impies, et il leva l'é-
tendard de la liberté en disant : *Quiconque a le zèle
de la loi, qu'il me suive* (7). C'est donc ici manifestement une inspiration extraordinaire, telle que
celles qu'on voit par .itre. si souvent dans l'Ecriture et
ailleurs. Il n'y a que des impies qui puissent nier de
semblables inspirations extraordinaires ; et si les hypocrites ou les fanatiques s'en vantent à tort, il ne
s'ensuit pas que les vrais prophètes et les hommes
vraiment poussés par l'esprit de Dieu, se les attribuent vainement. Mathathias fut du nombre de ces
hommes vraiment inspirés : il en soutint le caractère jusqu'à la mort, et il distribua entre ses enfans
les fonctions auxquelles Dieu les destinoit, avec une
prédiction manifeste des grands succès qui leur
étoient préparés (8). La suite des événemens jus-
tifia clairement que Mathathias étoit inspiré : car,
outre qu'il parut des signes et *des illuminations* surprenantes et miraculeuses dans le ciel, on vit paroître,
dans les combats, des anges qui soutenoient le peuple
de Dieu, et *en foudroyant* les ennemis jetoient *le
désordre et la confusion dans leur armée* (9). Le
prophète Jérémie apparut à Judas Machabée *dans
un songe digne de toute croyance*, et lui mit en

(1) *Exod.* II. 12. — (2) *Act.* VII. 24, 25. — (3) *Judic.* III.
—(4) *Ibid.* IV. 17 *et seq.* V. 24 *et seq.* — (5) *Judith.* VIII, etc.
— (6) *I. Mach.* II. 23, 24.— (7) *Ibid.* 27 *et seq.*— (8) *I. Mach.*
II. 49, 64 *et seq.* — (9) *II. Mach.* X 9, 30.

main l'épée par laquelle il devoit défaire les ennemis de son peuple, en lui disant : *Recevez cette sainte épée et ce présent de Dieu , par lequel vous renverserez les ennemis de mon peuple d'Israël* (1). Tant de victoires miraculeuses , qui suivirent cette céleste vision , firent bien voir qu'elle n'étoit pas vaine; et la vengeance divine fut si éclatante sur Antiochus , que lui-même la reconnut, et fut contraint d'adorer, mais trop tard, la main de Dieu dans son supplice (2). Que si nos Réformés ne veulent pas reconnoître ces signes divins, à cause qu'ils sont tirés des livres des Machabées, qu'ils ne reçoivent pas pour canoniques ; sans leur opposer ici l'autorité de l'Église, qui les a mis dans son canon il y a tant de siècles, je me contente de l'aveu de leurs auteurs qui respectent ces livres, comme contenant une histoire véritable et digne de tout respect, où Dieu a étalé magnifiquement la puissance de son bras et les conseils de sa providence pour la conservation de son peuple élu. Que si M. Jurieu, ou quelque autre aussi emporté que lui, refusoient à des livres si anciens la vénération qui leur est due, il n'y auroit qu'à leur demander d'où ils ont donc pris l'histoire des Machabées qu'ils nous opposent ? Que s'ils sont contraints d'avouer que les livres que nous leur citons sont les véritables originaux d'où Josephe et tous les Juifs ont tiré cette admirable histoire, il faut ou la rejeter comme fabuleuse, ou la recevoir avec toutes les merveilleuses circonstances dont elle est revêtue. Et il ne faut point s'étonner que Josephe en ait supprimé une partie , puisqu'on sait qu'il dissimuloit ou qu'il déguisoit les miracles les plus certains, de peur d'épouvanter les Gentils pour qui il écrivoit. Si les protestans veulent se ranger parmi les infidèles, et refuser leur croyance aux miracles dont Dieu se servoit pour déclarer sa volonté à son peuple, nous ne voulons pas les imiter; et nous soutenons , avec l'histoire ori-

____

(1) *II. Mach.* xv. 11 , 15, *etc.* — (2) *I. Mach.* vi. *II. Mach.* ix. 12.

ginale de la guerre des Machabées, qu'elle ne fut entreprise qu'avec une manifeste inspiration de Dieu.

Enfin, en sixième lieu, Dieu, qui avoit résolu d'accumuler tous les droits pour établir le nouveau royaume qu'il érigea en Judée sous les Machabées, fit concourir à ce dessein les rois de Syrie, qui accordèrent à Jonathas et à Simon, avec l'entier affranchissement de leur peuple, non seulement toutes les marques, mais encore tous les effets de la souveraineté . ce qui fut aussi accepté et confirmé par le commun consentement de tous les Juifs (1).

Je veux bien accorder à M. Jurieu et aux Provinces-Unies, si elles veulent, qu'elles ont eu en quelque chose un succès pareil à ce nouveau royaume de Judée, puisqu'à la fin les rois d'Espagne, leurs souverains, ont consenti à leur affranchissement. Bien plus, afin que les choses soient plus semblables, puisqu'en regardant ces provinces comme imitatrices du nouveau royaume de Judée, il faut aussi regarder les princes d'Orange comme les nouveaux Machabées qui ont érigé cet État, je n'empêche pas qu'on ne dise qu'à l'exemple des Asmonéens, ces princes se sont faits les souverains du peuple qu'ils ont affranchi, et qu'ils peuvent s'en dire les vrais rois, comme ils y ont déjà de gré ou de force l'autorité absolue. Si les Provinces-Unies donnent enfin leur consentement à cette souveraineté, il sera vrai que la fin des princes d'Orange sera à peu près semblable de ce côté-là à celle des Machabées : mais il y aura toujours une différence infinie dans les commencemens des uns et des autres, car, quelque dévoué qu'on soit à la maison d'Orange, on ne dira jamais sérieusement, ni que le prince d'Orange, Guillaume I", ait été un homme manifestement inspiré, un Phinées, un Mathathias, un Judas le Machabée, qui ne respiroit que la piété; ni que la Hollande, dont il conduisoit les troupes, fût le seul peuple où, par une alliance particulière, Dieu eût établi la religion et ses

(1) *I. Mach. c.* XI, XII *et seq.*

sacremens ; ni que la religion qu'il soutenait fût la
seule cause qui lui fît prendre les armes , puisque ,
sans parler de ses desseins ambitieux si bien marqués
dans toutes les histoires, il cacha si long-temps lui-
même sa religion, et donna tout autre prétexte à ses
entreprises ; ni que lui et ses successeurs n'aient
jamais rien attenté pour subjuguer ceux qui leur
avoient confié la défense de leur liberté. Il faudroit
donc laisser là l'exemple des Machabées ; et , pour ne
plus parler ici de la vaine flatterie que le ministre
Jurieu fait aux Provinces-Unies, je soutiens que
l'action des Machabées et des Juifs qui les ont suivis,
étant extraordinaire et venant d'un ordre spécial de
Dieu, dans un cas et un état particulier, ne peut être
tirée à conséquence pour d'autres cas et d'autres états.
En un mot, il n'y a rien de semblable entre les Juifs
d'alors et nos Réformés, ni dans l'état de la religion,
ni dans l'état des personnes. Car, dans la religion
chrétienne, il n'y a aucun lieu ni aucune race qu'on
soit obligé de conserver à peine de laisser périr la
religion et l'alliance. Au lieu de dire, comme pouvoient faire les Juifs : Il faut sauver notre vie pour
sauver la religion ; il faudroit dire au contraire, selon
les maximes de Jésus-Christ : Il faut mourir pour
l'étendre ; c'est par la mort et la corruption que ce
grain se multiplie, et ce n'est pas le sang transmis à
une longue postérité qui fait fructifier l'Evangile ; mais
c'est plutôt le sang répandu pour le confesser : ainsi
la religion ne peut jamais être parmi nous en l'état
et dans la nécessité où elle étoit sous les Machabées.
L'état des personnes est encore plus dissemblable que
celui de la religion. Les Machabées voyoient toute
leur nation attaquée ensemble, et prête à périr tout
entière comme par un seul coup : mais nos Réformés,
loin de combattre pour toute la nation dont ils étoient,
n'en faisoient que la plus petite partie, qui avoit
entrepris d'accabler l'autre, et de lui faire la loi. Les
Machabées et les Juifs qui les suivoient, loin de vouloir forcer leurs compatriotes à corriger la religion
dans laquelle ils étoient nés, ne demandoient que de

vivre dans le même culte où leurs pères les avoient
élevés : mais nos rebelles condamnoient les siècles
passés, et ne cherchoient qu'à détruire la religion où
leurs pères étoient morts, quoiqu'eux-mêmes ils
l'eussent sucée avec le lait. Les Machabées combat-
toient, afin qu'on leur laissât la possession du saint
temple où leurs pères servoient Dieu : nos rebelles
renonçoient aux temples et aux autels de leurs pères,
quoique ce fût le vrai Dieu qu'ils y adorassent; ou s'ils
les vouloient avoir, c'étoit en les enlevant à leurs
anciens et légitimes possesseurs, et encore en y changeant tout le culte pour lequel la structure même de
ces édifices sacrés faisoit voir qu'ils étoient bâtis : en
quoi ils étoient semblables, non point aux Machabées
défenseurs du temple, mais aux Gentils qui en étoient
les profanateurs; puisque si ceux-ci profanoient le
temple en y mettant leurs idoles, nos Réformés,
pour avoir occasion de profaner aussi les temples de
leurs pères, faisoient semblant d'oublier qu'ils étoient
dédiés au Dieu vivant; et, autant qu'il étoit en eux,
ils en faisoient des temples d'idoles, en appelant de ce
nom les images érigées par nos pères pour honorer
la mémoire des mystères de Jésus-Christ et celle de
ses saints. Bien loin qu'on puisse dire que le ministère
de la religion fût corrompu et interrompu par les
Machabées, ils étoient eux-mêmes revêtus de l'ancien
sacerdoce de la nation, où ils étoient élevés par la
succession naturelle et selon les lois établies : nos
rebelles disoient au contraire que sans égard à la succession, ni à ceux qu'elle mettoit en possession du
ministère sacré, il en falloit dresser un autre : ce qui
étoit renoncer à la ligne du sacerdoce et à la suite de
la religion, ou plutôt à la religion dans son fond,
puisque la religion ne peut subsister sans cette suite.
On voit bien, selon ces principes, qu'il y a pu avoir
dans les Machabées, qui venoient dans la succession
légitime et dans l'ordre établi de Dieu, un instinct
particulier de son Saint-Esprit pour entreprendre
quelque chose d'extraordinaire; mais, au contraire,
l'esprit dont étoient agités ceux qui menoient nos Ré-

formés au combat et en commandoient les armées,
étant entièrement détaché de l'ordre établi de Dieu et
de la succession du sacerdoce, ne pouvoit être qu'un
esprit de rébellion et de schisme. Aussi l'Esprit de
Dieu paroît-il si peu dans les capitaines de la Réforme,
que, loin d'oser dire qu'ils fussent des hommes pleins
de Dieu, comme étoient un Mathathias et ses enfans,
M. Jurieu n'a osé dire que ce fussent de vrais gens
de bien selon les règles de l'Evangile, ni autre chose
tout au plus, selon lui-même, que des héros à la manière du monde : de sorte que ce seroit se jouer manifestement de la foi publique, de reconnoître ici la
moindre apparence d'un instinct divin et prophétique.
Aussi n'y en avoit-il ni marque ni nécessité ; et, en
un mot, rien de semblable entre les Machabées et
les protestans, que le simple extérieur d'avoir pris
les armes.

C'est pourquoi nous ne voyons pas que l'Eglise,
persécutée par les princes infidèles ou hérétiques, se
soit jamais avisée de l'exemple des Machabées pour
s'animer à la résistance. Il étoit trop clair que cét
exemple étoit extraordinaire, dans un cas et dans un
état tout particulier, manifestement divin dans ses
effets et dans ses causes ; en sorte que, pour s'en servir, il falloit pouvoir dire et justifier qu'on étoit manifestement et particulièrement inspiré de Dieu. Mais,
pour connoître la vraie tradition de l'ancien peuple,
qui devoit servir de fondement à celle du nouveau,
il ne falloit que considérer sa pratique continuelle
dès son origine : car, à commencer par le temps de
sa servitude en Egypte, il est certain qu'il n'employa pour s'en délivrer que ses gémissemens et ses
prières (1). Que si Dieu employa des voies plus
fortes, ce furent tout autant de coups de sa main
toute-puissante et de son bras étendu, comme parle
l'Ecriture, sans que ni le peuple, ni Moïse qui le
conduisoit, songeassent jamais ni à se défendre par
la force, ni à s'échapper de l'Egypte d'eux-mêmes

____

(1) *Exod.* v *et seq.*

ou à main armée ; en sorte que Dieu les laissa dans l'obéissance des rois qui les avoient reçus dans leur royaume, se réservant de les délivrer par un coup de sa souveraine puissance. Nous aurons lieu, dans la suite, d'examiner leur conduite sous leurs rois, et les droits de la monarchie que Dieu avoit établie parmi eux. Mais on peut voir, en attendant, quelle obéissance eux et leurs prophètes crurent toujours devoir à ces rois ; puisque sous des rois impies, tels qu'étoient un Achab, un Achaz, un Manassès, quoiqu'ils fissent mourir les prophètes, et qu'ils contraignissent le peuple à un culte impie, en sorte que les fidèles étoient contraints de se cacher ; pendant que toutes les villes et Jérusalem elle-même regorgeoient de sang innocent, comme il arriva sous Manassès : un Élie, un Élisée, un Isaïe, un Osée, et les autres saints prophètes qui crioient si haut contre les égaremens de ces princes, ne songeoient pas seulement à leur contester l'obéissance qui leur étoit due. Le peuple saint fut aussi paisible sous le joug de fer de Babylone, comme nous avons déjà vu ; et, pour ne point répéter ce que j'ai dit, ni prévenir ce que j'ai à dire dans la suite, sur ce sujet, on voit régner dans ce peuple les mêmes maximes que le peuple chrétien en a aussi retenues, de rendre à ses rois, quels qu'ils fussent, un fidèle et inviolable service. C'est par toute cette conduite du peuple de Dieu, qu'il falloit juger du droit que Dieu même avoit établi parmi eux. S'il a voulu une seule fois s'en dispenser sous les Machabées, avec les restrictions et dans les conjonctures particulières qu'on vient de voir ; il a marqué clairement que ce n'étoit pas le droit établi, mais l'exception de ce droit, faite par sa main souveraine ; et c'est pourquoi, sans se fonder sur ce cas extraordinaire, l'Église chrétienne s'est fait une règle de la pratique constante de tout le reste des temps : de sorte qu'on peut assurer, comme une vérité incontestable, que la doctrine qui nous oblige à pousser la fidélité envers les rois jusqu'aux dernières épreuves, est également établie dans l'ancien et dans le nouveau peuple.

Troisième exemple. Celui de David.

Il reste à examiner le troisième exemple de **M. Jurieu**, qui est celui de David, que ce ministre propose pour prouver qu'on peut défendre sa vie à main armée contre son prince; et il répète souvent, que si on peut prendre les armes contre son roi, pour la vie, on le peut, à plus forte raison, pour la religion et pour la vie tout ensemble. D'abord, et sans hésiter, j'accorde la conséquence : mais voyons comme il établit le fait d'où il la tire. « Pourquoi, dit-il (1),
» David avoit-il assemblé autour de lui quatre ou
» cinq cents hommes, tous gens braves et bien ar-
» més ? N'étoit-ce pas pour se défendre, pour résis-
» ter à la violence par la force, et pour résister à
» son roi qui vouloit le tuer ? Si Saül fût venu l'atta-
» quer avec pareil nombre de gens, s'en seroit-il fui ?
» N'auroit-il pas combattu pour sa vie, quand même
» ç'auroit été avec quelque péril de la vie de Saül
» lui-même ; parce que , dans le combat, on ne sait
» pas où les coups portent ? David savoit son devoir ;
» il avoit la conscience délicate ; il respecte l'onction
» de Dieu dans les rois ; mais il ne croit pas qu'il soit
» toujours illégitime de leur résister ; et même David
» étoit dans un cas où nous ne voudrions pas per-
» mettre de résister par les armes à un souverain ;
» dans le fond, il étoit seul , et n'étoit qu'un parti-
» culier. Nous n'étendons pas le pouvoir de résister
» à un souverain jusque-là ; mais celui qui a cru
» qu'un particulier pouvoit repousser la violence par
» la force, a cru, à plus forte raison, que tout un
» peuple le pouvoit. » J'ai rapporté exprès tout au
long le discours de M. Jurieu, afin qu'on voie que ce
ministre détruit lui-même son propre raisonnement ;
car, en effet, il sent bien qu'il prouve plus qu'il ne
veut. Il veut prouver que tout un peuple, c'est-à-dire,
non seulement tout un royaume, mais encore une

____

(1) *Lett.* XVII, *p.* 134. *Lett.* IX.

partie considérable d'un royaume, tel qu'étoit tout le peuple chrétien dans l'empire romain, ou en France tous les protestans, ont pu prendre les armes contre leur prince. Voilà ce qu'il vouloit prouver; mais sa preuve porte plus loin qu'il ne veut; puisqu'elle démontreroit, si elle étoit bonne, non seulement que tout un grand peuple, mais encore tout particulier peut s'armer contre son prince, lorsqu'il lui fait violence; ce que le ministre rejette non seulement ici, comme il paroît par les paroles qu'on vient de produire, mais encore en d'autres endroits (1). C'est néanmoins ce qu'il prouve, et, par conséquent, selon lui-même, sa preuve est mauvaise, n'y ayant rien de plus assuré que cette règle de dialectique : Qui prouve trop, ne prouve rien. Cela paroît encore plus évidemment, en ce qu'il attribue à David, d'avoir cru qu'*un particulier pouvoit repousser à main armée la violence*, même celle de son roi; car c'est de quoi il s'agit : ce qui est lui attribuer une erreur grossière et insupportable, et, par conséquent, condamner toute l'action qu'on fonde sur une maxime si visiblement erronée : en quoi non seulement M. Jurieu blâme en David ce que l'Écriture n'y blâme pas, mais encore il se confond lui-même, en nous alléguant un auteur, qui, selon lui, est dans l'erreur, et nous donnant pour modèle un exemple qui est mauvais, selon ses principes.

Je n'aurois donc qu'à lui dire, si je voulois lui fermer la bouche par son propre aveu, que David, qui agissoit sur de faux principes, ne doit pas être suivi dans cette action; mais la vérité ne me permet pas de profiter ou de l'ignorance ou de l'inconsidération de mon adversaire. Toute l'Écriture me fait voir que, dans cette conjoncture, David agit toujours par l'Esprit de Dieu; que, dans toutes ses entreprises, il attendoit la déclaration de sa volonté; qu'il consultoit ses oracles; qu'il étoit averti par ses prophètes; qu'il étoit prophète lui-même, et que l'esprit prophétique qui étoit en lui ne l'abandonna jamais (2). Témoin les

(1) *Lett.* XVIII, *p.* 134. — (2) *I. Reg.* XXII. 3, & XXIII. 2, 4.

Psaumes qu'il fit dans cet état, et même chez le roi
Achis, et au milieu du pays étranger où il s'étoit réfu-
gié : Psaumes que nous chantons tous les jours comme
des cantiques inspirés de Dieu. J'avoue donc qu'il n'y
a rien à blâmer dans la conduite de David; et ce qui a
trompé M. Jurieu, qui abuse de son exemple, c'est
qu'il n'a pas voulu considérer ce que David étoit alors.
Car s'il avoit seulement songé que ce David, qui n'est,
selon lui, *qu'un particulier*, en effet, étoit un roi
sacré par l'ordre de Dieu (1), il auroit vu le dénoûment manifeste de toute la difficulté; mais, en même
temps, il auroit fallu renoncer à toute sa preuve; car
on n'auroit pu nier que ce ne fût un cas tout particulier; puisque celui qu'on verroit armé pour en défendre du roi Saül, est roi lui-même. Et sans vouloir
examiner si on ne pourroit pas soutenir qu'en effet il
étoit roi de droit, et que Saül ne régnoit que par
tolérance, ou en tout cas, par précaire, et comme
simple usufruitier, pour honorer en sa personne le
titre de roi qu'il avoit eu ; quand il ne faudroit regarder dans le sacre de David qu'une simple destination à
la couronne, toujours faudroit-il dire, puisque cette
destination venoit de Dieu; que Dieu, qui lui avoit
donné ce droit, étoit censé lui avoir donné en même
temps tout le pouvoir nécessaire pour le conserver.
Car, au reste, le droit de David étoit si certain, qu'il
étoit connu de Jonathas, fils de Saül, et de Saül
même (2) : de là vient que Jonathas demandoit pour
toute grâce à David d'être le second après lui. Le
peuple aussi étoit bien instruit du droit de David,
comme il paroît par le discours d'Abigaïl (3). Ainsi,
personne ne pouvoit douter que sa défense ne fût légitime, et Saül lui-même le reconnoissoit; puisqu'au
lieu de le traiter de rebelle et de traître, il lui disoit :
Vous êtes plus juste que moi, et il traitoit avec lui
comme d'égal à égal, en le priant de conserver sa
postérité (4).

(1) *I. Reg.* XVI. 12, 13. — (2) *Ibid.* XXIII. 17. XXIV. 21. —
(3) *Ibid.* XXV. 30, 31. — (4) *Ibid.* XXIV. 18, 21. XXVI. 25.

Il ne faut pourtant pas s'imaginer que Dieu ait voulu se servir de David pour diviser les forces de son peuple, ni que ses armes, toujours fatales aux Philistins, dussent jamais se tourner contre sa patrie et contre son prince. Car premièrement, lorsqu'il assembla ces quatre cents hommes, son intention n'étoit pas de demeurer dans le royaume d'Israël, mais avec le roi de Moab avec qui il étoit d'accord pour sa sûreté. S'il campoit et se tenoit sur ses gardes, cette précaution étoit nécessaire contre des gens sans aveu qui auroient pu l'attaquer; et, au surplus, il tenoit son père et sa mère entre les mains du roi de Moab, *jusqu'à ce que la volonté du Seigneur se fût déclarée* (1). Loin donc de vouloir combattre contre son pays, il alloit chercher la sûreté de sa personne sacrée dans une terre étrangère. Que s'il en sortit enfin, pour se retirer dans les terres de la tribu de Juda, qui lui étoit plus favorable, à cause que c'étoit la sienne, ce fut un ordre exprès de Dieu, porté par le prophète Gad qui l'y obligea (2). Lorsqu'il fut dans le royaume de Saül, il y fit si peu de mal à ses citoyens, qu'au contraire, sur le mont Carmel, l'endroit le plus riche de tout le royaume, et au milieu des biens de Nabal, le plus puissant homme du pays, il ne toucha ni à ses biens, ni à ses *troupeaux : on ne trouva jamais à dire une seule de ses brebis*; et au contraire, les gens de Nabal rendoient témoignage aux troupes de David, *que loin de les vexer, elles leur étoient un rempart et une défense assurée* (3). Pendant qu'on le poursuivoit à toute outrance, il fuyoit de désert en désert, pour éviter la rencontre des gens de Saül, et pour assurer sa personne dont il devoit la conservation à l'État, sans jamais avoir répandu le sang d'aucun de ses citoyens, ni profité contre eux ni contre Saül d'aucun avantage; mais, au contraire, il étoit toujours attentif au bien de son pays; et, contre l'avis de tous les siens, il sauva la ville de Ceilau des Philistins qui alloient la

(1) *I. Reg.* xxii. 3. — (2) *Ibid.* 5. — (3) *Ibid.* xxi. 8, 15.

surprendre, et qui déjà en avoient pillé tous les environs (1); ainsi, dans une si grande oppression, il ne songeoit qu'à servir son prince et son pays. Lorsqu'enfin il fut obligé de traiter avec les ennemis, ce fut seulement pour la sûreté de sa personne. Il ne fit jamais de pillage que sur les Amalécites et les autres ennemis de sa patrie (2). De cette sorte, la nécessité où il se voyoit réduit ne lui fit jamais rien entreprendre qui fût indigne d'un Israélite ni d'un fidèle sujet : le traité qu'il fit avec l'étranger servit à la fin à sa patrie; et il incorpora au peuple de Dieu la ville de Siceleg, que les Philistins lui avoient donnée pour retraite.

Si M. Jurieu savoit ce que c'est que d'expliquer l'Écriture, il auroit pesé toutes ces circonstances; et il se seroit bien gardé de dire ni que David fût un simple particulier, ni qu'il ait jamais rien entrepris contre la puissance publique. Au lieu de peser en théologien et en interprète exact ces circonstances importantes, il se met à raisonner en l'air, et il nous demande pourquoi David étoit armé, *si ce n'étoit pour se défendre* contre son roi; comme s'il n'eût pas eu à craindre cent particuliers, qui, pour faire plaisir à Saül, pouvoient l'attaquer, ou que, sans aucun dessein d'en venir avec Saül aux extrémités, il n'eût pas pu avoir en vue de faire envisager à ce prince ce que la nécessité et le désespoir pouvoient inspirer contre le devoir à de braves gens poussés à bout. Mais M. Jurieu passe plus avant, et il ne veut pas qu'on croie que David, *avec des forces égales, s'en seroit fui* devant Saül. Pourquoi non, plutôt que d'être forcé à combattre contre son roi? Mais le vaillant Jurieu ne peut comprendre qu'on fuie. Qu'il permette du moins à David de faire devant l'ennemi, une belle et glorieuse retraite. Non, dit-il, il faut donner; et David auroit combattu, *au hasard*, dit notre ministre (3), de mettre en péril la vie de son beau-père; car ces titres de roi et de beau-père

<hr>

(1) *I. Reg.* xxvii. 1 *et seq.* — (2) *Ibid.* xxvii. 8, 9, 10.— (3) *Sur. Lett.* xxvii.

ne lui sont rien. Comment n'a-t-il pas frémi en écrivant ces paroles? David rencontrant Saül à son avantage, après lui avoir sauvé la vie, malgré les instances de tous les siens, se sentit saisi de frayeur, pour lui avoir seulement coupé le bord de sa robe, et avoir mis la main, quoique d'une manière si innocente, sur sa personne sacrée (1) : et celui qu'on voit si frappé d'une ombre d'irrévérence envers son roi, ne seroit pas un combat où on auroit pu attenter sur sa vie? Voilà comme les ministres enseignent à ménager le sang des rois. Cependant M. Jurieu, comme nous verrons, fait semblant d'avoir en horreur les attentats sur les souverains ; et ici, contraire à lui même, il veut qu'un particulier ait droit de donner combat à son roi présent, au hasard de le tuer dans la mêlée. Mais David étoit bien éloigné de ce sentiment impie, lorsqu'il disoit : « Dieu me garde de mettre la main » sur mon maître, l'oint du Seigneur (2)! » Et il crioit à Saül : « Ne croyez pas les calomniateurs qui vous » disent que David veut attenter sur vous. Vous le » voyez de vos yeux, que Dieu vous a mis entre mes » mains, dans la caverne. Mais j'ai dit en mon cœur : » A Dieu ne plaise, que j'étende la main sur l'oint du » Seigneur! Que le Seigneur juge entre vous et moi, » et qu'il me venge de vous comme il lui plaira; » mais que ma main ne soit pas sur vous (3)! » Il ne reconnoissoit donc autre puissance que celle de Dieu, qui pût lui faire justice de Saül, ce qu'il explique encore plus clairement, lorsque, devenu une seconde fois maître de la vie de ce prince, il dit à Abisaï qui l'accompagnoit (4) : « Gardez-vous bien de mettre la » main sur Saül ; car qui pourra étendre sa main sur » l'oint du Seigneur, et demeurer innocent? Vive le » Seigneur, si le Seigneur ne le frappe, ou que le » jour de sa mort n'arrive, ou que venant à une » bataille, il n'y meure » (comme Saül mourut en effet, dans une bataille contre les Philistins), il n'a

(1) *I. Reg.* xxiv. 6 *et seq.* — (2) *Ibid.* 7. — (3) *Ibid.* 10.
— (4) *Ibid* xxvi. 9.

rien à craindre, « et ma main ne sera jamais sur lui.
» Dieu m'en garde, et ainsi me soit-il propice! »
C'est en cette sorte que David a recours à Dieu,
comme à son unique vengeur. Encore lorsqu'il parloit de cette vengeance, c'étoit pour montrer à Saül
ce que ce prince avoit à craindre, et non pas pour
lui déclarer ce que David lui souhaitoit, puisque,
loin de souhaiter la mort à Saül, il la pleura si amère-
ment, et en fit un châtiment si prompt, lorsqu'elle
lui fut annoncée (1). Un homme qui parle et agit
ainsi, est bien éloigné de vouloir lui-même combattre
contre son roi, ni attenter sur sa vie, en quelque
manière que ce soit. Et en effet, s'il eût cru l'attaque
légitime, ou qu'il pût avoir d'autre droit que celui
de s'empêcher d'être pris, comme il faisoit en se
cachant, il auroit pu aussi bien attenter contre son
roi, dans une surprise que dans un combat. Le même
droit de la guerre permet également l'un et l'autre; et
s'il vouloit épargner le sang de Saül, il pouvoit du
moins s'assurer de sa personne. Mais il savoit trop
qu'un sujet n'a ni droit, ni force contre la personne
de son prince; et le ministre le met en droit de le
faire périr dans un combat! Il a oublié toute l'Écriture; mais il a oublié tous les devoirs d'un sujet. Il
ne songe plus à ce qui est dû à la majesté, ni à la
personne sacrée des rois, ni à la sainte onction qui
est sur eux. Je ne m'en étonne pas: il ne se souvient
même plus qu'il est Français, et il nous parle avec
dédain de la loi Salique, *véritable*, dit-il (2), *ou
prétendue*; comme feroit un homme venu des Indes
ou du Malabar: tant est sorti de son cœur ce qui est
le plus avant imprimé de tout temps, et dès l'origine
de la nation, dans le cœur de tous les Français.

Mais, pour revenir à notre sujet, concluons qu'il
n'y a rien de plus mal allégué que l'exemple de David;
puisque, bien loin qu'il fût permis de le regarder
comme un simple particulier, Dieu qui l'avoit sacré
roi, vouloit qu'on le regardât comme un personnage

(1) *II. Reg.* 1. 14, 18. — (2) *Lett.* xviii, *p.* 139, 2.

public, dont la conservation étoit nécessaire à l'État ; et qu'après tout, il n'a fait que pourvoir à sa sûreté, comme il y étoit obligé, non seulement sans rien attenter contre son roi ni contre son pays, mais encore sans jamais cesser de les servir, au milieu d'une si cruelle oppression. Voilà ce qui est constant dans le fait. Aussi, M. Jurieu qui n'a pu trouver aucun attentat dans les actions de David, n'a de refuge qu'à des questions en l'air : et il est réduit à rechercher non ce qu'il a fait, car il est déjà bien constant qu'il n'a rien fait de mal contre son prince ; mais ce qu'il auroit fait en tels et tels cas qui ne sont point arrivés. Que s'il faut enfin lui répondre sur ses imaginations, nous lui dirons, en un mot, que ces grands hommes abandonnés aux mouvemens de leur foi et à la divine Providence, apprenoient d'elle, à chaque moment, ce qu'ils avoient à faire, et y trouvoient des ressources pour se dégager des inconvéniens où ils paroissoient inévitablement enveloppés, comme on le voit en particulier dans toute l'histoire de David ; de sorte que s'inquiéter de ce qu'auroient fait ces grands personnages, dans les cas que Dieu détournoit par sa providence, c'est oser demander à Dieu ce qu'il auroit inspiré, et craindre que sa sagesse ne fût épuisée.

Enfin donc nous avons ôté toute espérance au ministre, et il ne lui reste, pour soutenir la prise d'armes de ses pères, ni autorité ni exemple. Au contraire, tous les exemples le condamnent, et tous les martyrs combattent contre lui.

Raisonnemens de M. Jurieu en faveur des guerres civiles de religion.

Nous n'aurions pas un moindre avantage, si nous voulions attaquer les vaines maximes que le ministre appelle à son secours, et les frivoles raisonnemens dont il les appuie. *Le droit*, dit-il (1), *de la propre conservation est un droit inaliénable.* S'il est ainsi, tout particulier injustement attaqué dans sa vie

____

(1) *Lett.* xi, p. 167.

par la puissance publique, a droit de prendre les armes, et personne ne peut lui ravir ce droit. Et ne sert de rien de répondre qu'il parle d'un peuple : car sans raisonner ici sur cette chimère qu'il propose, savoir ce qu'on pourroit faire contre un tyran qui voudroit tuer tout son peuple, et demeurer roi des arbres et des maisons sans habitans, il met expressément dans le même droit une *grande partie du peuple* qui verroit sa vie injustement attaquée : et c'est pourquoi il soutient que les chrétiens eussent pu armer contre leurs princes, s'ils en eussent eu les moyens ; et par la même raison, que les protestans ont pu le faire, quoique les uns et les autres, bien d'être tout le peuple, n'en fussent que la plus petite partie. Que deviendront les États si on établit de telles maximes ? Que deviendront-ils, encore un coup, si ce n'est une boucherie et un théâtre perpétuel et toujours sanglant de guerres civiles ? Car comme l'opinion fait le même effet dans l'esprit des hommes que la vérité, toutes les fois qu'une partie du peuple s'imaginera qu'elle a raison contre la puissance publique, et que la punir de sa rébellion c'est s'attaquer injustement à sa vie, elle se croira en droit de prendre les armes, et soutiendra que le droit de se conserver ne peut lui être ravi. Qu'on nous montre que les chrétiens persécutés aient jamais songé à ce prétendu droit. Et pour ne pas seulement parler du temps des persécutions et de la cause de la religion, Antioche, la troisième ville du monde, qu'on appeloit l'œil de l'Orient, et par excellence Antioche la peuplée, se vit en péril d'être ruinée par Théodose le Grand dont on avoit renversé les statues. On pouvoit dire qu'il n'étoit pas juste de punir toute une ville de l'attentat de quelques particuliers qui même étoient étrangers, ni de mêler l'innocent avec le coupable ; et en effet saint Chrysostôme (1) met cette raison dans la bouche de Flavien, patriarche d'Antioche, qui alloit demander pardon à l'Empereur pour tout le peuple. Mais cependant on

____

(1) *Hom.* III *ad pop. Ant. n.* 1 ; *t.* II, p. 85.

ne disoit point; que dis-je, on ne disoit point? il ne venoit pas seulement dans la pensée qu'il fût permis de défendre sa vie contre le prince : au contraire, on ne parloit à ce peuple que de l'obligation de révérer le magistrat (1) : on lui disoit qu'il avoit à craindre la plus grande puissance qui fût sur la terre, et qu'il n'avoit à invoquer que celle de Dieu qui seule étoit au-dessus (2). C'est ce que saint Chrysostôme inculquoit sans cesse; et ce Démosthènes chrétien fit sur ce sujet des homélies dignes, par leur éloquence, de l'ancienne Grèce, et dignes, par leur piété, des temps apostoliques. Mais pourquoi alléguer les chrétiens instruits par la révélation céleste? Les païens, par leur simple raison naturelle, ont bien vu qu'il falloit souffrir les violences des mauvais princes, en souhaiter de meilleurs, les supporter quels qu'ils fussent, espérer un temps plus serein pendant l'orage, et comprendre que la Providence, qui ne veut pas la ruine du genre humain ni de la nature, ne tient pas éternellement le peuple opprimé par un mauvais gouvernement, comme elle ne bat pas l'univers d'une continuelle tempête. Les beaux jours pourront donc refaire ce que les mauvais auront gâté : et c'est vouloir trop de mal aux choses humaines, que de joindre aux maux d'un mauvais gouvernement un remède plus mortel que le mal même, qui est la division intestine. Par ces raisons, les païens ne permettoient pas à tout le peuple ce que M. Jurieu ose permettre à la plus petite partie contre la plus grande; que dis-je? ce qu'il ose permettre à chaque particulier. *Un tel homme,* celui qui diroit qu'un souverain « a droit de faire violence
» à la vie d'une partie de son peuple, et que des sujets
» n'ont pas celui de se défendre et d'opposer la force à
» la violence, sera réfuté par tous les hommes : car il
» n'y en a point qui ne croie être en droit de se con-
» server PAR TOUTE VOIE, quand il est attaqué par une
» injuste violence (3). » Voilà donc non seulement

(1) *Hom.* VI, p. 75. — (2) *Ibid.* II, n. 4, p. 24. — (3) *Lett.* IX, p. 67.

tout le peuple ou une partie du peuple, mais encore tout particulier légitimement armé contre la puissance publique, et en droit de se défendre contre elle *par toute voie*, sans rien excepter ni même ce qui fait le plus d'horreur à penser. M. Jurieu nous parle ici des flatteurs des princes, et il ne songe pas aux flatteurs des peuples. Tout flatteur, quel qu'il soit, est toujours un animal traître et odieux : mais s'il falloit comparer les flatteurs des rois avec ceux qui vont flatter dans le cœur des peuples ce secret principe d'indocilité et cette liberté farouche qui est la cause des révoltes, je ne sais lequel seroit le plus honteux. M. Jurieu a pris le dernier parti, et on ne peut pas plus bassement ni plus indignement flatter la populace, que de prodiguer, je ne dis pas à tout le peuple, mais encore à une partie et jusqu'aux particuliers, le droit d'armer contre le prince. Mais cela suit nécessairement du principe qu'il pose. « C'est en vain, dit-il (1), qu'on
» raisonne sur les droits des souverains : c'est une
» question où nous ne voulons point entrer ; mais il
» faut savoir seulement que les droits de Dieu, les
» droits du peuple et les droits du roi sont insépa-
» rables. Le bon sens le démontre : et par conséquent
» un prince qui anéantit le droit de Dieu ou celui des
» peuples, par cela même anéantit ses propres droits. »
De cette sorte il n'est donc plus roi : on ne lui doit plus de sujétion ; car, poursuit le séditieux ministre (2), « on ne doit rien à celui qui ne rend rien à personne,
» ni à Dieu, ni aux hommes. » On ne peut pas pousser plus loin la témérité ; et c'est à la face de tout l'univers renouveler la doctrine tant détestée de Jean Viclef et de Jean Hus, qui disent qu'on n'a plus de sujets, dès qu'on cesse soi-même d'être sujet à Dieu. Voilà comme le ministre ne veut pas entrer dans cette question *du droit des rois*, pendant qu'il décide si hardiment contre ces droits sacrés. Un reste de conscience le retenoit, et il n'osoit entrer dans une matière où il se sentoit des opinions si outrées : mais à la fin

(1) *Lett.* ix, *p.* 67. — (2) *Ibid.*

il est entraîné par l'esprit qui le possède, et il décide
contre les rois tout ce qu'on peut avancer de plus
outrageant : car il conclut hardiment de son principe,
que les chrétiens sujets de l'empire romain pouvoient
résister par les armes à Dioclétien ; « puisque, dit-il,
» si leurs empereurs, POUR TOUTE AUTRE CAUSE que
» pour celle de religion, les eussent opprimés de la
» même manière, ils eussent été en droit de se dé-
» fendre. » Pesez ces mots, *pour toute autre cause* :
ce n'est pas seulement la cause de la religion et de la
conscience qui arme les sujets contre les princes, c'est
encore *toute autre cause* : et qu'est-ce qui n'est pas
compris dans des expressions aussi générales ? Voilà
l'esprit du ministre ; et bien que, rougissant de ses
excès, il ait tâché d'apporter ailleurs de foibles tem-
péramens à ses séditieuses maximes, son principe
subsiste toujours : mais, par malheur pour sa cause,
ces chrétiens si opprimés sous Dioclétien, loin de songer
à cette défense, qu'on veut leur rendre légitime, ont
démenti toutes les raisons dont on l'autorise, non
seulement par leurs discours, mais encore par leur
patience ; et on peut dire qu'ils n'ont pas moins scellé
de leur sang les droits sacrés de l'autorité légitime sur
lesquels Dieu a établi le repos du genre humain, que
la foi et l'Evangile.

Et il ne faut pas s'imaginer que le ministre en veuille
seulement aux rois. Car son principe n'attaque pas
moins toute autre puissance publique, souveraine ou
subordonnée, quelque nom qu'elle ait et en quelque
forme qu'elle s'exerce ; puisque ce qui est permis
contre les rois, le sera par conséquent contre un sénat,
contre tout le corps des magistrats, contre des Etats,
contre un parlement, lorsqu'on y fera des lois qui
seront, ou qu'on croira être contraires à la religion et
à la sûreté des sujets. Si on ne peut réunir tout le
peuple contre cette assemblée ou contre ce corps, ce
sera assez de soulever une ville ou une province, qui
soutiendra non plus que le roi, mais que les juges,
les magistrats, les pairs, si l'on veut, et même ses
députés, supposé qu'elle en ait eu dans cette assemblée,

en consentant à des lois iniques, ont excédé le pouvoir que le peuple leur avoit donné ; ou en tout cas qu'ils en sont déchus, lorsqu'ils ont manqué de rendre à Dieu et au peuple ce qu'ils leur devoient. Voilà jusqu'où M. Jurieu pousse les choses par ses séditieux raisonnemens. Il renverse toutes les puissances, et autant celles qu'il défend que celles qu'il attaque. Ce principe de rébellion, qui est caché dans le cœur des peuples, ne peut être déraciné, qu'en ôtant jusque dans le fond, du moins aux particuliers en quelque nombre qu'ils soient, toute opinion qu'il puisse leur rester de la force, ni autre chose que les prières et la patience contre la puissance publique.

Au reste, notre ministre se tourmente en vain à prouver que le prince n'a pas le droit d'opprimer les peuples ni la religion. Car qui jamais a imaginé qu'un tel droit pût se trouver parmi les hommes, ni qu'il y eût un droit de renverser le droit même, c'est-à-dire, une raison pour agir contre la raison ; puisque le droit n'est autre chose que la raison même, et la raison la plus certaine, puisque c'est la raison reconnue par le consentement des hommes ? Ainsi, quand le ministre veut prouver qu'on n'a pas le droit de mal faire, parce que le peuple, d'où vient tout le droit, n'a pas celui-là, et ne peut donner ce qu'il n'a pas, il parleroit plus juste et plus à fond, s'il disoit qu'il ne peut donner ce qui n'est pas. L'état donc de la question est de le voir, non pas si le prince a droit de faire mal, ce que personne n'a jamais rêvé ; mais en cas qu'il le fît et qu'il s'éloignât de la raison, si la raison permet aux particuliers de prendre les armes contre lui ; et s'il n'est pas plus utile au genre humain qu'il ne reste aux particuliers aucun droit contre la puissance publique. Le ministre, qui soutient le contraire, a beau alléguer pour toute autorité un endroit de Grotius, où il permet dans un État à la partie affligée de se défendre contre le prince et contre le tout, et n'excepte, je ne sais pourquoi, de cette défense, que la cause de la religion. « Je n'ose presque », dit cet auteur (1)

(1) *De jure belli et pacis*, *lib.* 1, c. 4, n. 7.

(il parle en tremblant et n'est pas ferme en cet endroit
comme dans les autres). « Je n'ose, dit-il, presque
» condamner les particuliers, ou la plus petite partie
» du peuple qui aura usé de cette défense dans une
» extrême nécessité, sans perdre les égards qu'on
» doit avoir pour le public. » M. Jurieu a pris de lui
les exemples de David et des Machabées dont nous lui
avons démontré l'inutilité. Après qu'on lui a ôté les
preuves que Grotius lui avoit fournies, on lui laisse à
examiner à lui-même, si le nom de cet auteur lui suffit
pour appuyer son sentiment, pendant que l'autorité
et les exemples de l'Eglise primitive ne lui suffisent
pas. Pour moi je soutiens sans hésiter que c'est une
contradiction et une illusion manifeste, que d'armer
avec Grotius les particuliers contre le public, et de
leur imposer en même temps la condition d'y avoir
égard; car c'est brouiller toutes les idées, et vouloir
allier les deux contraires. Le vrai égard pour le public,
c'est que tout particulier doit lui sacrifier sa propre
vie. Ainsi, sans nous arrêter au sentiment ni à la timi-
dité d'un auteur habile d'ailleurs et bien intentionné,
mais qui n'ose en cette occasion suivre ses propres
principes, nous conclurons que le seul principe qui
puisse fonder la stabilité des Etats, c'est que tout particulier, au hasard de sa propre vie, doit respecter
l'exercice de la puissance légitime et la forme des jugemens publics; ou, pour parler plus clairement,
qu'aucun particulier ou aucun sujet, ni par conséquent quelque partie du peuple que ce soit (puisque
cette partie du peuple ne peut être, à l'égard du prince
et de l'autorité souveraine, qu'un amas de particuliers
et de sujets), n'a droit de défense contre la puissance
légitime; et que poser un autre principe, c'est avec
M. Jurieu ébranler le fondement des Etats et se déclarer ennemi de la tranquillité publique.

J'ai achevé ma démonstration, et la Réforme est
convaincue d'avoir eu dès son origine un esprit contraire à l'esprit du christianisme et à celui du martyre;
à quoi on peut ajouter les assassinats concertés visiblement dans le parti; tel qu'a été celui de François,

duc de Guise. M. Jurieu voudroit faire entendre que ce sont ici des choses rebattues qu'il ne faudroit plus retoucher : ce qui seroit peut-être véritable, si l'Histoire des Variations ne les avoit pas établies par des preuves incontestables qui n'avoient jamais été assez relevées (1). Elles n'étoient pourtant pas fort cachées, puisqu'on les a prises dans Bèze, dans les autres auteurs du parti, et dans une déclaration signée de Bèze et de l'Amiral, et envoyée à la reine. Voici donc les faits avoués par la Réforme : qu'on y parloit publiquement dans les prêches mêmes du duc de Guise, comme d'un ennemi dont il étoit à souhaiter que la Réforme fût bientôt défaite ; qu'aussi Poltrot ne se cacha pas du dessein qu'il avoit conçu de l'assassiner à quelque prix que ce fût, et qu'il en parloit hautement comme d'une chose certainement approuvée ; que ce scélérat n'étoit pas le seul dans l'armée qui s'expliquât d'un tel dessein, mais que d'autres en parloient de même, au vu et au su des généraux et des ministres, tant il passoit pour constant qu'on approuvoit cet attentat ; qu'en effet, loin de reprendre Poltrot ou les autres dont on connoissoit les mauvais desseins, les ministres les laissoient agir, et continuoient leurs prêches scandaleux contre le duc ; que l'Amiral demeure d'accord qu'il a su tout le complot ; qu'il n'en a point détourné l'auteur ; qu'il a même approuvé ce noir dessein dans le temps et les circonstances où il fut exécuté ; qu'il a donné de l'argent à l'assassin pour l'aider dans son entreprise et faciliter sa fuite ; que lui et les autres chefs du parti l'encourageoient par des réponses adroites, qui sous prétexte de refus portoient dans son cœur une secrète et puissante instigation à consommer l'entreprise, comme d'Aubigné, témoin oculaire et irréprochable d'ailleurs, le raconte dans son Histoire (2) ; qu'on lui parloit en effet de vocations extraordinaires, pour lui laisser croire que l'instinct qui le poussoit à ce noir assassinat étoit de Di-

______

(1) *Var. liv.* x, *p.* 143, 148. — (2) *Ibid. D'Aub. t.* 1, *liv.* III, *c.* xvii, *p.* 176.

rang ; que Bèze nous le représente comme un homme poussé de Dieu par un secret mouvement dans le moment qu'il fit le coup ; et que lorsqu'il fut accompli, la joie en éclata jusque dans les temples avec des actions de grâces et un ravissement si universel, qu'on voyoit bien que chacun, loin de détester l'action, à quoi personne ne pensa, s'en fût plutôt fait honneur. Voilà les faits établis dans l'Histoire des Variations par des preuves si concluantes, que le ministre n'a pas seulement osé les combattre. Qui ne voit donc quel esprit c'étoit que l'esprit du christianisme réformé ? Et que voit-on de semblable dans toute l'histoire du vrai et ancien christianisme ? On n'y voit pas aussi des prédictions comme celles d'Anne du Bourg, ce martyr tant vanté dans la Réforme (1), ni cette nouvelle manière d'accomplir les prophéties par des meurtres bien concertés. Tous ces faits soutenus par des preuves invincibles dans l'Histoire des Variations, sont demeurés, et quoi qu'on en dise, demeureront sans réplique ; ou les répliques, je le dis sans crainte, achèveront la conviction. On en pourroit dire autant de l'assassinat commis hautement par les ministres puritains en la personne du cardinal Beton, sans même trop se soucier de le déguiser. L'histoire en est trop connue pour être ici répétée. Quelle espèce de réformateurs et de martyrs a produit ce nouvel Evangile! Mais la haine, le dépit, le désespoir et tout ce qu'il y a de plus outré dans les passions humaines, jusqu'à la rage que les auteurs du parti et M. Jurieu lui-même nous font voir dans le cœur des Réformés, ne pouvoient pas produire d'autres fruits.

Ceux de nos frères errans qui sont de meilleure foi dans le parti, et se sentent le cœur éloigné de ces noirceurs, ne doivent pas croire que j'aie dessein de les leur imputer. A Dieu ne plaise : le poison même ne nuit pas toujours également à ceux qui l'avalent. Il en est de même de l'esprit d'un parti ; et je connois beaucoup de nos Prétendus Réformés très-éloignés

(1) *Var. liv.* x, p. 139.

des sentimens que je viens de représenter. S'ils veulent conclure de là que ce ne soit pas là l'esprit de la secte, c'est à eux à examiner ce qu'ils auront à répondre aux preuves que je produis. Que s'ils n'ont rien à y répondre, non plus que M. Jurieu, qu'ils rendent grâces à Dieu de les avoir préservés de toutes les suites des maximes du parti ; et poussant encore plus loin leur reconnoissance, qu'ils se désabusent enfin d'une religion, où sous le nom de Réforme on a établi de tels principes et nourri de tels monstres.

On demandera peut-être comment il peut arriver qu'on accorde ces noirs sentimens avec l'opinion qu'on a d'être réformé et même d'être martyr. Mais il faut montrer une fois à ceux qui n'entendent pas ce mystère d'iniquité et ces profondeurs de Satan ; il faut, dis-je, leur montrer, par un exemple terrible, ce que peut sur des esprits entêtés la réformation prise de travers. Les Donatistes s'étoient imaginé qu'ils venoient rendre à l'Eglise sa première pureté : et cette prévention aveugle leur inspira tant de haine contre l'Eglise, tant de fureur contre ses ministres, qu'on n'en peut lire les effets sans étonnement. Mais ce que je veux remarquer, c'est l'excès où ils s'emportèrent, lorsque, réprimés par les lois des empereurs orthodoxes, ils mirent tout l'avantage de leur religion en ce qu'elle étoit persécutée, et entreprirent de donner aux catholiques le caractère de persécuteurs. Car ils n'oublièrent rien pour forcer les empereurs à ajouter la peine de mort à la privation des assemblées et du culte, et aux châtimens modérés dont on se servoit pour tâcher de les ramener. Leur fureur, dit saint Augustin (1), long-temps déchargée contre les catholiques, se tourna enfin contre eux-mêmes : ils se donnoient la mort qu'on leur refusoit, tantôt en se précipitant du haut des rochers, tantôt en mettant le feu dans les lieux où ils s'étoient renfermés. C'est ce que fit un évêque

(1) *Aug. Epist.* CLXXIII, n. 5 ; CLXXXV, n. 12 ; CCIV, n. 34, t. II, col. 614, 647, 767. *Retract. lib.* II, c. LIX ; t. I, col. 61. *Contra Gaudent. lib.* I, n. 32 et seq. t. XI, col. 651 et seq.)

nommé Gaudence, et après que la charité des catholiques l'eut empêché de périr avec une partie de son
peuple dans une entreprise si pleine de fureur, il fit
un livre pour la soutenir. Ce que ce livre nous découvre, c'est dans l'esprit de la secte un aveugle désir
de se donner de la gloire par une constance outrée, et
à la fois, de charger l'Église de la haine de tant de
morts désespérés, comme si on y eût été forcé par ses
mauvais traitemens. Voilà qui est incroyable, mais
certain. On peut voir, dans cet exemple, les funestes
et secrets ressorts que remuent dans le cœur humain
une fausse gloire, un faux esprit de réforme, une fausse
religion, un entêtement de parti, et les aveugles passions qui l'accompagnent : et Dieu, en lâchant la bride
aux fureurs des hommes, permet quelquefois de tels
excès, pour faire sentir à ceux qui s'y abandonnent le
triste état où ils sont, et ensemble faire éclater combien immense est la différence du courage forcené que
la rage inspire, d'avec la constance véritable, toujours réglée, toujours douce, toujours paisible et
soumise aux ordres publics, telle qu'a été celle des
martyrs.

*De la souveraineté du peuple : principe de la
politique de M. Jurieu : profanation de l'Écriture pour l'établir.*

La politique de M. Jurieu, à la traiter par raisonnement, nous engageroit à de trop longs et trop vagues
discours ; ainsi sans vouloir entrer dans cette matière,
et encore moins dans la discussion de tous les gouvernemens qui sont infinis, j'entreprends seulement
d'examiner le prodigieux abus que ce ministre fait de
l'Écriture, quand il s'en sert pour faire dominer partout une espèce d'état populaire qu'il règle à sa mode.

Il traite cette matière dans ses lettres XVI, XVII et
XVIII ; et après avoir consumé le temps à plusieurs
raisonnemens et distinctions inutiles, il vient enfin à
s'en rapporter à l'Histoire sainte, non seulement,
comme *à la règle la plus certaine*, mais encore

comme à la seule q l'on puisse suivre : « puisqu'il
» a, dit-il (1), que les autorités divines qui puissent
» faire quelque impression sur les esprits. » C'est
aussi par là qu'il se vante de pouvoir montrer qu'en
toutes sortes de gouvernemens le peuple est le principal souverain, ou plutôt le seul souverain en dernier
ressort; puisque la souveraineté y demeure toujours,
non seulement comme dans sa source, mais encore
comme dans le premier et principal sujet où elle réside. Voici par où le ministre commence sa preuve.

« Dieu, dit-il (2), s'étoit fait roi comme immédiat
» du peuple hébreu : et cette nation durant environ
» trois cents ans n'a eu aucun souverain sur terre, ni
» roi, ni juge souverain, ni gouverneur. » Il n'y a
rien de tel que de trancher net; et cela donne un air
de savant qui éblouit un lecteur. Mais je demande à
M. Jurieu : que veulent donc dire ces paroles de tout
le peuple à Josué : *Nous vous obéirons en toutes
choses comme nous avons obéi à Moïse : qui ne
vous obéira pas mourra* (3)? Ce qui prouve la
suprême autorité, non seulement en la personne
de Moïse, mais encore en celle de Josué. Est-ce là ce
qu'on appelle n'avoir aucun juge ni magistrat souverain? Les autres juges, que Dieu suscitoit de temps
en temps, n'eurent pas une moindre autorité, et il
n'y avoit point d'appel de leurs jugemens. Ceux qui
ne déférèrent pas à Gédéon furent punis d'une mort
cruelle (4). Samuel ne jugea pas seulement le peuple
avec une autorité que personne ne contredisoit; mais
il donna encore la même autorité à ses enfans (5) : et
la loi même défendoit sous peine de mort de désobéir
au juge qui seroit établi (6). C'est donc une erreur
grossière de vouloir nous dire que le peuple de Dieu
n'eut ni juge souverain, ni gouverneur durant trois
cents ans. Il est vrai qu'il n'y avoit point de succession
réglée : Dieu pourvoyoit au gouvernement selon les

---

(1) *Lett.* XVII, p. 131, 133. — (2) *Ibid.* p. 131. — (3) *Jos.* I.
17, 18. — (4) *Jud.* VIII. 21. — (5) *I. Reg.* VII. 15. VIII. 1. —
(6) *Deut.* XVII. 12.

besoins, et encore qu'il soit écrit qu'*en un certain
temps* et avant qu'il y eût des rois *chacun faisoit
comme il vouloit* (1). il en est bien dit autant du
temps de Moïse (2) ; et cela doit être entendu avec les
restrictions qu'il n'est pas ici question d'examiner.

Cet état du peuple de Dieu sous les juges est plus
important qu'on ne pense : et si M. Jurieu y avoit pris
garde, il n'auroit pas attribué au peuple l'établissement de la royauté au temps de Samuel et de Saül.
« Quand, dit-il (3), le peuple voulut avoir un roi,
» Dieu lui en donna un. Il fit ce qu'il put pour l'en
» détourner; le peuple persévéra, et Dieu céda. Qu'est-
» ce que cela signifie, sinon que l'autorité des rois
» dépend des peuples, et que les peuples sont naturel-
» lement maîtres de leur gouvernement pour lui
» donner telle forme que bon leur semble ? » Je le
veux bien lorsqu'on imaginera un peuple dans l'anarchie : mais le peuple hébreu en étoit bien loin, puisqu'il avoit en Samuel un magistrat souverain; et c'est
à M. Jurieu une erreur extrême et d'une extrême
conséquence, que de vouloir rendre le peuple maître
de son so.t en cet état. Aussi, loin d'entreprendre de
se faire un roi, ou de changer par eux-mêmes la
forme de ce gouvernement, ils s'adressent à Samuel,
en lui disant : « Vous êtes âgé, et vos enfans ne
» marchent pas dans vos voies : établissez-nous un roi
» qui nous juge, comme en ont les autres nations (4). »
Ils en usèrent d'une autre manière envers Jephté.
Venez, lui dirent-ils (5), *et soyez notre prince;*
parce qu'alors la judicature, pour parler ainsi, étoit
vacante, et le peuple pouvoit disposer de sa liberté :
mais il ne se sentoit pas en cet état sous Samuel; et
c'est aussi à lui qu'ils s'adressent pour changer le
gouvernement. Le même peuple avoit dit autrefois à
Gédéon : *Dominez sur nous, vous et votre fils* (6) :
où, s'ils semblent vouloir disposer du gouvernement

(1) *Jud.* xvii. 6. xviii. 1, *etc.* — (2) *Deut.* xii. 8. —
(3) *Lett.* xvii. — (4) *I. Reg.* viii. 4, 5. — (5) *Jud.* xi. 6. —
(6) *Ibid.* viii. 22.

sous un prince déjà établi, il faut remarquer que c'étoit en sa faveur; puisque, loin de lui ôter son autorité, ils ne vouloient que l'augmenter et la rendre héréditaire dans sa famille. Et, néanmoins, ce n'étoit ici qu'une simple proposition de la part du peuple à Gédéon même; et, pour avoir son effet, on peut dire qu'il y falloit non seulement l'acceptation, mais encore l'autorisation de ce prince : à plus forte raison la falloit-il pour ôter au prince même son autorité. C'est pourquoi le peuple eut raison de s'adresser à Samuel, en lui disant : *Établissez-nous un roi* (1); et Dieu même reconnut le droit de Samuel, lorsqu'il lui dit : *Écoute la voix de ce peuple, et établis un roi sur eux* (2); et un peu après, *Samuel parla en cette sorte au peuple qui lui demandoit un roi* (3); c'étoit donc toujours à lui qu'on le demandoit. Que si Samuel consulte Dieu sur ce qu'il avoit à faire, il le fait comme chargé du gouvernement, et à la même manière que les rois l'ont fait en cent rencontres. Ce fut lui qui sacra le nouveau roi (4); ce fut lui qui fit faire au peuple tout ce qu'il falloit, qui fit venir les tribus et les familles les unes après les autres, qui leur appliqua le sort que Dieu avoit choisi comme le moyen de déclarer sa volonté sur celui qu'il destinoit à la royauté; et tout cela, comme il le déclare, en exécution de la demande qu'ils lui avoient faite : *Donnez-nous un roi.* M. Jurieu brouille encore ici à son ordinaire : « Le sort, dit-il (5), est une espèce » d'élection libre; car encore que la volonté ne con- » coure pas librement au choix du sujet sur lequel le » choix tombe, elle concourt librement à laisser faire » le choix au sort, et à confirmer ce que le sort a fait » : fausse subtilité, que le texte sacré dément, puisque le sort n'est pas ici choisi par le peuple, mais commandé par Samuel. Aussi, lorsque le sort se fut déclaré, et que Saül eut paru, Samuel ne dit pas au peuple : Voyez celui que vous avez choisi; mais il leur dit :

(1) *I. Reg.* VIII. 5. — (2) *Ibid.* 22. — (3) *Ibid.* 10, 22. — (4) *Ibid.* X. 1, etc. — (5) *Jur. ibid.*

Voyez celui que le Seigneur a choisi (1), par où
aussi s'en va en fumée l'imagination du ministre, qui
voudroit nous faire accroire que Dieu avoit laissé au
peuple la liberté ou l'autorité *de confirmer ce que
le sort avoit fait :* au lieu que, sans demander sa
confirmation ni son suffrage, Samuel leur dit décisivement, comme on vient d'entendre : *Voilà le roi
que le Seigneur vous a donné.* Ce fut encore
Samuel *qui déclara à tout le peuple la loi de la
royauté, et la fit rédiger par écrit, et la mit
devant le Seigneur* (2). Le peuple, en tout cela, ne
fait qu'obéir aux ordres qui lui sont portés en cette
occasion, comme dans toutes les autres, par son magistrat légitime ; et l'obéissance est si peu remise à la
discrétion du peuple, qu'au contraire il est écrit en
termes formels, *qu'il n'y eut que les enfans de
Bélial qui méprisèrent Saül* (3); c'est-à-dire qu'on
ne pouvoit résister que par un esprit de révolte.

Il faut donc déjà rayer ce grand exemple, par lequel
M. Jurieu a voulu montrer indéfiniment que le peuple
fait les rois, et qu'il est en son pouvoir de changer la
forme du gouvernement. Tout le contraire paroît :
mais le ministre, qui, comme on voit, réussit si mal
dans l'exemple du premier roi qui étoit Saül, ne raisonne pas mieux sur le second qui fut David. « Dieu,
» dit-il (4), avoit fait oindre David pour roi par
» Samuel : cependant il ne voulut point violer le droit
» du peuple pour l'élection d'un roi ; et, nonobstant
» ce choix que Dieu avoit fait, David eut besoin
» d'être choisi par le peuple. » Voici un étrange théologien, qui veut toujours qu'un homme que Dieu fait
roi, ait encore besoin du peuple pour avoir ce titre.
La preuve en est pitoyable : « C'est pourquoi, dit-il,
» David monta en Hébron, et ceux de Juda vinrent
» et oignirent là David pour roi sur la maison de
» Juda (5). » Mais qui lui a dit que ce n'est pas là
une installation et une reconnoissance d'un roi déjà

____

(1) *I. Reg.* x. 24. — (2) *Ibid.* 25. — (3) *Ibid.* 27. — (4) *Lett.*
xvii. 132. — (5) *II. Reg.* ii. 2, 4.

établi, ou tout au moins déjà désigné de Dieu avec un droit certain à la succession? puisque, comme nous l'avons vu, tout le peuple et Saül lui-même, aussi bien que Jonathas son fils aîné l'avoient reconnu; et David se porta tellement pour roi, incontinent après la mort de Saül, que comme roi il vengea son prédécesseur (1), et récompensa ceux de Jabès Galaad (2). Il paroît même que tout Israël l'auroit reconnu sans Abner, général des armées sous Saül, *qui fit régner Isboseth, fils de ce prince, sur les dix tribus* (3).

Le ministre veut qu'on croie qu'Isboseth fut roi légitime, parce que les dix tribus lui avoient donné la puissance souveraine, *et que les peuples sont les maîtres de leur souveraineté, et la donnent à qui bon leur semble* (4). Quoi! contre l'ordre exprès de Dieu, qui avoit donné à David tout le royaume de Saül? C'en est trop, et le ministre s'oublie tout-à-fait: mais voyons encore quelle fut la suite de ce choix de Dieu. Lorsqu'Abner voulut établir le règne de David sur les dix tribus, il lui fait parler en cette sorte: *A qui est la terre, si ce n'est à vous? Entendez-vous avec moi, et je vous ramènerai tout Israël* (5), comme on ramène le troupeau à son pasteur, et des sujets à leur roi. Mais que dit-il encore aux principaux d'Israël, qui reconnoissoient Isboseth? *Hier et avant-hier vous cherchiez David afin qu'il régnât sur vous* (6). Il y avoit sept ans qu'Isboseth régnoit; et on voit jusqu'aux derniers jours, dans les dix tribus qui le reconnoissent, un perpétuel esprit de retour à David comme à leur roi, et à un roi que Dieu leur avoit donné, ainsi qu'Abner venoit de le répéter (7); ce qui fait voir qu'ils ne demeuroient sous Isboseth que par force, à cause d'Abner et des troupes qu'il commandoit. Aussi, dès la première proposition, tout Israël et Benjamin

(1) *II. Reg.* 1. 15, 16, 18. — (2) *Ibid.* 11. 6, 7. — (3) *Ibid.* 8, 9. — (4) *Jur; Ibid.* — (5) *II. Reg.* 111. 12. — (6) *Ibid.* 17. (7) *Ibid.* 18.

même, qui étoit la tribu d'Isboseth, consentirent à se soumettre à David comme à leur roi légitime; et Abner leur dit : *J'amènerai tout Israël au roi mon Seigneur* (1). On sait la suite de l'histoire, et comme les deux capitaines qui commandoient la garde d'Isboseth, en apportèrent la tête à David : on sait aussi que David leur rendit le salaire qu'ils méritoient, comme il avoit fait à l'Amalécite, qui s'étoit vanté d'avoir tué Saül : car il les fit mourir sans miséricorde, comme il avoit fait celui ci (2) : mais le discours qu'il tint à l'un et aux autres fut bien différent; puisqu'il dit à l'Amalécite qui se vantoit d'avoir tué Saül : « Comment n'as-tu pas craint de mettre la » main sur l'oint du Seigneur pour le tuer ? son sang » sera sur ta tête, parce que tu as osé dire : J'ai tué » l'oint du Seigneur (3). » Parla t-il de la même manière aux deux capitaines qui se vantoient d'avoir fait un semblable traitement à Isboseth ? Point du tout. « Vive le Seigneur, leur dit-il (4). j'ai fait tuer » celui qui pensoit m'apporter une agréable nouvelle » en me disant : Saül est mort de ma main : combien » plutôt punirai-je deux scélérats qui ont tué sur son » lit un homme innocent ? » Il n'oublie rien, comme on voit, pour exagérer leur crime. Mais reproche-t-il à ces traitres, comme il a fait à l'Amalécite, qu'ils avoient attenté sur l'oint du Seigneur ? leur dit-il, du moins, qu'ils ont fait mourir leur légitime Seigneur ? Rien moins que cela. Il reproche à l'Amalécite d'avoir versé le sang d'un roi; et à ceux-ci d'avoir répandu celui *d'un homme innocent* à leur égard, qu'ils avoient tué dans son lit sans qu'il fît de mal à personne, et qui même, à le prendre de plus haut, ne s'étoit mis sur le trône qu'à la persuasion d'Abner, avec une prétention vraisemblable, et comme nous parlons, avec un titre coloré, puisqu'il étoit fils de Saül. M. Jurieu ne voit rien de tout cela; et au lieu qu'il faut tout peser dans un livre aussi précis et aussi

(1) *II. Reg.* III. 19, 20, 21. — (2) *I id.* IV. 2, 8. — (3) *Ibid.* I. 14, 16. — (4) *Ibid.* IV. 9, 10, 11.

profond, pour ne pas dire aussi divin que l'Écriture; il marche toujours devant lui, entêté de la puissance du peuple, dont, à quelque prix que ce soit, il veut trouver des exemples; et croit même avoir tout gagné quand il nous demande *si l'Écriture traite le fils de Saül de roi illégitime, ou les dix tribus de rebelles* (1), pour s'être soumises à son empire? Comme si nous ne pouvions pas lui demander à notre tour si l'Écriture traite de rebelles les mêmes tribus, lorsqu'elles se soumirent à David? Pouvoient-elles abandonner Isboseth, si c'étoit un roi, *fils de roi et héritier légitime de son père, élu selon le droit de toutes les couronnes successives*, comme parle M. Jurieu? Mais David est-il traité d'usurpateur pour avoir *dépossédé* un roi si légitimement établi? Car assurément un roi légitime ne peut être abandonné sans félonie: et David n'auroit pu le dépouiller sans être usurpateur. Il le seroit donc, selon le ministre, en recevant Abner et les dix tribus sous son obéissance, pendant qu'Isboseth, le roi légitime, vivoit encore. Or, bien certainement, ni les dix tribus ne furent infidèles en se soumettant à David, ni David, sacré roi par ordre de Dieu, n'a été usurpateur ni tyran. Qui ne voit donc qu'il faut dire nécessairement que David étoit le roi légitime de tout Israël, et qu'on n'avoit pu reconnoître Isboseth que par attentat ou par erreur?

Je ne sais plus ce qu'on peut penser de ce ministre, après de tels égaremens: mais voici un troisième exemple qui met le comble à ses erreurs. Le rebelle Absalom étoit défait et tué: mais David n'osoit se fier à un peuple ingrat, où la crainte d'être puni de son infidélité pouvoit encore entretenir l'esprit de révolte. En effet les rebelles effrayés, au lieu de venir demander pardon au roi, et se ranger comme ils devoient sous ses étendards, s'étoient retirés dans leurs maisons avec un air de mécontentement (2). Quelques uns parloient pour David, mais trop foible-

(1) *Jur. Ibid.* — (2) *II. Reg.* xix. 9.

ment encore ; et le mouvement fut si grand, qu'un peu après, Séba, fils de Bochri, souleva le peuple, de manière que, si on ne se fût dépêché de l'accabler, cette dernière révolte eût été plus dangereuse que celle d'Absalom (1). Avant donc que de retourner à Jérusalem, David voulut reconnoitre la disposition du peuple, et fit dire parler aux uns et aux autres pour les rappeler à leur devoir. Il n'en faut pas davantage pour faire dire au ministre, que « David ne voulut « remonter sur le trône que par la même autorité par « laquelle il y étoit premièrement monté (2) », c'est-à-dire par celle du peuple. Mais quoi ! David n'étoit-il pas demeuré roi malgré la rébellion, et Absalom n'étoit-il pas un usurpateur ? « Oui, dit M. Jurieu, « c'étoit un infâme usurpateur, et le peuple étoit « rebelle. » Qu'attendoit donc David, selon ce ministre ? Avoit-il besoin de *l'autorité* d'un peuple rebelle pour se remettre sur son trône et rentrer dans son palais ? Non sans doute : et il est visible que s'il différoit, c'étoit pour mieux assurer les choses avant que de se remettre entièrement entre les mains des rebelles. Mais cette raison est trop naturelle pour notre ministre. « David, dit-il (3), aimoit mieux « avouer, par cette conduite, que les peuples sont « maîtres de leurs couronnes, et qu'ils les ôtent et « qu'ils les donnent à qui ils veulent. » Quoi ! même des peuples rebelles ont tant de pouvoir, et sous un roi légitime ? et dans un attentat aussi étrange que celui d'un fils contre un père, il falloit encore adorer le droit du peuple ? N'eût-ce pas été flatter la rébellion au lieu de l'éteindre, et soulever un peuple qu'il falloit abattre ? Le ministre ne rougit pas d'un tel excès. Il en est averti par ses confrères : mais au lieu de s'en corriger il y persiste : c'est que *le peuple a le droit*, dit-il (4), et quoiqu'il en *ait abusé*, en sorte que ce qu'il a fait soit un attentat manifeste, qui par conséquent le rend punissable, et rend du

(1) II. Reg. xx. 6. — (2) Jur. Lett. XVII, p. 232. — (3) Ibid. — (4) Lett. XXX. p. 467.

moins ce qu'il a entrepris de nul effet, il faut respecter cet attentat : un prince chassé, mais à la fin victorieux, n'osera user de son droit qu'avec le consentement et l'autorité des rebelles ; et, au lieu de les punir, il faudra encore qu'il leur demande pardon de sa victoire. Voilà, mes Frères, les maximes qu'on vous prêche ; voilà comme on traite l'Ecriture-Sainte. Où en sommes-nous, si on écoute de tels songes ?

Je trouve un quatrième exemple dans la lettre XVIII. « La couronne, dit le ministre (1), appartenait à » Adonias plutôt qu'à Salomon, car il étoit l'aîné ; » cependant le peuple la transporta d'Adonias à Salo- » mon. » S'il vouloit bien une seule fois considérer les endroits qu'il cite, il nous sauveroit la peine de le réfuter. Encore lui pardonnerois-je, s'il y avoit un seul mot du peuple dans tout le récit de cette affaire ; mais, quoique l'Histoire sainte la raconte dans tout le détail, on y voit au contraire que Bethsabée dit à David (2) : « O mon seigneur et mon roi, toute la » maison d'Israël attend que vous déclariez qui doit » être assis après vous dans votre trône. » On voit donc, loin de décider, que le peuple étoit dans l'attente de la volonté du roi. Le roi en même temps donne ses ordres et fait sacrer Salomon (3) ; Qu'on le » mette, dit-il, dans mon trône, et qu'on me l'amène, » et je lui commanderai de régner. » A l'instant tout le parti d'Adonias fut dissipé ; et Abiathar vint lui dire : « Le roi David, notre souverain seigneur, a » établi Salomon roi (4). » Dès qu'on vit qu'Adonias vouloit régner, le prophète Nathan vint dire à David : « Le roi mon seigneur a-t-il ordonné qu'Adonias » régnât après lui ? » Et encore : « Cet ordre est-il » venu du roi mon seigneur ? et que n'a-t-il déclaré » sa volonté à son serviteur (5) ? » On ne songeoit pas seulement que le peuple eût à se mêler dans cette affaire, et l'on n'en fait nulle mention.

Le cinquième et dernier exemple est celui des Ma-

(1) Lett. XVIII, p. 142. — (2) III. Reg. 1. 20. — (3) Ibid. 34 et seq. (4) Ibid. 44. — (5) Ibid. 27.

chabées. « Qui, dit-on (1), a trouvé à redire à ce que
» firent les Juifs, après avoir secoué le joug des rois
» de Syrie ? Pourquoi, au lieu de donner la couronne
» aux Machabées, ne la rendirent-ils pas à la famille
» de David ? » La réponse n'est pas difficile. Il y avoit
quatre cents ans et plus, non seulement que le sceptre
étoit sorti de la famille de David, mais encore que
son trône étoit renversé, et le royaume assujéti à un
autre peuple. Les rois d'Assyrie, les rois de Perse, les
rois de Syrie en avoient prescrit la possession contre
la famille de David, qui avoit cessé de prétendre à la
royauté depuis le temps de Sédécias ; et on n'espéroit
plus le rétablissement du royaume dans la maison de
David qu'au temps du Messie. Ainsi, le peuple affranchi avec le consentement des rois de Syrie, ses derniers maîtres, pouvoit, sans avoir égard au droit
prescrit et abandonné de la maison de David, donner
l'empire à celle des Asmonéens, qui avoit déjà le souverain sacerdoce. Que si on venoit à dire, quoique
sans aucune apparence, qu'il n'y a point de prescription contre les familles royales, ni en particulier
contre celle de David, à cause des promesses de Dieu,
il s'ensuivroit de là que les Romains auroient été des
usurpateurs, et que lorsque Jésus-Christ a dit :
Rendez à César ce qui est à César, il auroit jugé
pour l'usurpateur contre sa propre famille et contre
lui-même, puisqu'il étoit constamment le fils de
David. Concluons donc, qu'à ne regarder que l'empire temporel de la famille de David, la prescription
avoit lieu contre elle ; que le trône n'en devoit être
éternel que d'une manière spirituelle en la personne
du Christ ; et qu'en attendant sa venue, le peuple
pouvoit se soumettre aux Asmonéens.

Voyons si votre ministre sera plus heureux à résoudre les objections, qu'à nous proposer ses maximes
et ses exemples. On lui objecte ce fameux passage,
où, pour détourner le peuple du dessein d'avoir un
roi, Dieu parle ainsi à Samuel : « Raconte-lui le droit

____

(1) *Lett.* XVII, p. 132.

1. BOSSUET. AVERTISSEMENS.   14

» du roi qui régnera sur eux ; et Samuel leur dit :
» Tel sera le droit du roi (1). » Tout le monde sait
le reste : c'est en abrégé, « il enlèvera vos enfans et
» vos esclaves ; il établira des tributs sur vos terres
» et sur vos troupeaux, sur vos moissons et sur vos
» vendanges, et vous lui serez sujets. » Voilà ce que
Dieu fit dire à son peuple avant que de consentir à
sa volonté : et quand le roi fut établi, « Samuel pro-
» nonça au peuple le droit du royaume, et l'écrivit
» dans un livre qu'il posa devant le Seigneur (2) » ;
c'est-à-dire, qu'il le posa devant l'arche, comme une
chose sacrée.

M. Jurieu prétend que ces deux endroits n'ont rien
de commun l'un avec l'autre. « Ceux qui outrent tout,
» dit-il (3), et qui ne comprennent rien, veulent que
» cette description de la tyrannie des rois (au cha-
» pitre viii, vers. 9 et 11) soit la même chose que le
» droit des rois dont il est dit dans le chapitre x,
» vers. 25 : lors Samuel prononça au peuple le droit
» du royaume, et l'écrivit dans un livre, qu'il posa
» devant le Seigneur. » Voilà donc, selon ce ministre,
ce que disent *ceux qui outrent tout et ne comprennent rien*. Mais lui, qui n'outre rien et qui
comprend tout, prend un autre parti ; et voici pourquoi. « C'est, dit-il, qu'il n'y a qu'à voir la différence
» des termes dont Samuel se sert dans ces deux
» endroits, pour connoître la différence des choses.
» Dans ce dernier passage (chapitre x, vers. 25), ce
» que Samuel proposa au peuple est appelé le droit
» du royaume, et, dans le huitième chapitre, les
» menaces qu'il énonce sont appelées le traitement :
» *Déclare-leur comment le roi qui régnera sur*
» *eux les traitera*, et non pas comment il aura
» droit de les traiter. Et Samuel dit aussi : *C'est ici le*
» *traitement que vous fera le roi qui doit régner*
» *sur vous* : il ne dit pas : C'est ici le traitement
» qu'il aura droit de vous faire. »

(1) *I. Reg.* viii. 9, 10. — (2) *Ibid.* x. 25. — (3) *Jur.*
Lett. xvii, p. 174.

À entendre parler ce ministre avec une distinction et une résolution si précise, vous diriez qu'il ait lu dans l'original les passages qu'il entreprend d'expliquer : mais non : car au lieu qu'il dit décisivement que le Saint-Esprit se sert de mots différens au huitième et au dixième chapitre, pour expliquer ce qu'il a traduit, *traitement* et *droit*, il ne falloit que des yeux ouverts, et seulement savoir lire, pour voir que le Saint - Esprit emploie partout le même terme : *Raconte-leur le droit du roi :* (chap. VIII. 9. Mischpath.) *Tel sera le droit du roi* (Ibidem , 11,) encore Mischpath. *Samuel prononça au peuple le droit du royaume* (chap. X. 25.) pour la troisième fois, Mischpath : et les Septante ont aussi dans les trois endroits le même mot, et partout δικαίωμα, qui veut dire *droit, jugement*, ou comme on voudra le traduire ; toujours en signifiant quelque chose qui tient lieu de loi, qui est aussi ce que signifie naturellement le mot hébreu, comme on pourroit le prouver par cent passages.

Il faut donc, par les principes du ministre, prendre le contre-pied de ses sentimens. Le rapport du chapitre VIII et du chapitre X est manifeste. Le droit du chapitre X n'est pas la conduite particulière des rois : ce n'est pas le traitement qu'ils feront au peuple à tort ou à droit, que Dieu fait enregistrer dans un livre public et consacrer devant ses autels ; c'est un droit royal ; donc le droit dont il est parlé au chapitre VIII est un droit royal aussi. Et il ne faut pas objecter qu'il s'ensuivroit que le droit royal seroit une tyrannie. Car il ne faut pas entendre que Dieu permette aux rois ce qui est porté au chapitre VIII, si ce n'est dans le cas de certaines nécessités extrêmes, où le bien particulier doit être sacrifié au bien de l'État et à la conservation de ceux qui le servent. Dieu veut donc que le peuple entende que c'est au roi à juger ces cas, et que s'il excède son pouvoir, il n'en doit compte qu'à lui : de sorte que le droit qu'il a n'est pas le droit de faire licitement ce qui est mauvais ; mais le droit de le faire impunément à l'égard de la justice

humaine; à condition d'en répondre à la justice de
Dieu, à laquelle il demeure d'autant plus sujet, qu'il
est plus indépendant de celle des hommes. Voilà ce
qui s'appelle avec raison le droit royal, également
reconnu par les protestans et par les catholiques; et
c'est ainsi du moins qu'on régnoit parmi les Hébreux.
Mais quand il faudroit prendre ce droit, comme fait
M. Jurieu, pour le traitement que les rois feroient
aux peuples, le ministre n'en seroit pas plus avancé;
puisque toujours il demeurroit pour assuré que Dieu
ne donne aucun remède au peuple contre ce traitement de ses rois. Car loin de leur dire : Vous y pour-
voirez, ou Vous aurez droit d'y pourvoir; au contraire, il ne leur dit autre chose sinon : *Vous crierez
à moi à cause de votre roi que vous aurez voulu
avoir, et je ne vous écouterai pas* (1); leur montrant qu'il ne leur laissoit aucune ressource contre
l'abus de la puissance royale, que celle de réclamer
son secours, qu'ils ne méritoient pas, après avoir
méprisé ses avis.

D'autres veulent que cette loi du royaume, dont
il est parlé au 1ᵉʳ des Rois, x. 25, soit celle du Deutéronome (2), où Dieu modère l'ambition des rois,
et règle leurs devoirs. Mais pourquoi écrire de nouveau cette loi, qui étoit déjà si bien écrite dans ce
divin livre, et déjà entre les mains de tout le peuple?
et d'ailleurs les objets de ces deux lois sont bien différens. Celle du Deutéronome marquoit au roi ce
qu'il devoit faire, et celle du livre des Rois marquoit
au peuple à quoi il s'étoit soumis en demandant un
roi. Mais, qu'on le prenne comme on voudra, on n'y
gagne pas davantage; puisqu'enfin cette loi des rois,
dans le livre du Deutéronome, ne prescrit aucune
peine qu'on puisse leur imposer s'ils manquent à leur
devoir; tout au contraire de ce qu'on voit partout
ailleurs, où la peine de la transgression suit toujours
l'établissement du précepte. Mais lorsque Dieu commande aux rois, il n'ordonne aucune peine contre

(1) *I. Reg.* VIII. 18. — (2) *Deut.* XVII. 16,

eux; et encore qu'il n'ait rien omis dans la loi pour
bien instruire son peuple, on n'y trouve aucun vestige de ce pouvoir sur les rois, que notre ministre lui
donne comme le seul fondement de sa liberté : au
contraire tout y tend visiblement à l'indépendance
des rois; et la preuve démonstrative que tel est l'esprit de la loi et la condition de régner parmi les
Hébreux, c'est la pratique constante et perpétuelle
de ce peuple, qui jamais ne se permet rien contre
ses rois. Il y avoit une loi expresse qui condamnoit
les adultères à mort (1) : mais nul autre que Dieu
n'entreprit de punir David qui étoit tombé dans ce
crime. La loi condamnoit encore à mort celui qui
portoit le peuple à l'idolâtrie; et si une ville entière
en étoit coupable, elle étoit sujette à la même
peine (2). Mais nul n'attenta rien sur Jéroboam, *qui
pécha et fit pécher Israël*, comme le répète vingt
et trente fois le texte sacré (3). qui érigea les veaux
d'or, le scandale de Samarie et l'erreur des dix
tribus. Dieu le punit, mais il demeura à l'égard
des hommes paisible et inviolable possesseur du
royaume que Dieu lui avoit donné (4). Ainsi en
fut-il d'Achab et de Jézabel; ainsi en fut-il d'Achaz
et de Manassès, et de tant d'autres rois qui idolâtroient et invitoient ou forçoient le peuple à l'idolâtrie : ils étoient tous condamnés à mort, selon les
termes précis de la loi; et ceux qui joignoient le
meurtre à l'idolâtrie, comme un Achab et un Manassès, devoient encore être punis de mort par un
autre titre, et par la loi spéciale qui condamnoit
l'homicide (5). Et néanmoins, ni les grands, ni les
petits, ni tout le peuple, ni les prophètes qui, envoyés
de la part de Dieu, devoient parler plus haut que tous
les autres, et qui parloient en effet si puissamment aux
rois les plus redoutables, ne leur reprochoient jamais
la peine de mort qu'ils avoient encourue selon la loi.
Pourquoi? Si ce n'est qu'on entendoit qu'il y avoit

(1) *Deut.* xxii. 22. — (2) *Ibid.* xiii. 9, 12.—(3) *III. Reg.*
xii. 28. xiii. 34. xiv. 16, *etc.* — (4) *Ibid.* xi. 35 *et seq.* —
(5) *Exod.* xxi. 12. *Deut.* xix. 11.

dans toutes les lois, selon ce qu'elles avoient de pénal,
une tacite exception en faveur des rois ; en sorte qu'il
demeuroit pour constant qu'ils ne répondoient qu'à
Dieu seul : c'est pourquoi, lorsqu'il vouloit les punir
par les voies communes, il créoit un roi à leur place,
ainsi qu'il créa Jéhu pour punir Joram, roi de Samarie,
l'impie Jézabel sa mère, et toute leur postérité (1).
Mais de ce pouvoir prétendu du peuple, et de cette
souveraineté qu'on veut lui attribuer naturellement,
il n'y en a aucun acte ni aucun vestige, et pas même
le moindre soupçon dans toute l'Histoire sainte, dans
tous les écrits des prophètes, ni dans tous les livres
sacrés. On a donc très-bien entendu dans le peuple
hébreu ce droit royal, qui réservoit le roi au jugement de Dieu seul : et non seulement dans les cas
marqués au premier livre des Rois, qui étoient les
cas les plus ordinaires ; mais encore dans les plus
extraordinaires et à la fois les plus importans, comme
l'adultère, le meurtre et l'idolâtrie. Ainsi on ne peut
douter qu'on ne régnât avec ce droit, puisque l'interprète le plus assuré du droit public, et en général de
toutes les lois, c'est la pratique.

Mais voici un autre interprète du droit royal. C'est
le plus sage de tous les rois qui met ces paroles dans
la bouche de tout le peuple : « J'observe la bouche du
» roi : il fait tout ce qui lui plaît, et sa parole est
» puissante, et personne ne peut lui dire : Pourquoi
» faites-vous ainsi (2) ? » Façon de parler si propre à
signifier l'indépendance, qu'on n'en a point de meilleure pour exprimer celle de Dieu. *Personne, dit Da-*
niel (3), *ne résiste à son pouvoir, ni ne lui dit :*
Pourquoi le faites-vous ? Dieu donc est indépendant
par lui-même et par sa nature ; et le roi est indépendant à l'égard des hommes, et sous les ordres de
Dieu, qui seul aussi peut lui demander compte de ce
qu'il fait : et c'est pourquoi il est appelé le Roi des
rois, et le Seigneur des seigneurs. M. Jurieu se mêle

(1) *IV. Reg.* ix. 10. — (2) *Eccl.* viii. 2, 3, 4. — (3) *Dan.*
iv. 32.

ici de nous expliquer Salomon (1), en lui faisant dire
seulement, « qu'il n'est pas permis de contrôler les
» rois dans ce qu'ils font, quand leurs ordres ne vont
» pas à la ruine de la société, encore que souvent ils
» incommodent. » Ce ministre prête ses pensées à
Salomon ; mais de quelle autorité, de quel exemple,
de quel texte de l'Ecriture a-t-il soutenu la glose qu'il
lui donne ? auquel de ces rois cruels et impies, dont
le nombre a été si grand, a-t-on demandé raison de
sa conduite, quoiqu'elle allât visiblement à la subversion de la religion et de l'Etat ? On n'en trouve aucune
apparence dans un royaume qui a duré cinq cents ans :
cependant l'Etat subsistoit, la religion s'est soutenue,
sans qu'en parlât seulement de ce prétendu recours au
peuple, où l'on veut mettre la ressource des Etats.

Il ne faut pas s'imaginer que les autres royaumes
d'Orient eussent une autre constitution que celui des
Israélites. Lorsque ceux-ci demandèrent un roi, ils ne
vouloient pas établir une monarchie d'une forme particulière. *Donnez-nous un roi*, disoient-ils (2),
comme en ont les autres nations ; et nous serons,
ajoutent-ils (3), *comme tous les autres peuples :*
et dès le temps de Moïse : *Vous voudrez avoir un
roi comme en ont tous les autres peuples aux
environs* (4). Ainsi les royaumes d'Orient, où fleu-
rissoient les plus anciennes et les plus célèbres monarchies de l'univers, avoient la même constitution. On
n'y connoissoit, non plus qu'en Israël, cette suprême
autorité du peuple : et quand Salomon disoit : *Le roi
parle avec empire, et nul ne peut lui dire : Pourquoi le faites-vous ?* il n'exprimoit pas seulement la
forme du gouvernement parmi les Hébreux, mais encore la constitution des royaumes connus alors, et,
pour parler ainsi, le droit commun des monarchies.

Au reste, cette indépendance étoit tellement de l'esprit de la monarchie des Hébreux, qu'elle se remit
dans la même forme, lorsqu'elle fut renouvelée sous

(1) *Jur. Lett.* XVII. — (2) *I. Reg.* VIII. 5. — (3) *Ibid.* 20,
(4) *Deut.* XVII. 14.

les Machabées. Car, encore qu'on ne donnât pas à Simon le titre de roi, que ses enfans prirent dans la suite, il en avoit toute la puissance, sous le titre de souverain pontife et de capitaine : puisqu'il est porté, dans l'acte où les sacrificateurs et tout le peuple lui transportent, pour lui et pour sa famille, le pouvoir suprême, sous ces titres, qu'on lui remet entre les mains les armes, les garnisons, les forteresses, les impôts, les gouverneurs et les magistrats (1), les assemblées même, sans qu'on en pût tenir aucune que par son ordre (2), et, en un mot, la puissance *de pourvoir au besoin du peuple saint* (3) : ce qui comprend généralement tous les besoins d'un état, tant dans la paix que dans la guerre, *sans pouvoir être contredit par qui que ce soit, sacrificateur ou autre, à peine d'être déclaré criminel.* Enfin, on n'oublie rien dans cet acte ; et loin de se réserver la puissance souveraine, le peuple ne se laisse rien par où il puisse jamais s'opposer au prince, ni armes, ni assemblées, ni autorité quelconque, ni enfin autre chose que l'obéissance.

Je voudrois bien demander à M. Jurieu, qui est si habile à trouver ce qui lui plaît dans l'Écriture, ce que le peuple juif s'est réservé par cet acte ? Quoi ! peut-être la législation, à cause qu'il n'y en est point parlé ? Mais il sait bien que, dans le peuple de Dieu, la législation étoit épuisée par la seule loi de Moïse, à quoi nous ajouterons, s'il lui plaît, les traditions constantes et immémoriales qui venoient de la même source. Que s'il falloit des interprétations juridiques dans l'application, la loi même y avoit pourvu par le ministère sacerdotal, comme Malachie l'avoit si bien expliqué (4) sur le fondement de la doctrine de Moïse : et on n'avoit garde d'en parler dans l'acte qu'on fit en faveur de Simon, puisque ce droit étoit renfermé dans sa qualité de pontife. Tout le reste est spécifié ; et si le peuple s'étoit réservé quelque partie du gouverne-

(1) *I. Mach.* xiv. 41 *et seq.* 49. — (2) *Ibid.* 44 — (3) *Ibid.* 42, 43. — (4) *Malach.* ii.

ment, pour petite qu'elle fût, il n'auroit pas renoncé à toute assemblée; puisque s'assembler, pour un peuple, est le seul moyen d'exercer une autorité légitime : de sorte que qui y renonce, comme fait ici le peuple juif, renonce en même temps à tout légitime pouvoir.

La seule restriction que je trouve dans l'acte dont nous parlons, c'est que la puissance n'étoit donnée à Simon et à ses enfans, que juqu'à ce *qu'il s'élevât un fidèle prophète* (1) : soit qu'il faille entendre le Christ, ou quelqu'autre fidèle interprète de la volonté de Dieu. Mais cette restriction, si bien exprimée, ne marque pas seulement qu'il n'y en avoit aucune autre, puisque cette autre seroit marquée comme celle-là; mais exclut encore positivement celle que M. Jurieu voudroit établir. Car ce qu'il voudroit établir, c'est dans toutes les monarchies; et même dans les plus absolues, la réserve du pouvoir du peuple, pour changer le gouvernement dans le besoin : or, bien loin d'avoir réservé ce pouvoir au peuple, on le lui ôte en termes formels; puisque tout changement de gouvernement est réservé à Dieu et à un prophète venu de sa part : et voilà, dans la nouvelle souveraineté de Simon et de sa famille, l'indépendance la mieux exprimée, et, tout ensemble, la plus absolue qu'on puisse voir.

Ce que les nouveaux rabbins ont imaginé de la puissance du grand Sanhédrin, ou du conseil perpétuel de la nation, où ils prétendent qu'on jugeoit les crimes des rois, ni ne paroît dans cet acte, ni ne se trouve dans la loi, ni n'est fondé sur aucun exemple, ni dans l'ancienne, ni dans la nouvelle monarchie, ni on n'en voit rien dans l'Histoire sainte, ou dans Josephe, ou dans Philon, ou dans aucun ancien auteur : au contraire, tout y répugne; et on n'a jamais vu en Israël de jugement humain contre les rois, si ce n'est peut-être après leur mort, pour leur décerner l'honneur de la sépulture royale, ou les en priver : coutume qui venoit des Égyptiens, et dont on voit quelque

____

(1) *I. Mach.* xiv. 41.

14.

vestige dans le peuple saint, lorsque les rois impies étoient inhumés dans les lieux particuliers, et non pas dans les tombeaux des rois. Voilà tout le jugement qu'on exerçoit sur les rois, mais après leur mort, et sous l'autorité de leur successeur; et cela même étoit une marque que leur majesté étoit jugée inviolable pendant leur vie. Voilà donc comme on a régné parmi les Juifs, toujours dans le même esprit d'indépendance absolue, tant sous les rois de la première institution, que dans la monarchie renaissante sous les Machabées. Qu'ai-je besoin d'écouter ici les frivoles raisonnemens de votre ministre? Voilà un fait constant qui les détruit tous. Car, que sert d'affirmer en l'air qu'il n'y a ni possibilité, ni vraisemblance qu'un peuple ait pu donner un pouvoir qui lui seroit si nuisible (1)? Voilà un peuple qui l'a donné, et ce peuple étoit le peuple de Dieu, le seul qui le connût et le servît; le seul, par conséquent, qui eût la véritable sagesse; mais le seul que Dieu gouvernât, et à qui il eût donné des lois : c'est ce peuple qui ne se réserve aucun pouvoir contre ses souverains. Lorsqu'on allègue cette loi fameuse : Que la loi suprême est le salut du peuple (2); je l'avoue; mais ce peuple a mis son salut à réunir toute sa puissance dans un seul; par conséquent, à ne rien pouvoir contre ce seul à qui il transportoit tout. Ce n'étoit pas qu'on n'eût vu des inconvéniens de l'indépendance du prince, puisqu'on avoit vu tant de mauvais rois, tant d'insupportables tyrans; mais c'est qu'on voyoit encore moins d'inconvénient à les souffrir quels qu'ils fussent, qu'à laisser à la multitude le moindre pouvoir. Que si l'État, à la fin, étoit péri, sous ces rois qui avoient abandonné Dieu, on n'alloit pas imaginer que ce fût faute d'avoir laissé quelque pouvoir au peuple; puisque toute l'Écriture atteste que le peuple n'étoit pas moins insensé que ses rois. « Nous avons péché, disoit Da-
» niel (3), nous et nos pères, et nos rois, et nos
» princes, et nos sacrificateurs, et tout le peuple de

<hr>

(1) *Jur. Lett.* XVI et XVII. — (2) *Ibid.* — (3) *Dan.* IX. 5, 6.

la terre. » Esdras et Néhémias en disent autant. Ce
n'étoit donc point dans le peuple qu'on imaginoit le
remède aux déréglemens, ou la ressource aux calami-
tés publiques; au contraire, c'étoit au peuple même
qu'il falloit opposer une puissance indépendante de lui
pour l'arrêter, et si ce remède ne réussissoit, il n'y
avoit rien à attendre que de la puissance divine. C'est
donc pour cette raison, que, malgré les expériences
de l'ancienne monarchie, on ne laissa pas de fonder
sur les mêmes principes la monarchie renaissante. Elle
périt par les dissensions qui arrivèrent dans la maison
royale. Le peuple qui voyoit le mal, ne songea pas
seulement qu'il pût y remédier. Les Romains se ren-
dirent les maîtres, et donnèrent le royaume à Hérode,
sous qui, sans doute, on ne songeoit pas que la souveraine puissance résidât dans le peuple. Quand les
Romains la reprirent, sous les Césars, le peuple ne
songeoit non plus qu'il lui restât le moindre pouvoir
pour se gouverner, loin de l'avoir sur ses maîtres, et
c'est cet état de souveraineté, si indépendante sous
les Césars, que Jésus-Christ autorise, lorsqu'il dit :
Rendez à César ce qui est à César.

Il n'y a donc rien de plus constant que ces monarchies où l'on ne peut imaginer que le peuple ait
aucun pouvoir, loin d'avoir le pouvoir suprême
sur ses rois. Je ne prétends pas disputer qu'il n'y
en puisse avoir d'une autre forme, ni examiner si
celle-ci est la meilleure en elle-même; au contraire,
sans me perdre ici dans de vaines spéculations, je
respecte dans chaque peuple le gouvernement que
l'usage y a consacré, et que l'expérience a fait trouver
le meilleur. Ainsi, je n'empêche pas que plusieurs
peuples n'aient excepté, ou pu excepter contre le
droit commun de la royauté, ou, si l'on veut imaginer la royauté d'une autre sorte, et la tempérer plus
ou moins, suivant le génie des nations et les diverses
constitutions des États. Quoi qu'il en soit, il est démontré que ces exceptions ou limitations du pouvoir
des rois, loin d'être le droit commun des monarchies,
ne sont pas seulement connues dans celle du peuple de

Dieu. Mais celle-ci, n'ayant rien eu de particulier, puisqu'au contraire, on la voit établie sur la ruine de toutes les autres, ou de la plupart, la démonstration passe plus loin, et remonte jusqu'aux monarchies les plus anciennes et les plus célèbres de l'univers; de sorte qu'on peut conclure que toutes ces monarchies n'ont pas seulement connu ce prétendu pouvoir du peuple, et qu'on ne le connoissoit pas dans les empires que Dieu même et Jésus-Christ ont autorisés.

Principes de la politique de M. Jurieu, et leur absurdité.

J'ai vengé le droit des rois et de toutes les puissances souveraines; car elles sont toutes également attaquées, s'il est vrai, comme on le prétend, que le peuple domine partout, et que l'état populaire, qui est le pire de tous, soit le fond de tous les États. J'ai répondu aux autorités de l'Écriture qu'on leur oppose. Celles-là sont considérables; et toutes les fois que Dieu parle, ou qu'on objecte ses décrets, il faut répondre. Pour les frivoles raisonnemens dont se servent les spéculatifs pour régler le droit des puissances qui gouvernent l'univers, leur propre majesté les en défend; et il n'y auroit qu'à mépriser ces vains politiques, qui, sans connoissance du monde et des affaires publiques, pensent pouvoir assujétir les trônes des rois aux lois qu'ils dressent parmi leurs livres, ou qu'ils dictent dans leurs écoles. Je laisserois donc volontiers discourir M. Jurieu sur les droits du peuple; et je n'empêcherois pas qu'il ne se rendît l'arbitre des rois, à même titre qu'il est prophète : mais afin que le monde, qui est étonné de son audace, soit convaincu de son ignorance, je veux bien, en finissant cet Avertissement, parmi les absurdités infinies de ses vains discours, en relever quatre ou cinq des plus grossières.

Dans le dessein qu'avoit M. Jurieu de faire l'apologie de ce qui se passe en Angleterre, il paroissoit

naturel d'examiner la constitution particulière de ce
royaume; et s'il s'étoit tourné de ce côté-là, j'aurois laissé à d'autres le soin de le réfuter. Car je
déclare encore une fois que les lois particulières
des États, non plus que les faits personnels, ne sont
pas l'objet que je me propose. Mais ce ministre a
pris un autre tour: et soit que l'Angleterre seule lui
ait paru un sujet digne de ses soins, ou qu'il ait trouvé
plus aisé de parler en l'air du droit des peuples, que
de rechercher les histoires qui feroient connoître la
constitution de celui dont il entreprend la défense, il
a bâti une politique également propre à soulever tous
les États (1). En voici l'abrégé : « Le peuple fait les
» souverains et donne la souveraineté : donc le peuple
» possède la souveraineté, et la possède dans un de-
» gré plus éminent; car celui qui communique doit
» posséder ce qu'il communique d'une manière plus
» parfaite: et quoiqu'un peuple qui a fait un souverain
» ne puisse plus exercer la souveraineté par lui-même,
» c'est pourtant la souveraineté du peuple qui est
» exercée par le souverain; et l'exercice de la souve-
» raineté qui se fait par un seul, n'empêche pas que
» la souveraineté ne soit dans le peuple comme dans
» sa source, et même comme dans son premier su-
» jet. » Voilà les principes qu'il pose dans la XVI² lettre;
et il en conclut, dans les deux suivantes, que le peuple
peut exercer sa souveraineté en certains cas, même
sur les souverains. les juger, leur faire la guerre, les
priver de leurs couronnes, changer l'ordre de la succession, et même la forme du gouvernement.

Ce qui d'abord se fait sentir dans ce discours, ce
sont les contradictions dont il est plein. *Le peuple,
dit-on, donne la souveraineté; donc il la possède.* Ce seroit plutôt le contraire qu'il faudroit conclure; puisque si le peuple l'a cédée, il ne l'a plus; ou,
en tout cas, pour parler avec M. Jurieu, il ne l'a que
dans le souverain qu'il a créé. C'est ce que le ministre
vient d'avouer en disant, *qu'un peuple qui a fait*

____

(1) *Lett.* XVI, n. 4, *p.* 123.

*un souverain ne peut plus exercer la souverai-
neté par lui-même*, et que sa souveraineté est exercée par le souverain qu'il a fait.

Il n'en faut pas davantage pour renverser tout le
système du ministre. Car tout ce où il veut agir par
ses principes, c'est que le peuple peut faire la loi à
son souverain en certains cas, jusqu'à lui déclarer la
guerre, le priver, comme on l'a dit, de sa couronne,
changer la succession et même le gouvernement. Or
tout cela est contre la supposition que le ministre vient
de faire. Car sans doute ce ne sera pas par le souverain que le peuple fera la guerre au souverain même
et lui ôtera sa couronne ; ce sera donc par lui-même
que le peuple exercera ces actes de souveraineté, encore qu'on ait supposé qu'il n'en peut exercer aucun.

Mais, sans encore examiner les conséquences du
système, allons à la source, et prenons la politique
du ministre par l'endroit le plus spécieux. Il s'est imaginé que le peuple est naturellement souverain, ou,
pour parler comme lui, qu'il possède naturellement la
souveraineté, puisqu'il la donne à qui il lui plaît ; or
cela c'est errer dans le principe, et ne pas entendre
les termes. Car à regarder les hommes comme ils sont
naturellement, et avant tout gouvernement établi, on
ne trouve que l'anarchie, c'est-à-dire, dans tous les
hommes une liberté farouche et sauvage, où chacun
peut tout prétendre, et en même temps tout contester,
où tous sont en garde, et par conséquent en guerre
continuelle contre tous ; où la raison ne peut rien,
parce que chacun appelle raison la passion qui le
transporte ; où le droit même de la nature demeure
sans force, puisque la raison n'en a point ; où par conséquent il n'y a ni propriété, ni domaine, ni bien,
ni repos assuré, ni, à dire vrai, aucun droit, et ce
n'est celui du plus fort ; encore ne sait-on jamais qui
l'est, puisque chacun tour à tour peut le devenir, selon que les passions feront conjurer ensemble plus ou
moins de gens. Savoir si le genre humain a jamais été
tout entier dans cet état, ou quels peuples y ont été et
en quels endroits, ou comment et par quels degrés on

en est sorti; il faudroit pour le décider compter l'infini,
et comprendre toutes les pensées qui peuvent mon-
ter dans le cœur de l'homme. Quoi qu'il en soit, voilà
l'état où l'on imagine les hommes avant tout gouvernement. S'imaginer maintenant, avec M. Jurieu,
dans le peuple considéré en cet état, une souveraineté,
qui est déjà une espèce de gouvernement, c'est mettre
un gouvernement avant tout gouvernement, et se
contredire soi-même. Loin que le peuple en cet état
soit souverain, il n'y a pas même de peuple en cet
état. Il peut bien y avoir des familles, et encore mal
gouvernées et mal assurées; il peut bien y avoir une
troupe, un amas de monde, une multitude confuse :
mais il ne peut y avoir de peuple; parce qu'un peuple
suppose déjà quelque chose qui réunisse quelque conduite réglée et quelque droit établi; ce qui n'arrive
qu'à ceux qui ont déjà commencé à sortir de cet état
malheureux, c'est-à-dire de l'anarchie.

C'est néanmoins du fond de cette anarchie que sont
sorties toutes les formes de gouvernemens : la monarchie, l'aristocratie, l'état populaire et les autres; et
c'est ce qu'ont voulu dire ceux qui ont dit que toutes
sortes de magistratures ou de puissances légitimes venoient originairement de la multitude ou du peuple.
Mais il ne faut pas conclure de là, avec M. Jurieu,
que le peuple comme un souverain ait distribué les
pouvoirs à un chacun : car pour cela il faudroit déjà
qu'il y eût ou un souverain, ou un peuple réglé; ce
que nous voyons qui n'étoit pas. Il ne faut non plus
s'imaginer que la souveraineté ou la puissance publique
soit une chose comme subsistante, qu'il faille avoir
pour la donner : elle se forme et résulte de la cession
des particuliers, lorsque, fatigués de l'état où tout le
monde est le maître et où personne ne l'est, ils se sont
laissés persuader de renoncer à ce droit qui met tout
en confusion, et à cette liberté qui fait tout craindre à
tout le monde, en faveur d'un gouvernement dont on
convient.

S'il plaît à M. Jurieu d'appeler souveraineté cette
liberté indocile qu'on fait céder à la loi et au mé-

gistrat, il le peut; mais c'est tout confondre; c'est confondre l'indépendance de chaque homme dans l'anarchie, avec la souveraineté. Mais c'est là tout au contraire ce qui la détruit. Où tout est indépendant, il n'y a rien de souverain : car le souverain domine de droit; et ici le droit de dominer n'est pas encore : on ne domine que sur celui qui est dépendant; or nul homme n'est supposé tel en cet état, et chacun y est indépendant, non seulement de tout autre, mais encore de la multitude; puisque la multitude elle-même, jusqu'à ce qu'elle se réduise à faire un peuple réglé, n'a d'autre droit que celui de la force.

Voilà donc le souverain de M. Jurieu : c'est dans l'anarchie le plus fort; c'est-à-dire, la multitude et le grand nombre contre le petit : voilà le peuple qu'il fait le maître et le souverain au-dessus de tous les rois et de toute puissance légitime; voilà celui qu'il appelle le *tuteur* (1) et le défenseur naturel de la véritable religion; voilà celui, en un mot, qui, selon lui, *n'a pas besoin d'avoir raison pour valider ses actes : car,* dit M. Jurieu (2), *cette autorité n'est que dans le peuple;* et on voit ce qu'il appelle le peuple. Que le lecteur se souvienne de cette rare politique : la suite en découvrira les absurdités; mais maintenant je n'en veux montrer que le bel endroit.

C'est la doctrine des pactes, que le ministre explique en ces termes : « Qu'il est contre la raison qu'un peuple » se livre à un souverain sans quelque pacte, et qu'un » tel traité seroit nul et contre la nature. » Il ne s'agit pas, comme on voit, de la constitution particulière de quelque État; il s'agit du droit naturel et universel, que le ministre veut trouver dans tous les États. *Il est,* dit-il (3), *contre la nature de se livrer sans quelque pacte,* c'est-à-dire, de se livrer sans se réserver le droit souverain; car c'est le pacte qu'il veut établir : comme s'il disoit. Il est contre la nature de hasarder quelque chose pour se tirer du plus affreux

______

(1) *Lett.* XVI, n. 4. — (2) *Ibid.* XVIII, p. 140. — (3) *Ibid.* XVI, p. 125.

de tous les états qui est l'anarchie : il est contre la nature de faire ce que tant de peuples ont fait, comme on l'a vu. Mais laissons toutes ces raisons. Comme ces pactes de M. Jurieu ne se trouvent plus, et qu'il y a long-temps que l'original en est perdu, le moins qu'on puisse demander à ce ministre, c'est qu'il prouve ce qu'il avance. Et il le fait en cette sorte (1) : « Il n'y a » point de relation au monde qui ne soit fondée sur » un pacte mutuel ou exprès ou tacite, excepté l'es- » clavage, tel qu'il étoit entre les païens, qui donnoit » d'un maître pouvoir de vie et de mort sur son es- » clave sans aucune connoissance de cause. Ce droit » étoit faux, tyrannique, purement usurpé, et con- » traire à tous les droits de la nature. » Et un peu après : « Il est donc certain qu'il n'y a aucune relation » de maître, de serviteur, de père, d'enfant, de » mari, de femme, qui ne soit établie sur un pacte » mutuel et sur des obligations mutuelles ; en sorte » que, quand une partie anéantit ces obligations, elles » sont anéanties de l'autre. » Quelque spécieux que soit ce discours en général, si on y prend garde de près, on y trouve autant d'ignorances que de mots. Commençons par la relation de maître et de servi-teur. Si le ministre y avoit fait quelque réflexion, il auroit songé que l'origine de la servitude vient des lois d'une juste guerre, où le vainqueur ayant tout droit sur le vaincu, jusqu'à pouvoir lui ôter la vie, il la lui conserve : ce qui même, comme on sait, a donné naissance au mot de *servi*, qui, devenu odieux dans la suite, a été dans son origine un terme de bienfait et de clémence, descendu du mot *servare*, conserver. Vouloir que l'esclave en cet état fasse un pacte avec son vainqueur, qui est son maître, c'est aller directement contre la notion de la servitude. Car l'un, qui est le maître, fait la loi telle qu'il veut ; et l'autre, qui est l'esclave, la reçoit telle qu'on veut la lui donner : ce qui est la chose du monde la plus opposée à la nature d'un pacte, où l'on est libre de

(1) *Lett.* XVI, 2. *col.*

part et d'autre, et où l'on ne fait la loi mutuellement.

Toutes les autres servitudes, ou par vente, ou par naissance, ou autrement, sont formées et définies par celle-là. En général, et à prendre la servitude dans son origine, l'esclave ne peut rien contre personne qu'autant qu'il plaît à son maître : les lois disent qu'il n'a point d'état, point de tête, *caput non habet*, c'est-à-dire, que ce n'est pas une personne dans l'État. Aucun bien, aucun droit ne peut s'attacher à lui. Il n'a ni voix en jugement, ni action, ni force, qu'autant que son maître le permet : à plus forte raison n'en a-t-il point contre son maître. Condamner cet état, ce seroit entrer dans les sentimens que M. Jurieu lui-même appelle outrés, c'est-à-dire, dans les sentimens de ceux qui trouvent toute guerre injuste : ce seroit non seulement condamner le droit des gens, où la servitude est admise, comme il paroît par toutes les lois; mais ce seroit condamner le Saint-Esprit, qui ordonne aux esclaves, par la bouche de saint Paul (1), de demeurer en leur état, et n'oblige point leurs maîtres à les affranchir.

Cela va plus loin que ne pense M. Jurieu. Car il méprise le droit de conquête, jusqu'à dire *que la conquête est une pure violence* (2) : ce qui est dire manifestement que toute guerre en est une; et par conséquent, contre les propres principes de cet homme, qu'il ne peut jamais y avoir de justice dans la guerre, puisqu'il n'y a rien qui s'accorde moins que la justice et la violence. Mais si le droit de servitude est véritable, parce que c'est le droit du vainqueur sur le vaincu; comme tout un peuple peut être vaincu, jusqu'à être obligé de se rendre à discrétion, tout un peuple peut être serf; en sorte que son seigneur en puisse disposer comme de son bien, jusqu'à le donner à un autre, sans demander son consentement; ainsi que Salomon donna à Hiram, roi de Tyr,

(1) *I. Cor.* vii. 24. *Eph.* vi. 7, etc. — (2) *Lett.* xvi, p. 25,
a. c.

vingt villes de Galilée (1). Je ne disputerai pas davantage ici sur ce droit de conquête, parce que je sais que M. Jurieu dans le fond ne peut le nier. Il faudroit condamner Jephté, qui le soutient avec tant de force contre le roi Moab (2). Il faudroit condamner Jacob, qui donne à Joseph ce qu'il a conquis avec son arc et son épée (3). Je sais que M. Jurieu ne soutiendra pas ces extravagances; et je ne relève ces choses qu'afin qu'on remarque, qu'ébloui par de vaines apparences, il jette en l'air de grands mots dont il ne pèse pas le sens, comme il lui est arrivé, lorsqu'il a confondu les *conquêtes* avec les *pures violences*.

La seconde relation que notre ministre établit sur un pacte exprès ou tacite, est celle de père à enfant (4) ; ce qui est la chose du monde la plus insensée. Car qui est-ce qui a stipulé pour tous les enfans avec tous les pères ? Les enfans qui sont au berceau ont-ils fait aussi un pacte avec leurs parens pour les obliger à les nourrir et à les aimer plus que leur vie ? Mais les parens ont-ils eu besoin de faire un pacte avec leurs enfans, afin de les obliger à leur obéir ? C'est bien écrire sans réflexion, que d'alléguer ces prétendus pactes.

Il y a plus de vraisemblance à établir sur un pacte la relation de mari à femme, parce qu'en effet il y a une convention. Mais si l'on voudroit considérer que le fond du droit et de la société conjugale, et celui de l'obéissance que la femme doit à son mari, est établi sur la nature et sur un commandement exprès de Dieu, on n'auroit pas vainement tâché à l'établir sur un pacte. Qui ne voit, en tout ce discours, un homme emporté par une apparence trompeuse qui a confondu le terme de pacte avec celui d'obligation et de devoir ? Et, en effet, il confond trop grossièrement ces deux mots, lorsqu'il dit que les relations dont nous venons de parler de serviteur à maître, d'enfant à père, et de femme à mari, sont établies *sur des pactes*

_____

(1) *III. Reg.* IX. 11. — (2) *Jud.* XI. — (3) *Gen.* XLVIII. 22. — (4) *Lett.* XVI , p. 124.

mutuels et sur des obligations mutuelles (1),
sans vouloir seulement considérer qu'il y a des obligations mutuelles, qui viennent à la vérité d'une convention entre les parties ; et c'est ce qu'on appelle
pacte : mais aussi qu'il y en a qui sont établies par la
volonté du supérieur, c'est-à-dire, de Dieu qui ne
sont point des pactes ni des conventions, mais des lois
suprêmes et inviolables qui ont précédé toutes les
conventions et tous les pactes. Car qui jamais a ouï
dire qu'il soit besoin d'une convention, ou même
qu'on en fasse aucune, pour se soumettre à la loi,
et encore à la loi de Dieu ? Comme si la loi de Dieu
empruntoit sa force du consentement des peuples à
qui elle prescrit leurs devoirs. C'est faute d'avoir
entendu une chose si manifeste, que le ministre fait
ce pitoyable raisonnement : «Il n'y a rien de plus
» inviolable et de plus sacré que les droits des pères
» sur les enfans : néanmoins les pères peuvent aller
» si loin dans l'abus de ces droits, qu'ils les perdent.»
Qui jamais a ouï parler d'un tel prodige, que par
l'abus du droit paternel un père le perde ? Cela
seroit vrai, si le père n'avoit de droit sur son enfant
que par un pacte mutuel, comme le ministre a voulu
se l'imaginer. Mais comme le devoir d'un fils est
fondé sur quelque chose de plus haut, sur la loi du supérieur qui est Dieu ; loi qu'il a mise dans les cœurs
avant que de l'écrire sur la pierre ou sur le papier :
si un père peut perdre *son droit,* comme dit M. Jurieu, c'est Dieu même qui perd le sien. Il n'est pas
moins ridicule de dire avec ce ministre, « qu'un
» mari qui abuse de son pouvoir sur sa femme, par
» cela même la met en droit de demander la protection
» des lois, de rompre tout lien et toute communion,
» de résister en un mot à toutes ses volontés. » Ne
diroit-on pas que le mariage est rompu, et que ce
n'est plus seulement l'adultère qui l'anéantit, selon la
Réforme, mais encore toute violence d'un mari ? Que
si, malgré tout cela, le mariage subsiste, qui peut

(1) *Lett.* XVI, p. 124.

dire sans être insensé *que tout lien et toute communion soit rompue, et qu'une femme acquiert le
beau droit de résister à toutes les volontés d'un
mari?* Mais n'est-il pas vrai, dit-il, que les enfans
et les femmes sont autorisés par les lois divines et humaines, à résister aux injustes volontés d'un mari et
d'un père? N'est-il pas vrai que le pouvoir des maîtres
sur les esclaves les plus vils a des bornes? Qui ne le
sait? Mais qui ne sait en même temps que ce n'est
point en vertu d'une convention volontaire, qui ne
fut jamais ni n'a pu être, mais d'un ordre supérieur?
c'est que Dieu, qui a prescrit certains devoirs aux
femmes, aux enfans, aux esclaves, en a prescrit
d'autres aux maîtres, aux pères, aux maris : c'est
que la puissance publique, qui renferme toute autre
puissance sous la sienne, a réglé les actions et les
droits des uns et des autres : c'est qu'où il n'y a point
de lois, la raison, qui est la source des lois, en est
une que Dieu impose à tous les hommes : c'est que
les devoirs les plus légitimes, comme, par exemple,
ceux d'une femme ou d'un fils, peuvent bien être
suspendus envers un mari et envers un père que son
injustice et sa violence empêche de les recevoir ;
mais que le fond d'obligation puisse être altéré, ou
que la disposition du cœur puisse être changée, on
ne peut le dire sans extravagance.

J'avoue donc, selon ces principes, à M. Jurieu, qu'il
y a des obligations mutuelles entre le prince et le
sujet ; de sorte qu'à cet égard il n'y a point de pouvoir
sans bornes, puisque tout pouvoir est borné par la
loi de Dieu et par l'équité naturelle : mais que de
telles obligations soient fondées sur un pacte mutuel,
bien que M. Jurieu nous l'ait prouvé, il n'allègue
pour le prouver que de faux principes, que lui-même
ne peut soutenir de bonne foi dans son cœur, et
que par conséquent il n'entend point quand il les
avance.

Depuis qu'on se mêle d'écrire, je ne crois pas qu'on
ait rien écrit de plus téméraire que ce qu'a écrit M. Ju-

rieu (1) : « Qu'on ne voit point d'érections de monar-
» chies, qui ne se soient faites par des traités, où les
» devoirs des souverains soient exprimés aussi bien
que ceux des sujets. » Qui ne croiroit, à l'entendre,
qu'il lui a passé sous les yeux beaucoup de semblables
traités? Il en devroit donc rapporter quelqu'un ; et
surtout s'il avoit trouvé ce contrat primordial du roi
et du peuple qu'on prétend que le roi d'Angleterre a
violé, il n'auroit pas dû le dissimuler ; car il auroit
relevé la convention dont il entreprend la défense,
d'un grand embarras ; surtout s'il l'eût trouvé dans ce
traité qu'il seroit nul en cas de contravention de part
ou d'autre, et que le peuple reviendroit en même
état, que s'il n'avoit jamais eu de roi. Mais par bon-
heur M. Jurieu, qui avance qu'on ne voit point
d'érection de monarchie où l'on ne trouve de tels
traités, non seulement n'a pas trouvé celui-ci, mais
encore n'en a trouvé aucun, et n'entreprend même
pas de prouver par aucun fait positif qu'il y en ait
jamais eu. Il raille quelque part le docte Grotius, de
ce qu'avec de beau grec et de beau latin, il croit tout
persuader tout ce qu'il veut, et il a peut-être raison
de reprendre ce savant auteur de l'excès de ses cita-
tions. Mais qu'aussi, je ne dirai pas sans latin ni grec,
mais sans exemple, sans autorité, sans témoignage ni
de poëte, ni d'orateur, ni d'historien, ni d'aucun
auteur quel qu'il soit, notre ministre ait osé poser en
fait *qu'on ne voit aucune érection de monarchie*
qui ne soit faite sous des traités tels que ceux qu'il
imagine, et que tous les peuples du monde anciens et
modernes, même ceux qui regardent leurs rois comme
des dieux, ou plutôt qui n'osent les regarder et ne
connoissent d'autres lois que leurs volontés, se soient
réservé sur eux un droit souverain, et encore sans le
connoître et sans en avoir aucun soupçon : en vérité
c'est un autre excès qui n'a point de nom, et on ne
peut pas abuser davantage de la foi publique.

Pour moi, sans vouloir me perdre dans des propo-

(1) *Lett.* XVI, *p.* 125.

tions générales, je vois dans l'Histoire sainte l'érection de deux monarchies du peuple de Dieu, où, loin de remarquer ces prétendus traités mutuels entre les rois et les peuples, avec la clause de nullité en cas de contravention de la part des rois, je vois manifestement la chose contraire; et M. Jurieu ne le peut nier. Car, selon la doctrine de ce ministre, *le traitement que Samuel déclara au peuple qu'il recevroit de son roi, étoit tyrannique* et un abus manifeste de la puissance. C'est le principe de M. Jurieu; par conséquent il doit ajouter que la royauté fut d'abord proposée au peuple hébreu avec son abus: néanmoins le peuple passa outre; et, loin de se réserver la moindre espèce de droit contre le roi qu'il vouloit avoir, nous avons vu clairement qu'il n'y a pas seulement songé (1). Ce peuple, encore un coup, n'a jamais songé qu'il se fût réservé un droit sur son souverain; je ne dis pas dans les abus médiocres de la puissance royale que Samuel lui proposoit, mais au milieu des plus grands excès de la tyrannie, tels que sont ceux que nous avons vus dans l'Histoire sainte sous les rois les plus impies et les plus cruels, sans que le peuple ait songé à se relever de ces maux par la force. Bien plus, après les avoir éprouvés et toutes les suites les plus funestes qu'ils pouvoient avoir, le même peuple revient encore sous les Machabées dans la liberté de former son gouvernement; et il ne le forme pas sous d'autres lois, ni avec moins d'indépendance du côté des princes, qu'il avoit fait la première fois. Nous avons rapporté l'acte (2). Voilà des faits positifs, et non pas des discours en l'air ou de vaines spéculations.

Je trouve, dans Hérodote, l'établissement de la monarchie des Mèdes sous Déjocès: et je n'y vois aucun traité de part ni d'autre; encore moins la résolution du traité en cas de contravention: mais, ce qui est bien constant par toute la suite, c'est que l'Empire des rois mèdes a dû être par son origine le

<hr>

(1) Ci-dessus, p. 313 et suiv. — (2) *Ibid.* p. 319.

plus indépendant de tout l'Orient ; puisqu'on y voit d'abord cette indépendance d'une manière si éclatante, qu'elle n'a été ignorée de personne. Ainsi ces titres primordiaux ne sont pas tous favorables à la prétention du ministre ; et il tombe dans l'inconvénient de donner aux peuples un droit souverain sur eux-mêmes, et sur leurs rois, sans que les peuples à qui il le donne en aient jamais eu le moindre soupçon.

M. Jurieu nous demande quelle raison pourroit avoir eu un peuple de se donner un maître si puissant à lui faire du mal. Il m'est aisé de lui répondre. C'est la raison qui a obligé les peuples les plus libres, lorsqu'il faut les mener à la guerre, de renoncer à leur liberté pour donner à leurs généraux un pouvoir absolu sur eux ; on aime mieux hasarder de périr séparément par les ordres de son général, que de se perdre par la division à une perte assurée de la moitié des ennemis plus unis. C'est par le même principe qu'on a vu un peuple très-libre, tel qu'étoit le peuple romain, se créer même dans la paix un magistrat absolu, pour se procurer certains biens et éviter certains maux, qu'on ne peut ni éviter ni se procurer qu'à ce prix. C'est encore ce qui obligeoit le même peuple à se lier par des lois que lui-même ne pût abroger ; car un peuple libre a souvent besoin d'un tel frein contre lui-même, et il peut arriver des cas où le rempart dont il se couvre ne sera pas assez puissant pour le défendre, si lui-même peut le forcer. C'est ce qui fait admirer à Tite-Live la sagesse du peuple romain, si capable de porter le joug d'un commandement légitime, qu'il apposoit volontairement à sa liberté quelque chose d'invincible à elle-même, de peur qu'elle ne devînt trop licencieuse : *Adeo sibi invicta quædam patientissima justi imperii civitas fecerat.* C'est par de semblables raisons, qu'un peuple qui a éprouvé les maux, les confusions, les horreurs de l'anarchie, donne tout pour les éviter ; et comme il ne peut donner de pouvoir sur lui qui ne puisse tourner contre lui-même, il aime mieux hasarder d'être maltraité quelquefois par un souverain, que de se mettre en état d'avoir à souffrir ses propres fureurs, s'il se réservoit quelque pouvoir. Il ne croit pas pour cela donner à ses souverains un pouvoir sans bornes. Car, sans parler des bornes de la raison et de l'équité, si les hommes n'y sont pas assez sensibles, il y a les bornes du propre intérêt, qu'on ne manque guère de voir, et qu'on ne méprise jamais quand on les voit. C'est ce qui a fait tous les droits des souverains, qui ne sont pas moins les droits de leurs peuples que les leurs.

Le peuple, forcé par son besoin propre à se donner un maître, ne peut rien faire de mieux, que d'intéresser à sa conservation celui qu'il établit sur sa tête. Lui mettre l'Etat entre les mains, afin qu'il le conserve comme son bien propre, c'est un moyen très-pressant de l'intéresser. Mais c'est encore l'engager au bien public par des liens plus étroits, que de donner l'empire à sa famille, afin qu'il aime l'Etat comme son propre héritage et autant qu'il aime ses enfans. C'est même un bien pour le peuple que le gouvernement devienne aisé ; qu'il se perpétue par les mêmes lois qui perpétuent le genre humain, et qu'il aille, pour ainsi dire, avec la nature. Ainsi les peuples où la royauté est héréditaire, en apparence se sont privés d'une faculté, qui est celle d'élire leurs princes ; mais dans le fond c'est un bien de plus qu'ils se procurent : le peuple doit regarder comme un avantage de trouver son souverain tout fait, et de n'avoir pas, pour ainsi parler, à remonter un si grand ressort. De cette sorte, ce n'est pas toujours abandonnement ou foiblesse, de se donner des maîtres puissans ; c'est souvent, selon le génie des peuples et la constitution des Etats, plus de sagesse et plus de profondeur dans ses vues.

C'est donc une grande erreur de croire avec M. Jurieu, qu'on ne puisse donner des bornes à la puissance souveraine, qu'en se réservant sur elle un droit souverain. Ce que vous voulez faire foible à vous faire du mal, par la condition des choses humaines le devient autant à proportion à vous faire du bien : et, sans borner la puissance par la force que vous vous

1. BOSSUET. AVERTISSEMENS.   15

pouviez réserver contre elle, le moyen le plus naturel pour l'empêcher de vous opprimer, c'est de l'intéresser à votre salut.

Je ne sais s'il y eut jamais dans un grand empire un gouvernement plus sage et plus modéré qu'a été celui des Romains dans les provinces. Le peuple romain n'avoit garde d'imaginer aucun reste de souveraineté dans les peuples soumis ; puisqu'il les avoit réduits par la force, et qu'une de ses maximes, pour établir son autorité, étoit de pousser la victoire jusqu'à convaincre les peuples vaincus de leur impuissance absolue à résister au vainqueur. Mais encore qu'ils eussent poussé la puissance jusque-là, sans s'imaginer dans ces peuples aucun pouvoir légitime qu'ils pussent opposer au leur, l'intérêt de l'Etat les retenoit dans de justes bornes. On sentoit bien qu'il ne falloit pas tarir les sources publiques, ni accabler ceux dont on tiroit du secours. Si quelquefois on oublioit ces belles maximes, si le sénat, si le peuple, si les princes, lorsqu'il y en eut, quittoient les règles du bon gouvernement, leurs successeurs revenoient à l'intérêt de l'Etat, qui dans le fond étoit le leur : les peuples se rétablissoient ; et, sans en faire des souverains, Marc-Aurèle se proposoit d'établir dans la monarchie la plus absolue, la plus parfaite liberté du peuple soumis : ce qui est d'autant plus aisé que les monarchies les plus absolues ne laissent pas d'avoir des bornes inébranlables dans certaines lois fondamentales, contre lesquelles on ne peut rien faire qui ne soit nul de soi. Ravir le bien d'un sujet pour le donner à un autre, c'est un acte de cette nature : on n'a pas besoin d'armer l'oppressé contre l'oppresseur : le temps combat pour lui ; la violence réclame contre elle-même ; et il n'y a point d'homme assez insensé pour croire assurer la fortune de sa famille par de tels actes. Le prince même a intérêt de les empêcher : il sent qu'il faut faire aimer le gouvernement, pour le rendre stable et perpétuel. Comme on a vu que le vrai intérêt du peuple est d'intéresser à son salut ceux qui gouvernent ; le vrai intérêt de ceux qui gouvernent est

d'intéresser aussi à leur conservation les peuples soumis. Ainsi l'étranger est repoussé avec zèle, le mutin
et le séditieux n'est pas écouté ; le gouvernement va
tout seul et se soutient, pour ainsi dire, de son propre
poids. Sans craindre qu'on les contraigne, les rois
habiles se donnent eux-mêmes des bornes pour s'empêcher d'être surpris ou prévenus ; ils s'astreignent à
certaines lois, parce que la puissance outrée se détruit
enfin elle-même. Pousser plus loin la précaution c'est,
pour ne rien dire de plus, autant inquiétude que liberté,
autant indocilité que prévoyance et sagesse, autant
esprit de révolte et d'indépendance que zèle du bien
public ; et enfin, car je ne veux pas étendre plus loin
ces réflexions, on voit assez clairement que les
maximes outrées de M. Jurieu répugnent à la raison,
et même à l'expérience de la plus grande partie des
peuples de l'univers.

Il faut néanmoins encore exposer ce que ce ministre
croit avoir de plus convaincant. Il croit nous fermer
la bouche, en nous demandant « ce qu'il faudroit faire
» à un prince qui commanderoit à la moitié d'une
» ville de massacrer l'autre, sous prétexte de refus
» d'obéissance sur un commandement injuste (1). »
Qu'un homme se mette dans l'esprit de fonder des
règles de droit et des maximes de gouvernemen
sur des cas bizarres et inouïs parmi les hommes !
Mais écoutons néanmoins, et voyons où l'on veut
aller. « Cette moitié de la ville, poursuit-il, n'est
» pas obligée de massacrer l'autre : on en demeure
» d'accord ; car on donne des bornes à l'obéissance
» active. Mais si ce souverain après cela a le droit de
» massacrer toute cette ville, sans qu'elle ait le droit
» de se défendre, il est clair que le prince aura le droit
» de ruiner la société entière. » Puisqu'il vouloit
conclure à la ruine de toute la société en ce cas, que
n'ajoutoit-il encore que cette ville fût la seule où ce
prince fût souverain, ou qu'il en voulût faire autant
à toutes les autres qui composeroient son Etat; en

____

(1) *Lett.* XVI, p. 124.

15.

sorte qu'il y restât seul pour n'avoir plus de contradicteurs, et pour pouvoir tout sur des corps morts qui feroient dorénavant tous ses sujets ? Le ministre n'a osé construire ainsi son hypothèse, parce qu'il a bien senti qu'on lui diroit qu'elle est insensée, et que c'est encore quelque chose de plus insensé de fonder des lois ou de donner un empire au peuple, sous prétexte de remédier à des maux qui ne sont que dans la tête d'un spéculatif, et que le genre humain ne vit jamais.

Comme donc, à parler de bonne foi, ce prince de M. Jurieu, qui voudroit tuer tout l'univers, ne fut jamais, et que la fureur et la frénésie n'ont pas même encore été jusque-là, demander ce qu'il faudroit faire à un prince qui auroit conçu un semblable dessein, c'est en autres termes demander ce qu'il faudroit faire à un prince qui deviendroit furieux ou frénétique au-delà de tous les exemples que le genre humain connoît : en ce cas la réponse seroit trop aisée. Tout le monde diroit au ministre qu'on a donné des tuteurs à des princes moins insensés que celui qu'il nous propose. Son prétendu empire du peuple n'est ici d'aucun usage ; le successeur naturel d'un prince dont le cerveau seroit si malade, ou les transports si violens, feroit naturellement la charge de régent. Lorsque Ozias, frappé de la lèpre par un coup manifeste de la main de Dieu, prit la fuite tout hors de lui-même, on entendit bien que la volonté de Dieu étoit qu'on le séquestrât selon la loi de la société du peuple ; et Joatham son fils aîné, qui étoit en état de lui succéder s'il fût mort, prit en main le gouvernement du royaume. On conserva le nom de roi au père : le fils gouverna sous son autorité ; et on n'eut pas besoin d'avoir recours à cette chimérique souveraineté dont on veut flatter tous les peuples.

Mais après tout où veut-on aller par cet empire du peuple ? Ce peuple, à qui on donne un droit souverain sur ses rois, en a-t-il moins sur toutes les autres puissances ? Si, parce qu'il a fait toutes les formes de gouvernement, il en est le maître ; il est le maître de toutes, puisqu'il les a toutes faites également. M. Jurieu prétend, par exemple, que la puissance souveraine est partagée en Angleterre entre les rois et les parlemens, à cause que le peuple l'a voulu ainsi. Mais si le peuple croit être mieux gouverné dans une autre forme de gouvernement, il ne tiendra qu'à lui de l'établir ; et il n'aura pas moins de pouvoir sur le parlement, qu'on veut lui en attribuer sur le roi. Il ne sert de rien de répondre que le parlement c'est le peuple lui-même. Car les évêques ne sont pas le peuple, les pairs ne sont pas le peuple, une chambre haute n'est pas le peuple : si le peuple est persuadé que tout cela n'est qu'un soutien de la tyrannie, et que les pairs en sont les fauteurs, on abolira tout cela. Cromwell aura eu raison de réduire tout aux communes, et de réduire les communes mêmes à une nouvelle forme. On établira, si l'on veut, une république, si l'on veut, l'Etat populaire, comme on en a eu le dessein, et que tant de gens l'ont peut-être encore. Si les provinces ne conviennent pas de la forme du gouvernement, chaque province s'en fera un comme elle voudra. Il n'est pas de droit naturel que toute l'Angleterre fasse un même corps. L'Ecosse, dans la même île, fait bien encore un royaume à part. L'Angleterre a été autrefois partagée entre cinq ou six rois : si on en a pu faire plusieurs monarchies, on en pourroit faire aussi bien plusieurs républiques, si le parti qui l'entreprendroit étoit le plus fort : le peuple, qui est le vrai souverain, l'auroit voulu. Mais le sage Jurieu, qui a établi l'empire du peuple, a prévu cet inconvénient, et a bien voulu remarquer que le peuple peut abuser de son pouvoir. Je l'avoue : il l'a dit ainsi. Il semble même donner des bornes à la puissance du peuple, « qui, dit il (1), ne doit jamais résister à la volonté du souverain, que quand elle va directement et pleinement à la ruine de la société. » Mais qui ne voit que de tout cela c'est encore le peuple qui en est le juge ? c'est, dis-je, au peuple à juger quand le peuple abuse de son pouvoir.

(1) *Lett.* XVI, *p.* 125.

Le peuple, dit ce nouveau politique, est cette puissance *qui seule n'a pas besoin d'avoir raison pour valider ses actes* (1). Qui donc dira au peuple qu'il n'a pas raison ? Personne n'a rien à lui dire ; ou bien il en faut venir, pour le bien du peuple, à établir des puissances contre lesquelles le peuple lui-même ne puisse rien : et voilà en un moment toute la souveraineté du peuple à bas avec le système du ministre.

Quelle erreur de se tourmenter à former une politique opposée aux règles vulgaires, pour être enfin obligé d'y revenir ! C'est comme dans une forêt, après avoir long-temps tournoyé parmi des sentiers embarrassés, se retrouver au point d'où on était parti. Mais examinons encore ce rare principe de M. Jurieu : « Il faut qu'il y ait, dans les sociétés, une » certaine autorité qui n'ait pas besoin d'avoir raison » pour valider ses actes. Or, cette autorité n'est que » dans le peuple (2). » C'est par où il tranche ; c'est la finale résolution de toutes les difficultés. Un de ses confrères lui a objecté cette téméraire maxime ; et notre ministre lui répond (3), comme on va voir : « Cette maxime ne peut avoir de mauvaise consé- » quence, qu'en supposant qu'on veut dire que tout » ce qu'un peuple fait par voie de sédition doit valoir ; » mais c'est bien peu entendre les termes. Qui dit un » acte, dit un acte juridique, une résolution prise » dans une assemblée de tout un peuple, comme » peuvent être les parlemens et les États. Or, il est » certain que si les peuples sont le premier siège de » la souveraineté, ils n'ont pas besoin d'avoir raison » pour valider leurs actes, c'est-à-dire, pour les rendre » exécutoires. Car, encore une fois, les arrêts, soit » des cours souveraines, soit des souverains, soit des » assemblées souveraines, sont exécutoires, quelque » injustes qu'ils soient. » Je le prie, si ses pensées ont quelque ordre, s'il veut nous donner des idées nettes, qu'il nous dise ce qu'il entend par exécutoire.

(1) Ci-dessus, *p.* 324. — (2) *Lett.* XVIII, *p.* 140. — (3) *Ibid.* XXI, *p.* 167.

Veut-il dire que tous les arrêts justes ou injustes des souverains et des assemblées souveraines, sont exécutés en effet ? Bien certainement cela n'est pas. Veut-il dire qu'ils le doivent être, et enfin qu'ils le sont de droit ? Voilà donc, selon lui-même, un droit de mal faire ; un droit contre la justice. qui est précisément, comme on a vu, ce qu'il a voulu éviter ; et néanmoins, par nécessité, il y retombe.

Qu'il cesse donc de nous demander quel droit a un prince d'opprimer la religion ou la justice : car il avoue à la fin que, sans avoir droit de mal ordonner ou de mal faire (car personne n'a un tel droit, et ce droit même n'est pas), il y a dans la puissance publique un droit d'agir, de manière qu'on n'ait pas droit de lui résister par la force, et qu'on ne puisse le faire sans attentat.

Que s'il dit que, selon ses maximes, ce droit n'est que dans le peuple, et que le peuple a seul cette autorité de valider ses actes sans raison : il est vrai qu'il l'a dit ainsi dans la lettre xviiie; mais il n'est pas moins vrai qu'il s'en est dédit dans la lettre xxie, où nous avons lu ces paroles : que, non seulement les arrêts du peuple, mais encore *ceux des cours souveraines ou des souverains, ou des assemblées souveraines, sont exécutoires* de droit : et ainsi cette autorité n'est pas seulement dans le peuple, comme il l'avoit posé d'abord.

S'il répond qu'à la vérité, elle peut être dans les souverains ou dans les cours de justice, mais qu'elle n'est en sa perfection que dans le peuple ; et encore, non pas dans un peuple séditieux, mais, comme il l'a défini, dans une *assemblée* où il fait un acte *juridique et légitime*, ne voit - il pas que la question revient toujours ? Car qu'est-ce qu'une assemblée, et qu'est - ce qu'un acte juridique ? L'acte qu'on passa sous Cromwell, pour supprimer l'épiscopat et la chambre haute, et attribuer aux communes la suprême autorité de la nation, jusqu'à celle de juger le roi, n'étoit-ce pas l'acte d'une assemblée qui prétendoit représenter tout le peuple et en exercer le droit ? Car qu'est-ce enfin que le peuple, selon M. Jurieu, si ce n'est le plus grand nombre? Et si c'est le petit nombre, qui peut lui donner son droit, si ce n'est le grand? L'a-t-il par la loi de Dieu, ou par la nature? Et s'il l'a par l'institution et la volonté du peuple; le même peuple qui l'a donné ne peut-il pas l'ôter ou le diminuer comme il lui plaît? Et quelles bornes M. Jurieu pourra-t-il donner à sa souveraine puissance? Sera-ce les lois du pays et les coutumes déjà établies? Comme si M. Jurieu ne les fondoit pas sur l'autorité du peuple, ou que le peuple n'en fût pas autant le maître sous Cromwell qu'il l'est à présent, et autant cette puissance suprême qui n'a pas besoin d'avoir raison pour rendre ses actes valides et exécutoires de droit. Dira-t-il enfin que Cromwell agissoit par la force, et avoit les armées en sa main? Quand donc on a une armée, l'acte n'est pas légitime; ou bien est-ce peut-être qu'une armée de citoyens, telle qu'étoit celle de Cromwell, annule les actes, et qu'une armée d'étrangers rend tout légitime? Avouons que M. Jurieu nous parle d'un peuple qu'il ne sauroit définir; et cela, qu'est-ce autre chose que ce peuple sans loi et sans règle, dont il a été parlé au commencement de ce discours?

M. Jurieu ne rougit pas de flatter un tel peuple; et il appelle ses adversaires les flatteurs des rois. Mais puisqu'il trouve plus beau d'être le flatteur du peuple, il doit songer que les gens d'un caractère si bas, sous prétexte de flatter les peuples, sont en effet des flatteurs, des usurpateurs et des tyrans. Car en parcourant toutes les histoires des usurpateurs, on les verra presque toujours flatteurs des peuples. C'est toujours, ou leur liberté qu'on veut leur rendre, ou leurs biens qu'on veut leur assurer, ou leur religion qu'on veut rétablir. Le peuple se laisse flatter et reçoit le joug. C'est à quoi aboutit la souveraine puissance dont on le flatte; et il se trouve que ceux qui flattoient le peuple sont en effet les suppôts de la tyrannie. C'est ainsi que les États libres se font des monarques absolus, et deviennent insensiblement; mais que dis-je? ils deviennent manifestement l'annexe d'une monarchie étrangère. C'est ainsi que les États monarchiques se font des maîtres plus absolus que ceux qu'on leur fait quitter, sous prétexte de les affranchir. Les lois qui servoient de rempart à la liberté publique s'abolissent, et le prétexte d'affermir une domination naissante rend tout plausible. Deux peuples se lient l'un à l'autre, et concourent ensemble à rendre invincible la puissance qui les tient tous également sous sa main : on a fait cet ouvrage en les flattant.

On a fait beaucoup davantage, et on a changé les maximes de la religion. M. Jurieu en convient; et, pour défendre la convention, il attaque directement l'Église anglicane. « C'est, dit-il (1), ici un endroit
» à faire sentir à l'Église anglicane combien les prin-
» cipes qu'elle a voulu établir, depuis le retour du
» roi Charles II, sont incompatibles avec la droite
» raison et avec la liberté d'Angleterre. » C'est donc l'Église anglicane qu'il prend à partie directement, et il va lui découvrir ses variations. Il commence par la flatterie; car c'est en la caressant qu'on veut lui faire avaler le poison d'une nouvelle doctrine. « La mort
» de Charles Ier, continue notre ministre, leur a fait
» horreur; et ils ont eu raison en cela. Ils ont cher-
» ché une théologie et une jurisprudence qui pût pré-
» venir de semblables attentats; en quoi ils n'ont pas
» eu tort. Ils ont reconnu que les ennemis des rois
» d'Angleterre étoient aussi les leurs; car les fana-
» tiques et les indépendans n'en veulent pas moins à
» l'Église anglicane qu'à la royauté. Ils ont cherché
» les moyens de mettre à couvert l'Église anglicane :
» on ne sauroit les blâmer là-dedans. Ils ont voulu
» mettre la souveraine autorité des rois et leur propre
» conservation sous un même asile : c'est la souve-
» raine indépendance des rois, enseignant que, sous
» quelque prétexte que ce soit, soit de religion, soit
» de conservation de lois ou de priviléges, il n'est
» jamais permis de résister aux princes, et d'opposer
» la force à la violence. » Voilà donc les maximes

____
(1) *Lett.* XVIII, *p.* 141.

15 .

qu'avoit établies l'Eglise anglicane, de l'aveu de
M. Jurieu ; des maximes directement opposées à celles
qu'on a suivies dans la convention, directement opposées à celles que M. Jurieu a établies pour la défendre.
Voici maintenant la décision de ce ministre : « Ils ne
» se sont pas aperçus » (les évêques et les universités
qui ont établi par tant d'actes la maxime de la souveraine indépendance des rois, si contraire aux maximes
de la convention, et de M. Jurieu, qui la défend); « ils
» ne se sont pas aperçus, premièrement que cela ne
» pouvoit leur servir de rien ; secondement, qu'ils se
» mettoient dans un état de contradiction, et renver-
» soient toutes les lois d'Angleterre. » C'est à quoi en
vouloit venir ce ministre, avec tout ce beau semblant
et cet air flatteur : *Ils ont eu raison, ils n'ont pas
eu tort, on ne sauroit les blâmer.* Que veut-il
conclure par là ? Que ces docteurs, qu'il faisoit semblant de vouloir louer, *se sont mis dans un état de
contradiction, et ont renversé toutes les lois de
leur pays.*

Mais, après tout, que veulent dire ces fades louanges
qu'il donne à l'Eglise anglicane : « Elle n'a pas eu tort,
» elle a eu raison, on ne sauroit la blâmer d'avoir
» cherché les moyens de se mettre à couvert des fana-
» tiques, qui n'étoient pas moins ses ennemis que
» ceux de la royauté, et de mettre sous un même
» asile la souveraine autorité des rois et sa propre
» conservation ? » Que veulent dire, encore un coup,
tous ces beaux discours, si ce n'est que les décisions
de l'Eglise anglicane n'étoient qu'une politique du
temps, qu'il falloit maintenant changer, comme contraires aux vrais intérêts de la nation ? Il n'en faut pas
davantage pour enrichir l'Histoire des Variations d'un
grand exemple, de l'aveu même de M. Jurieu. L'Eglise
anglicane avoit posé comme une maxime de religion
la souveraine indépendance des rois (1) ; en sorte
qu'il ne fût jamais permis de leur résister *par la force,*
sous quelque prétexte que ce fût, pas même sous celui

____

(1) *Jur. ibid.*

de la religion, ou de la conservation des lois et des priviléges. L'Angleterre agit maintenant par des maximes contraires; l'Angleterre a donc changé les maximes de religion qu'elle avoit établies. M. Jurieu l'avoue, et l'Histoire des Variations est augmentée d'un si grand article.

Mais venons encore un peu au fond de ce changement. Selon M. Jurieu, ce qui donna lieu, dans l'Eglise anglicane, aux maximes de la souveraine indépendance des rois, fut le parricide abominable de Charles I⁵ʳ, c'est-à-dire, que ce fut le désir d'extirper le cromwélisme et la doctrine qui donnoit au peuple le pouvoir de juger ses rois à mort, sous prétexte d'avoir attaqué la religion ou les lois; car c'étoit l'erreur qu'il falloit combattre, et le grand principe de Cromwell. Mais voyons si M. Jurieu l'a bien détruit. « Il n'est rien, dit-il (1), de plus injuste que d'attri- » buer à notre théologie le triste supplice de Charles I⁵ʳ. » C'est la fureur des fanatiques et les intrigues des » Papistes qui ont fait cette action épouvantable...... » Ne sait-on pas que c'est le fait de Cromwell, qui se » servit des fanatiques pour rendre vacante une place » qu'il vouloit occuper? » Laissons croire à qui le voudra ces curieuses intrigues des Papistes, et leur secrète intelligence avec Cromwell. Venons aux vrais auteurs du crime. C'est Cromwell et les fanatiques. Je l'avoue. Mais de quelles maximes se servirent-ils pour faire entrer les peuples dans leurs sentimens? Quelles maximes voit-on encore dans leurs apologies? Dans celle d'un Milton, et dans cent autres libelles, dont les cromwélistes inondoient toute l'Europe? De quoi sont pleins tous ces livres et tous les actes publics et particuliers qu'on faisoit alors, que de la souveraineté absolue des peuples sur les rois, et de toutes les autres maximes que M. Jurieu soutient encore après Buchanan, que la convention a suivies, et où l'Eglise anglicane se laisse entraîner, malgré ses anciens décrets? Il n'est pas question de détester Cromwell, et de le

(1) *Lett.* XVIII, *p.* 137.

comparer à Catilina, quand après cela on suit toute sa doctrine. Car écoutons comme s'en défend M. Jurieu. « Nous ne disons pas, dit-il (1), qu'il soit permis » de résister aux rois jusqu'à leur couper la tête. Il y » a bien de la différence entre attaquer et se défendre. » La défense est légitime contre tous ceux qui violent » le droit des gens et les lois des nations; mais il » n'est pas permis d'attaquer des rois, et des rois » innocens, pour leur faire souffrir un honteux sup- » plice. » Il sembloit dire quelque chose en faveur des rois, en leur accordant du moins qu'il n'est pas permis de les attaquer, ni même de *leur résister jusqu'à leur* faire souffrir le dernier supplice; mais il n'ose soutenir ce peu qu'il leur donne. Il craint de s'engager trop, en disant qu'il n'est pas permis de pousser les rois jusque-là, et il en vient aussitôt à la restriction *des rois innocens*. En effet, si les peuples sont toujours et en toute forme d'État les principaux souverains, si les rois sont leurs justiciables et relèvent de ce tribunal, si on peut leur faire la guerre, appeler contre eux l'étranger, les priver de la royauté, les réduire par conséquent à un état particulier, qui empêche qu'on n'aille plus loin; et qui pourra les garantir des extrémités que je n'ose nommer? Leur innocence, dira M. Jurieu, comme les derniers du peuple. Mais encore qui sera le juge de leur innocence, si ce n'est encore le peuple, ce peuple qui n'a pas même besoin d'avoir raison pour rendre ses actes valides, juridiques et exécutoires, comme parle M. Jurieu? Qui ne voit donc que, par les maximes de ce ministre et par celles que l'Angleterre vient de suivre, le crom-wélisme prévaut, et qu'il n'y a rien à lui opposer, que les maximes qu'on reconnoît être celles de l'Église anglicane, mais qu'elle voit maintenant ensevelies avec la succession de ses rois.

Après la condamnation de ses anciennes maximes, il faut encore qu'elle souffre les insultes d'un M. Jurieu, qui se moque d'elle en la louant, et qui ose lui repro-

(1) *Jur. ibid.*

cher que ce qu'elle a fait sous Charles II étoit l'effet d'une mauvaise politique, et un entier renversement des lois du pays.

Mais après l'avoir ainsi déshonorée, il espère de l'accabler par ces paroles (1) : « Je voudrois bien
» qu'on me répondît à ce raisonnement : Etre chef de
» l'Eglise anglicane et membre de l'Eglise protestante,
» c'est aujourd'hui la même chose. Les lois d'Angle-
» terre, depuis Henri VIII, ordonnent que le roi sera
» chef de l'Eglise anglicane; donc elles ordonnent
» qu'il sera membre de l'Eglise protestante. » Le ministre se persuade que l'Angleterre, en oubliant ses dogmes, oubliera jusqu'à son histoire. Elle oubliera que Henri VIII, à qui le ministre même attribue la loi par laquelle les rois d'Angleterre sont chefs de l'Eglise, ne laissa pas d'appeler à sa succession Marie, sa fille très-catholique, avant même Elisabeth, pro-testante. Elle oubliera qu'on avoit reçu le testament de ce prince comme un acte conforme aux lois fonda-mentales du royaume, qu'on se soumit à la reine Marie, qu'on punit de mort les rebelles qui avoient osé soutenir qu'elle étoit incapable de régner, et que depuis on lui demeura toujours fidèle. Elle oubliera, pour ne point parler de tout ce qui s'est passé sous Charles II, en faveur de la succession à laquelle les factieux ne purent jamais donner d'atteinte; elle oubliera, dis-je, que Jacques II, son magnanime frère, a été reconnu dans toutes les formes et avec tous les sermens accoutumés, sans aucune contradic-tion, et a régné paisiblement plusieurs années. L'An-gleterre oubliera tout cela; et M. Jurieu, un ministre presbytérien, un étranger qui a oublié son pays, apprendra aux Anglais le droit du leur, et réformera les maximes de leur Eglise.

Quoi qu'il en soit, le ministre a montré assez clai-rement à l'Eglise anglicane sa prodigieuse et soudaine variation sur le sujet de l'obéissance due aux rois. Cet avertissement a fait paroître dans toutes les Eglises

(1) *Lett.* XVIII, *p.* 142.

protestantes, et en particulier aux Prétendus Réformés de ce royaume, un semblable changement, et tout ensemble une manifeste opposition de leur conduite et de leurs maximes avec celles de l'ancien christianisme. Il n'y a qu'à entendre encore une fois Calvin, lorsqu'il présente à François I*** l'apologie de tout le parti, dans la lettre où il lui dédie son institution, comme la commune Confession de foi de lui et des siens (1). On ne peut rien alléguer de plus authentique qu'une apologie présentée à un si grand roi par le chef des Prétendues Églises de France, au nom de tous ses disciples. Calvin l'a composée, autant qu'il a pu, sur le modèle des anciennes apologies de la religion chrétienne, présentées aux empereurs qui la persécutoient: il proteste sur ce fondement, qu'on accuse en vain ses sectateurs *de vouloir ôter le sceptre aux rois, et troubler la police, le repos et l'ordre des États* (2). C'étoit donc un crime qu'il détestoit, ou qu'il faisoit semblant de détester. Mais les nouvelles Églises n'ont maintenant qu'à examiner si elles n'ont point troublé les royaumes, attaqué la puissance souveraine par leurs actions et par leurs maximes, et ôté le sceptre aux rois. Calvin témoigne qu'*il a toujours pour sa patrie, encore qu'il en soit chassé, toute l'affection convenable*, et que les autres *bannis et fugitifs* comme lui (3), conservent toujours les mêmes sentimens pour elle. Nos Prétendus Réformés n'ont qu'à songer s'ils conservent ces sentimens que Calvin attribuoit à leurs ancêtres, et s'ils ne machinent rien contre leur patrie et contre leur prince, contre un prince, pour ne point parler des qualités héroïques qui lui ont attiré l'admiration et ensuite la jalousie de toute l'Europe; que ses inclinations bienfaisantes rendent aimable à tous les Français, dont une fausse religion n'a pas encore entièrement corrompu le cœur. Calvin se plaint, à la vérité, pour lui et pour les siens, qu'*on émeut de tous côtés des troubles contre*

(1) *Præf. ad Reg. Gall.* — (2) *Init. Epist. ad Franc. I.* — (3) *Ibid. sub fin.*

*eux; mais pour eux, qu'ils n'en ont jamais ému
aucuns* (1). Mais il n'y a qu'à lire l'histoire de Bèze,
pour voir s'il y eut jamais rien de plus inquiet, de
plus tumultueux, de plus hardi, de plus prêt à forcer
les prisons, à envahir les Eglises, à se rendre maître
des villes (2), en un mot, à prendre les armes et à
donner des batailles contre ses rois, que ce peuple
réformé. Calvin, qui faisoit à François Ier ces belles
protestations, les a vu oubliées vingt ans après, et
cette feinte douceur changée en fureurs civiles. Il ne
s'en est point ému; il ne s'est point plaint de se voir
dédit de ce qu'il avoit autrefois protesté aux rois, au
nom de tout le parti. Bien plus, il a approuvé ces
guerres sanglantes (3), lui qui se vantoit que son parti
n'étoit *pas seulement soupçonné* d'avoir causé la
moindre émotion. « Nous sommes, dit-il, en parlant
» des émotions populaires, injustement accusés de
» telles entreprises, desquelles nous ne donnâmes
» jamais le moindre soupçon ; et il est bien vraisem-
» blable, poursuit-il, en insultant ses accusateurs, il
» est bien vraisemblable que nous, desquels n'a
» jamais été ouïe une seule parole séditieuse, et des-
» quels la vie a toujours été connue simple et pai-
» sible, quand nous vivions sous vous, Sire, machi-
» nions de renverser les royaumes. » Cependant on
sait ce que firent *ces gens si simples et si paisibles,*
à qui il n'étoit jamais échappé *de paroles séditieuses,*
loin qu'ils fussent capables de songer à *renverser les
royaumes.* Calvin les a vu changer lui-même. Il leur
a vu commencer les guerres dont le royaume ne s'est
sauvé que par miracle. Bèze, son fidèle disciple et le
compagnon de ses travaux, se glorifie *devant toute
la chrétienté* d'en avoir été l'instigateur, « en indui-
» sant tant M. le prince de Condé que M. l'Amiral, et
» tous autres seigneurs et gens de toute qualité, à
» maintenir par tous moyens à eux possibles l'autorité
» des édits, et l'innocence des pauvres oppressés (4). »

(1) *Init. Epist. ad Franc. I.* — (2) *Var. liv.* x, *p.* 140. —
(3) *Ibid. p.* 127. — (4) *Ibid. p.* 134. *Hist. de Bez. liv.* VI, *p.* 293.

Il comprend nommément, entre ces moyens possibles, la prise des armes. Il impose aux princes du sang, aux officiers de la couronne, aux grands seigneurs du royaume, et, afin que rien n'échappe à sa vigilance, *aux gens de toute qualité*, ce nouveau devoir d'entreprendre la guerre civile : elle devient juste et nécessaire, selon lui : il en a écrit l'histoire pour servir d'exemple aux siècles futurs, et il n'a point rougi de nous rapporter la protestation des ministres contre la paix conclue à Orléans, afin que *la postérité fût avertie comme ils se sont portés dans cette affaire* (1). Il est constant qu'il ne s'agissoit ni de la sûreté des personnes, ni même de celle des biens et des honneurs, puisque le prince de Condé y avoit pourvu, mais seulement de quelques légères modifications qu'on apporta aux édits. Cependant les ministres réclamèrent, et ils ne voulurent pas, non plus que Bèze, leur historien, *que la postérité* ignorât qu'ils étoient prêts à continuer la guerre civile, à rompre une négociation, tout commerce, tout traité de paix, et à mettre en feu tout le royaume, pour des causes si peu importantes. Voilà ces gens *si paisibles*, dont Calvin vantoit la douceur. Mais il ajoutoit encore : « Comment pourrions-nous songer à renverser le » royaume, puisque maintenant, étant chassés de nos » maisons, nous ne laissons point de prier Dieu pour » votre prospérité et celle de votre règne? » M. Jurieu et les réfugiés savent bien les vœux qu'ils font pour la prospérité de leur roi et du royaume, contre lequel ils ne cessent de soulever de tout leur pouvoir toutes les puissances de l'Europe, et ne méditent rien moins que sa ruine totale. Ils savent bien quels sentimens ont succédé à cette feinte douceur que Calvin vantoit; et leur ministre nous a avoué que ce n'est rien moins que la fureur et que la rage. Enfin Calvin finissoit l'apologie de nos Réformés en adressant ces paroles à François Ier : « Si les détractions des malveillans em- » pêchent tellement vos oreilles, que les accusés

(1) *Var. liv.* x, p. 134. *Hist. de Bez. liv.* VI, 298.

» n'aient aucun lieu de se défendre ; si ces impé-
» tueuses furies, sans que vous y mettiez ordre,
» exercent toujours leur cruauté par prisons, fouets,
» gênes, coupures, brûlures » : voilà toutes les extrémités prévues et rapportées par nos Réformés ; et
Calvin, bien assuré dans Genève, les y envoyoit sans
crainte, à l'exemple des autres Réformateurs aussi
tranquilles que lui. Mais que promettent-ils au roi en
cet état ? « Nous, certes, comme brebis dévouées à la
» boucherie, serons jetés en toute extrémité, telle-
» ment, néanmoins, que nous posséderons nos âmes
» en patience, et attendrons la main-forte du Sei-
» gneur. » Ainsi il reconnoissoit qu'il n'y avoit que ce
seul refuge contre son prince et sa patrie, ni d'autres
armes à employer que la patience. Les protestans
d'alors y souscrivoient, et se croyoient du moins obligés à soutenir le langage des premiers chrétiens, dont
ils se vantoient de ramener l'esprit. Mais ou c'étoit fic-
tion ou hypocrisie, ou, en tout cas, cette patience
sitôt oubliée n'avoit pas le caractère des choses
divines, qui de leur nature sont durables ; si ce n'est
que nous voulions dire, avec M. Jurieu, que des
paroles si douces sont bonnes lorsqu'on est foible, et
qu'on veut se faire honneur de sa patience en couvrant
son impuissance de ce beau nom. Mais ce n'est pas ce
qu'on disoit au commencement, et ce que disoit
d'abord Calvin lui-même. Ainsi tout ce que lui et
tous ses disciples, d'un commun accord, ont dit depuis ; tout ce que les synodes ont décidé en faveur des
guerres civiles ; tout ce que M. Jurieu tâche d'établir
pour donner des bornes à la puissance des souverains
et à l'obéissance des peuples, n'est qu'une nouvelle
preuve que la Réforme foible et variable, n'a pu soutenir ce qu'elle avoit d'abord montré de chrétien, et ce
qu'elle avoit vainement tâché d'imiter des exemples et
des maximes de l'ancienne Eglise.

FIN DU TOME PREMIER.

TABLE.

PREMIER AVERTISSEMENT.

II. AVERTISSEMENT.

III. AVERTISSEMENT.

AVERTISSEMENT AUX PROTESTANS

SUR LE REPROCHE DE L'IDOLÂTRIE.

V· AVERTISSEMENT.

FIN DE LA TABLE.

www.ingramcontent.com/pod-product-compliance
Lightning Source LLC
LaVergne TN
LVHW010737060726
842527LV00002B/295